Carsten Maschmeyer
Selfmade

Carsten Maschmeyer

Selfmade

erfolg reich leben

ARISTON

Verlagsgruppe Random House FSC-DEU-0100
Das für dieses Buch verwendete FSC®-zertifizierte Papier
EOS liefert Salzer Papier, St. Pölten, Austria.

Bibliografische Information der Deutschen Bibliothek
Die Deutsche Bibliothek verzeichnet diese Publikation
in der Deutschen Nationalbibliografie; detaillierte bibliografische Daten
sind im Internet unter http://dnb.ddb.de abrufbar.

© 2012 Ariston Verlag in der Verlagsgruppe Random House GmbH
Alle Rechte vorbehalten

6. Auflage
Umschlaggestaltung: Nele Schütz Design, München, unter Verwendung eines
Motivs von Gabo/ Agentur Focus
Satz: EDV-Fotosatz Huber/Verlagsservice G. Pfeifer, Germering
Druck und Bindung: GGP Media GmbH, Pößneck
Printed in Germany 2012

ISBN 978-3-424-20067-6

Inhalt

Einleitung

Jeder hat das Recht auf Erfolg!

Mein Entschluss, dieses Buch für alle zu schreiben, die erfolgreich werden möchten, ist über viele Jahre gereift. Letztlich hat mich der von vielen Menschen geäußerte Wunsch motiviert, an meinen Erfahrungen teilhaben zu können, um ihren eigenen Weg zum Erfolg schneller zu finden.

Ich bin mir dabei sehr bewusst, dass es den Erfolg im absoluten Sinne nicht gibt. Jeder Mensch definiert seinen Erfolg für sich selbst und anders. Der eine möchte ein Instrument spielen können, der nächste träumt davon, eine große Familie zu gründen, wieder ein anderer geht auf in seiner Forschung oder im Sport.

Eines ist sicher, Erfolg definiert sich nicht nach materiellen Werten. Das Streben nach Reichtum ist deswegen nicht gleichbedeutend mit dem Weg zum Glück. Manche denken, mein Erfolg hätte nur etwas mit Geldkompetenz zu tun. Ich bin der Meinung, dass es ganz besonders auf andere Fähigkeiten ankommt, die zum Erfolg, aber auch zum Wohlstand führen.

Erfolg ist für mich die Erreichung von Zielen. Ob man gesünder, effektiver oder positiver werden oder ein erfüllteres Leben führen will – in jedem Fall will man sich verbessern und steigern.

Viele Menschen fühlen sich erst dann glücklich, wenn ihnen die Wertschätzung entgegengebracht wird, die sie aus ihrer eigenen Sicht verdient haben. Aber nur demjenigen, der vorbehaltlos gibt, wird auch gegeben. Dieses Buch kann Ihnen dabei helfen, zu geben: und zwar Ihr Bestes.

Manche Erfolge werden erst durch die Erkenntnisse möglich, die man aus früheren Misserfolgen zieht. Nichts ist lehrreicher als Fehler und wenn Sie aus meinen Fehlern lernen, brauchen Sie sie selbst nicht mehr zu machen.

Beruflich oder privat? Privat *und* beruflich!

Wer privat glücklich ist, geht auch anders an seine beruflichen Aufgaben heran. Wer im Job Erfüllung findet, ist auch privat umgänglicher. Wer frustriert und unglücklich mit seiner Arbeit ist, ist meist kein geduldiger Familienvater oder aufmerksamer Lebenspartner. Wer zu Hause Probleme hat und genervt ist, kann kaum optimistisch und gewinnend im Job sein. Diese beiden Seiten können sich natürlich auch wechselseitig positiv anstecken – und deshalb sollten Sie erfolgreich werden, da *und* dort!

Wer die Tipps und Empfehlungen umsetzt, wird überrascht sein von der Wirkung, die er auf andere erzielt, und von der Bestätigung, die er deswegen bekommt. Jeder auf seinem Gebiet – ob Sie Ihren Kontaktkreis erweitern wollen, Ihre gesellschaftlichen Anliegen erfolgreicher umsetzen möchten, glücklicher mit Ihren Lieben sein wollen, beruflich mehr erreichen möchten oder auch auf mehreren Gebieten gleichzeitig. Der Schlüssel zum Erfolg liegt ausschließlich in uns. Wer ihn bei anderen sucht, sucht vergebens. Durch dieses Buch werden Sie den Schlüssel und das dazu passende Schloss leichter finden.

Ihr Carsten Maschmeyer

»Erfolg« lässt sich an keiner Hochschule studieren

Häufig fragen mich meine Geschäftspartner nach den Ursachen meines Erfolgs. Bekannte wollen von mir wissen, wie ich ein solches Beziehungsnetz aufbauen konnte. Die Menschen, die mir am nächsten stehen, sagen oft zu mir: »Du wirkst so glücklich.« Immer wieder werde ich auch von Journalisten nach Tipps zum Umgang mit Geld gefragt. In diesem Buch will ich diese und etliche weitere Fragen beantworten.

Viele Menschen, die hervorragende Eigenschaften haben, sich bemühen und richtig kämpfen, würden wesentlich bessere Ergebnisse erzielen, wenn ihnen nur bestimmte Techniken bekannt wären. Sie sind heute schon viel vermögender, als es Ihnen wahrscheinlich bewusst ist – und ich will Ihnen vorstellen, wie Sie das in Ihnen schlummernde Vermögen aktivieren und erhöhen können.

Es gibt jedoch keinen Stein der Weisen, der für alle Lebensumstände passt. Deshalb möchte ich Ihnen eine Reihe von Wissenssteinen zeigen, die Sie teilweise noch nicht kennen und so zusammengestellt wohl noch nie vor Augen hatten. Denn der Mix und die Kombination machen es aus. Beispielsweise nur positiv zu sein, reicht nicht. Ziel- und Zeitmanagement bedingen sich gegenseitig. Zu Kontakten sollte sich Kommunikation dazugesellen. Selbstständig zu sein, hängt nicht zuletzt maßgeblich von der Geisteshaltung ab. Suchen Sie sich also heraus, was zu Ihnen, Ihrer Persönlichkeit, Ihren Lebensumständen, Ihren Träumen und Zielen passen könnte – und bauen Sie sich so Ihre eigene Steinsammlung auf, um daraus ein Fundament für eine verbesserte Lebenssituation zu schaffen.

Vergrößern Sie Ihr Vermögen. Nämlich Ihr Leistungsvermögen, sogar Ihr Berufs- und Zeitvermögen, auf jeden Fall Ihr Durchhaltevermögen sowie Ihr Kontakt- und Handlungsvermögen und selbstverständlich auch Ihr Glücks- und Geldvermögen. Mir ist das alles nicht in die Wiege gelegt worden. Das alles habe ich von der Pike auf lernen müssen.

Und realisieren Sie: Mehr als 100 Prozent geht nicht. Aber wahrscheinlich geben viele Menschen erst 70 bis 80 Prozent. Fleiß und eingesetzte Zeit haben ihre Grenzen. Deshalb heißt es vor allem, das eigene Leistungsvermögen und die Erfolgsintelligenz zu steigern.

Im Lauf meines bisherigen Lebens gab es Vorgesetzte, Kollegen und Freunde, von denen ich viel lernen konnte. Manche von ihnen waren Vorbilder für mich, aber oft nur hinsichtlich einzelner Eigenschaften oder Fähigkeiten. So lernte ich einiges von diesem, anderes von jenem Weggefährten.

Am liebsten hätte ich nach dem Abitur Erfolg studiert, aber dieses Fach kann man leider an keiner Universität belegen. Mangels Angebot konnte ich an keiner Hochschule lernen, wie man erfolgreich, glücklich und positiv werden kann, wie man sich in Beharrlichkeit übt, Courage entwickeln und sich in Charisma und Verhandlungstechnik ausbilden kann. Diese Unterrichtsfächer gab es nicht in Deutschland und leider auch nirgendwo sonst auf der Welt, nicht einmal in den USA. Dabei wird doch im »Land der unbegrenzten Möglichkeiten« Erfolg hochgeschätzt und als nachahmenswert angesehen.

Von den Gewinnern lernen

Die Frage, wodurch manche Menschen erfolgreich werden, beschäftigt mich seit meinen Jugendjahren. Später, als ich selbst erfolgreich und vermögend wurde, nutzte ich jede Gelegenheit, um über dieses spannende Thema mit den supererfolgreichen Menschen aus den verschiedensten Branchen und Gesellschaftsbereichen zu sprechen. Vieles von dem, was sie mir anvertrauten, finden Sie in diesem Buch wieder.

In Leinwanddramen wie *Braveheart*, *Gladiator* oder *Blind Side* kämpfen die Helden um ihr Lebensglück. Man hofft und bangt mit ihnen und ist am Ende genauso glücklich wie sie selbst, wenn sie doch gesiegt haben. Die Gründe, weshalb sie Erfolg haben, sind faszinierenderweise mehr oder weniger die gleichen.

Mit Topleuten aus Wissenschaft, Wirtschaft, Showbranche, Politik und Sport habe ich zahlreiche intensive Gespräche über die Geheimnisse des Erfolgs geführt. In jeder dieser Unterredungen fand ich meinen eigenen Eindruck bestätigt: Egal in welcher Branche oder in welchem gesellschaftlichen Umfeld sie bis ganz nach oben gekommen sind – letzten Endes sind es immer die gleichen Grundregeln, die erfolgreiche Menschen anwenden, bewusst und oftmals auch unbewusst. Es handelt sich fast schon um Naturgesetze.

Dazu habe ich für Sie eine Art Gebrauchsanweisung geschrieben. Unter dem Strich findet man ein überschaubares Set an Eigenschaften und Verhaltensweisen, die man sich aneignen sollte, um erfolgreich, glücklich und wohlhabend zu werden. Die Frage, die Sie als Leser besonders interessieren wird, lautet nun allerdings: Was müssen und können Sie konkret unternehmen, um in Ihre Erfolgsstraße einzubiegen?

Dass man Ausstrahlung braucht, um andere Menschen zu überzeugen, ist selbstredend. Zweifellos benötigt man Mut und Durchhaltevermögen sowie eine optimale Ziel- und Zeitplanung, um beispielsweise mit einer neuen Geschäftsidee, einer technischen Innovation oder einer neuartigen künstlerischen Kreation den Durchbruch zu schaffen – aber wie kann es Ihnen konkret gelingen, sich diese unbedingt erforderlichen Fähigkeiten sowie das nötige Geldverständnis anzueignen?

Dieses Buch ist die Essenz der Erfolgswege, der aufschlussreichsten Beispiele und meiner Beobachtungen anderer herausragend erfolgreicher Personen von heute. Darin werden Sie nicht nur eine Aufstellung der wichtigsten Erfolgsverstärker finden – in jedem Kapitel sind zudem zahlreiche lebensnahe, leicht umzusetzende, praxisbewährte Tipps und Ratschläge zusammengestellt, wie Sie diese Erfolgsgesetze für sich persönlich nutzen und umsetzen können.

In herkömmlichen Erfolgsbüchern finden Sie meist eine Fülle altehrwürdiger Anekdoten und Spruchweisheiten – von Aristoteles über Goethe bis Einstein und Winston Churchill. Dagegen stammen die Beispiele und Empfehlungen in diesem Buch ausnahmslos von Menschen, die in unserer *heutigen Welt* in ihren jeweiligen Arbeits- und Lebensbereichen außerordentlich erfolgreich sind.

Meine Begegnungen mit Spitzenmanagern wie Josef Ackermann oder Reto Francioni, mit Staatsmännern wie Kofi Annan oder Bill Clinton brachten wichtige Erkenntnisse. Erfolgreiche Unternehmer, ob *Google*-Pionier Larry Page oder *S.Oliver*-Gründer Bernd Freier, ticken allesamt ähnlich. Und in der Showbranche gelten im Grunde die gleichen Gesetze wie in Politik oder Wirtschaft – das zeigten mir Treffen mit P!nk, Thomas Gottschalk oder Karl Lagerfeld oder George Clooney.

Von Gerhard Schröder kann man viel über Durchhaltevermögen und Begeisterung lernen. Kreativität und visionäre Kraft haben den *Scorpions*-Sänger Klaus Meine zu einem der erfolgreichsten Rockmusiker unserer Zeit gemacht. BVB-Boss Hans-Joachim Watzke hat bewiesen, dass man mit einem ehrgeizigen Zielplan und unerschütterlichem Durchhaltevermögen auch scheinbar unrealistisch hohe Ziele erreichen kann. Wie man mit der richtigen Geisteshaltung reüssiert, durfte ich bei Mirko Slomka und Wladimir Klitschko studieren. Kraft ihrer außerordentlichen Macherqualitäten schufen Jürgen Großmann und Dirk Roßmann höchst erfolgreiche Unternehmen. Die kommunikativen Fähigkeiten der Talkmasterin Maybrit Illner sowie der Bundesarbeitsministerin Ursula von der Leyen beeindrucken mich immer wieder. Bei weltberühmten Ärzten wie dem Gehirnchirurgen Prof. Madjid Samii oder dem Herzchirurgen Prof. Axel Haverich bewundere ich nicht zuletzt ihre fast schon übermenschliche Präzision. Und die Disziplin und Zielorientierung des Topökonomen Prof. Bert Rürup oder von Prof. Florian Holsboer, dem Direktor des Max-Planck-Instituts für Psychiatrie in

München, versetzen mich jedes Mal aufs Neue in ehrfürchtiges Staunen. Sie alle und viele weitere supererfolgreiche Menschen ermöglichten mir tiefe Einblicke in die Ursprünge des Erfolgs. Dafür bin ich ihnen sehr dankbar, und an diesem ganz konkreten, lebenspraktischen Wissen möchte ich Sie, meine Leser, teilhaben lassen.

Alle meine Tipps sind selbsterprobt

Ausnahmslos alle Erfolgsformeln, die ich in dieses Buch aufgenommen habe, waren auch für mich selbst auf meinem Weg zu Erfolg, Glück und Wohlstand äußerst hilfreich. In manchen Punkten habe ich erst rückblickend verstanden, dass ich wohl intuitiv zu den richtigen Mitteln gegriffen habe – beispielsweise als ich mich selbst zu einer ausschließlich vorwärtsblickenden Geisteshaltung erzog.

Natürlich habe ich auch einiges falsch gemacht, und das kommt ebenfalls in diesem Buch zur Sprache. Ich bin wie alle anderen keineswegs perfekt, aber ich entwickle mich stetig weiter, so dass vieles doch noch erfolgreich geworden ist.

Insofern hat es das Leben gut mit mir gemeint. Deshalb möchte ich etwas davon zurückgeben. Am meisten habe ich nicht in der Hochschule, sondern in der Schule des Lebens gelernt. Ich habe keine Examensarbeit in Theorie und mit Tinte geschrieben. Meine Schreibflüssigkeit in der Praxis war Adrenalin.

Probieren Sie die Formeln und Ratschläge aus. Sie gelten kultur- und länderübergreifend, unabhängig von Alter, Geschlecht, Herkunft und Lebenslage. Andere haben es auch geschafft, das sollte Sie animieren, es zumindest auszuprobieren. Wenn Sie mehr erreichen möchten, nutzen Sie die Ratschläge – Sie laufen sonst Gefahr, frustriert aufzugeben oder Ihre Ziele erst zu erreichen, wenn

Sie schon sehr alt sind. Sie können effektiver werden und Zeit sparen, wenn Sie diese Methoden anwenden.

Ich habe die Nettobotschaften in den nachfolgenden Kapiteln nicht er-, sondern gefunden, aber in jeder Einzelheit selbst erprobt. Selbst wenn Sie sich nur einen Teil davon aneignen, hat sich das Schreiben dieses Buchs schon gelohnt.

13 Verstärker für Ihren Erfolg

Dieses Buch ist eine Erfolgsaufforderung ohne Grenzen, denn Erfolgsgrenzen sollten wir niemals akzeptieren. Sprengen Sie Ihre Grenzen! Werden Sie grenzenlos erfolgreich.

Neigen Sie zu Ausreden? Dann wird es höchste Zeit für eine Denkweise, mit der Sie sich nie wieder *ins Aus reden*. Arbeiten Sie an sich *selbst und ständig*? Das ist der Schlüssel zur Selbstständigkeit. Machen macht *erfolg+reich*. Das ist kein leerer Wortspaß, sondern mein voller Worternst.

Dieses Buch ist eine Bedienungsanleitung für Erfolg. Sie erfahren, warum Gewinner gewinnen und wie Sieger siegen. Ich kann Ihnen den Erfolg nicht garantieren, aber ich hoffe, dass meine Tipps auch Ihnen helfen können – wie schon Zehntausenden Teilnehmern meiner Vorträge zu diesen Themen. Ich glaube unbekehrbar, dass sich jeder steigern und verbessern kann. Egal, in welcher Ausgangslage man sich befindet, kann man Bereiche optimieren. Wer Schulden hat, kann diese zumindest verringern. Wer schon wohlhabend ist, kann reich werden. Wer unbeliebt ist, kann beliebter werden. Sogar wer krank und deshalb sehr pessimistisch ist, kann vielleicht etwas hilfreichen Optimismus entwickeln.

Für manche Menschen ist das Leben das, was mit einem gemacht wird – nach dem Motto: »Aus der Taufe gehoben, zur Schule gebracht, zum Altar gezerrt, zu Grabe getragen.« Für andere

Menschen ist das Leben so, wie man es selbst gestaltet. Erfolgreiche Menschen sehen mehr Chancen, weniger Risiken. Sie sind motiviert und nicht resigniert. Sie haben Antworten und nicht nur Fragen. Sie finden mehr Lösungen als Probleme.

Gucken Sie nicht zu, wie andere sich verbessern und erfolgreicher werden. Schauen Sie nicht Fernsehen – sehen Sie in *Ihre* Ferne, zu Ihrem Erfolgshorizont. Denken Sie an Glück und nicht an Pech.

In den folgenden 13 Kapiteln wird ein Menü aus ebenso vielen Lebens- und Leistungsverstärkern vor Ihnen ausgebreitet. Die Reihenfolge, in der Sie sich die Kapitel vornehmen, ist Ihnen freigestellt – nur mit den ersten drei Kapiteln sollten Sie gewissermaßen als Vorspeise beginnen und diese auch in der Reihenfolge lesen, in der ich sie zusammengestellt habe.

Wenn Sie Ihr Zeitmanagement besonders schnell verbessern wollen, wenden Sie sich nach den ersten drei Gängen direkt dem achten Gang dieses Erfolgsmenüs zu. Wollen Sie vordringlich Ihre innere Einstellung zum Positiven verändern, dann widmen Sie sich bevorzugt dem fünften Verstärker.

Beschränken Sie sich aber nicht darauf, die Erfolgsverstärker zu lesen. Wenden Sie sie an! Ich wünsche Ihnen, dass Sie Ihre Ziele erreichen und Ihre Wünsche, Hoffnungen und Träume sich erfüllen.

Heben Sie Ihr Schatzpotenzial

Stellen Sie sich einmal vor, dass Sie eine Schatzkiste überreicht bekommen. Wenn Sie sie öffnen, werden Sie feststellen, dass kein Gold, kein Geld darin ist. Sie enthält auch keine Edelsteine. Auf dem Boden der Kiste ist nur ein Spiegel angebracht.

Gucken Sie in den Spiegel und Sie werden einen einzigartigen Menschen erblicken. Einen Menschen, der alles in sich hat und viel mehr kann, als er bisher erreicht hat. In diesem Spiegel sehen Sie den größten Schatz, den Sie haben, nämlich sich selbst.

Heben Sie Ihr Schatzpotenzial und steigern Sie Ihr Erfolgsvermögen!

1

Die Kunst des Wunschträumens

Traumreich leben

Ich wuchs in einem riesengroßen Haus auf – leider war es kein Einfamilienhaus. Das Bauwerk hatte 18 Eingänge, jede Etage drei Wohnungen, das Ganze vier Stockwerke hoch. Als Kind musste ich sonntags immer mit meinen Eltern spazieren gehen – so richtig spießig, im Wald, mit Sonntagshose. Wir gingen nicht mal zu einem Ausflugslokal wie die Familien meiner Klassenkameraden, denn dafür reichte das Geld nicht, sondern genauso langweilig wieder nach Hause.

Wie mich diese Spaziergänge anödeten! Oft lief ich 20 Meter hinter meinen Eltern und dachte verzweifelt: Das kann doch nicht wahr sein! Muss ich ausgerechnet diese Eltern haben? Meine kindliche Hoffnung auf eine angenehme Lebenswende war, dass sie sich gleich zu mir umdrehen und verkünden würden:»Wir sind der König und die Königin von Deutschland und eines Tages wirst du das ganze Land von uns erben!«

Aber es kam nichts dergleichen, meine Mutter fragte höchstens, warum ich so herumtrödeln würde. Da ich aber ein anderes Leben wollte, nahm ich mir vor, spätestens, wenn ich groß wäre, meine Erkenntnis umzusetzen: Wer nichts erbt, muss sich eben selbst etwas aufbauen.

Hauchen Sie Ihren Wunschträumen Leben ein

Kann man Erfolge herbeiträumen? Ja, wenn man weiß, wie! Einfach in den Tag hinein zu träumen oder von früh bis spät im Wolkenkuckucksheim zu schweben, bringt uns in der Realität keinen Schritt voran. Aber überhaupt nicht von Erstrebenswertem zu träumen und keine geistigen Wunschbilder aufzubauen, ist erst recht der falsche Weg. Träumen oder nicht träumen? Richtig träumen!

Ich empfehle Ihnen: Träumen Sie ganz bewusst jeden Tag einige Minuten lang von schönen Dingen, die Sie erreichen wollen. Von Sachen, die Sie herbeisehnen und für die Sie bereit wären, den Rest des Tages hart zu arbeiten.

Sie können Ihr Leben lang träumen – oder Ihren Wunschträumen Leben einhauchen.

Werden Sie ein Wirklichkeitsmacher!

Leben Sie Ihr erträumtes Leben, und zwar nicht in Schwarz-Weiß, sondern in Farbe und 3-D! Wenn Sie Ihre Traumfähigkeit verkümmern lassen, ist das nicht etwa *egal*, sondern für Ihre Wunschzukunft *fatal*. Wer sich in Phrasen gefällt wie »Brauchen wir nicht, wollen wir gar nicht, geht auch ohne« – der hat schon aufgegeben und seine Träume beerdigt.

Sie können ein leeres Portemonnaie haben – aber in Ihrem Gehirn und in Ihrem Herzen darf niemals Wunschleere herrschen. Ihr Garderobenschrank kann leer sein, doch Ihre Augen sollten immer vor Träumen und Wünschen glänzen.

Glauben Sie wirklich, wenn viele sagen: »Das brauche ich alles nicht« – dass die meisten von ihnen das ernst meinen? Mal ehrlich: Wenn Sie sehr viel Geld hätten, würden Sie nicht auch gerne ein schnelleres oder schöneres Auto fahren wollen? Hätten Sie dann nicht doch am liebsten ein eigenes oder ein größeres Haus?

Und wenn es Sie nichts kosten würde, würden Sie dann eine Fünf-Sterne-Weltreise ablehnen? Fragen Sie sich doch einmal ganz ehrlich: Was würden Sie verändern, wie würden Sie leben, wenn Sie nicht mehr arbeiten dürften oder nicht mehr müssten, weil Sie durch eine Erbschaft reich geworden wären?

Oder Sie träumen von immateriellen Erfolgen. Sie können sich zum Beispiel danach sehnen, fitter oder gebildeter zu sein, eine bessere Figur zu haben, eine Fremdsprache zu lernen, Ihre künstlerischen Talente zu entwickeln, den richtigen Partner zu finden, ein besserer Vater oder eine bessere Mutter zu werden und vieles andere mehr. Für diese Sehnsüchte gilt dasselbe wie für Ihr Verlangen nach materiellem Erfolg: Nur wenn Sie sich erlauben, davon zu träumen, haben Sie auch eine Chance, Ihr Leben positiv zu verändern.

Jeder von uns hat eine Traumfabrik für sein persönliches Kopfkino zwischen den Ohren. Werden Sie ein pragmatischer Träumer, dann können Sie sich Ihre eigene Wunschwirklichkeit erschaffen.

Schalten Sie Ihren Zukunftsprojektor an

Als Kinder haben wir alle geträumt – nur ist diese Fähigkeit mit der Zeit bei vielen Menschen verkümmert. In den Tag hinein zu träumen, gilt eben als kindisch, gar als Zeitverschwendung. Aber das stimmt nur dann, wenn man nicht versucht, seinen Traum in die Realität umzusetzen.

Meine Eltern waren nicht reich, aber ich war traumreich. Wir hatten keinen Bolzplatz in der Nähe, aber die Teppichklopfstange hinter unserem Wohnblock war in meiner Traumwelt ein Tor im Wembley-Stadion. Ich spielte mit den gleichaltrigen Kindern mit einer alten Dose und wir stellten uns vor, wir wären berühmte Fußballspieler und im Pokalendspiel.

Kinder haben oftmals solche positiven Vorstellungen – und Ihnen ging es früher bestimmt auch so. Als Kinder haben wir uns alle in großen und glanzvollen Lebensrollen gesehen: als Sportstars oder Astronauten, als Erfinder und Entdecker, bewundert, reich und berühmt. Doch viele Jugendträume lösen sich auf dem Weg ins Erwachsenenleben leider in Luft auf. Manch einer, der noch als Teenager große Träume hatte, ist den Lockungen der Bequemlichkeit oder der Angst vor dem Risiko erlegen und begnügt sich fortan mit dem sprichwörtlichen Spatz in der Hand. Rufen Sie sich Ihren Traum, den Sie beispielsweise an Ihrem 18. Geburtstag hatten, in Erinnerung. Passen Ihr heutiges Selbstbild und Ihr damaliges Traumbild zusammen? Sind Sie wirklich auf dem Weg in die Zukunft, die Sie sich damals erträumt haben?

Warum haben so viele Menschen ihre Sehnsüchte aus den Augen verloren? Ganz einfach: Weil sie es versäumt haben, beizeiten die Umsetzung ihrer Träume anzugehen. Vor lauter Angst, dass sie ihr Ziel verfehlen könnten, haben sie gar nicht erst versucht, es zu erreichen. Wer nichts wagt, braucht sich anschließend auch nicht zu schämen, weil etwas schiefgegangen ist. Nur sperrt er sich dadurch selbst in das Gefängnis seiner Ängste und Kleinmütigkeit ein. Sein Zukunftsprojektor liefert irgendwann nur noch trübe, verschwommene Bilder – und schaltet sich schließlich ab.

Verschwenden Sie keinen Gedanken an die Möglichkeit zu scheitern. Lassen Sie sich Ihren Traum nicht zerstören – weder von Ihrer Angst noch von furchtsamen, neidischen oder verständnislosen Mitmenschen. Auch wenn Sie Niederlagen hinter sich haben oder sogar Lebenskatastrophen meistern mustern: Für die Verwirklichung Ihrer Wunschträume gibt es immer einen richtigen Zeitpunkt – nämlich heute und jetzt.

Manchmal ist es allerdings nötig, dass Sie sich zuerst einmal mit einem energischen Ruck aus Ihrem alten Leben und Ihren bisherigen Gewohnheiten und Einstellungen herausreißen. Leihen Sie denjenigen, die Ihnen die Realisierung Ihrer Wunschträume nicht zutrauen, kein Gehör, schenken Sie ihnen nicht zu viel Beachtung.

Umfahren Sie die Stoppschilder, die Sie auf der Straße zu Ihrem Traumziel ausbremsen könnten. Schalten Sie die Ampel auf Grün. Behalten Sie Ihren Traum fest im Blick und in Ihrem Herzen.

Stellen Sie sich Ihre Träume lebhaft vor

Ohne Wunschtraum kann Ihr Leben zu einem Albtraum werden. Vor diese Wahl gestellt, würde wohl kaum jemand zögern, sich für sein Wunschtraumleben zu entscheiden. Also träumen Sie! Denn aktiv und bewusst zu träumen heißt, sich etwas so vorzustellen, als ob es bereits Wirklichkeit geworden wäre.

Frauen können das oftmals besonders gut. Wenn sie eine Fortbildung beginnen, sehen sie sich schon in der verantwortungsvolleren Position, um die sie sich nach Abschluss des Lehrgangs bewerben wollen – und entsprechend sind sie von vornherein motiviert und auf ihr Ziel konzentriert. Oder, ein alltägliches Beispiel, sie kaufen sich eine Bluse und stellen sich vor, wie dieses neue Kleidungsstück zusammen mit dem Rock, der schon zu Hause im Schrank hängt, und dem neuen Gürtel, den man noch kaufen müsste, aussieht.

Auch Architekten müssen traumartig visualisieren können. Zuerst stellen sie sich im Geiste vor, wie das zu erbauende Haus aussehen könnte. Daraus entwickeln sie die Skizze, dann die Feinplanung und danach vielleicht ein gebautes Modell. Irgendwann feiern Sie das Richtfest und können bald darauf in Ihr neues Heim einziehen.

Ohne theoretische *Vor*stellung gibt es keine praktische *Er*stellung: Dieser Zusammenhang ist in der Architektur besonders deutlich, gilt aber bei der Verwirklichung anderer »Luftschlösser« genauso.

Ich erinnere mich lebhaft, wie ich oftmals in unser damaliges Niedersachsenstadion ging, um mir ein Heimspiel von Hannover 96 anzusehen. Mitte der 1990er-Jahre wurde in Leverkusen ein neues Stadion gebaut, das den Namen *BayArena* erhielt, da es von dem Chemiekonzern Bayer gesponsert worden war. Damals entwickelte ich den Traum, dass irgendwann das Fußballstadion in Hannover nach meinem Unternehmen AWD benannt werden sollte. Ich weiß noch, dass ein Bekannter, dem ich eines Tages von diesem Wunschtraum erzählte, mich fragte, ob ich noch ganz richtig im Kopf sei. Aber ich ließ mich keinen Moment lang von meiner Vorstellung abbringen – und niemals werde ich das Gefühl der Freude und des Stolzes vergessen, als ich viele Jahre später zum ersten Mal in die voll besetzte AWD-Arena gehen konnte, die nun tatsächlich nach meinem Unternehmen benannt war! (Wenn ich in diesem Buch rückblickend von »meinem Unternehmen« oder »meiner Firma« spreche, ist immer der AWD gemeint, den ich 2007 verkauft habe.)

Auch wenn Ihre Fähigkeit, konkrete und farbige Wunschträume zu entwickeln, ein wenig »verrostet« sein sollte – keine Sorge, Ihr Zukunftsprojektor lässt sich leicht wieder in Schwung bringen.

Der Jahrhunderthit *Wind of Change* ist ein besonders eindrucksvolles Beispiel für visionäres Träumen. Klaus Meine von den Scorpions hat mir oft von ihrem Auftritt im August 1989 erzählt. Damals nahm er mit seiner Band am *Moscow Music Peace Festival* im Moskauer Leninstadion teil. Er spürte, dass es nicht mehr dasselbe Land war, das sie ein Jahr vorher in Leningrad bei ihrem ersten Konzert in der Sowjetunion besucht hatten. »An einem Abend«, erzählte er mir, »fuhren wir vom Hotel mit einem Boot auf der Moskwa zum Gorki-Park. An Bord waren auch Bon Jovi und andere Musiker vom Festival, außerdem Musikjournalisten aus aller Welt, aber auch Rote-Armee-Soldaten. Und da kam mir der Gedanke«, fuhr er fort, »hier ist die ganze Welt in einem Boot versammelt und alle sprechen eine Sprache: Musik. Es war ein starker Moment der Inspiration, der Hoffnung, dass sich die Welt verändert und der Kalte Krieg bald vorbei ist.«

Den Song *Wind of Change* schrieb er dann Anfang September 1989, zwei Monate vor dem Mauerfall. »All die Bilder und Inspirationen aus Moskau drückten sich in dem Song aus. Text und Musik entstanden in einem Durchgang. Ich hatte ein starkes Gefühl, dass dieser Song etwas Besonderes ist, aber dass er ein richtiger Welthit werden könnte, merkte ich erst in Los Angeles, wo wir unserem kanadischen Produzenten die Songs für unser nächstes Album vorspielten. Zu *Wind of Change* sagte er:»Das könnte ein Smash werden«, also ein Riesenhit.

Wind of Change gilt bis heute als »Hymne auf die Wende«, stürmte weltweit die Charts und wurde 2005 in der ZDF-Sendung *Unsere Besten* zum »Jahrhunderthit« gewählt. »Die Kraft, die von diesem Song ausging«, sagte Klaus Meine, »kam daher, dass er vor dem Mauerfall geschrieben worden ist und deshalb diese starke Hoffnung auf Veränderung transportiert hat.«

Durch gezieltes Wunschträumen können auch Sie hoffnungsvoller an das Morgen herangehen. Wenn Sie Ihre persönliche Wunschzukunft vorausträumen, fühlen Sie sich schon in der Gegenwart besser. Und anstatt sich im Gestrüpp des Alltags zu verfangen, reicht Ihr Blick bis zum Horizont.

Buchen Sie einen Traumtag in Ihrer Wunschoase

Gönnen Sie sich regelmäßig eine Auszeit für Ihre Wunschtraumpflege. Reservieren Sie sich einfach einen Traumtag in Ihrer Wunschoase – einmal pro Quartal oder auch öfter, ganz nach Ihrem Bedürfnis.

An Ihrem ersten persönlichen Dream Day stellen Sie sich Ihren Wunschtraum so lebhaft wie möglich vor – vom Traummorgen bis zum Traumabend. Falls es Ihnen Schwierigkeiten bereitet, in den Wunschtraummodus zu schalten, versuchen Sie es mit einem kleinen Kunstgriff. Stellen Sie sich vor, Sie hätten wie im Märchen drei Wünsche frei: Was würden Sie sich von Ihrer Glücksfee wünschen? Oder malen Sie sich aus, dass Ihnen eine Nicht-Scheitern-

Garantie mitgeliefert würde. Was immer Sie sich jetzt erträumen, wird in Erfüllung gehen! Was würden Sie sich sehnsüchtiger als alles andere wünschen, wenn diese Bedingung für Sie Gültigkeit hätte? Schreiben Sie Ihren Wunschtraum klar und deutlich auf. In Wirklichkeit kann Ihnen natürlich niemand garantieren, dass Sie nicht scheitern werden. Aber wenn Sie Ihr Wunschziel konkret vor Augen haben, halten Sie auch Rückschläge aus. Durch Träume werden selbst schwierige Lebenssituationen leichter erträglich, weil man zumindest in seiner Vorstellung schon nicht mehr in der engen und beschwerlichen Gegenwart gefangen ist.

Angenommen, Sie träumen von finanziellem Erfolg, so kreieren Sie – als extremen Vorstellungsverstärker – zum Beispiel einen Blankoscheck von Ihrer Wunschbank und drucken ihn aus. Tragen Sie Ihren Namen und die angestrebte Summe ein und schauen sich Ihren Wunschscheck jeden Tag an. Schon bald werden Sie höchstwahrscheinlich spüren, wie wohl Sie sich fühlen würden, wenn Sie dieses Finanzziel wirklich erreicht hätten. Oder kopieren Sie einen Ihrer Kontoauszüge auf Din-A4-Format, weißen den tatsächlichen Kontostand und tragen stattdessen Ihren Wunsch- und Zielbetrag ein. Sie werden es sehen: Gleich sind Sie viel besser drauf. Ihr Verlangen, diesen Traum wirklich zu erreichen, wächst – und allein schon Ihr gestiegenes Energielevel hilft Ihnen, dem finanziellen Traumziel näherzukommen.

Nachdem Sie Ihre Wunschträume formuliert haben, gehen Sie Ihre Niederschrift an jedem weiteren Ihrer Wunschtage aufmerksam durch. Eventuell nehmen Sie kleine Änderungen vor und justieren nach. Kleine Verschiebungen sind okay – nur Ihre Träume selbst dürfen niemals verschwinden oder klein werden. Und lassen Sie auch zwischen Ihren Dream Days möglichst keinen Tag vergehen, ohne sich die Erfüllung Ihrer Sehnsüchte konkret und lebhaft vorzustellen.

Erstellen Sie eine Wunschliste aus Ihrem persönlichen Traumkatalog

Richten Sie sich auf Ihrem Tablet oder Laptop eine Traumpage ein. Pflegen Sie dort schöne Dinge ein, die Sie unbedingt haben möchten. Die Luxusuhr Ihrer Träume oder den neuen Plasmabildschirm, aber auch Wünsche, die sich nicht mit einem einzigen Kauf erfüllen lassen – eine besondere Reise etwa oder einen Kreativkurs, von dem Sie schon lange träumen.

Wie aus einem imaginären Versandkatalog können Sie frei auswählen, was Sie sich als Ausstattung für Ihr Leben wünschen. Sie allein entscheiden, was Sie bestellen und was Sie abbestellen. Größe, Material und Farbe Ihrer Lebenswünsche – alles liegt in Ihrer Hand. Aber Achtung: so unbedacht wie das Sams, die berühmte Figur aus den erfolgreich verfilmten Kinderbüchern von Paul Maar, sollten Sie allerdings nicht draufloswünschen. Sie müssen Ihre Wünsche schon konkret benennen. Definieren Sie die Objekte Ihrer Sehnsucht so genau wie möglich – nur wenn Sie Ihr inneres GPS exakt programmiert haben, kann es Sie ans ersehnte Ziel führen.

Packen Sie alle Ihre Hoffnungen und Sehnsüchte in Ihre Wunschträume. Der Fantasie sind keine Grenzen gesetzt. Nur kleinlich dürfen Sie mit sich selbst nicht sein. Kleine Träume sind etwas für kleine Kinder, große Träume sind etwas für Erwachsene – also für Sie!

Welche Träume wollen Sie realisieren? Sich für benachteiligte Menschen in unserem Land oder in Afrika engagieren? Sich mit der Geschäftsidee selbstständig machen, die Sie seit Jahren mit sich herumtragen? Es ist Ihr Leben und Ihre Wunschliste – nur Sie können wissen, was dort in welcher Reihenfolge hingehört.

Aus den Luftschlössern von heute werden die irdischen Paläste von morgen. Erträumen Sie sich Ihr Wunschhaus, Ihren Wunschberuf – Ihr traumhaftes Leben. Allein schon die bildliche Vorstellung künftiger Erfolge setzt Glückshormone und Energien frei.

Falls Sie aber beispielsweise total unsportlich sind, verschwenden Sie bitte keinen Gedanken daran, Lionel Messi beim FC Barcelona abzulösen. Ich selbst kann weder zeichnen noch malen. An den Gedanken, dass einmal Bilder von mir auf der *Art Basel* ausgestellt werden könnten, vergeude ich daher weder Hoffnung noch Zeit. Und genauso sollten Sie es auch machen: Energien in Wunschträume zu investieren, ist sinnlos, wenn die erträumten Erfolge bestimmte Talente erfordern, über die man nicht verfügt.

Entwickeln Sie eine Traumvorstellung – aber bitte keine Wahnvorstellung, die mit Ihren individuellen Stärken gar nichts zu tun hat. Nicht jeder Traum ist es auch wert, verwirklicht zu werden. Von manch einer Wunschvorstellung sollte man sich schleunigst wieder verabschieden, wenn sie sich bei Tageslicht als bloße Spinnerei erweist. Sie sollten mit Ihren Traumwünschen da anknüpfen, wo Sie gewisse Talente und Stärken besitzen.

Laden Sie Ihren Wunschtraum mit Sehnsucht auf

Gestalten Sie Ihren Traum so begehrenswert, dass Sie ihn nicht mehr aus dem Kopf bekommen und Tag und Nacht kaum an etwas anderes denken können. Wenn Sie viele verschiedene Träume haben, dann finden Sie heraus, welcher dieser Träume Ihnen mehr als alle anderen am Herzen liegt. Dieser Traum enthält Ihr Lebensmotto, Ihr Leitbild, den Masterplan für Ihr Lebensglück.

Führen Sie sich Ihren Traum immer wieder und möglichst konkret vor Augen. Spüren Sie der tiefen Sehnsucht nach, die Sie erfüllt, wenn Sie an Ihren Wunschtraum denken. Fühlen Sie, wie Ihr Herz vor Freude hüpft, wann immer Sie sich vorstellen, dass Ihr Traum in Erfüllung gegangen ist. Laden Sie Ihre Wunschträume bewusst und immer wieder mit positiven Gefühlen auf – mit Verlangen und Hoffnung, Sehnsucht und Zuversicht. Ihr Lebenstraum ist ein Leuchtfeuer, das Sie auf Ihrem Erfolgsweg von einem Zwischenziel zum nächsten lotst.

Gerade auch im Beruf ist es wichtig, eine konkrete, unwiderstehliche Vision zu entwickeln. Mein Wunschtraum bei der Gründung meines Finanzunternehmens war es, unabhängige Beratung für Normalbürger anzubieten – und nicht nur für die Superreichen durch Privatbanken und Vermögensberater, wie es bis dahin üblich war.

Wenn Sie feststellen, dass einer Ihrer Wunschträume bei nüchterner Betrachtung vielleicht gar nicht so erstrebenswert ist, wie Sie es in der ersten Begeisterung geglaubt haben, dann streichen Sie ihn rechtzeitig wieder von Ihrer Wunschliste. Seien Sie ehrlich mit sich selbst!

Als ich mit Prof. Florian Holsboer, dem Chef des Max-Planck-Instituts in München, Anfang 2010 die *HolsboerMaschmeyer NeuroChemie GmbH* gründete, hatten wir beide eine konkrete Vision. Unsere gemeinsame Wunschvorstellung ist es, die individualisierte Therapie von Gehirnerkrankungen zu optimieren. Durch einen neuen Ansatz in Forschung und Entwicklung wollen wir eines Tages im Stande sein, Millionen von Menschen zu helfen, die an Depressionen und anderen psychischen Leiden erkrankt sind. Heute haben wir durch unsere Kooperationen mit großen Pharmaunternehmen und akademischen Forschungseinrichtungen im In- und Ausland bereits wesentliche Etappen auf der Reise zu unserem visionären Ziel erreicht.

Träumen auch Sie beharrlich davon, einen Teil Ihrer Welt zu verändern. Lassen Sie Ihre Wünsche zu und nicht mehr von ihnen ab. Entwickeln Sie klare Vorstellungen von Ihrem Ziel, und laden Sie Ihre Wunschträume mit Gefühlsenergien auf. Träume verstärken das Verlangen, das Traumziel auch wirklich zu erreichen. Verschaffen Sie Ihrem Lebenstraum einen Lebensraum.

Nehmen Sie Zukunftsunterricht

Wunschträume zielen auf die Zukunft – und nur diese können Sie aktiv gestalten. Sich mit der Vergangenheit zu beschäftigen, kann interessant sein – aber lohnender als jede Rückschau ist die Vorschau auf Ihre Zukunftsträume und -pläne. Träumen lernen heißt, Zukunftsunterricht zu nehmen. Was hilft es Ihnen letztlich, wenn Sie alles über versunkene Zeiten wissen? Schließlich steht Ihnen ja keine Zeitmaschine zur Verfügung, die Sie in die Vergangenheit bringen kann. Also finden Sie lieber heraus, was die Zukunft für Sie bereithält, was Sie sich für Ihre Zukunft wünschen und wie Sie diese Ziele am besten erreichen können. Lassen Sie sich vom Misserfolg in der Vergangenheit scheiden – und vermählen Sie sich mit Ihrer Erfolgszukunft!

Spitzensportler verwenden während des Wettkampfs, wenn sie am Rande der Erschöpfung sind, manchmal einen Kunstgriff: Sie stellen sich vor, wie sie als Erster das Ziel erreichen, das Siegertreppchen erklimmen und die Goldmedaille umgehängt bekommen. Sie sehen sich selbst, wie ihnen der Gewinnerscheck überreicht wird – und allein dadurch entwickeln sie genau die zusätzliche Energie, die sie für den tatsächlichen Sieg benötigen. Je öfter und intensiver man sich das vorstellt, desto mehr Energie wird in einem freigesetzt – Kraft und Zuversicht, um aus sich selbst und seinem Leben tatsächlich mehr als das zu machen, was man bisher erreicht hat.

Ich selbst habe mir bei langen Trainingsläufen, wenn mir kurz vor dem Ende die Luft auszugehen drohte, oftmals vorgestellt, dass dies der wichtigste Wettkampf meiner Karriere sei und ich vor Tausenden Zuschauern in der letzten Runde in Führung läge. Auf keinen Fall wollte ich mich da noch überholen lassen! Ich steigerte mich richtig in diese Vorstellung hinein – und tatsächlich gingen die letzten paar Hundert Meter dadurch leichter. Ich atmete wie mit einer zweiten Lunge und spürte das Brennen in meinen Beinen nicht mehr.

Träumen Sie sich als Sieger – dadurch entwickeln Sie genau die zusätzliche Energie, die Sie für Ihren tatsächlichen Sieg benötigen. Negativ zurückzublicken ist oft nicht richtig – positiv nach vorne zu schauen, ist dagegen lebenswichtig. Im Nachhinein können Sie den gerade vergangenen Tag sowieso nicht mehr beeinflussen. Aber Sie können dafür arbeiten, dass der nächste Tag besser wird, indem Sie sich lebhaft und beharrlich vorstellen, wie dieser neue Tag – und Ihr weiteres Leben – verlaufen soll.

Unser Leben ist nämlich kein Spiel, bei dem wir direkt nach einer Niederlage die Reset-Taste drücken können. Machen Sie sich klar, wie tragisch es wäre, wenn Sie Ihre Ziele niemals erreichen dürften. Eben deshalb sollten Sie alles daransetzen, dass Sie Ihre Wünsche erfüllen können.

Lassen Sie sich Ihren Traum von niemandem vernichten. Halten Sie Ihren Traum unbedingt fest. Spielen Sie auf Traumdeckung. Denn Träume sind unsere Verbindung vom heutigen Ist zum ersehnten morgigen Soll.

Eilen Sie in Ihrer Fantasie der Realität voraus

Wenn ich als Junge von unserer Wohnsiedlung zum Sportverein wollte, musste ich 6 Kilometer am Stadtrand entlanglaufen – für den Bus gab es kein Geld. Da kam ich auch an einem kleinen Industriegebiet mit einem Firmengebäude vorbei, das war 40 Meter breit, zwei Etagen hoch. Jedes Mal, wenn ich dort vorbeilief, ging es mir durch den Kopf:»Mensch, wer so eine Firma hat, der hat's geschafft! Der ist reich, der muss sich keine Sorgen mehr machen, der fährt bestimmt ein tolles Auto und kann großartige Weltreisen machen.« Und da habe ich mir gesagt:»Irgendwann möchte ich auch mal so eine tolle Firma haben.«

Als ich dann in die Finanzbranche kam, hieß es:»Wenn Sie als Berater gut sind, können Sie auf eigene Rechnung ein Büro eröffnen und Mitarbeiter einstellen. Wenn Sie richtig gut sind, werden Sie ein Gebiet leiten.« Und so nahm mein Traum reale Gestalt an – und daraus wurde schließlich ein Headquater mit 20 000 Quadratmetern in Hannover, das Domizil für mein eigenes Unternehmen.

Bereits als Student war ich ein gut verdienender Finanzberater und als Finanzberater in meiner Fantasie schon ein erfolgreicher Büroleiter. Als Büroleiter war ich in meiner Vision Direktor und als Direktor schon Geschäftsführer. Später stellte ich mir dann vor, bereits Inhaber eines Finanzunternehmens zu sein. Ich habe immer so gearbeitet, wie ich es für die nächsthöhere Position für nötig und richtig hielt. Vor allem aber habe ich mir immer lebhaft vorgestellt, wie es sich anfühlen würde, bereits »da oben« zu sein.

Für professionelle Sportler ist es eine Selbstverständlichkeit, das angestrebte Ziel so intensiv wie möglich zu visualisieren. Schon in der zweiten Liga muss sich ein Fußballspieler vorstellen, dass er in der ersten Liga spielt – nur so kann er es schaffen, auch tatsächlich eines Tages einen Talentscout von Bayern München oder Borussia Dortmund auf sich aufmerksam zu machen. Jeder gute Spieler träumt davon, aufzusteigen – und entsprechend geht er motivierter ans Werk. Er trainiert härter und erfolgsorientierter als seine Mitspieler, die damit zufrieden sind, es in die zweite oder dritte Liga geschafft zu haben.

Machen Sie es wie die Gewinnertypen im Profisport: Erträumen Sie sich Ihre nächsthöhere Wunschstufe. Seien Sie kein bloßer Zuschauer des Lebens – nehmen Sie die Rolle des Handelnden ein. Beobachten Sie nicht das Leben anderer Menschen, sondern leben Sie Ihr eigenes Leben. Verlieren Sie sich nicht in Ersatztätigkeiten und Sekundärbefriedigungen. Konzentrieren Sie sich auf Ihren Traumwunsch Nummer eins!

Vor Ihrem Lieblingstraum dürfen Sie niemals flüchten, sonst verraten Sie sich selbst. Folgen Sie Ihren Wunschträumen, um herauszufinden, welche Möglichkeiten Sie haben. Und dann lassen

Sie den Träumen auch Taten folgen. Machen Sie sich klar, dass allein durchs Träumen noch keiner ans Ziel gelangt ist.

Ihre Träume können *wahr* werden – aber nur dann, wenn Sie *wahr*lich etwas dafür tun. Wenn Sie genügend Energie haben, um Ihren Wunschtraum zu entwickeln und zu nähren, dann haben Sie auch genug Energie, um ihn zu verwirklichen. Sie müssen auch die Fertigkeiten erlernen, die Sie zur Zielerreichung benötigen – und dann hart und beharrlich dafür arbeiten. So gelangen Sie von der Wunschvorstellung zur Fertigstellung, also von der Wunschprojektion zur Erfolgsproduktion.

Vergrößern Sie Ihr Traumvermögen!

2

So treffen Sie Ihr Ziel

Zielsicher leben

Das Mädchen meiner damaligen Jugendträume lernte ich nach dem Abitur kennen. Ich liebte sie sehr und sie liebte mich ein bisschen. Ich verwöhnte sie, lud sie zum Essen ein, schrieb ihr Liebesbriefe und Gedichte und schenkte ihr Blumen. Ich hatte den Traum, mit diesem wunderschönen Mädchen in den Urlaub zu fahren. Ich war schon damals romantisch – Sonne, Palmen, Strand, das alles war für mich sehr wichtig. Und ganz wichtig auch: ein Doppelzimmer. Bei mir zu Hause war es schwierig, sich mit einem Mädchen zu treffen. Meine Mama kam alle fünf Minuten in mein Zimmer und fragte: »Wollt ihr Pfefferminztee?« Oder: »Wollt ihr die *Tagesschau* mit uns gucken?«

Schließlich war sie bereit, mit mir zusammen nach Tunesien zu fliegen. Ich wollte sie dazu einladen, aber ich hatte gerade erst mein Abitur gemacht und besaß kein Geld.

Also setzte ich mir Ziele: Damit mein Traum wahr werden konnte, musste ich das nötige Geld verdienen. Ich jobbte in einem Supermarkt an der Kasse und stellte meinen Zielplan auf: Um mit meiner Freundin für zwei Wochen nach Tunesien zu fliegen, musste ich soundso viele Stunden an der Kasse sitzen. Hielt ich das nicht durch, würde mein Traum ein bloßer Traum bleiben.

Aber ich schaffte es, ich hielt durch – und flog zur Belohnung mit dem Mädchen meiner Träume nach Afrika.

Wie das Leben so spielt, lernte ich dort am Strand jemanden kennen, der mir den Zugang in die Finanzwelt öffnete. Er erzählte mir, dass ich durch Finanzberatung neben meinem Studium 1000 DM und mehr monatlich verdienen könnte. Zuerst glaubte ich, der Mann würde sich über mich lustig machen. Aber er erklärte mir ganz genau, wie ich es ganz weit bringen könnte. Und da entstand in mir der Wunsch: Ich will erfolgreicher Finanzberater werden, vielleicht danach Führungskraft, mich selbstständig machen und das eigene Unternehmen gründen, von dem ich schon als Junge beim Laufen geträumt habe.

Legen Sie Ihre Zielkoordinaten fest

Viele Menschen leben in den Tag hinein, denken kaum an ihre Zukunft und verfolgen keine echten Ziele. Natürlich kann man das Leben auch einfach so nehmen, wie es gerade kommt. Doch wer sich selbst keine Ziele setzt, der sitzt sein Leben lang in der Geisterbahn – oder er wird von anderen, zielbewussteren Zeitgenossen für deren Ziele eingespannt.

Stellen Sie sich vor, Sie sitzen in einem Motorboot und wollen losfahren. Wenn Sie vorher keinen Zielpunkt festgelegt haben, sollten Sie besser gar nicht erst starten. Auch ein schnelleres Boot mit stärkerem Motor und mehr PS ändert nichts an Ihrem Grundproblem: Sie müssen wählen, welche Himmelsrichtung Sie ansteuern wollen, und die Zielkoordinaten eingeben. Sonst können Sie höchstens eine Weile lang ziellos im Kreis fahren oder laufen sogar auf Grund.

Nur wer seine Ziele klar und deutlich vor Augen hat, kann sie auch erreichen. Gewinner treffen ihre Ziele. Und sie suchen sich möglichst große, begehrenswerte Ziele aus.

Wollen Sie glücklicher leben, neue Fertigkeiten erlernen, sich mehr Ihrem Hobby widmen, Ihr eigener Herr sein? Damit diese und andere Wünsche sich erfüllen können, müssen Sie die für Sie persönlich passenden Ziele definieren und anvisieren. Ziele gehen oftmals aus unerfüllten Wünschen hervor. Wir wünschen uns mehr Vitalität, einen interessanteren Job, einen intelligenten und attraktiven Lebenspartner – und aufgrund solcher Bedürfnisse fassen wir bestimmte Ziele ins Auge.

Als Kind wurde ich in der Schule oft gehänselt. Ich war körperlich schwach, meine Mutter verpasste mir konservative Kleidung und meine Haare wurden zu Hause ostpreußisch kurz geschnitten. Von meinen Mitschülern wurde ich belächelt, und da habe ich mir immer vorgestellt: Eines Tages will ich erfolgreich sein. Die Leute, die sich heute über mich lustig machen, werden sich noch wundern, was in mir steckt!

Anfangs versuchte ich, dieses Ziel über den Sport zu erreichen. Mannschaftssport kam nicht infrage, denn ich hatte einfach kein Ballgefühl, deshalb stellte mich zum Beispiel beim Fußball keiner auf. So begann ich stattdessen zu laufen und das klappte ganz gut. In der Lokalzeitung stand immer wieder mal mein Name, wenn ich bei einem 1000-Meter-Lauf auf den vorderen Rängen gelandet war. Ich wollte erfolgreich werden, das war mein Traum, aber noch hatte ich über den Sport hinaus kein konkretes Ziel, durch das sich dieser Traum verwirklichen ließ.

Damit Ihre Wünsche Wirklichkeit werden können, müssen Sie sich jedoch konkrete, greifbare Ziele setzen. »Ich will endlich Spanisch sprechen können« ist kein solches Ziel, sondern zunächst einmal nur ein vager Wunsch. Anders sieht die Sache aus, wenn Sie sich vornehmen: »Ich will an der Abendschule ab nächsten Monat einen halbjährigen Spanischkurs für Fortgeschrittene absolvieren.«

Ihre Zielsetzung ist Ihre aktive Zukunftsgestaltung. Betrachten Sie Ihre Wunschträume, die Sie für sich formuliert haben, und übersetzen Sie Ihre Vision in konkrete Ziele. Achten Sie unbedingt darauf, dass Sie diese Ziele nicht nur als erstrebenswert ansehen, sondern auch weitestgehend über die Fertigkeiten verfügen, die man zur Zielerreichung braucht. Nicht zuletzt sollte es Ihnen Spaß machen, diese neuen Ziele anzusteuern. Logischerweise erreichen wir die Ziele am leichtesten, die zu unseren Eignungen und Neigungen passen. Wenn Sie also von dem Wunsch erfüllt sind, Basketballspieler zu werden, aber vom Scheitel bis zur Sohle nur 1,70 Meter messen, dann sollten Sie sich besser nicht das Ziel setzen, der Nachfolger von Dirk Nowitzki zu werden. Der Erfüllung Ihres Wunschtraums würden Sie auf diese Weise nämlich keinen Schritt näherkommen. Verfahren Sie sich nicht auf Ihrer Zielfahrt. Halten Sie unbedingt Kurs in Richtung Traumziel!

Konzentrieren Sie sich auf Ihr wichtigstes Ziel

Die erste und wichtigste *Erf*indung ist für Sie die *Ziel*findung. Achten Sie darauf, sich nicht zwischen einer Vielzahl von Zielen zu verlaufen. Sie können sich zwar eine beliebig lange Wunschliste zusammenstellen, aber bei den Zielen ist Konzentration auf das Wesentliche angesagt. Unter Umständen kann es sinnvoll oder sogar unvermeidlich sein, mehrere Ziele nebeneinander zu verfolgen. Aber dann ist es umso wichtiger, dass Ihre Hauptziele einander nicht widersprechen. Wenn Sie sich das Ziel setzen, neben Ihrem Job einen Spanischkurs an der Abend- oder Fernschule durchzuziehen, dann sollten Sie nicht gleichzeitig beschließen, sich endlich wieder Ihren so lange vernachlässigten Hobbys zu widmen.

Wollen Sie mehrere Ziele parallel verfolgen, so legen Sie fest, welches Ihr alles überragendes Hauptziel ist. Wer alles gleichzeitig erreichen will, steht am Ende mit leeren Händen da. Ordnen Sie Ihre Ziele in einer eindeutigen Hierarchie. Ihr Alpha-Ziel (zum Beispiel Karriere zu machen oder ein eigenes Unternehmen zu gründen) wollen Sie unbedingt erreichen, es ist allem anderen übergeordnet. Daneben auch das eine oder andere Beta-Ziel zu erreichen (zum Beispiel Klavier spielen lernen), wäre wünschenswert, ist aber für Sie kein Muss. Ihren Gamma-Zielen (zum Beispiel Golf-Handicap verbessern …) widmen Sie höchstens mal gelegentlich einen Sonntagnachmittag.

»First things first«: Um wirklich erfolgreich zu sein, darf man sich nicht zwischen all den Zielen verirren. Horchen Sie in sich hinein: Welche unter all den Zielen, die Sie verfolgen könnten, sind für Sie am wichtigsten? Das sollten Ihre Alpha-Ziele sein, denen Sie alle anderen unterordnen und notfalls auch opfern. Unzählige Beta- und Gamma-Ziele habe ich im Lauf meines Lebens auf langen Listen notiert. Aber die große Mehrzahl davon habe ich nicht weiterverfolgt, weil ich alle meine Energien auf meine Alpha-Ziele konzentrierte.

Als Schüler wollte ich Medizin studieren und wusste, dass ich eine sehr gute Abiturnote brauchen würde, um trotz Numerus clausus einen Studienplatz zu bekommen. Eigentlich hatte ich ja zu dieser Zeit nur meine Kumpel, Sport und Musikhören im Kopf – aber ich zwang mich, mehr zu lernen und Vokabeln zu büffeln. In dieser Phase war es mir wichtiger als alles andere, die erforderliche Durchschnittsnote zu schaffen. Tatsächlich habe ich dieses Ziel dann auch nur um eine Zehntelnote verfehlt – mit der Folge, dass ich zwar ein Semester warten musste, aber dann meinen ersehnten Studienplatz bekam.

Hans-Joachim Watzke, der Geschäftsführer von Borussia Dortmund, erzählte mir beim Champions-League-Endspiel im Londoner Wembley-Stadion, wie er nach der Übernahme der BVB-Leitung seine Ziele definierte und schrittweise höher setzte.

»In der ersten Zeit hatten wir nur das Ziel, zu überleben, die Insolvenz zu vermeiden«, erklärte er mir. »Das ging etwa ein Jahr so, dann gelang es mir, teilweise durch einen glücklichen Zufall, Morgan Stanley mit ins Boot zu holen. Mit der Investmentbank und einer Unternehmensberatung zusammen entwickelte ich dann einen richtigen Fünfjahresplan, um den BVB zu restrukturieren, die Finanzen zu ordnen, die Schulden abzulösen und möglichst auch abzubauen.«

2007 war klar, dass der BVB wirtschaftlich überleben würde. »Da fragten wir uns dann«, erzählte »Aki« Watzke weiter, »wie ist unser aktueller Status und wo wollen wir hin? Uns wurde klar, dass unsere Fans unser größtes Kapital sind. Geld für teure Spieler hatten wir nicht, aber wir hatten 4 Millionen Fans – die mussten wir erfreuen. Also beschlossen wir, junge Spieler zu holen, die nicht so viel kosteten, aber extrem aktiv und angriffslustig spielten. Unser neues Ziel war dann: Maximaler sportlicher Erfolg bei Verzicht auf jede Form von neuen Schulden.«

2011 gelang Borussia Dortmund bekanntlich die Sensation: Nur fünf Jahre nach dem Beinahe-Bankrott wurde der BVB Deutscher Meister.

Ziele müssen definiert und messbar sein

Ihr Alpha-Ziel sollte exakt definiert sein und Sie sollten möglichst präzise die Schritte festlegen, die Sie fortan unternehmen werden, um sich Ihrem Ziel zu nähern. Viele Menschen glauben, dass sie ein solches echtes Ziel verfolgen – und wundern sich, warum sie es doch nie erreichen. Wenn man sie beispielsweise fragt, was sie sich für dieses Jahr vorgenommen haben, bekommt man oft schwammige Antworten wie: »Na, ich werde mehr Sport machen, um fitter zu werden«, oder: »Ich werde an meiner Karriere arbeiten!«

Doch das sind keine echten Ziele – jedenfalls nicht, solange man nicht zusätzlich festgelegt hat, wie diese Arbeit an der Fitness oder an der Karriere konkret aussehen soll. Welche Sportarten werde ich nächstes Jahr betreiben? Wie viele Kilometer pro Tag werde ich joggen? Welche Fortbildungsmaßnahme will ich ergreifen oder um welche Stelle will ich mich bewerben, um den Karriere-Turbo zu starten?

Eine konkrete Zielsetzung hilft Ihnen dabei, dorthin zu gelangen, wo Sie eigentlich ankommen wollen. Aber Sie müssen Ihr Ziel so definieren, dass Erfolg oder Misserfolg messbar sind. Fragen Sie sich: Was möchte ich erreichen (zum Beispiel abnehmen), wie (durch Sport), wie viel (3 Kilo) und bis wann (bis Ostern)? Aus Angst vor dem möglichen Verfehlen der Zielmarke verzichtet manch einer lieber darauf, sich messbare Ziele zu setzen. Aber diese furchtsamen Zeitgenossen blamieren sich erst recht. Sie sind wie der Vogel im Käfig, der hinter den vertrauten Gittern hocken bleibt, obwohl die Käfigtür weit offen ist.

Während unseres Börsengangs im Jahr 2000 fragte mich irgendwann mein Finanzchef, wie gut eigentlich mein Englisch sei. »Im Urlaub komme ich damit schon durch«, antwortete ich. »Und Business English«, hakte er nach, »können Sie das auch?« Da musste ich passen – und erfuhr zu meinem Schrecken, dass dann unsere Chancen auf einen erfolgreichen Börsengang sinken würden. »In der Börsenwelt müssen Sie das Unternehmen, die Ergebnisse und Prognosen in Business English präsentieren«, erklärte er mir. Das war im Juni – und im Oktober wollten wir an die Börse gehen. Das hieß, dass wir bereits im September auf Roadshow nach New York und London gehen würden, um unser Unternehmen potenziellen Investoren anzupreisen.

Den Börsengang zu gefährden oder zu verschieben, kam für mich nicht infrage. Ich engagierte auf der Stelle eine Trainerin und zwei Tage später begann mein Unterricht in Wirtschaftsenglisch. Sie kam jeden Sonntagnachmittag und jeden Dienstagvormittag, und als Erstes verlangte sie von mir, die neuen Vokabeln immer bis zum nächsten Mal zu lernen. »Wenn Sie diese Regel nicht einhalten«, sagte sie, »breche ich den Unterricht ab.«

In den folgenden Wochen quälte ich mich fürchterlich. Ich opferte viele Nachtstunden, um Vokabeln zu büffeln. Aber ich hatte das Ziel, dass der Börsengang auf keinen Fall durch meine mangelhaften Englischkenntnisse beeinträchtigt werden sollte – und ich erreichte dieses Ziel.

Erfolg entsteht durch die V*erfolg*ung unserer Ziele. Wenn Sie Ziele anvisieren, konzentrieren Sie sich automatisch mehr auf die Lösung als auf das Problem. Das hilft außerordentlich, denn das bloße Betrachten von Schwierigkeiten und Hindernissen bringt uns eher vom Ziel ab und vermindert die Siegeszuversicht.

Schließen Sie einen Zielvertrag mit sich selbst

Setzen Sie sich ernsthafte Ziele, die weder unerreichbar noch allzu naheliegend sein sollten. Gehen Sie eine Selbstverpflichtung ein. Legen Sie schriftlich fest, welche Schritte Sie in welchen Zeiträumen unternehmen werden, um Ihr Ziel zu erreichen. Vielleicht schwören Sie sich sogar, dass Sie diesen Vertrag mit sich selbst auf Punkt und Komma einhalten werden.

Schreiben Sie nicht auf, was Sie *nicht* wollen, sondern definieren Sie ausschließlich, was Sie anstreben – und das möglichst klar und konkret. Schreiben Sie nicht:»Ich will nicht so wenig Zeit für die Kinder haben«, sondern setzen Sie sich ein positives, messbares Ziel:»Ich will ab heute täglich mindestens eine Stunde mehr Zeit für die Kinder haben.« Und dieses Ziel müssen Sie dann auch auf Ihrem Erfolgsanzeiger regelmäßig messen.

Bevor ich auf eine Ganztagsschule kam, kochte meine Mutter mittags für uns. Ich war immer ganz versessen auf den Pudding oder eine andere Süßigkeit, die es zum Nachtisch gab. Meiner Mutter dagegen war es besonders wichtig, dass ich meine Hausaufgaben machte. In diesem Punkt war ich ziemlich schlampig, ich wollte alles andere lieber tun – Spielen, Sport, Fernsehen – und schob die Hausaufgaben ständig vor mir her. Aber ich wusste auch, dass sich das ändern musste, und da ging ich eines Tages eine feierliche Selbstverpflichtung ein: Das Dessert würde ich mir fortan erst dann genehmigen, wenn ich meine Hausaufgaben fertig hatte. Das funktionierte und ich behielt es – wie geplant– bis zu den Sommerferien bei. Auch später, als ich schon berufstätig war, ging ich immer wieder solche Gelübde mit mir selbst ein. Wenn du nach Hause kommst, musst du erst die restlichen Akten abarbeiten – dann darfst du Fernsehen schauen oder Sport machen. Oder: Du musst ein Fortbildungskonzept entwickeln, dafür darfst du dann in den Sommerferien in den Urlaub fahren. Wenn du die Ziele verfehlst, bleibst du eben zu Hause. Daran habe ich mich strikt gehalten – was einmal zur Folge hatte, dass tatsächlich mein Urlaub ausfiel.

Die Chance, dass Sie Ihr Ziel erreichen, wird aber durch eine solche – möglichst schriftliche – Festlegung enorm erhöht. Wenn Sie Ihr Leben selbst in die *Hand* nehmen, werden auch Ihre Ziele *hand*fest.

Ein ernsthaftes Ziel ist etwas ganz anderes als ein bloßer Wunsch. Manche glauben, sie hätten feste Ziele, dabei haben sie nur lose Absichten. In Ihrem Zielvertrag sollten daher ausschließlich solche Ziele aufgeführt sein, die Sie persönlich, aus eigenem Entschluss und tiefstem Herzen erreichen wollen. Um Ihr Ziel zu erreichen, müssen Sie aufopferungsbereit und willensstark sein. Die nötige Motivation und Energie können Sie nur dann mobilisieren, wenn Sie für ein Ziel arbeiten, das Ihnen persönlich ganz besonders wichtig ist. Die wichtigste Führungskraft in Ihrem Leben sind Sie selbst, denn nur Sie selbst können sich an Ihr Ziel führen.

Visualisieren Sie Ihr Happy End

Um den Wunschtraum in uns lebendig zu erhalten, ist die Vorstellung ungemein hilfreich, dass wir es bereits geschafft haben und unser Traum gerade jetzt Wirklichkeit wird. Das gilt umso mehr für unsere Ziele: Da sie viel konkreter, greif- und messbarer als bloße Wunschträume sind, können wir uns mit unserer Vorstellungskraft das Happy End auch viel plastischer ausmalen.

Werden Sie Ihr eigener Regisseur! Inszenieren Sie aus Ihren einzelnen Vorstellungsbildern Ihren geistigen Lebensfilm, in dem Sie der Topstar sind, und spielen Sie ihn in Ihrem Kopfkino ab. Stellen Sie sich das triumphale Happy End vor, wenn Sie Ihr Ziel tatsächlich erreicht haben.

Sehen Sie sich zum Beispiel am letzten Tag in der Abendschule: Der Kursleiter überreicht Ihnen Ihre Qualifikationsurkunde – davon haben Sie jahrelang geträumt! Für dieses Ziel haben Sie unzählige Abende und Wochenenden über Ihrem Unterrichtsstoff verbracht, anstatt wie Ihre Freunde zum Bowling oder zum Heimspiel Ihres Bundesligavereins zu gehen. Aber es hat sich gelohnt! Spüren Sie, wie toll sich das anfühlt? Ein Gefühl der Stärke, des Aufbruchs und der Zuversicht erfüllt Sie – allein schon bei der Vorstellung, dass Sie Ihr Ziel erreicht haben! Wie großartig wird es sich erst anfühlen, wenn Sie wirklich dort angekommen sind?

Sie haben genug Erfolgshunger und ausreichend Tatendurst. Damit erreichen Sie neue Höhen. Bloß keine Höhenangst zulassen! Wenn Sie Ihre Erfolgsziele erreichen, winkt Ihnen der höchste Preis, den Sie jemals erringen können: Ihr persönlicher Lebenssieger-Preis.

Umgeben Sie sich mit Erinnerungsverstärkern

Notieren Sie Ihre wichtigsten Ziele auf Haftnotizzetteln und verteilen Sie diese überall dort, wo Sie sich öfter aufhalten. Heften Sie die Erinnerungsverstärker an Ihren Kühlschrank, auf Ihren Schreibtisch, an den Badezimmerspiegel, auf Ihren Nachttisch, ans Lenkrad Ihres Wagens, an Garagen- und Haustür. Kreieren Sie eine Ziel-Startseite für Ihren Laptop und Ihr Smartphone.

Auf diese Weise stellen Sie sicher, dass Sie Ihr Alpha-Ziel nicht eine Sekunde lang aus den Augen verlieren. Gönnen Sie sich im Trubel des Alltags dafür immer wieder mal eine kurze Auszeit:

Stellen Sie sich ganz bewusst den Moment vor, in dem Sie Ihr Ziel erreicht haben werden. Malen Sie sich den Augenblick Ihres Triumphs aus, Ihr ungeheures Glücksgefühl.

Weihen Sie Ihr Umfeld in Ihr Vorhaben ein

Die Menschen in Ihrer privaten und beruflichen Umgebung können Ihnen helfen, Ihr Ziel zu erreichen. Wenn Sie Ihren Partner, Ihre Freunde oder Ihre Kollegen in Ihre Pläne eingeweiht haben, dann bekommen Sie von außen einen Spiegel vorgehalten – im Guten wie im Schlechten. Dagegen können *geheime* Ziele schnell zu *gemeinen* Zielen werden, denn ohne Resonanzverstärker bleiben sie schallgedämpft.

Haben Sie die lauthals angekündigten Ziele nicht erreicht, dann müssen Sie sich eben anhören:»Große Klappe – nichts dahinter, was?« Aber wenn Sie auf Ihrer Zielstrecke vorangekommen sind, dann erhalten Sie von Ihren Nächsten auch das wohlverdiente Lob, das in Ihnen weitere Kräfte freisetzt.

Wenn man vor den Augen eingeweihter Beobachter seinem Ziel entgegenstrebt, dann ist man einfach motivierter und kommt leichter über Phasen der Schwäche und Selbstzweifel hinweg. Was man sich selbst im stillen Kämmerlein vielleicht durchgehen lassen würde, will man sich von seinen Freunden nicht vorhalten lassen müssen.

Ich selbst habe mehrfach die Verstärkerwirkung erlebt, die von solchen»Gelöbnissen vor Zeugen« ausgeht. Da ich zu verabredeten Terminen oft zu spät komme, habe ich in einer sich regelmäßig treffenden Konferenzrunde eines Tages versprochen, künftig immer pünktlich zu sein. Tatsächlich habe ich mich danach am Riemen gerissen, denn ich wollte nicht als jemand gelten, der viel redet, seinen Worten aber keine Taten folgen lässt. Trotz aller Anstrengung ist es mir allerdings nicht gelungen, dieses Ziel jedes

Mal zu erreichen – aber immerhin, ich verspäte mich seitdem viel seltener als vor dem »Schwur«.

Ein anderes Beispiel: Jeder (ehemalige) Raucher weiß aus frustrierender Erfahrung, wie wenig es hilft, wenn man nur still für sich beschließt, mit dem Rauchen aufzuhören. Der gute Vorsatz erweist sich nur allzu bald schon wieder als heißer Dampf. Wenn Sie dagegen vor Ihren Freunden und Kollegen verkünden, dass Sie das Rauchen aufgeben wollen, dann ist Ihre Chance viel größer, dass Sie über die besonders schwierigen ersten Wochen hinwegkommen. Schließlich wollen Sie vor den anderen nicht Ihr Gesicht verlieren, und heimlich zu rauchen, macht auch keinen Spaß. Man würde sich fast schämen, wenn man vor aller Augen sein feierlich verkündetes Ziel verfehlen und sich so zum Gespött machen würde. Der Teil von Ihnen, der wirklich mit der Qualmerei aufhören will, verbündet sich sozusagen mit Ihrem Umfeld – und damit steigt die Chance auf Zielerreichung erheblich. Der Teil von Ihnen, der sich lieber weiterhin den Lockungen des Nikotins ergeben würde, gerät dadurch natürlich unter Druck – aber gerade dieser Druck ist für die Zielerreichung hilfreich.

Ihre Chancen steigen noch weiter, wenn Sie die Menschen aus Ihrem Umfeld bitten, Sie erforderlichenfalls an Ihren guten Vorsatz zu erinnern und Sie zum Durchhalten anzuspornen. Das steigert Ihren Ehrgeiz und verleiht Ihnen zusätzliche Kraft.

Mit größeren Zielen schaffen Sie größere Ergebnisse

Ihr Ziel sollte so definiert sein, dass es für Sie persönlich eine Herausforderung darstellt. Wenn Sie sowieso schon wöchentlich 20 Kilometer joggen und sich nur vornehmen, das auch im nächsten Jahr zu schaffen, bringt Sie das nicht weiter. Überfordern Sie sich aber auch nicht und verordnen sich plötzlich 20 Kilometer am Tag.

Sie sollten sich spürbar anstrengen müssen. Wenn Sie Ihr Ziel mühelos erreichen, haben Sie sich zu wenig abverlangt. Größere Ziele fordern zwar eine größere Anstrengung, bringen aber auch größere Ergebnisse.

Ich bin für viele Sportarten motorisch ungeeignet. Komplizierte Bewegungsabläufe zu koordinieren, war nie meine Stärke, deswegen bin ich Läufer geworden. Einmal im Jahr mussten wir in unserem Sportverein aber auch einen Mehrkampf absolvieren. Meine problematischste Disziplin war eindeutig der Weitsprung – ich konzentrierte mich viel zu sehr darauf, den Absprungbalken möglichst genau zu treffen, also nichts zu verschenken und erst recht nicht überzutreten, wodurch der Sprung ungültig geworden wäre. Dadurch konnte ich die Kraft und Geschwindigkeit, über die ich als Läufer eigentlich verfügte, nicht richtig ausspielen und erzielte jämmerliche Ergebnisse: Knapp 5 Meter, mehr schaffte ich nicht.

Mein Trainer bemerkte natürlich meine Blockade. Eines Tages sagte er zu mir, er habe für mich ein Tempotaschentuch in die Sprunggrube gelegt und ich solle einfach versuchen, dahinter zu landen – egal, wie ich das anstellen würde. Auf einmal hatte ich ein klares, weithin sichtbares Ziel: Ich versuchte, bis zu dem weißen Taschentuch zu springen. Es klappte allerdings nicht. Ich landete ein gutes Stück davor.

Mein Trainer hatte jedoch, von mir unbemerkt, das Taschentuch bei 6,50 Metern deponiert. Diese Marke hätte ich niemals erreichen können, aber ich gab mein Bestes und landete bei 5,80 Metern: mein neuer persönlicher Rekord, fast ein Meter mehr, als ich bis dahin jemals geschafft hatte! Und das nur, weil der Trainer mir ein sehr hohes – aber sichtbares – Ziel gesetzt hatte.

Wer sich höhere Ziele setzt, wird zwangsläufig auch höhere Ergebnisse einfahren. Diese Gesetzmäßigkeit kann man bei erfolgreichen Menschen immer wieder beobachten.

AWD war die ersten zehn Jahre eine GmbH. Im Herbst 1997 erklärte ich meinen erstaunten Mitarbeitern, dass wir eine Aktiengesellschaft werden wollten und sie alle zu Aktionären, also zu

Mitbesitzern, werden könnten. Wir würden an die Börse gehen, damit noch kontrollierter und transparenter werden und wollten drei Jahre danach im MDAX sein – dem Index der 50 wichtigsten mittelgroßen Unternehmen, die an der Börse notiert sind.

Das war eine ganz schön mutige Ankündigung – ein riesengroßes Ziel. Tatsächlich schafften wir es im Jahr 2000, an die Börse zu gehen, und nur ein Jahr später gelang uns der Sprung in den MDAX. Aber ohne diese ehrgeizige Zielsetzung hätten wir den Quantensprung in die Liga der internationalen Konzerne wahrscheinlich niemals geschafft und wären für alle Zeiten ein mittelständisches Unternehmen geblieben.

Je höher wir unsere Ziele ansetzen, desto schwerer sind sie zu erreichen – aber desto größer ist dann auch der Ertrag. Selbst wenn man ein hohes Ziel verfehlt, hat man sich bei dem Versuch, es zu erreichen, trotzdem verbessert. Wer sich dagegen immer nur kleine Ziele setzt, riskiert zwar niemals, sein Ziel zu verfehlen, aber er wird auch nie über sich hinauswachsen.

Setzen Sie sich ehrgeizige Ziele, dann vergrößern Sie Ihren Spielraum und verrücken Ihre Grenzen – nach oben, nach vorn. Sobald Sie an die nächste Grenze stoßen, setzen Sie sich eben ein noch höheres Ziel und stoßen in Regionen vor, von denen andere nicht einmal zu träumen wagen.

Teilen Sie Ihre langfristigen Ziele in kurz- und mittelfristige Teilschritte

Viele Menschen setzen sich zu hohe kurzfristige und zu niedrige langfristige Ziele.

Ein simples Beispiel für ein zu hohes kurzfristiges Ziel: Jemand nimmt sich vor, nächstes Wochenende nicht nur das Wohnzimmer, sondern gleich die ganze Wohnung zu renovieren. Je näher der Samstag rückt, desto mehr Ausreden findet er vor sich selbst,

warum er das ehrgeizige Aufpolieren doch lieber in eine unbe-
stimmte Zukunft verschiebt. Hätte er sich stattdessen vorgenommen, an den nächsten fünf Wochenenden jeweils ein Zimmer zu
streichen, dann hätte er sein Ziel höchstwahrscheinlich erreicht.
Ähnlich setzen sich viele Menschen auch beim Sparen zu hohe
kurzfristige und zu niedrige langfristige Ziele. 1500 Euro in einem
Vierteljahr beiseitezulegen, fällt einem Durchschnittsverdiener
schwer – denn das hieße, sich drei Monate lang jeweils 500 Euro
vom Mund abzusparen. Also wird er sein Sparziel höchstwahrscheinlich schon nach dem ersten Monat lautlos beerdigen. Wenn
er aber stattdessen beschließen würde, nur 200 Euro monatlich
beiseitezulegen, das aber Jahr für Jahr, dann würde er mit geringerem Aufwand weitaus höhere Ziele erreichen: 2400 Euro Guthaben nach einem Jahr, 12 000 Euro nach fünf Jahren, 24 000 Euro
nach zehn Jahren!

Zerlegen Sie langfristige Ziele also möglichst in kurzfristige
Zwischen- und Teilziele. So kommen Sie Ihrem Ziel Schritt für
Schritt näher. Ein Zeitraum von zehn Jahren zerfällt auf diese
Weise in zehn Teilziele und jedes Teilziel seinerseits in zwölf Zwi-
schenziele. Und jede einzelne dieser Hürden können Sie ohne all-
zu große Mühe überspringen.

Machen Sie täglich einen Ziel-Fortschritt, dann bringt jeder Tag
Sie um einen Schritt näher ans Ziel.

Setzen Sie ein Zielerreichungsprogramm auf

Nicht immer lassen sich langfristige Ziele so leicht und übersicht-
lich in Teilziele zerlegen wie bei unserem beispielhaften Zehnjahres-
Sparplan. Am besten erstellen Sie ein Zielerreichungsprogramm,
indem Sie sich von Ihrem Ziel ausgehend bis in die Gegenwart zu-
rückbewegen. Angenommen, Sie wollen in fünf Jahren Ihr Alpha-
Ziel erreicht haben – wo müssen Sie dann in vier Jahren stehen?

Welche Hürden müssen Sie in drei Jahren übersprungen haben, welche in zwei Jahren und welche in zwölf Monaten? Hier ist es tatsächlich einmal sinnvoll, das berühmte Pferd von hinten aufzuzäumen. Stellen Sie sich klar und konkret Ihre langfristigen Ziele vor und konzipieren Sie die einzelnen Teilschritte und Aufgaben rückwärts bis zum aktuellen Datum. Wichtig ist, dass Sie jedes einzelne Ihrer Zwischenziele in Ihr Zeitraster einordnen.

Am Anfang meiner Karriere als Finanzberater gab es in der Firma OVB einen Wettbewerb, wer in einem Quartal die meisten Bausparverträge abschließen würde. Zunächst lag ich ganz hinten, aber ich arbeitete mich nach vorne. Die Tabelle wurde wöchentlich aktualisiert, und da lag ich dann nach der ersten Woche auf dem siebtletzten Platz, ein paar Wochen danach schon im Mittelfeld, schließlich im ersten Drittel. Jedes Mal überlegte ich mir ganz genau: Wie viel muss ich in der nächsten Woche schaffen, um auch diesen und jenen Konkurrenten noch zu überholen? So setzte ich mir Woche für Woche konkrete und messbare Teilziele, um mein übergeordnetes Ziel zu erreichen, und am Ende stand ich in der Tabelle ganz vorne und wurde mit einem Siegerpreis geehrt.

Später, als ich mein eigenes Unternehmen hatte, konnte ich es mir als Alleininhaber leisten, vorrangig mittel- und vor allem langfristige Ziele zu verfolgen. Nach dem Börsengang hieß es aber auf einmal, jedes Jahr Rechenschaftsberichte vorzulegen – und die Intervalle verkürzten sich nochmals durch die neue Anforderung, Quartalsberichte zu erstellen. Viermal im Jahr zu formulieren, welche Ziele man verfolgt hatte und was davon erreicht wurde, war hart. Intern legten wir deshalb sogar Monatsziele fest, deren Erreichung regelmäßig gemessen wurde. Aber der Aufwand lohnte sich: Wir erzielten bessere Ergebnisse, weil nun alle Aktivitäten rund um die Uhr an den Zielen ausgerichtet waren.

Erstellen auch Sie einen detaillierten Zielerreichungsplan! Behalten Sie diesen Erfolgskompass im Auge, dann werden Sie schnell merken, dass von jedem erreichten Zwischenergebnis positive Effekte ausgehen. Sie verbuchen jedes Mal ein Erfolgserlebnis, das es Ihnen leichter macht, weiter auf Ihrem Zielweg voranzugehen. Mit jedem Zwischenergebnis beweisen Sie sich selbst, dass Sie Ihr großes Ziel erreichen können.

Um Ihren Wunschtraum verwirklichen zu können, haben Sie ihn in ein Zielerreichungsprogramm umgesetzt. Damit Ihr Zielplan noch konkreter und praktikabler wird, sollten Sie daraus nun einen Tatenplan ableiten: Was genau muss ich tun, um meine kurz-, mittel- und langfristigen Ziele zu erreichen?

Wandeln Sie Ihren Zielplan in einen Handlungsplan um

Sie kommen nur vorwärts, wenn Sie sich auf Ihr Ziel zubewegen. Legen Sie Ihre Ziele fest und geben Sie die dazugehörigen Zielkoordinaten ein. So setzen Sie Ihren Zielplan in ein Handlungsprogramm um – und durch diesen Handlungsplan wird Ihr Lebens(wunsch)traum begehbar.

2003 wollte ich mit meinem älteren Sohn an einem Marathonlauf teilnehmen und da stellte sich die Frage, wie wir uns möglichst optimal vorbereiten konnten. Für diesen Zweck gibt es detaillierte Trainingspläne. Wir entschieden uns für einen Zehn-Wochen-Plan, gedacht für Freizeitsportler, die schon eine gewisse Fitness und Lauferfahrung mitbringen. Je nachdem, wie ehrgeizig man sein Ziel definiert hat, absolviert man unterschiedliche Wochenprogramme: je ambitionierter, desto mehr Trainingstage mit längeren Laufzeiten.

Will man lediglich über die komplette Distanz durchhalten, dann genügt es, vergleichsweise gemäßigte Trainingseinheiten zu absolvieren. Will man die Strecke aber schneller schaffen, fallen entsprechend auch mehr und längere Laufeinheiten pro Woche an. Mein Sohn und ich hielten uns an den Plan, absolvierten die Trainingseinheiten und erreichten alle vorgegebenen Zwischenziele. Tatsächlich hatten wir uns nach zehn Wochen genau die Fitness und Kondition angeeignet, die wir benötigten, um unser vorher definiertes Laufziel zu erreichen.

Lassen auch Sie sich nicht *ab*lenken, sondern durch Ihren Maßnahmenplan auf Ihr Ziel *hin*lenken. Ihre Ziele helfen Ihnen, in die Zukunft zu schauen. So können Sie auch mühsame Teilschritte Ihres Etappenplans in der Gegenwart frohen Herzens bewältigen – denn Sie haben ja Ihr nächstes Zwischenziel und die größeren Ziele dahinter immer im Blick.

Neben beruflichen und finanziellen können das auch vielfältige andere Ziele sein. Vielleicht wollen Sie Ihre Gesundheit stabilisieren, sich weiterbilden oder intensiver Ihr Hobby pflegen.

Erfolge sind Ziele mit detaillierter Wegbeschreibung und einem finalen Datum, an dem das Ziel erreicht sein muss. Entwerfen Sie Ihre persönliche Zielerreichungsstrategie!

Werden Sie sich bewusst, worin Ihr persönliches Lebensziel besteht. Wenn Sie später ein schuldenfreies Haus haben oder Ihr Kind beim Studium finanziell unterstützen möchten, dann sollten Sie alle anderen Ziele und Handlungen diesem Lebensziel unterordnen. Das Gleiche gilt, wenn Sie sich zum Beispiel mit 60 Jahren eine Ferienwohnung anschaffen möchten: Jedes dieser Ziele können Sie nur dann erreichen, wenn die anvisierten Zwischenergebnisse stimmen – anderenfalls müssen Sie streichen, verschieben oder verkleinern.

Umgekehrt können Sie sich die Ferienwohnung eher als geplant kaufen oder sich mit 60 Jahren ein größeres oder luxuriöses Apartment leisten, wenn Sie auf dem Weg zu Ihrem Lebensziel erfolgreicher waren als ursprünglich geplant. Und wenn Sie gar nicht mehr auf Zielkurs liegen, dann gibt es am Ende auch keine Ferienwohnung für Sie. Jede Ihrer Taten – und Ihrer Unterlassungen – unterwegs wirkt sich zwangsläufig auf Ihr Lebensziel aus.

Nicht das Ziel aufgeben, sondern den Einsatz anheben

Angenommen, Sie benötigen für die Vorbereitung Ihres Examens drei Monate und haben im ersten Monat kaum einen Blick in Ihre Lehrbücher geworfen – dann müssen Sie in den restlichen zwei Monaten eben eine Schippe drauflegen. Entwerfen Sie Ihren individuellen Korrektur-Steigerungsplan: Lernen Sie fortan zwölf statt acht Stunden am Tag!

Wenn Sie einmal in Gefahr geraten, Ihr Ziel zu verfehlen, senken Sie nicht sofort die angestrebte Sprunghöhe, sondern tun Sie lieber alles, um Ihre Sprungkraft zu steigern. Arbeiten Sie mehr, lassen Sie sich helfen, verbessern Sie Ihre Effizienz.

Damit Ihr Wunschtraum Wirklichkeit wird, leiten Sie aus Ihrem Zielplan eine konkrete To-do-Liste ab. Ohne Ziel- und Handlungsplan bleiben Sie in hektischem Aktionismus gefangen. Dann sind Sie plan- und tatenlos – mit anderen Worten: Bei Ihnen geht es gar nicht los.

Oftmals erreichen Sie Ziele nur, wenn Sie Ihre Handlungsweisen, Ihre Gewohnheiten, Ihren üblichen Lebenstrott ändern. Im Job beispielsweise dadurch, dass Sie schneller oder besser arbeiten als bisher. Eignen Sie sich neue Fähigkeiten an, die Sie für Ihr nächsthöheres Ziellevel brauchen. Wenn Sie sich berufsbegleitend in Betriebswirtschaft fortbilden, steigt Ihre Chance definitiv, die ersehnte Beförderung in Ihrer Firma zu erreichen. Und selbst wenn es diesmal nicht klappen sollte, so haben Sie sich doch entwickelt und Ihre Möglichkeiten erweitert.

Keiner wird Sie über Ihre Ziellinie tragen. Niemand wird für Sie ins Fitnessstudio gehen, damit Sie fitter werden, und niemand wird Ihnen Kunden schenken, damit Ihr Umsatz steigt. Sie müssen sich schon selbst anstrengen. Und das heißt: Sie müssen eine grundsätzliche Entscheidung treffen. Wollen Sie sich Ihrem Ziel unterordnen – oder Ihren Ausreden? Wollen Sie problemorientiert *reagieren* oder – wie alle erfolgreichen Menschen – lösungsorientiert *agieren*? Suchen Sie einen Weg, um sich zu rechtfertigen – oder einen Weg zu Ihrem Ziel?

Trennen Sie sich nicht von Ihrem Ziel, sondern von hinderlichen Gewohnheiten. Wenn Sie Ihr Ziel präzise definiert und Ihre Aktivitäten zielgerichtet auf Ihren Plan abgestimmt haben, können Sie auch dann positiv und optimistisch bleiben, wenn Sie zwischenzeitlich mal in rauere Gewässer geraten.

Schauen Sie ständig auf Ihren Zielkompass, um das Erfolgsziel am Horizont niemals aus den Augen zu verlieren.

Verteidigen Sie Ihre Ziele

Auch darauf sollten Sie gefasst sein: Nicht immer werden andere Menschen Sie auf Ihrem Weg zum Ziel bestärken – manche werden versuchen, Sie abzulenken. So ist es nicht gerade förderlich, wenn wir zu hören bekommen: »Das kannst du doch auch morgen machen!« Oder: »So wichtig ist das ja nun auch nicht!«

Aber Sie wissen es besser. Verteidigen Sie Ihre Ziele! Nicht verbissen, sondern gelassen und unbeirrbar. Wenn andere Ihnen Ihre Ziele ausreden und damit Ihre Träume zerstören wollen, dann bleiben Sie unerschütterlich auf Kurs. Halten Sie an Ihren Zielen fest!

Starten Sie auf Ihrer Zielstrecke, wenn für Sie der richtige Zeitpunkt gekommen ist. Das ist wie bei der Formel 1: Von der Pole Position aus ist es am leichtesten, einen Start-Ziel-Sieg hinzulegen. Ein gelungener Auftakt ist auch bei Ihrer Zielrallye schon die halbe Miete. Und wer wollte besser wissen als Sie, wann der richtige Moment gekommen ist?

Wenn Sie spüren, dass es so weit ist, dann starten Sie den Motor, geben Sie Gas und fahren Sie auf Ihr Traumziel zu!

Vergrößern Sie Ihr Zielvermögen!

3

Positiv siegt

Optimistisch leben

Die Idee, ein Buch über Erfolg und Glück zu schreiben, kam mir schon Anfang der 1990er-Jahre. Damals wurde ich in den Medien als Europas erfolgreichster Jungunternehmer tituliert – aber es war noch nicht der richtige Zeitpunkt für mein Buch. Erst im Sommer 2010 fing ich schließlich an, Stichpunkte für mein Buchprojekt aufzuschreiben. Ich dachte überhaupt nicht an die Hindernisse: Ich hatte keinen Verlag, keinen Titel und ohne Marktforschung konnte ich eigentlich noch nicht genau wissen, wo der größte Informationsbedarf war – aber das alles bekümmerte mich in diesem Stadium nicht. Ich wusste: Aus dieser Stichwortliste wird mein Buch entstehen – und so sammelte ich weiter und weiter.

Natürlich kam mir auch einmal kurz der Gedanke: »Was ist eigentlich, wenn kein Verleger das Buch verlegen will?« Aber da sagte ich mir: »Ich mache das trotzdem, und wenn es nur für meine beiden Kinder ist. Ich bin so sehr davon überzeugt, dass es nützliche und wertvolle Botschaften enthält. Wenn meine beiden Söhne sich darüber freuen, ist das positiv genug.«

Ich war so positiv beseelt, dass ich alle Zweifel und Schwierigkeiten beiseiteschob. Und nicht zuletzt dieser Glaube hat dazu geführt, dass Sie das Buch heute lesen können.

Als Abiturienten bekamen wir jeder einen Merksatz ins Zeugnis geschrieben. »Gott gebe mir die Gelassenheit, Dinge hinzunehmen, die ich nicht ändern kann«, hieß es bei mir, »den Mut, Dinge zu ändern, die ich ändern kann, und die Weisheit, das eine vom anderen zu unterscheiden.«

Dieser universell gültige Satz brachte für mich auf den Punkt, was eigentlich immer schon meine Denkweise bestimmt hat, auch wenn es mir nicht immer bewusst war. Als Sportler war ich es gewöhnt, mir beispielsweise zu sagen: »Gestern hast du bei dem Lauf schlecht abgeschnitten, weil du dir deine Kraft nicht richtig eingeteilt hast – beim nächsten Mal machst du das besser.« Ich sagte mir also ganz bewusst: »Was bis vor einer Minute passiert ist, kann ich sowieso nicht mehr ändern. Aber in der nächsten Minute geht etwas Neues los – und da liegt meine neue Chance.«

Das gilt natürlich nicht nur im Sport, sondern genauso im Beruf. Ich sage mir einfach jedes Mal: »Das hat noch nicht so gut geklappt, aber beim nächsten Versuch machst du es besser« – und dann schaue ich nicht mehr nach hinten, sondern nur noch nach vorne.

Positiv steigt auf

»Wenn ich so berühmt, reich und erfolgreich wäre wie die da oben«, behauptet manch einer, »dann wäre ich auch positiv eingestellt!« Doch das ist ein Irrtum – umgekehrt wird ein Schuh daraus: *Weil* diese Menschen optimistisch dachten, waren sie gewinnender, hatten es leichter, wirkten besser und kamen »ganz oben« an.

Wer bereits »unten« eine positive Einstellung hat, kann leichter erfolgreich sein und bis ganz nach oben klettern. Ob wir siegen oder scheitern, entscheiden wir zu einem erheblichen Teil selbst: Positiv gewinnt – negativ verliert.

Sie selbst bestimmen zu einem großen Teil Ihr Glück ebenso wie Ihr Pech. Das gilt auch für Ihre private Beziehung: Wie Sie Ihren

Partner sehen, so ist er für Sie. Sie können sich auf seine Vorzüge oder auf seine Schwächen fokussieren. Sie können ihn sich schön- oder schlechtgucken. Entscheiden Sie sich bewusst für eine positive Sichtweise! Das wirkt sich positiv auf den Fortbestand Ihrer Liebe und auf Ihr ganzes weiteres Leben aus.

Mit circa 15 Jahren wurde mir bewusst, warum ich mich zu einem Positiv-Seher entwickelt hatte: Für mich ging es ganz einfach ums mentale Überleben. Ich musste lernen, alles Negative zu verdrängen und möglichst immer optimistisch nach vorne zu schauen. Nach hinten zu schauen war in meiner Kindheit und anfangs in meiner Jugendzeit selten schön – da war fast immer nur Ärger, Enge, Lieblosigkeit. Auch dass ich mit dem Leistungssport anfing, war zuerst nur eine Flucht vor meinen Problemen – bis ich irgendwann merkte: Als Läufer kann ich erfolgreich sein. Durch Siege kann ich mir beweisen, dass ich auch etwas gut kann, und mein Selbstbewusstsein steigern.

Aber auch beim Sport hatte ich anfangs mit der Angst vor dem Versagen zu kämpfen. Ich trainierte wie besessen und die Stoppuhr bewies mir, dass ich immer besser wurde – allerdings nur beim Training. Wenn es im Wettkampf um etwas ging, dann lief ich zu langsam, aus Angst, dass meine Kraft nicht reichen würde. Da hatte ich zwar schon die Willensstärke, aber mir fehlte noch die Courage. Doch irgendwann erkannte mein Trainer, weshalb ich bei Wettkämpfen immer so blockiert war. Er löste den Knoten, indem er zu mir sagte: Lauf einfach, so lange du kannst dem Ersten hinterher – egal, wie weit du kommst. Von da an lief ich auch, wenn es drauf ankam, ganz vorne mit – und schaffte es immer öfter aufs Siegerpodest.

Positiv gewinnt: Ich weiß aus eigener Erfahrung und aus den Lebensgeschichten vieler anderer Menschen, dass diese Aussage stimmt. Deshalb bin ich auch so sicher, dass die Methode, durch eine positive Haltung erfolgreich zu werden, für fast jeden nützlich sein kann. Ganz egal, in welcher Lebenslage Sie sich befinden – auch wenn Sie arbeitslos, frustriert und verschuldet sein sollten –, ich möchte Sie dort abholen, wo Sie gerade sind. Und Ihnen zeigen, wie Sie durch positives Denken und zielgerichtetes Handeln Ihr Leben zu einer Erfolgsstory machen können.

Eines der besten Beispiele für eine positive Geisteshaltung ist meiner Ansicht nach der TV-Entertainer Thomas Gottschalk. Ich lernte ihn Ende März 1989 kennen, als er bei uns eine Unternehmensgala moderierte. AWD war ein Jahr alt und wir hatten im ersten Jahr ein Vermittlungsvolumen von 1 Milliarde DM erreicht. Thomas kam direkt aus Kalifornien. Er ist im wirklichen Leben genau so, wie er im Fernsehen rüberkommt – er lässt das Negative einfach nicht an sich heran. Mit diesem positiven Charme steckt er alle anderen an. Als er uns zum Beispiel zu Hause in München besuchte, setzte er sich sofort ans Klavier und verbreitete gleich heitere Stimmung. Thomas Gottschalk denkt und handelt positiv und polt dadurch auch sein Umfeld positiv.

Wir haben uns seit damals des Öfteren gesehen und manches Mal lange Abende miteinander geredet. »Wenn du positiv zu den Menschen bist, sind die Menschen auch positiv zu dir«, sagte er bei einem dieser Gespräche zu mir. Thomas Gottschalks Werdegang ist meiner Überzeugung nach durch seinen authentischen Optimismus begründet. Dieser hat ihn nach oben getragen und sorgt dafür, dass er sich seit Jahrzehnten ganz oben in der Publikumsgunst hält.

Das Leben ist ein ständiges Kommen und Gehen von Erfolg und Misserfolg. Niemand kann ständig glücklich sein. Also habe ich mich entschieden, lieber positiv zu sein. Negativ zu sein bringt keinen Vorteil – und positiv zu sein bestimmt keinen einzigen Nachteil.

Nutzen Sie positive Gedanken als Erfolgsturbo

Wer positiv denkt, der traut sich etwas zu. Er packt die Dinge an und geht auf die Menschen zu. Er ist offensiver und extrovertierter. Er sieht Chancen – sogar in Problemen. Wer dagegen negativ ist, sieht sogar in Chancen ein Problem.

Werden Sie Problemlöser: Lösen Sie sich von den Problemen! Sehen Sie Probleme als Herausforderungen: Das ist die positive Betrachtungsweise. Je mehr Sie über die Lösung nachdenken, desto positiver, aufgeräumter und optimistischer werden Sie. Das wird Sie beflügeln: Sie können von den Problemen zu den Lösungen fliegen.

Schon vor vielen Jahren sagte mein damaliger Wirtschaftsprüfer zu mir: »Sie haben eine chamäleonartige Gabe, sich auf veränderte Situationen einzustellen.« Sowie ich spüre, dass eine Schwierigkeit auftritt – egal, ob im wirtschaftlichen oder im zwischenmenschlichen Bereich –, frage ich mich sofort, wie ich die Situation positiv verändern kann. Ich verschwende keine Zeit damit, einem Versäumnis aus der Vergangenheit hinterherzutrauern, sondern schaue augenblicklich nach vorn: Was muss ich jetzt ändern, damit die schwierige Situation fortan nicht mehr besteht?

Wer dagegen negativ eingestellt ist, der ist passiv und introvertiert. Er traut sich nicht, die Dinge anzugehen, die Menschen zu erobern. Er fühlt sich angegriffen und verteidigt sich, anstatt selbst anzugreifen. Er möchte nicht schuld sein, falls die Dinge sich verschlechtern, und macht sich dadurch schuldig gegenüber sich selbst.

Wer negativ ist, wird behandelt – wer positiv ist, handelt selbst. Wenn man defensiv ist, gleicht man dem Amboss, der auf die nächsten Hammerschläge wartet. Wenn Sie aber offensiv agieren, können Sie selbst ihr Leben formen wie der Bildhauer, der den Marmorblock mit dem Meißel modelliert. Denken Sie daran: Wer positiv ist, hat Erfolg – wer Erfolg hat, ist positiv. Diese beiden Faktoren verstärken sich wechselseitig.

Manche Menschen, die angeblich immer wieder Pech haben, freuen sich beinahe, wenn ihnen wieder einmal durch widrige Umstände das Heft des Handelns aus der Hand genommen wird. Sie haben Angst davor, selbst aktiv zu werden, und fühlen sich in ihrer Opferrolle sogar wohl. So können sie die Verantwortung für ihr Leben auf die angeblich so unguten Umstände abschieben. Pessimisten warten auf günstige Umstände, die für sie besser sein sollen. Optimisten starten auch bei ungünstigen Bedingungen, die sie dann verbessern wollen.

Negative Gedanken schwächen uns und ziehen uns herunter. Positive Gedanken stärken uns und verleihen uns Auftrieb. Stärkende Gedanken kommen aber nicht von *außen* und von anderen Menschen, sondern von *innen* und somit von uns selbst. Manche Menschen erzeugen selbst die sie schwächenden Gedanken – und folglich liegt es auch an ihnen, diese Negativproduktion zu stoppen und stattdessen positive Gedanken zu erzeugen.

Positive Gedankenenergie ist ein Turbo für Ihren Erfolg. Wenn Sie die Power der positiven Geisteshaltung spüren, werden Sie erleichtert sein, dass Sie sich endlich von der negativen Energie befreit haben.

Schwierigkeiten sind auch Gelegenheiten

»Das kann ich nicht«, heißt es oft, wenn jemand vor einer ungewohnten Situation steht. Zum Beispiel:»Ich kann keine freie Rede halten – deshalb muss ich meine Vorträge leider immer von meinem Manuskript ablesen.«

Das ist *passiv*, defensiv und negativ gedacht. Die *aktive*, offensive und positive Alternative hört sich so an:»Noch kann ich nicht frei reden – aber ich werde es lernen.« Sie können Rhetorikunterricht nehmen, zu Hause vor dem Spiegel oder vor Ihrer Videokamera üben. Dann agieren Sie positiv und müssen nicht negativ reagieren.

Sinngemäß gilt das für zahlreiche negative Floskeln, die viele Menschen den ganzen Tag über produzieren – ohne sich bewusst zu machen, dass sie sich selbst mit negativen Energien schwächen. »Das kann ich mir nicht leisten«, heißt es etwa. Viel besser ist es doch, wenn man stattdessen sagt: »Erst muss ich noch mehr Geld verdienen oder sparen – dann kann ich mir so etwas auch leisten.« Fast immer bieten Schwierigkeiten auch Gelegenheiten. Diese Denkweise charakterisiert die Erfolgreichen. Wenn Sie sich angewöhnen, die Dinge so zu betrachten, biegen Sie viel leichter auf die Gewinnerstraße ein.

Der Skeptiker dagegen, der selbst in Gelegenheiten vorwiegend Schwierigkeiten wittert, ist natürlich kaum imstande, eine Chance zu ergreifen – und sieht sich gerade dadurch in seiner negativen Grundhaltung bestätigt. Die Welt ist fast immer so düster oder so hell, wie wir sie wahrnehmen.

Fahren Sie mit positiven Gefühlen auf Ihrem Highway zum Glück

Der Schlüssel zu Glück und Erfolg liegt oftmals darin, wie Sie selbst die Dinge bewerten. Der eine wagt, der andere klagt über die Umstände. Je nachdem, wie Sie eine Situation interpretieren, packen Sie den Stier bei den Hörnern – oder laufen davon.

Der eine ruft: »Warum *nicht*?!« Der andere fragt: »Warum?« Einige haben Ideen, andere haben Einwände und Bedenken.

Für Ihr persönliches und berufliches Glück oder Unglück ist es von außerordentlicher Bedeutung, ob Sie mit Optimismus oder mit Pessimismus an eine Sache herangehen. Werden Sie ein hoffnungsvoller Optimist – aber bitte kein hoffnungsleerer Pessimist. Ob Sie erfolg*reich* oder erfolg*arm* sind, hängt selten von den Umständen ab, denen Sie ausgesetzt sind, sondern meist davon, wie Sie mit diesen Umständen umgehen.

Das A und O für Glück und Zufriedenheit jedes Einzelnen beginnt mit der richtigen positiven Denkweise, aus der seine persönliche Reaktion auf Sachverhalte entspringt. Wenn ich vor einem wichtigen Vortrag morgens eher aufwache, ärgere ich mich keineswegs, dass ich nicht genug geschlafen habe, sondern freue mich, dass ich dadurch zusätzliche Zeit habe, mir noch einmal alles genau anzuschauen. Umgekehrt, wenn ich noch lange schlafen kann, freue ich mich darüber, dass ich noch ausgeruhter in den Vortrag gehe.

Ich reagiere also jeweils positiv.

Wo Schatten ist, da ist auch Licht. Entweder schafft die Umwelt Sie – oder Sie versuchen sich die Umwelt zu schaffen, die Sie zu Ihrem Erfolg benötigen. Eine Medaille hat immer zwei Seiten. Sie können die dunkle, negative oder die helle, positive betrachten.

Die Kunst, im Leben erfolgreich zu sein, ist letztlich nur eine Kunst der Gedanken, die wir in unserem Gehirn produzieren. Ihre persönliche Leistung hat ihren Ursprung in Ihrem Gehirn – der Schaltzentrale, mit der Sie hoch- oder runterschalten können auf dem Weg zu Ihrem Erfolg.

Verkürzt könnte man sagen: Viele Menschen machen zwei Fehler. Sie denken falsch und sie handeln falsch. Bei näherer Betrachtung ist es sogar nur ein einziger Fehler: Man denkt falsch – und daraus folgt auch das falsche Handeln. Denn wir handeln so, wie wir selbst es vorher erdacht haben. Und negative Gedanken ziehen meist schlechte Handlungen nach sich.

Durch glückliche Gedanken wird man irgendwann glücklich – daran glaube ich fest. Wenn wir an traurige Dinge denken, werden wir automatisch auch traurig. Wer zu viel an Angst und Sorgen denkt, wird noch ängstlicher und sorgenvoller.

Umgekehrt heißt das: Wenn wir unser Denken ändern, können wir auch Teile unseres Lebens ändern. Erzeugen Sie bewusst glückliche Gedanken in Ihrem Geist, dann weiten sich auch die Nervenbahnen, auf denen Glücksempfindungen transportiert werden. Wie bei einem Trampelpfad, der sich durch häufige Nutzung verbreitert, entstehen mit der Zeit wahre Glücksstraßen in Ihrem Gehirn. Und Sie fahren dann mit positiven Gefühlen auf Ihrem Highway zum Glück.

Sorgen und Frust senken Ihre Abwehrkräfte

Vor meinen ersten Großveranstaltungen mit Tausenden von Zuhörern war ich oft sehr nervös. Entsprechend redete ich mir tagelang vorher ein: »Du darfst nicht krank werden. Du darfst dich nicht erkälten. Meine Stimmbänder müssen funktionieren und meine Nase muss frei sein, sonst muss die Rede ausfallen und alles ist verpatzt.«

Tatsächlich fühlte ich mich zwei, drei Tage vor einer solchen Veranstaltung krank: Ich hatte ja immerzu an das Negative gedacht und ihm dadurch Tür und Tor geöffnet. Dass es nur eine psychische Verstimmung war, merkte ich während der Veranstaltung: Plötzlich hatte ich keinerlei Beschwerden mehr. Das Adrenalin strömte, die Angst war verflogen – und die Erkältungssymptome auch.

Nicht nur die Entstehung von Krankheiten kann durch unsere Geisteshaltung zumindest teilweise begünstigt werden. Glücklicherweise wird auch der Heilungsverlauf durch unsere Stimmungslage beeinflusst. Sie selbst haben es in der Hand, Ihre Genesung mit positiven oder negativen Gedanken zu begleiten und so die Heilung zu erleichtern oder zu erschweren.

Angst und Sorge machen krank. Dagegen machen uns positive Gefühle gesund. Sie heben unsere Stimmung, steigern unsere Energie und Lebensfreude. Es gibt sogar wissenschaftliche Studien, aus denen sich ableiten lässt, dass glückliche Menschen eine höhere Lebenserwartung haben.

Also: Optimistisch lebt es sich nicht nur besser, sondern mitunter sogar länger.

Jede Mutter und jeder Vater weiß aus Erfahrung, dass eine positive Geisteshaltung die wirksamste Medizin ist. Da liegt zum Beispiel ein Kind mit einer Erkältung im Bett und kann nicht zur Schule. Wenn aber die große Faschingsfeier bevorsteht und das Kind sich schon seit Langem darauf gefreut hat, sein tolles Kostüm anzuziehen, dann müssen Sie nur beiläufig erwähnen: »Nur wer zur Schule gehen kann, kann auch zur Faschingsfeier.« Was ist die Folge? Das Kind will jetzt unbedingt gesund werden, um das Kostüm vorzuführen. Sein Wille mobilisiert alle positiven Kräfte – und siehe da: Höchstwahrscheinlich wird das eben noch fiebernde und hustende Kind rechtzeitig wieder gesund.

Verwenden Sie immer *positive* Formulierungen. Nicht: »Pass auf, dass du dich nicht erkältest!« Sondern: »Sieh zu, dass du gesund bleibst!« Nicht: »Ich will den Zug nicht verpassen!« Sondern: »Ich will pünktlich sein.« Unser Unterbewusstes registriert nämlich keine Verneinungen durch »nicht« oder »kein« und versteht stattdessen: »Ich will den Zug verpassen.«

Begierig wie ein Schwamm nimmt Ihr Unbewusstes dagegen alles auf, was Sie bejahend formulieren. Auch so lassen sich Schwierigkeiten in Gelegenheiten umwandeln: indem Sie positiv formulieren, welche Chance in dem vermeintlichen Problem steckt.

Lassen Sie keine Problemmacher in Ihr Bett

Manchmal sorgen wir uns lange im Voraus wegen eines Problems. Zum Beispiel erfahren Sie am Montag, dass Sie am Freitag mit einer schwierigen Situation fertigwerden müssen. Nun könnten Sie sich fünf Tage lang Sorgen machen, aber das bringt überhaupt nichts.

Mein Ratschlag: Legen Sie einen Termin für Ihre Beschäftigung mit dieser schwierigen Angelegenheit fest. Zum Beispiel beschließen Sie, sich am Donnerstag zwischen 16 und 17 Uhr mit dem Angstthema zu befassen – und bis dahin lassen Sie es nicht an sich heran. Vor allem nehmen Sie das Problem nicht mit ins Bett, geschweige denn die Gedanken an die betreffende Person – also den Problemmacher –, über die Sie sich ärgern oder vor der Sie Angst haben.

An nahezu jedem Problem ist auch etwas Positives. Aber gerade wir Mitteleuropäer sehen oftmals vorrangig die negativen Seiten. Bitten Sie ein Kind im Grundschulalter doch einmal, fünf kleine Rechenaufgaben zu lösen, zum Beispiel »3 + 4« oder »6 – 2«. Angenommen, es hat bei vier Aufgaben die richtige Lösung herausgefunden und sich bei der fünften Aufgabe geirrt. Zeigen Sie den Zettel herum und fragen Sie, was den Betrachtern auffällt. Sie werden mehr oder weniger von jedem zu hören bekommen: »Eine Lösung ist falsch!« Dabei wäre es doch viel naheliegender, das Ergebnis positiv auszudrücken: »Vier sind richtig!« 80 Prozent der Antworten waren schließlich korrekt.

Um positiv an die Dinge heranzugehen, sollten Sie möglichst auch positiv formulieren. Leider gibt es in den meisten Sprachen viel mehr negative als positive Ausdrücke. Umso mehr sollten wir uns vornehmen, die positiven Formulierungen öfter zu verwenden.

Mein Nachbar feierte vor einigen Jahren seinen 50. Geburtstag. Wir wollten ihm nach der Melodie von *Marmor, Stein und Eisen bricht* ein Überraschungsständchen bringen. Ein Steuerberater aus unserem Gesangsteam textete gleich drauflos:»Sei nicht traurig, dass du 50 bist.« Ich habe dann eine optimistischere Formulierung vorgeschlagen: »Freue dich, dass du 50 bist.« Schließlich gibt es Menschen, die in diesem Alter krank sind oder gar nicht mehr leben. Unser Freund war aber bei bester Gesundheit – Grund genug, sich über das erreichte Lebensalter zu freuen und nicht etwa zu grämen.

Auch wenn es um die Frage geht, was erlaubt und was verboten ist, wird oft zuerst ans Negative gedacht. Manche Pädagogen sagen sogar, Verbote prägten sich leichter ein. Machen Sie einmal den Test und fragen Sie Ihre Nachbarn nach einem der biblischen Zehn Gebote. Sie werden mit hoher Wahrscheinlichkeit ein *verneinendes* zu hören bekommen – also beispielsweise »Du sollst nicht stehlen«. Es gibt aber auch *bejahende,* positive Gebote wie »Du sollst den Feiertag heiligen«.

Ihre geistige Vorstellung ist wichtiger als die faktische Realität

Bestimmt haben Sie schon einmal von dem berühmten Placeboeffekt gehört. Ihr Zahnarzt rät Ihnen nach der Behandlung: »Nehmen Sie einfach diese Tablette – dann spüren Sie keine Schmerzen, wenn die Betäubung nachlässt.« Sie schlucken die Tablette und tatsächlich: Die Schmerzen bleiben aus – auch wenn es sich um ein Scheinmedikament handelt.

Diese Beobachtung ist im Übrigen durch zahlreiche wissenschaftliche Studien belegt: Wenn wir uns vorstellen, dass die Tablette unsere Schmerzen betäubt, dann tritt genau dieser Effekt ein. Nicht die chemische Zusammensetzung des Medikaments lässt uns oftmals gesunden, sondern unsere positive Erwartungshaltung.

Scheinmedikamente können nicht nur Schmerzen lindern, sondern zum Beispiel auch die Schlaffähigkeit verbessern. Gerade bei psychischen Leiden sind Scheinarzneien häufig hochwirksam – einfach weil der Betreffende eine optimistische Erwartungshaltung einnimmt, nachdem er die Tablette geschluckt hat.

Seien Sie Ihr eigener Arzt und verordnen Sie sich mentale Placebos für eine positive Geisteshaltung. Denn was Sie sich in Ihrem Geist vorstellen, ist entscheidender als die faktische Realität. *Wie* wir denken, ist wichtiger als das, *was* wir sehen.

Die Dinge werden sehr viel eher gut, wenn Sie sich etwas Positives vorstellen.

Was wir erwarten, tritt meistens auch ein

Wenn und weil Sie positiv sind, gehen Sie auch tatkräftiger an Ihre Aufgaben heran. Dadurch erzielen Sie logischerweise vermehrt bessere Ergebnisse. Wenn Sie dagegen sorgenvoll und negativ sind, werden Sie Gründe finden, warum Sie das, was Sie eigentlich angehen wollen, doch lieber auf die lange Bank schieben.

Woran wir glauben und was wir erwarten, tritt gerade deshalb oftmals ein. Das ist die berühmte »sich selbst erfüllende Prophezeiung« (self-fulfilling prophecy). Sie hat nichts mit irgendwelchen esoterischen Gesetzen zu tun, sondern mit unserer höchstpersönlichen Art und Weise, die Dinge anzusehen und anzugehen. Löschen Sie negative Erwartungen von Ihrem Emotionscomputer – schaffen Sie Speicherkapazitäten für positive Erwartungen.

Einer der erfolgreichsten Direktoren meines Finanzunternehmens sagte einmal zu mir: »Jetzt fängt die Fußball-WM an – in diesem Monat können wir nicht viele Beratungen durchführen. Die meisten potenziellen Kunden haben nichts als Fußball im Kopf.«

Damit hatte er sich selbst und sein Team negativ eingestimmt und ihnen allen gleich noch eine Ausrede für den erwarteten Misserfolg geliefert. Wozu viel herumtelefonieren und Termine machen, wenn die Leute sich sowieso nur für Fußball interessieren? So wurde der negative Kreislauf in Gang gesetzt.

Im selben Monat verkündete ein anderer meiner Direktoren: »Das wird ein guter Monat! Die meisten Menschen sind wegen der WM sowieso zu Hause, da kann man sich leichter mit ihnen verabreden und bräuchte fast nur zu fragen: Treffen wir uns vor oder nach dem Spiel?« Und so setzte er einen positiven Kreislauf in Gang.

Das Ergebnis wird Sie nicht überraschen: Der pessimistische Direktor war in einem Teufelskreis negativer Erwartungen gefangen und fuhr einen Negativrekord an Beratungsterminen ein. Der optimistische Direktor dagegen befand sich in einem Hochgefühl und erzielte einen Positivrekord. Lassen daher auch Sie sich nicht von negativen Gedanken versklaven.

Wer positiv gestimmt ist, findet Gründe, um loszulegen. Weil er aktiv und offensiv ist, erzielt er auch bessere Ergebnisse. Und diese besseren Ergebnisse beflügeln ihn nur noch mehr. Damit befindet er sich in der positiven Aufwärtsspirale. Lassen auch Sie sich durch Ihre positive Geisteshaltung nach oben tragen!

An fast jedem Ereignis ist auch etwas Positives

Auch wer positiv gestimmt ist, kann Misserfolge nicht immer vermeiden. Niemand bleibt durchweg vor Rückschlägen bewahrt. Aber wer positiv lebt, bewertet Misserfolge anders: als Ansporn, aus Fehlern zu lernen und es beim nächsten Mal besser zu machen.

Wir können ein Ereignis negativ als Problem bewerten – oder positiv als Herausforderung. Das Geschehnis an sich ist neutral. Es kommt darauf an, wie Sie damit umgehen. Sie können sich ärgern, weil der Parkplatz direkt vor dem Supermarkt schon wieder so voll ist – oder Sie können sich freuen, weil Sie trotzdem halbwegs in der Nähe eine freie Parklücke ergattert haben. Aus Ihrer *Wahr*nehmung entsteht Ihre individuelle *Wahr*heit. Denn erst die geistige Wahrnehmung verleiht den äußeren Bedingungen ihre Bedeutung.

Wenn Ihnen etwas Negatives passiert, dann fragen Sie sich ganz bewusst: Was ist an dieser Situation – trotz allem – positiv? Durch Ihre Bewertung stellen Sie sich positiv auf ein Ereignis *ein* – oder Sie stellen sich selbst negativ ins *Aus*.

Gerade durch schwierige Situationen werden wir klüger. Selbst wenn Sie an einem Geschehnis sonst überhaupt nichts Positives entdecken können: Sie können zumindest etwas für Ihre Zukunft Hilfreiches daraus lernen – und wäre es auch nur, wie etwas nicht funktioniert.

Ich weiß noch genau, wie ich 1987 aus der Finanzfirma OVB gedrängt wurde. Vermutlich war ich mit einem Vermittlungsanteil von 50 Prozent des gesamten Firmenumsatzes mit meiner hannoveranschen Mannschaft zu erfolgreich gewesen. Jedenfalls fühlte ich mich attackiert, ja regelrecht gemobbt und man legte mir nahe, zu gehen. Als der Aufhebungsvertrag schließlich unterschrieben war, hatte ich sogar Tränen in den Augen und glaubte, dass das für mich das Ende sei. Dabei war dieser Moment rückblickend betrachtet einer der positivsten meines Berufslebens: Durch den nicht völlig freiwilligen Abschied fühlte ich mich geradezu genötigt, mein eigenes Unternehmen zu gründen.

Anstatt mich von dem Geschehnis zu Boden drücken zu lassen, verwandelte ich es in einen zusätzlichen Ansporn, durch mein eigenes Unternehmen ein besseres Kundenkonzept mit mehr Vorteilen zu bieten. Ich schwor mir damals, dass mein Unternehmen größer und erfolgreicher werden würde als die OVB, von dem ich vor die Tür gesetzt worden war – und tatsächlich entwickelte AWD sich dann viel erfolgreicher als die OVB. Deshalb bin ich im Nachhinein froh, dass es so gekommen ist.

Damit es auch bei Ihnen in der Zukunft positiv vorangeht, achten Sie darauf, wie Sie Rückschläge verarbeiten. Wer sich aufs Verlieren fokussiert (»Jetzt hat sowieso alles keinen Sinn mehr!«), gibt viel leichter auf. Die Gewinner aber sagen sich, dass es nur besser werden kann: »Jetzt erst recht!«

Speichern Sie Geschehnisse positiv ab

Wenn Sie eine Schlappe hinnehmen mussten, treten Sie nicht geschlagen ab, sondern mit frischem Mut aufs Neue an. Verschwenden Sie keine Kraft mit negativem Bedauern vergangener Vorfälle. Setzen Sie Ihre Energie lieber positiv ein und freuen Sie sich auf die Zukunft. Gerade wenn Sie »unten« sind, kann es eigentlich nur noch aufwärts gehen. Und da Sie aus Ihren Fehlern die richtigen Lehren gezogen haben, wird es beim nächsten Mal höchstwahrscheinlich klappen.

Der Bundesliga-Erfolgscoach Mirko Slomka hat unter anderem die Topspieler Mesut Özil und Manuel Neuer bei Schalke 04 entdeckt und Hannover 96 in die Europa League geführt. Er verriet mir, wie er einen Spieler nach einer verlorenen Partie wieder aufbaut. »Wenn zum Beispiel ein Abwehrspieler durch einen individuellen Fehler die Niederlage der Mannschaft verschuldet hat, dann zeige ich ihm Zusammenschnitte von mehreren Spielen, in denen er besonders positive Szenen hatte. ›Mann, bin ich klasse‹, sagt sich der Spieler dann, ›da komme ich jetzt auch klar damit, dass ich den Ball diesmal falsch abgespielt habe.‹« Außerdem spürt er, dass der Trainer zu ihm hält, und auch das hilft ihm, seinen Fehler abzuhaken und wieder positiv nach vorne zu schauen.

Sie können sich sozusagen Ihre Wirklichkeit selbst schaffen. Nehmen Sie Geschehnisse positiv und leicht auf, dann werden sie in Ihrer Erinnerung auch als positive Erlebnisse abgespeichert. Es gibt Gedanken, die Sie stärken, und andere, die Sie schwächen. Sie haben meist keinen Einfluss darauf, was andere zu Ihnen sagen, aber es ist Ihre Wahl, ob Sie diese negativen Äußerungen in die Zukunft mitnehmen – oder am Wegrand zurücklassen.

Stellen Sie sich selbst ein positives Zeugnis aus!

»Das kannst du nicht« oder »Das geht sowieso nicht«: Durch solche Urteile lassen sich viele Menschen entmutigen. Setzen Sie dem negativen Fremd-Briefing lieber ein positives Eigen-Briefing entgegen. Überprüfen Sie, ob es triftige Gründe gegen Ihr Vorhaben gibt. Wenn nicht, dann sagen Sie sich: »Bei dem klappt es vielleicht nicht – aber bei mir!« Schon allein durch diesen Glauben an sich selbst und Ihren Plan können Sie Berge versetzen – oder zumindest Hügel.

Über Krebserkrankungen hört und liest man oftmals dramatische und traurige Geschichten. Trotzdem dachte ich keine Sekunde lang daran, dass die Sache schlimm ausgehen würde, als bei mir vor mehr als 20 Jahren die Diagnose Präcancerose 3. Grades lautete. Eine auffällige Hautveränderung war herausgeschnitten worden. Die Gewebeuntersuchung hatte ergeben, dass dies absolut nötig gewesen war, denn mit Hautkrebs ist bekanntlich nicht zu spaßen. Ich blieb auch hier positiv, und glaubte unerschütterlich, dass nach der Operation keine neuen Gewebeänderungen auftreten würden. Und genau so kam es dann auch: Der Krebs hat sich bei mir nie wieder blicken lassen.

Ein perfektes Beispiel für unerschütterlichen Optimismus ist Franz Beckenbauer. Ich lernte ihn 1990 bei einer Wellness-Woche in Bad Griesbach kennen, wo er sich mit seiner damaligen Frau aufhielt. Schon damals beeindruckte er mich durch seine unglaublich positive Sichtweise. Ich habe ihn später dann und wann wiedergetroffen, meist bei Sportveranstaltungen, und festgestellt, dass seine Ausstrahlung mit der Zeit immer noch positiver wurde. Einmal traf ich ihn bei Dr. Hans-Wilhelm Müller-Wohlfart, dem Mannschaftsarzt der deutschen Fußball-Nationalelf. Er wollte sich behandeln lassen und wie immer war er offen und positiv: »Das wird schon wieder«, sagte er und erzählte mir dann von seinem Salzburger Haus, in dem er mehr Zeit als früher verbringe. Bei der FIFA mache er jetzt weniger und genieße lieber sein Leben. Von Jahr zu Jahr kommt er mir noch leichter und unbeschwerter vor. Er sieht die Dinge fröhlich und positiv – und deshalb denkt man an ihn noch heute (wenn auch nicht ganz zu Recht) als einen Fußballer, der sich im Spiel nicht quälte, sondern mit Leichtigkeit agierte. Mit einer traumhaften Leichtigkeit, die aus seiner positiven Sichtweise herrührt.

Werden Sie ein Positiv-Seher

Es gibt vielfältige Möglichkeiten, sich positiver zu stimmen. Beispielsweise kann uns eine ehrenamtliche Tätigkeit im Sport- oder Musikverein Befriedigung verschaffen. Positiv beschwingen kann es uns ebenso, wenn wir mit Kindern spielen, einen Film mit Happy End anschauen oder unsere Liebsten mit kleinen Geschenken erfreuen.

Wohl jeder kennt dieses Gefühl, das einen manchmal an Sonntagabenden beschleicht: Werde ich die Anforderungen der nächsten Woche bewältigen? Viel Arbeit steht an oder schwierige Termine. Um mich positiv zu stimmen, habe ich in solchen Momenten oftmals gerne in Reiseprospekten geblättert. So wurden meine Gedanken schnell auf etwas Schönes gerichtet und meine Skepsis verflog.

Manche Leute können beim Golfspielen oder beim Schwimmen besonders gut nachdenken – bei mir ist es das Joggen, das meine Gedanken in angenehmen Fluss bringt. Ich verarbeite dann Stress schneller, meine ganze Denkweise wird positiv und Glückshormone werden freigesetzt. Nach einem Lauf habe ich meist eine Lösung für eine anstehende Aufgabe – oder zumindest eine positivere Sichtweise.

Oder machen Sie sich ab und zu klar, wie gut es Ihnen geht – verglichen mit den Bedingungen, unter denen viele Menschen leben. Bei einer Wüstensafari in Abu Dhabi erfuhr ich, dass die Nomaden auf dem Weg zur nächsten Oase wochenlang bei sengender Hitze durch die Wüste reiten müssen. Ich dagegen war heilfroh, als ich nach einer halbe Stunde im unbequemen Kamelsattel wieder in den klimatisierten Jeep steigen durfte. Durch solche Erlebnisse relativieren sich die eigenen Probleme sofort.

Der Filmproduzent Nico Hofmann versicherte mir bei den Filmfestspielen in Cannes, dass die meisten Kinobesucher Filme sehen wollen, um zu lachen. Kein Wunder: Lachen macht uns positiv. Oft genügt es schon, dass man über einen Witz oder eine komische Situation herzlich lacht – sofort hat man gute Laune.

Umgeben Sie sich mit Positiv-Verstärkern

Sie können auch Bücher führen – beispielsweise ein Tagebuch. Dadurch verstärken Sie die angenehmen Erlebnisse und können die unangenehmen Erlebnisse besser verarbeiten. Allein schon das Aufschreiben verschafft gedankliche Klarheit.

Falls Sie (noch) dazu neigen, sich überwiegend mit problematischen Themen zu befassen, sollten Sie vielleicht besser ein »Sonnenbuch« führen: Schreiben Sie alles auf, was am jeweiligen Tag schön war. Oder legen Sie sich ein Sehnsuchtsbuch an, in dem Sie regelmäßig festhalten, was Sie sich in der Zukunft Schönes wünschen.

Sie können auch ein Erfolgsbuch führen. Darin notieren Sie jeden Tag ein paar Erfolgserlebnisse. Legen Sie eine Siegerliste an, notieren Sie alles, was geklappt hat – jeden noch so kleinen Erfolg. Auf Misserfolge und Niederlagen verschwenden Sie keinen Tintentropfen.

Oder rufen Sie sich schöne Ereignisse aus der Vergangenheit ins Gedächtnis und schreiben sie auf. Ich zum Beispiel werde nie vergessen, wie mich mein älterer Sohn vor einigen Jahren an meinem Geburtstag überraschte. Ich rechnete nicht damit, dass er an diesem Tag extra zu mir fliegen würde, aber dann kam er aus dem Ausland angereist, stand morgens an meinem Bett und sang mir ein Geburtstagslied. Dies wird mir immer in Erinnerung bleiben.

Sie können sich auch Situationen vergegenwärtigen, in denen Sie gelobt wurden. Dann kommen sofort positive Gedanken und Gefühle hoch, die Sie mit Kraft und Zuversicht erfüllen.

Oder machen Sie sich selbst ab und zu ein Kompliment. Anerkennung kommt nicht nur von außen und anderen, sondern auch (und sogar am besten) von innen und von uns selbst.

Anstatt sich zu ärgern, dass es Winter und draußen dunkel ist, können Sie sich freuen, wie gemütlich es bei warmem Kaminfeuer oder bei romantischem Kerzenschein ist. Licht ist ohnehin entscheidend für eine positive Gemütslage. Es empfiehlt sich, im Winter möglichst ins Helle zu fliehen. Im Sommer können wir Mitteleuropäer eigentlich in unseren Heimatregionen bleiben. Und wenn Sie im Winter nicht nach Süden ziehen können, dann machen Sie Ausflüge in den hellen Schnee oder zumindest einen Spaziergang in der Mittagspause, um von dem wenigen Licht so viel wie möglich abzubekommen. Bei sich zu Hause können Sie auch eine Tageslichtlampe installieren, die Ihnen im tiefsten Winter ein wenig Frühlingslicht ins Zimmer bringt. Und schon wird wahrscheinlich auch Ihr Gemüt wieder sonnig.

Bauen Sie in Ihren Alltag kleine Rituale der Freude ein. Zum Beispiel einen »Nichts-ist-verboten-Tag«, an dem zum Beispiel esstechnisch alles erlaubt ist. Aber auch die anderen Tage sollten zumindest eine Oase des Positiven für Sie bereithalten. Einen Spaziergang, ein warmes Schaumbad, ein Stück Schokolade als Dessert.

Mehr Optimismus durch positive Visualisierung

Malen Sie sich eine schöne Zukunft aus. Stellen Sie sich vor, wie großartig es Ihnen geht, wenn Sie es geschafft haben. Denken Sie sich Ihre Zukunft mit einem positiven Foto-Finish erfolgreich.

Die Vorstellung eines positiven Zielbildes ist eine Vorschau auf die künftige Wirklichkeit. Stellen Sie sich vor, was Sie haben oder machen werden und wie Sie sich fühlen werden, wenn Sie Ihr Ziel erreicht haben. Ganz egal, worin dieses Ziel besteht, ob Sie ein Musikinstrument lernen oder den Bootsführerschein machen – nichts ist so wirksam wie die visuelle Stimulierung.

Erschaffen auch Sie sich positive Gedankenbilder. Das verleiht Ihnen Kraft. Mit einem Zielbild vor Augen sind Sie stärker auf das Ergebnis konzentriert und damit automatisch besser.

Verwenden Sie Ihre Vorstellungskraft als Sprungturm für Ihren Leistungssprung!

Werden Sie Ihr eigener Erfolgsprogrammierer

Dieser Moment, in dem Sie diese Worte lesen, ist ein entscheidender Moment Ihres Lebens. Eine positive Einstellung bekommt man nämlich nicht geschenkt. Sie wird uns nicht an der Universität beigebracht und Sie können sie auch nicht bei eBay ersteigern.

Aber glücklicherweise können wir positive Gedanken selbst erzeugen. Wir haben die Wahl, in unserem Unterbewusstsein aboder aufbauende Gedanken zu programmieren. Ihr Unterbewusstsein ist Ihr Erfolgscomputer. Sie beginnen in dem Augenblick, Ihr Leben zu meistern, in dem Sie selbst – und nicht mehr Ihre Umwelt oder der pure Zufall – Ihr Unterbewusstsein programmieren.

Bauen Sie eine Firewall gegen negative Viren auf! Geben Sie Optimismussaboteuren und Erfolgsattentätern keine Chance. Zutritt für negative Gedanken verboten! Auch von Menschen mit negativer Ausstrahlung lassen Sie sich nicht mehr negativ stimmen.

Verbannen Sie Demotivatoren. Schützen Sie sich vor Wunschdieben. Vermeiden Sie Hoffnungsstopper.

Wenn Sie diese Ratschläge befolgen, werden Sie bald merken, wie in Ihnen vieles Negative an Boden verliert. Es welkt dahin, weil Sie es nicht länger mit Ihrer Aufmerksamkeit nähren. Dagegen werden die positiven Gedanken in Ihrem inneren Garten blühen und gedeihen. Denn Sie haben ja gelernt, Ihre positiven Gedanken bewusst zu wiederholen und auf diese Weise zu pflegen und zu stärken.

Wenn Sie eine Geburtstagsparty veranstalten, laden Sie schließlich auch keine Miesepeter und Nörgler, Schwarzseher und Pessimisten in Ihr Wohnzimmer ein. Und genauso machen Sie es fortan auch mit Ihrem Geist: Lassen Sie keinen negativen Gedanken, keine defensiven Gedanken hinein. Laden Sie nur noch positive und offensive Gedanken ein! Um diese Gästeliste wird man Sie beneiden.

Vergrößern Sie Ihr Glücksvermögen!

4

Kommen Sie in die Kontakte

Kontaktreich leben

Ich brauchte eine Wohnung, und zwar dringend. Und die neue Bleibe musste günstig sein. Wegen meines Studienplatzes an der Medizinischen Hochschule Hannover musste ich von Hildesheim, wo ich meine Schul- und Bundeswehrzeit verbracht hatte, in die Landeshauptstadt ziehen. Schließlich fand ich etwas Nettes, allerdings nur am Stadtrand direkt neben der lauten Autobahn.

Bis die Vormieterin auszog, hatte ich wegen des Wohnungswechsels schon öfter mit ihr gesprochen. Nachdem sie mich gefragt hatte, was ich beruflich machte, ließ sie sich ein paar Tage später von mir beraten und wurde meine erste hannoversche Kundin.

Da man ja ab und zu etwas zu essen braucht, lernte ich als Nächstes den Bäcker und den Inhaber des Lebensmittelladens kennen. Wenn man x-mal morgens dort auftaucht, wird man irgendwann automatisch gefragt, ob man hier neu ist, wie man heißt und was man beruflich so macht.

Damals war die Welt noch nicht durch Internet vernetzt und folglich war auch der Zeitungskiosk ein wichtiger Ort. Irgendwann kam ich mit dem Kioskbesitzer ins Gespräch. Er wusste, dass er seine Finanzen dringend optimieren musste, hatte aber keine Ahnung, wie er das anstellen sollte. Auch er wurde mein Kunde. Bald danach ließ sich die nette Frau aus der Reinigung gleichfalls von mir in Geldfragen beraten. An der Tankstelle um die Ecke war ich ein gern und oft gesehener Kunde. Wegen meiner vielen Fahrten zu Beratungsterminen verbrauchte ich eine Menge Sprit und benötigte dann und wann auch die Waschstraße. Und der Tankwart brauchte gute Baufinanzierungskonditionen.

Aufgrund dieser Beratungseinnahmen konnte ich mir nun eine größere und teurere Mietwohnung leisten. Ich zog näher an die Medizinische Hochschule, in eine deutlich bessere Wohngegend. Der Hausmeister ärgerte sich über teure Versicherungen, aber nur bis wir unser Beratungsgespräch hinter uns hatten. Der Hit waren aber die Nachbarn, die im gleichen Haus wohnten. Sie waren Mitglieder der Band *Eruption*, die damals mit dem Ohrwurm *One Way Ticket To The Moon* bekannt geworden waren und vom gleichen Manager betreut wurden wie Boney M.

Es entstand eine tolle Nachbarschaft mit den Musikern. Wir kochten bei ihnen, grillten auf unserem Balkon, gingen zusammen joggen und des öfteren aus. Allmählich entwickelte sich eine Freundschaft und sie vertrauten mir irgendwann ihre Finanzen an. Auch einige ihrer Kollegen aus der Musikszene wurden nach und nach meine Kunden. Genauso wie viele Ärzte, die logischerweise im Umkreis der Medizinischen Hochschule zahlreich wohnten. Sie alle waren zufrieden mit mir, denn sie hatten nun recht beachtliche finanzielle Vorteile. So bekam ich viele Referenzen und wurde an viele gut verdienende Freunde und Bekannte weitergereicht, die auch über höhere Renditen und/oder weniger Steuern glücklich waren. Dank dieser Beratungserfolge konnte ich mir nun meinen Traum erfüllen. Ich wollte schon immer ein eigenes Haus mit Garten besitzen. Also hieß es wieder umziehen. Durch den Hauskauf lernte ich weitere interessante Leute kennen, vom Makler bis zum Bauunternehmer. Sie gehörten nun mitsamt ihrem Umfeld auch zu meinen neuen zusätzlichen Kontakten. Und alle Nachbarn hatten ihrerseits Nachbarn. Jeder kannte jemanden, der gleichfalls jemanden kannte. Eine breite Kontaktbasis war aufgebaut und dehnte sich von Monat zu Monat aus – und das in einer Stadt, die mir vor kanpp zwei Jahren noch fremd gewesen war.

Suchen Sie sich ein zusätzliches Umfeld

Wie können Sie andere Menschen kennenlernen? Ganz einfach! Irgendwo arbeitet, wohnt und lebt ja schließlich jeder. Dort, wo Sie wohnen, ist Ihr Bekanntenkreis, in dem Sie weitere Kontakte knüpfen können.

Und wenn Sie umziehen, vermehren sich in Ihrer und durch Ihre neue Umgebung Ihre Kontakte wie von selbst. Vielleicht haben Sie ja keinen Anlass oder keine Gelegenheit, alle paar Jahre umzuziehen. Dann simulieren Sie doch einfach mal, dass Sie umgezogen wären. Fahren Sie einen Monat lang ganz bewusst nicht in Ihrem Stadtteil oder Ihrem Ort einkaufen, sondern zehn Minuten weiter weg. Gehen Sie zu einem anderen Buchladen, einer neuen Reinigung und so weiter – Sie werden sich wundern, wie schnell Sie neue Menschen kennenlernen. Und je nachdem, was Sie ihnen anzubieten haben, können aus neuen Bekannten teilweise neue Geschäftskontakte werden und/oder sich sogar Freundschaften entwickeln.

Networking ist das halbe Leben

In meinem Beruf geht es um Geld, aber meine Leidenschaft gilt den Menschen. Finanzielle Gewinne sind schön, Menschen für sich zu gewinnen ist noch viel schöner. Ich bin der Überzeugung, dass zwischenmenschliche Beziehungen das Leben enorm verschönern und erleichtern können. Auch wenn man sich mal nicht so gut fühlt, hilft oft schon ein gutes Gespräch.

Wer kennt nicht die Redensart »Beziehungen sind das halbe Leben«? Gemeinsam ist besser als einsam. Keiner will allein sein. Es
geht immer um und mit Menschen.

Meine Ausbildung, rückblickend auf den Punkt gebracht, bestand eigentlich nur aus zwei Fächern: Hauptfach Beziehungen,
Nebenfach Sachthemen. *Persönlich* ging bei mir immer vor *geschäftlich.*

Bekannte und Freunde sind Wahlverwandte, egal welches Alter
oder Geschlecht, welche Religion oder Hautfarbe sie haben. Es
sind frei von uns gewählte Menschen. Andere haben wir eben
nicht ausgesucht oder waren zumindest noch nicht mit ihnen in
Kontakt.

Ob Sie wollen oder nicht: Ihr eigenes unmittelbares Kontaktfeld
ist automatisch vorhanden. In Ihrem Familiennetzwerk sind Sie
Pflichtmitglied. Ihrem Berufs- und Ausbildungsnetzwerk gehören
Sie durch Ihre Arbeitstätigkeit automatisch an. Selbst wenn Sie in
einem frei stehenden Haus auf einem großen Grundstück leben
– ein Nachbargrundstück gibt es dort trotzdem.

Ganz früher, im vorindustriellen Zeitalter, mussten unsere Ur-
großeltern meistens noch agrarwirtschaftliche Kenntnisse und
Fähigkeiten haben, da die Landwirtschaft den Schwerpunkt ihres
Lebens bildete. Unsere Großeltern hingegen lebten schon im In-
dustriezeitalter – für sie war es also existenziell wichtig, an und
mit Maschinen zu arbeiten. Die Angehörigen unserer Elterngene-
ration arbeiteten meist schon in Dienstleistungsunternehmen.
Wer nicht rechnen, lesen und schreiben konnte, hatte spätestens
in der Wirtschaftswunderzeit keine Chance mehr auf eine aus-
sichtsreiche Karriere.

Und was ist für uns – neben einer fundierten Ausbildung – im
21. Jahrhundert wichtig?

Die Fähigkeit zur Kommunikation und zur Bildung von Netzwerken ist heute entscheidend für den beruflichen Erfolg und ein
spannendes, abwechslungsreiches Leben. In einer von E-Mails
und SMS, Chatportalen und virtuellen Communitys beherrschten

Zeit wird es immer wichtiger, über viele und tragfähige Kontakte zu verfügen. Unser Jahrhundert ist das Zeitalter der Vernetzung. Anders lässt sich der Erfolg zum Beispiel von Unternehmen wie Twitter oder Xing überhaupt nicht erklären, über die sich Millionen von Menschen tagtäglich über Kontinente hinweg vernetzen.

Wer sich gut vernetzt, kommt gut voran

Sind Kontakte »alles«? Ja, fast! Auch die Menschen an der Spitze in Wirtschaft, Sport und Gesellschaft sind neben ihren Fähigkeiten nicht zuletzt durch ihr Netzwerk an Beziehungen und Kontakten dorthin gelangt. Man wird nicht durch Zufall oder rein durch fachliches Können Vorstandschef. Gehören Sie noch zu denen, die Networking für Luxus halten? Dann werden Sie Ihren Irrtum spätestens in dem Moment erkennen, wenn andere, die besser vernetzt sind, an Ihnen auf der Karriereleiter vorbeiziehen – manche sogar, obwohl sie fachlich nicht so viel auf dem Kasten haben wie Sie. Aber sie haben Ihnen trotzdem etwas Kostbares voraus: mehr und bessere Kontakte. In England sagt man sogar: »Without networking it's not working.«

Oftmals sind die mächtigsten und bekanntesten Personen einer Berufsgruppe gar nicht unbedingt intelligenter oder qualifizierter als der Durchschnitt – sie haben einfach mehr Kontakte und bessere Beziehungen, die sie meist seit langer Zeit pflegen und wechselseitig nutzen.

Gute Arbeit ist natürlich die Basis beruflichen Erfolgs, Kontakte arbeiten zu lassen, kann Sie aber beruflich an die Spitze führen. Es ist sinnvoll und legitim, Kontakte zu Menschen zu intensivieren, die Sie bei Ihrer Zielerreichung vielleicht einmal unterstützen können. Es geht nur darum, sich auf seriöse Art einen beziehungsgesteuerten Erfolg zu ermöglichen und gleichzeitig auch sich gegenseitig zu helfen.

In manchen Berufen kann Kontaktarmut auch der Grund für Geldarmut sein. Umgekehrt sind häufig die kontaktreichsten die erfolgreichsten und oftmals auch die wohlhabendsten Menschen.

Zahlen Sie regelmäßig auf Ihr Networking-Sparkonto ein

Geschäftlich gesehen kann jeder Neukontakt bares Geld wert sein. Networking ist ein Sparkonto, auf das man zunächst viel einzahlen muss, um später davon abheben zu können. Bauen Sie ein Kontaktguthaben auf und knüpfen Sie die Kontakte, *bevor* Sie Ihr Netzwerk benötigen. Um Netzkapital anzusammeln, ist es nie zu früh – aber irgendwann womöglich zu spät.

Networking funktioniert aber nicht nach der Methode: Nur, wer mir nützt mit dem treffe ich mich. Es lässt sich auch nicht nach dem Motto betreiben: Ich habe dir geholfen, jetzt musst du mir helfen. Das kommt meist irgendwann von selbst.

Beziehungen zu anderen Menschen sind eine besonders wertvolle Währung. Überlegen Sie, durch welche Menschen Sie sich bereichert fühlen würden. Suchen Sie gezielt Kontakte zu Menschen, die Ihnen gut tun, die Sie Ihren persönlichen Zielen näherbringen können und die Sie Ihrerseits bei ihrem Vorhaben unterstützen können.

Häufig ist Beziehungsarbeit lohnender als rein fachliche Arbeit. Frei nach der Parole: »Der Kluge kennt alles, der sehr Kluge kennt alle.« Ich kenne sogar Personen, die einzig wegen ihrer Netzwerke, Kontakte und Beziehungen einen begehrten, gut bezahlten Job bekommen haben. Diese Schlüsselpersonen sind der Zugangsschlüssel zu weiteren Schlüsselkontakten – und eben deshalb bei dem Unternehmen, das sie engagiert hat, so begehrt. Berufstätige, die über die Mauern ihres Büros hinaus bekannt sind, schaffen oftmals mehr Wert für ihr Unternehmen. Wer sich immer nur in seinem Büro verschanzt, macht etwas falsch. »Was willst du da? Da kennt dich doch schon jeder!« Stubenhocken reicht nicht, Sie müssen sich im wahrsten Sinne des Wortes »unters Volk« mischen.

Interessante Jobs findet man heutzutage viel eher durch die Nutzung von Netzwerken als durch Print- oder Internet-Stellenanzeigen. Viele Statistiken belegen, dass die meisten Menschen ihre Jobs durch persönliche Beziehungen finden. Machen Sie sich also nichts vor: Ohne Beziehungsnetzwerk kann kaum jemand beruflich voll loslegen und genauso erfolgreich sein wie gut vernetzte Kollegen, das gilt für Journalisten wie für Mediziner.

Kontakte können kaum überbewertet werden. Auch im täglichen Leben läuft fast alles über Kontakte. Natürlich haben Sie auch Ihren Lebenspartner, Ihre Freundin oder Ihren Ehemann durch Kommunikation gefunden und für sich gewonnen. Vielleicht haben Sie sich im Urlaub kennengelernt oder auf einer Party durch Freunde. Durch ein Partnerschaftsinstitut oder im Internet – ganz egal: Sie haben jedenfalls miteinander kommuniziert, und daraus ist eine Beziehung entstanden.

Netzwerke werden oft auf negative Art als Seilschaften, Klüngelwirtschaft oder Strippenzieher-Vereine bezeichnet. Dabei sind Netzwerke meist etwas Positives: Man gewinnt den Partner fürs Leben, Gleichgesinnte für gemeinsame soziale Aktivitäten oder Freunde oder Menschen, mit denen man sich beispielsweise fit hält und Sport treibt. Was auch immer Sie beginnen: Unweigerlich geht es mit einem Kontakt los.

Kontakte sind wie Steine, die Sie ins Wasser werfen: Bekanntenkreise ziehen weitere Kreise um immer größere Kreise. Also kontaktieren Sie, wo und so viel Sie können! Dadurch erweitert sich auch Ihr Wissenshorizont. Aus neuen Kontakten werden zunächst flüchtige Bekannte. Daraus können bessere Bekannte und später vielleicht sehr gute Bekannte werden. Irgendwann ist man locker befreundet. Daraus entstehen möglicherweise echte und enge Freundschaften.

Bestimmt kennen Sie den Satz: »Beziehungen schaden nur dem, der sie nicht hat.« Das *Vitamin B-erühmt*. Ein Leben ohne Beziehungen ist wie Tauchen ohne Sauerstoffflasche. Kontakte verschaffen Ihnen die Luft, die Sie zum kraftvollen Atmen brauchen. Was Sie alleine kaum schaffen können, schaffen Sie gemeinsam mit Ihrem Netzwerk viel eher.

Werden Sie durch Kontakte beruflich erfolgreicher

Stellen Sie sich einen Topschauspieler vor. Er kann hervorragend aussehen, sich mustergültig in Charaktere und Filmhandlung einfühlen, seine Texte gekonnt sprechen und in Gestik und Mimik unschlagbar sein. Trotzdem hängt seine Karriere auch davon ab, welcher Agent ihn vertritt, welche Produzenten und Regisseure er kennt und wie er beispielsweise mit der Drehbuchautorin klarkommt. In einem solchen Beziehungsnetz halten sich alle gegenseitig hoch, weil alle Mitglieder eines Netzwerkes miteinander verbunden sind.

Wie wichtig Netzwerke für das berufliche Vorankommen sind, zeigt auch das folgende Beispiel: Für den Posten eines Klinikdirektors müsste man, wenn es rein nach fachlichen Kriterien ginge, den Operateur oder Arzt nehmen, der in kürzester Zeit den besten Heilungsverlauf erreicht hat. Aber ein Klinikdirektor braucht eben (auch) andere Qualitäten: Er muss die zuständigen Personen bei den Behörden kennen, die Entscheidungsträger bei Stadt und Land. Er muss Kontakte zu Medizin- und Pharmaunternehmen haben, mit der Ärztewelt verdrahtet sein, gut mit dem Arbeitnehmerbeirat auskommen und so weiter. Er muss eben gut vernetzt sein.

Das gilt umso mehr für Politiker: Ihr Erfolg hängt auch von ihrem Netzwerk, von ihren Beziehungen ab. Man wird kaum in den Ortsbeirat gewählt, wenn man keine guten Verbindungen hat. Als Politiker brauchen Sie – gerade in Ihrer Partei – die richtigen Unterstützer, die sich für Sie einsetzen und propagieren, warum die Leute Sie wählen sollen. Und je weiter es in der politischen Karriere aufwärtsgeht, desto wichtiger werden Beziehungen und Kontakte.

Was den Schlüssel zum beruflichen Erfolg angeht, sind sich Experten international einig: »Fragen Sie sich nicht, was Sie wissen, sondern wen Sie kennen!« Darum säen auch Sie ein Netzwerkpflänzchen, das zu einem breit verästelten und tief verwurzelten Netzwerkbaum heranwächst!

Wie man mit Netzwerken nicht umgehen sollte

Was passieren kann, wenn man ein Netzwerk falsch behandelt und teilweise auch attackiert, habe ich 2010 schmerzhaft erlebt. Ich fühlte mich in einer TV-Reportage teilweise unfair behandelt. Die einseitig negative Berichterstattung war auch gegenüber den seriös und qualifiziert arbeitenden Beraterinnen und Beratern meines ehemaligen Unternehmens ungerecht. Es kamen beispielsweise nur ehemalige Mitarbeiter, die längst für die Konkurrenz arbeiteten, zu Wort. Aber anstatt das auf sich beruhen zu lassen, wollte ich meine Betrachtungsweise durchsetzen und die – aus meiner Sicht – falschen Vorwürfe entkräften. Heute weiß ich, dass die Darstellung meiner Sichtweise direkt gegenüber den Intendanten als Eingriff in die Pressefreiheit missverstanden wurde. Ich nahm dazu juristischen Beistand in Anspruch, rief die Gerichte an und geriet so erst recht in die Defensive – frei nach der Devise: Wenn jemand Anwälte braucht, scheint an den Vorwürfen ja etwas dran zu sein.

Das Einzige, was ich dadurch erreichte, war eine Solidarität auch zwischen bisher nicht beteiligten Journalisten und sogar solchen, die dem Beitrag kritisch gegenüber standen. Viel besser wäre es gewesen, wenn ich gesagt hätte: »Okay, einige Vorgänge können Kunden und Berater wohl unterschiedlich betrachten.«

Aber stattdessen regte ich mich auf und wehrte mich so heftig, dass ich erst recht die Aufmerksamkeit auf die in meinen Augen falsche Darstellung lenkte.

Folglich wurde noch mehr recherchiert und ich wurde mit neuen Details konfrontiert. Aber aus solchen Situationen lernt man. Ich hatte einen der ihren angegriffen und schon schlossen die Journalisten einen Kreis, um ihren Kollegen zu schützen. Ich lernte, dass es sogar ein »Netzwerk Recherche« gibt, in dem über 600 Journalisten miteinander verbunden sind. Statt Fakten zu vermitteln, hatte ich einen Verteidigungsreflex ausgelöst. Das gibt es häufig, in allen Berufsgruppen, in der Familie, im Verein oder auch in derselben Generation oder beim gleichen Geschlecht.

So würde ich bestimmt nicht noch einmal vorgehen . Und falls Sie jemals in eine schwierige Situation kommen sollten, so rate ich Ihnen: Verärgern Sie nie ein Netzwerk– und legen Sie sich erst recht nicht mit einer Internet-Community an!

Networking verbindet die Vergangenheit mit der Gegenwart und der Zukunft. Unsere Eltern kannten das Wort »Networking« in ihrer beruflich aktiven Zeit meist noch gar nicht, wussten aber dennoch um die Bedeutung von Beziehungen. Dabei leitet es sich von einem der ältesten Werkzeuge der Menschen ab. Stellen Sie sich ein Fischernetz vor: Jeder Teil des Netzes ist über mehrere Knoten mit allen anderen Teilen verbunden. Löst sich ein Knoten, ist das Netz immer noch brauchbar und man kann auch jederzeit wieder neu knüpfen.

Jeder Mensch ist eine soziale Verbindungsnetzstelle. Mittlerweile haben Wissenschaftler nachgewiesen, dass wir alle über eine kurze Kette von Kontakten mit allen anderen Menschen auf der Welt verknüpft sind. »Jeder kennt über sechs Ecken jeden«, so lautet ihre Erkenntnis.

Durch Bekannte neue Bekannte kennenlernen

Ich werde von manchen Menschen um mein Beziehungsnetz beneidet. Dabei bin ich selbstverständlich nicht mit einem Netzwerk aufgewachsen. Übrigens hatte ich auch nie die Absicht, aktiv eines aufzubauen. Ich habe einfach viele Leute kennengelernt. Auch ich war zu Beginn meiner Karriere natürlich wie die meisten ein Nobody. Wenn man zu Menschen nett ist und diese sich auf einen verlassen können, vergrößert sich der Bekanntenkreis und die Beziehungen erweitern sich automatisch. Später, als ich bekannter war, kamen viele Leute von selbst auf mich zu. Zu meinem Netzwerk gehören Großindustrielle, Manager und Musiker, Sportler, Wissenschaftler und Mediziner. Sehr oft werde ich gefragt, warum ich so viele Spitzenpolitiker kenne. Natürlich waren die nicht alle in meiner Schulklasse oder mit mir im Kindergarten. Es erklärt sich einfach durch die Tatsache, dass Hannover in den letzten Jahren Spitzenpolitiker hervorgebracht hat wie keine andere Stadt in Deutschland.

Wenn man den Ministerpräsidenten Gerhard Schröder kennengelernt hat und er schließlich Bundeskanzler wird, dann lernt man fast ganz automatisch andere SPD-Politiker wie Stephan Weil, unserem Oberbürgermeister und sogar Frank-Walter Steinmeier und Sigmar Gabriel kennen. Und so war es dann auch bei mir. Genauso als ich durch Philipp Rösler – den ich des Öfteren bei verschiedenen Events (noch als einfacher Landtagsabgeordneter) traf – Guido Westerwelle kennen – und seine große Menschlichkeit schätzen lernte.

Den damaligen Landtagsabgeordneten Christian Wulff lernte ich übrigens auf ganz spezielle Weise kennen. Ich hatte ihn öfter bei Empfängen gesehen, aber bis dahin noch nie persönlich mit ihm gesprochen. Bei der niedersächsischen Landtagswahl 1998 trat er für die CDU als Spitzenkandidat an. Diese Wahl wurde von der SPD genutzt, um auszuloten, wer als ihr Kanzlerkandidat in den Bundeswahlkampf ziehen sollte. Den Umfragen zufolge hatte Helmut Kohl kaum Chancen auf eine Wiederwahl, und da sagte ich mir: Dann wäre Gerhard Schröder allemal ein besserer neuer Bundeskanzler als Oskar Lafontaine. Deshalb kam mir die Idee einer Anzeige mit der berühmt gewordenen Headline »Der nächste Kanzler muss ein Niedersachse sein«. Gerhard Schröder wusste nichts davon, und ich hatte auch kein Interesse, zu offenbaren, dass ich der Initiator war. Doch Journalisten deckten den Sachverhalt auf und ich bekannte mich dazu, die Anzeige auch bezahlt zu haben. Nachdem diese Aktion öffentlich geworden war, war Christian Wulff richtig verärgert. Er führte seine Wahlniederlage auch auf diese Schützenhilfe für Gerhard Schröder zurück, die ihn ein paar Stimmen gekostet habe.

Ich erklärte ihm am Telefon, dass sich die Anzeigen gegen Schröders Rivalen Oskar Lafontaine und nicht gegen ihn gerichtet hätten. Er war trotzdem recht böse auf mich, aber nachdem wir uns ein paarmal über den Weg gelaufen waren, und ein Parteifreund von ihm – mein Notar – uns zum Essen einlud – konnten wir uns offen über die Aktion austauschen und sie als »vergeben« abhaken. Hätte Christian Wulff allerdings zum Beispiel in Hessen gelebt, so hätte ich ihn höchstwahrscheinlich nie kennengelernt, vielleicht stattdessen Roland Koch.

Weil ich wegen Veronica Ferres viel in München bin, gibt es natürlich auch mehr Kontakte zu den CSU-Größen und den Münchner Dax-Chefs. Gerade in der bayerischen Landeshauptstadt ist die Welt von Film, Politik und Wirtschaft besonders eng verbandelt.

Networking bedeutet für mich natürlich auch, Freunde zu haben, ohne dass man miteinander Geschäfte machen möchte. Mit meinem Freund Jean-Remy von Matt, der eine der am häufigsten ausgezeichneten Werbeagenturen leitet, hatte ich vereinbart, dass er keine Werbung für unser Unternehmen macht und ich keine Geldanlagen für ihn tätige. Die Freundschaft soll eben nur Freundschaft sein.

Gleiches gilt auch für Gerd Schröder. In dieser Beziehung wird mein Einfluss völlig überschätzt. Manche haben sogar die abwegige These vertreten, ich hätte den damaligen Bundeskanzler überredet, mir zuliebe die Riester-Rente einzuführen. Tatsache ist: Mit

Gerhard Schröder habe ich überhaupt erst zwei Jahre nach Einführung dieser privaten Zusatzrente zum ersten Mal persönlich
gesprochen. Übrigens habe ich ihn erst gegen Ende seiner Kanzler-
erzeit besser kennengelernt und die Freundschaft wurde erst enger, nachdem er nicht mehr Bundeskanzler war und wir logischerweise etwas mehr Zeit miteinander verbringen konnten.

Und seit ich mein Unternehmen 2007 verkauft habe, muss ich mir
in der Beziehung zu Christian Wulff nicht bei jedem Treffen Gedanken machen, ob mir nicht irgendwie unterstellt wird, diese
Freundschaft aus Berechnung zu pflegen. Dieser Grundsatz „privat bleibt privat" hat eine stabile Basis geschaffen, auf der sich
auch die Freundschaft zwischen unseren beiden Familien immer
weiter entwickeln konnte.

Zum Networking gehört ebenso, dass man nichts ausplaudert, das
einen anderen betrifft. Hätte ich mich nicht strikt an diesen
Grundsatz gehalten, wäre es mir gar nicht möglich gewesen, ein
so enges und vertrauensvolles Verhältnis zu Politikern ganz unter-
schiedlicher Parteien zu haben. Sie alle wissen, dass ich unseren
Gedankenaustausch immer vertraulich behandeln werde, denn
Vertrauen und Verschwiegenheit sind wohl für alle Menschen
Grundpfeiler der Freundschaft.

Kennen Sie Ihre »oberen Zehntausend«?

Überlegen Sie sich einmal folgendes Szenario: Sie kennen
100 Menschen, natürlich nicht alle gleich eng und gut: Ihre Familie und Freunde, Arbeitskollegen und Schulfreunde, Eltern aus
der Schulklasse Ihrer Kinder, Ihren Friseur, den Tennislehrer, den
IT-Profi aus der Nachbarschaft und so weiter. Jeder dieser direkten 100 Kontakte kennt im Schnitt auch wieder 100 Personen.

Und damit verfügen Sie zusammen indirekt bereits über 10 000 Kontakte.

Nur mal so nebenbei: Wer in der Schule einmal sitzen geblieben ist, hat sogar einen kleinen Vorteil: Er besitzt zwei Ehemaligenlisten, hat also doppelt so viele Kontakte aus seiner Schulzeit. Und denken Sie auch an Ihren Lebenspartner. Er war höchstwahrscheinlich gleichfalls im Kindergarten und auf jeden Fall in der Schule – natürlich wohl auch in einer anderen als Sie. Wenn er ein Klassentreffen hat, sind sicher 20 Ehemalige dabei. Also haben nicht nur Sie Kontakt zu Ihren 20 früheren Schulkameraden, sondern ebenso er zu seinen. Entsprechend hat sich dieses Kontaktfeld verdoppelt, seit Sie in dieser Partnerschaft leben. Das Gleiche gilt für Ihre Urlaubsbekanntschaften. Sie vergrößern also Ihre eigenen Kontakte, wenn Sie auch den Bekannten- und Freundeskreis Ihrer Lebensgefährtin oder Ihres Ehemanns in Ihre Betrachtung einbeziehen.

Mehren und pflegen Sie Ihre Kontakte

Wie können Sie Ihren Bekanntenkreis erweitern? Ganz einfach! Mit Kontakten verhält es sich wie mit der Erbschaftsfolge: Es gibt Kontakte ersten, zweiten, dritten Grades und so weiter. Kontakte ersten Grades kennen Kontakte zweiten Grades, die ihrerseits Kontakte dritten Grades kennen. Durch Weiterempfehlung lernen Sie Menschen kennen, die Sie noch nicht kannten. So entsteht Ihr eigenes Mini-Netzwerk, aus dem sich ein großes entwickeln kann.

Die sogenannte Mund-zu-Mund-Propaganda ist zwar eigentlich eine Mund-zu-Ohr-Propaganda, aber sie funktioniert. Man spricht deshalb vom »Hörensagen«.

Für mich ist der Schweizer Reto Francioni einer der stärksten Networker überhaupt. Als ich ihn kennenlernte, ein Jahr vor unserem Börsengang, war er noch stellvertretender Vorsitzender der *Deutschen Börse AG*. Er ging dann zu dem Finanzdienstleister

Consors, wo er mit Unternehmensgründer Matthäus Schmidt eine Doppelspitze bildete. In dieser Zeit trafen wir uns ein paar Mal und diskutierten, ob wir unsere Firmen miteinander verschmelzen sollten. Dann wechselte er 2002 als Verwaltungsratspräsident zur Schweizer Börse SIX. Wir hielten weiter Kontakt. Jedes Mal, wenn wir uns wiedersahen, bekam ich beiläufig mit, wen er gerade getroffen hatte und wen er so alles kannte. Und da wurde mir irgendwann klar: Der nächste Chef der Deutschen Börse heißt Reto Francioni. Er hatte nicht nur 30 Jahre internationale Erfahrung gesammelt, sondern kannte jeden Finanzminister, jeden Börsenchef in jedem anderen Land. Er ging zu allen relevanten Events. Er war sehr fleißig, aber nicht nur beruflich, sondern auch beim Aufbau seines Beziehungsnetzes. Reto Francioni schickt immer zu Weihnachten und Neujahr eine Gruß-SMS. Er pflegt sein Netzwerk mit großer Verbindlichkeit – und das nicht nur, um zu denen nett zu sein, die er morgen vielleicht braucht. Kein Wunder also, dass es ihm fast gelang, die New York Stock Exchange Euronext mit der Deutschen Börse AG zu fusionieren. Aber selbst gute Kontakte haben – richtigerweise – ihre Grenzen, wenn zum Beispiel die EU-Kommission Nein sagt.

Einer der bestvernetzten Menschen ist für mich Roland Berger. Zu seinem Networking-Geheimnis befragt, erzählte er mir: »Ich mag Menschen. Sie sind etwas Wertvolles. Wenn man anständig zu ihnen ist, ihnen zuhört und sie ernst nimmt, wird daraus eine stabile Beziehung oder sogar eine Freundschaft.« Roland Berger hat durch überzeugende berufliche Leistungen und weil er immer mehr gegeben hat, als von ihm erwartet wurde, viel Wertschätzung erfahren. Aufgrund seiner sympathischen Art, seiner Ehrlichkeit und seiner Diskretion hat sich zwischen ihm und vielen Entscheidungsträgern ein tiefes Vertrauensverhältnis entwickelt.

Durch den Sport habe ich viele Menschen kennengelernt. Frank Pagelsdorf, ehemals Libero von Borussia Dortmund und dann erfolgreicher HSV-Trainer, war schon vor über 25 Jahren mein Kunde. Durch ihn und natürlich durch meine Nähe zu Hannover 96 lernte ich etliche Spieler kennen. So entstand auch eine Freundschaft mit Mirko Slomka, der damals noch Co-Trainer von Hannover 96 war; gemeinsam haben wir schon mehrmals Familienurlaub gemacht. Auf einer Sportgala lernte ich durch ihn Jogi Löw kennen, mit dem jede Begegnung eine Bereicherung ist.

Mit meiner damaligen Firma stiegen wir 2008 als Champions-League-Sponsor bei Borussia Dortmund ein. Von Anfang an hielten Borussen-Chef Hans-Joachim Watzke und ich Kontakt. Zuerst lud er mich ein, dann ich ihn. Daraus ist eine enge Beziehung entstanden – auch wenn die Sponsorschaft längst wieder beendet ist und ich meine Firmenanteile verkauft habe. Oft schicken wir uns nach Bundesligaspielen eine SMS. Beispielsweise schrieb ich ihm, wie toll ich die Siegesserie von Dortmund fände, und er gratulierte mir zum Aufwärtstrend von Hannover 96. Mittlerweile treffen wir uns auch ganz privat zu Hause.

Überlassen Sie das Wiedersehen nicht dem Zufall

Eines unserer größten Vermögen sind die von uns aufgebauten Beziehungen. Es lohnt sich also, sich um seine Mitmenschen zu bemühen. Werden Sie ein Menschenfinder, der spannende Zeitgenossen entdeckt!

Geht es Ihnen nicht auch so: Wenn ich jemanden kennenlerne, den ich sympathisch finde, überlege ich fast automatisch, wann und wo ich diesen Menschen wiedersehen könnte. Um solche Wiederbegegnungen nicht dem Zufall zu überlassen, habe ich mir ein einfaches und effektvolles Verfahren abgeschaut: Ich nehme alle Menschen, die mich besonders interessieren, in meine Geburtstags- und Kontaktdatei auf.

Sie können Ihre Kontakte einfach ein bisschen systematisieren, um in Verbindung zu bleiben. Dafür ist es sinnvoll, zwei Dateien anzulegen – eine private und eine geschäftliche.

Sobald ich jemanden kennengelernt habe, den ich besonders nett oder spannend finde und bei dem ich das Gefühl habe, dass das auf Gegenseitigkeit beruht, bekommt er oder sie von mir einen Brief, eine E-Mail, eine SMS oder einen Anruf. SMS oder Anruf innerhalb von 24 Stunden, E-Mail oder Brief innerhalb einer Woche. Meine erste Nachricht hat dann, wie auch bei vielen anderen Networkern, den Tenor: »Toll, dass ich Sie kennengelernt habe« oder »Habe schon viel von Ihnen gehört«, »Das Gespräch hat Spaß gemacht« und »Interessant, dass wir auf dem Gebiet Gemeinsamkeiten haben«.

Wenn Sie mit dem Betreffenden zum Beispiel über Kunst gesprochen haben, können Sie ihm mitteilen, dass Sie wieder etwas Neues erfahren haben, sich für einen Tipp bedanken und hinzufügen, dass Sie sich auf eine Fortsetzung des Gesprächs freuen dann ein paar interessante Kunstkataloge mitbringen würden.

Alle, denen ich von dort an zum Geburtstag gratuliere, bekommen von mir auch zu Weihnachten Post. Kontakte hegen und pflegen ist elementar für viele Netzwerker.

Werden Sie ein Menschenfinder

Suchen Sie bewusst auch den Kontakt zu Menschen, die Sie Ihren persönlichen Zielen näherbringen können – und umgekehrt. Wenn es beispielsweise Ihr Ziel ist, Ihre Computer-Programmierkenntnisse zu verbessern, kann es für Sie nur von Nutzen sein, die Bekanntschaft einiger Informatiker in Ihrer Stadt zu machen. Umgekehrt werden Sie Ihren neuen Bekannten auf einem anderen Gebiet dienlich sein.

Besonders spannend ist es, wenn ein Gastgeber bewusst eine bunt gemischte Runde zum Beispiel zu einem Essen einlädt – mit Menschen aus der Medizinwelt und der Werbebranche, aus der Künstlerszene, aus Sport und Wirtschaft. Ich genieße solche Zusammenkünfte, bei denen zum Beispiel Gunter Dunkel, der Vorstandsvorsitzende der *Nord LB*, und Veit Görner, der Leiter der *Kestnergesellschaft*, ins Gespräch kommen. Oder bei denen sich Marlies Fertmann, Chefin des niedersächsischen NDR, angeregt mit dem Neurochirurgen Prof. Madjid Samii unterhält. Telefonnummern werden ausgetauscht, man bleibt in Kontakt. So entstehen unvorhergesehene Bekanntschaften, vereinzelt sogar Freundschaften – zwischen Menschen, die einander ohne Teilnahme an diesem Event niemals kennengelernt hätten.

Natürlich kann man sich manchmal auch gegenseitig Bälle zuspielen. Bei Geburtstagsfeiern oder Empfängen bei mir lernte beispielsweise mein Freund Jean-Remy von Matt einige DAX-Konzernchefs kennen. Sie hatten viel von seinen Erfolgen gehört, fanden ihn hochkompetent und luden ihn ein paar Monate später zu einem Pitch für einen Werbeetat ein. Durch diese persönlichen Kontakte entstanden Aufträge für Werbebudgets und die Marketingeffizienz verbesserte sich auffällig. Ich freue mich darüber und habe gern geholfen.

Menschen kennen Menschen, die Menschen kennen. Werden Sie deshalb ein besserer Menschenkenner!

Wer Hilfe bringt, kann sich auch Hilfe holen

Networking ist Geben und Nehmen. Nutzen bringen, sich selbst Nutzen holen. Hilfe bringen, Hilfe erhalten. Auf Dauer funktioniert das nur, wenn jeder etwas davon hat.

Meine Erfahrung ist, dass persönliche Beziehungen nur dann entstehen können, wenn es zwischen den Beteiligten von Anfang an eine Vertrauensbasis gibt. Das Verhältnis muss langfristig angelegt sein und darf nicht geschäftlichen Zielen dienen. Eine gemeinsame Zusammenarbeit kann sich später eventuell ergeben. Denn: Nur wenn ein Kontakt ohne auf kurzfristigen wirtschaftlichen Gewinn zielende Aktivitäten auskommt, wird sich ein belastbares Netz entwickeln.

Deshalb gilt: Langfristige Beziehungen sind wichtiger als kurzfristige Vorteile. Gehen Sie ruhig auch einmal in Vorleistung: »Wen darf ich dir vorstellen, wen möchtest du kennenlernen?« So baut der andere quasi Kontaktschulden bei Ihnen auf. Später haben Sie einen gut bei ihm – also ein Kontaktguthaben.

Engagieren Sie sich zum Beispiel ehrenamtlich für ein soziales Hilfswerk. Durch meine Verbindungen habe ich für soziale Organisationen so manches zuwege gebracht. Ich habe Konzernleiter und Inhaber von Unternehmen kontaktiert und sie gebeten, bei bestimmten karitativen Projekten finanziell mitzuhelfen. Damit konnte ich andere sehr glücklich machen, was wiederum auch für mich ein schönes Gefühl war.

Puzzeln Sie sich Ihr Beziehungs-Netzwerk

Und wie kommen Sie zu tollen Kontakten? Stellen Sie sich ein 1000-teiliges Puzzle vor. Sie selbst sind das erste Puzzleteil, der Mittelpunkt Ihres Kontaktpuzzles. Nun suchen Sie daran anschließende Nachbar-Puzzleteile. Dann fügen Sie immer mehr passende Empfehlungs-Puzzlestücke hinzu. Diese verbinden Sie mit vielen angrenzenden Umfeld-Puzzleteilen. Zug um Zug fügen Sie weitere hinzu, bis ein Gesamtnetzwerk-Puzzle entstanden ist.

»Sehen und gesehen werden«: Darum geht es auch ein bisschen im Theater und in der Oper genauso wie auf Partys und Empfängen. Dort spricht man beispielsweise darüber, wer mit welchem Auto kommt oder welches Kleid zu gewagt ist. Manche gehen ganz bewusst zu solchen Veranstaltungen, weil sie dort bestimmte Menschen treffen können. Nicht wenige Bauunternehmer erhalten dort ihre Aufträge. Manche Spitzenanwältin findet neue Mandanten. Und der Lokalreporter schnappt etwas für seine nächste Story auf. Aber egal, ob es um Geschäftsanbahnungen geht oder einfach nur um die Annehmlichkeit, nette Menschen zu treffen: Es lohnt sich in fast jedem Fall.

Auch Sie können Ihr Netzwerk erweitern, indem Sie öfter unter Leute gehen. Probieren Sie es zum Beispiel mit einer Vernissage. Das macht Spaß, Sie lernen etwas dazu und Kunst bildet. Besuchen Sie in Ihrem Sportverein ruhig einmal die Jahresversammlung. Oder gehen Sie zu Geschäftsjubiläen: Wenn Ihre Lieblingsboutique das 25. Jubiläum feiert, lernen Sie Menschen kennen, die dort gerne kaufen und vielleicht einen ähnlichen Geschmack haben wie Sie.

Feiern, gesellschaftliche Ereignisse, Sportdarbietungen, Schulfeste, Weinproben, Museum, Kultur, Kunstbesuche … Verbinden Sie das Angenehme mit dem Nützlichen.

Führen auch Sie Kontaktsituationen aktiv herbei. Ich habe zum Beispiel das erste Abi-Treffen unserer Schule organisiert. Solche Revivals sind fantastisch. Auch als sich meine einstige Bundeswehrstube traf, hatten wir viel Spaß. Ich hörte sogar einmal von einem Treffen ehemaliger Kindergartengruppen.

Es macht richtig gute Laune, über frühere Zeiten zu sprechen. Mal zu schmunzeln, wenn man sieht, wie man selbst und die anderen sich äußerlich verändert haben, welche komischen Ansichten man früher hatte und wie es im Moment bei den alten Schulfreunden aussieht.

Schaffen Sie selbst Kontaktevents

Ich habe viele Jahre lang – bis wir regelmäßig zum Jahreswechsel in den Skiferien waren – in Hannover eine Silvesterparty organisiert. Jeder sollte etwas zu essen mitbringen, Getränke stellte ich bereit. Ein langjähriger Freund sagte einmal zu mir: »Wir können nicht kommen, ich habe selbst zwei befreundete Pärchen aus Berlin zu Besuch.« Ich sagte kurzerhand: »Mitbringen!«

Organisieren Sie eine Geburtstags- oder Sommerparty. Mancher Bekannte bringt seine neue Freundin mit. Freuen Sie sich über Kontaktverstärker!

Sie werden einen lustigen Abend verbringen, sich neu verabreden zum Grillen oder zusammen ins Kino gehen. Dann kommen auch Gegeneinladungen und dort lernen Sie wiederum Bekannte und Freunde Ihrer Bekannten und Freunde kennen. Freunde bringen Freunde – ein wahres Perpetuum mobile der Freundschaften.

Oder laden Sie zu einem Kindergeburtstag ein. Ihre Kleinen werden sich freuen, nette Eltern bringen und holen die Kinder ab. Es gibt Gegeneinladungen. Und aus tiefer Überzeugung behaupte ich: Wer viele Menschen kennt, der ist oftmals glücklicher.

Es tut richtig gut, sich mit zunächst noch Fremden auszutauschen, sympathische und spannende Menschen kennenzulernen. Von Meeting zu Meeting, von Dinner zu Dinner, Schritt für Schritt wird Ihr Netzwerk größer. Auf einer Party hört man automatisch von der nächsten Party. Nach dem Treffen ist vor dem Treffen. Und am Treffpunkt müssen Sie sich zeigen, sonst kann man Sie nicht treffen.

Es gibt also nicht nur Zielgruppen, sondern vor allem Treffgruppen. Suchen Sie Treffpunkte auf, führen Sie Treffen herbei, dann treffen Sie kontaktmäßig öfters ins Schwarze.

Gehen Sie zu Kontakttreffen

Bei Events, Kongressen, Veranstaltungen sind die Pausen oftmals Kontaktbörsen. Es gibt Profis, die nicht etwa wegen der Ausstellungen oder Vorträge zu Messen und Kongressen gehen, sondern vor allem, weil sie das Ganze als Kontaktdrehscheibe nutzen.

Achten Sie darauf, dass Sie immer Ihre Visitenkarte dabeihaben. Sie ist das A und O beim Networking. Sammeln Sie nicht nur Karten ein, sondern verteilen Sie auch Ihre Karte. Und wenn Sie sich an etwas Besonderes erinnern wollen, machen Sie am besten abends noch stichpunktartig auf der Rückseite der eingesammelten Karten ein paar Notizen: Wann und wo kennengelernt, interessantes Gespräch über XY, Wiedersehenschance dort und dort möglich.

Ich nehme seit Jahren während des Weltwirtschaftsforums in Davos an einigen Empfängen teil. Es ist spannend zu beobachten, wie dort auf engstem Raum Menschen aus allen Erdteilen ins Gespräch kommen, Vertrauen fassen, Geschäfte vorbereiten und Kontakte durch Kontakte bekommen. Man sagt nicht umsonst: »Die Welt ist ein Dorf.« Das gilt tatsächlich für Davos, aber durch die digitalen Netzwerke ist die ganze Welt noch kleiner, noch dörflicher geworden – eben ein »virtual village«.

Treten Sie in Vereine ein

Sie sind in keinem Verein oder Club? Na dann: Treten Sie ein! Spannend kann es überall sein: im Zauberverein, beim Briefmarkenclub, im Chor. Es macht Spaß, sich neue, aufregende Kontaktmöglichkeiten zu schaffen.

Sie sollten wenigstens einem weit verbreiteten Netzwerk angehören – möglichst einem, das nicht ausschließlich auf Ihre Berufsgruppe oder Ihre Branche ausgerichtet ist. Zum Beispiel dem Rotary oder Lions Club – bei diesen Organisationen kommen jüngere und ältere Menschen zusammen, und das soziale Engagement steht meist im Mittelpunkt. Gemeinsame karitative Anstrengungen bringen Clubmitglieder aus unterschiedlichen Berufszweigen und gesellschaftlichen Bereichen zusammen.

Gehen Sie alleine aus

Kontakte entstehen durch das tägliche Leben, schon wenn Sie essen gehen – Kontakte zur Platzanweiserin, zur Bedienung, zum Tischnachbarn. Hier und dort sendet oder bekommt man ein freundliches Lächeln oder fragt vielleicht mal: »Sind Sie öfter hier? Was können Sie empfehlen?« So kann aus einem Restaurant ein Netz-aurant werden.

Gehen Sie allein essen, aber essen Sie nie allein! Beinahe zwangsläufig kommen Sie mit fremden Menschen in Kontakt, wenn Sie in der Mittagspause allein zum Businesslunch oder ins Steakhouse gehen. So lernen Sie dort weitere Menschen kennen.

Wenn Sie dagegen mit Ihren besten Freunden zu einem Event gehen, ist es ziemlich wahrscheinlich, dass Sie ohne neue Kontakte nach Hause kommen. Während der ganzen Veranstaltung werden Sie höchstwahrscheinlich bei Ihrer gewohnten Clique gestanden haben. Am liebsten umgibt man sich eben mit Menschen, die man schon lange kennt. Aber gerade die Erweiterung ist spannend, das Vordringen in neue Kontaktsphären. Besuchen Sie also die Feier allein und Sie werden nicht lange allein bleiben. Denn auch andere sind allein auf der Veranstaltung und gemeinsam ist man schon nicht mehr einsam.

Pflegen Sie Ihre Kontakt-Zulasser

Zu den Personen, die ich meine Kontakt-Zulasser nenne, etwa Sekretärinnen oder Assistentinnen, bin ich gerne besonders freundlich. Gelegentlich überreiche ich ihnen auch eine kleine Aufmerksamkeit. Diese wichtigen Menschen lassen nämlich zu (oder auch nicht), dass Sie telefonisch durchgestellt werden oder schnell einen Termin bekommen. Sekretärinnen sind Türöffner oder Türschließer. Mit einem besonders freundlichen Wort oder mal Pralinen können Sie einen »Sesam öffne dich«-Dank aussprechen. Unterschätzen Sie nicht die enorme Macht der Kontakt-Zulasser.

Persönlich und handschriftlich grüßen

Sicher kennen auch Sie folgende Situation: Man bekommt eine Weihnachtskarte und unter dem vorgedruckten Text ist ein unleserlicher Unterschriftenkrakel. Obwohl mir meine Sekretärin die Inhalte solcher Briefsendungen zusammen mit dem Umschlag gibt, bleibt nicht selten trotzdem rätselhaft, von wem genau die Karten kommen. Auf dem Kuvert ist meist nur der Firmenname vermerkt und die Unterschrift lässt sich nicht entziffern.

Bevor Sie Karten mit vorgedruckten Texten verwenden, schreiben Sie besser gar nicht. Dass Sie nur lieblos und pflichtgemäß Grüße oder Glückwünsche schicken, sieht sonst sogar ein Blinder.

Schreiben Sie lieber einen persönlichen Gruß – das ist viel gewinnender. Ich habe zu Beginn der Weihnachtszeit oftmals einen oder zwei Tage lang Weihnachtskarten geschrieben und mich dabei immer mit persönlichen, handschriftlichen Zeilen in Erinnerung gebracht.

Schreiben Sie wenn möglich mit der Hand! Das gibt dem Ganzen eine persönliche Note und vermittelt Herzlichkeit. In einem Brief sollte mindestens die Anrede handschriftlich sein. In der heutigen E-Mail-Welt heben Sie sich mit handschriftlicher Korrespondenz von einem Serienmail positiv ab.

Es kann auch sehr persönlich sein, wenn man seine Visitenkarte überreicht und seine Handynummer handschriftlich hinzufügt. Sofort spürt Ihr Gegenüber, dass er für Sie besonders wichtig ist.

Wenn Sie schon eine Mail an viele Empfänger versenden, schicken Sie sie bloß nicht sichtbar als Massen-Mail mit vielen Namen in der Empfängerleiste. Die Mühe der Einzel-Adressierung müssen Sie oder Ihr Büro sich schon machen. Auch dürfen solche

Mails keinesfalls vom Account Ihrer Assistentin gesendet werden. Manchmal bekomme ich solche Mails – dann weiß ich noch nicht einmal, von wem die sind. Schließlich kennt ja niemand die Namen aller Sekretärinnen seiner Geschäftspartner.

Natürlich muss es bei E-Mails und SMS auch mal schnell gehen. Trotzdem spreche ich bei der Begrüßung immer den Adressaten persönlich an und schließe grundsätzlich mit »Ihr/Dein/Euer ...« Für mich ist das ein Zeichen des Respekts, über das ich mich umgekehrt auch freue.

Bleiben Sie in Kontakt

Beziehungen pflegt man auch, indem man einfach mal zwischendurch eine SMS schreibt: »Liebe Grüße, hoffentlich geht es Dir gut und wir sehen uns bald wieder.« Gerade dann, wenn man sich vielleicht schon lange nicht gemeldet und möglicherweise ein schlechtes Gewissen hat, ist es für ein solches Kontaktsignal höchste Zeit.

Festliche Anlässe sind einfache Kontakthalte-Grußgelegenheiten. Spätestens zum Jahreswechsel bringt man sich mit der berühmten (handschriftlichen) Weihnachtskarte oder einer Silvester-SMS wieder in Erinnerung. Meist kommt sofort eine positive Resonanz und schon ist die Situation geschaffen, dass man sich neu verabreden kann. Üblich sind natürlich Geburtstagsgrüße. Noch mehr Aufmerksamkeit erreichen Sie, wenn Sie zu Ostern oder zum Beginn der Sommerferien persönliche Grüße verschicken. Richtig verblüffen können Sie mit noch ausgefalleneren Varianten: Wer rechnet schon damit, dass Sie ihn oder sie zur Sonnenwende am 21. Juni und 21. Dezember grüßen?

Oder Sie merken sich gar den Hochzeitstag eines Ehepaars und schreiben den beiden ein paar beglückwünschende Zeilen. Die Dame wird Sie dafür fast netter finden als Ihren eigenen Mann, der das Ehejubiläum wahrscheinlich wieder einmal vergessen hat.

Es gibt auch ganz individuelle Anlässe. Wenn zum Beispiel jemand krank ist oder beruflich Pech hat, melden Sie sich bitte erst recht. An diesen Anruf oder Besuch wird man sich lange erinnern. Ich habe immer gesagt: »Champagner trinken können die Leute alleine, aber sie brauchen jemanden, der mit ihnen den Wermutstropfen teilt.«

Neue Networking-Chancen dank WWW

Hätte es in den Anfangsjahren meiner Finanzberatertätigkeit das Internet schon gegeben, dann hätte ich vielleicht noch schneller und mit geringerem Aufwand ein noch größeres Netzwerk knüpfen können. Was heute dank Facebook, Xing und anderer virtueller Communitys ohne großen Aufwand möglich ist – etwa die bundesweite Organisation von Kontakt- und Informationsbörsen –, erforderte noch vor wenigen Jahrzehnten einen beträchtlichen Input an Zeit, Verwaltungsmühen und Geld.

Aber auch wenn das Internet den Austausch von Informationen und das Knüpfen von Kontakten stark vereinfacht hat: Die persönliche Begegnung kann es trotzdem nicht ersetzen und wird dazu auch niemals imstande sein. Schriftlicher Austausch – ob in Chatrooms, per Mail oder SMS – übermittelt eben nur einen sehr kleinen Teil der Botschaften, die wir im persönlichen Gespräch kommunizieren. Auch die Videotelefonie per Internet kann die leibhaftige Begegnung von Mensch zu Mensch nicht ersetzen.

Ein Spitzenmanager der New York Stock Exchange zeigte mir im Jahr 2000, kurz vor unserem Börsengang, die imposante IT-Anlage im Handelssaal. »Computer are faster, but people are smarter«, erklärte er mir. So stolz er einerseits auf die tolle Technik war, so sehr war ihm bewusst, dass die Computer zwar viel schneller rechnen können als Menschen, aber soziale Ignoranten und emotionale Nichtskönner sind.

Ich empfehle Ihnen: Nutzen Sie alle faszinierenden Kontaktmöglichkeiten, die Ihnen die neuen *ITK-Medien* bieten – aber nur
zur Vorbereitung und Abrundung persönlicher Treffen mit den
Menschen aus Ihren beruflichen und privaten Netzwerken.

Kontaktadern und Kontakttausch

Gehen Sie Kontaktadern nach – die können so ergiebig wie Gold-
adern sein. Vielleicht ist Ihr Nachbar Tischlerlehrling – dann
kennt er den Meister, dieser den Möbellieferanten, der den Inhaber des Sägewerks. Auf diese Weise bin ich zu meinen ersten
vermögenden Kunden gekommen. Damals war ich noch bei der
Bundeswehr, ich machte ein Praktikum in einer Klinik und beriet
dort eine Krankenschwester. Die machte dank meiner Beratung
viele Tausend DM Plus und empfahl mich einem Pfleger. Der
kannte einen Assistenzarzt, der den Oberarzt – und zum Schluss
waren auch der Klinikdirektor und der Starchirurg meine Kunden.

Solche Kontaktadern kreuzen sich auch oftmals. Dadurch erhöhen sich Ihre Kontaktchancen exponentiell.

Sie können sich sogar Ihre eigene Kontaktbörse schaffen. Wenn
Sie zum Beispiel gerne Tennis spielen, können Sie ja eine Abspra-
che mit dem Tennislehrer treffen: Jeden, der Sie irgendwie nach
gutem Sport, einem guten Sportverein, nach Tennis oder einem
tollen Trainer fragt, schicken Sie zu ihm. Umgekehrt, wenn Ihr
Tenniscoach etwas zum Thema Ihres Berufs hört, schickt er diese
Leute zu Ihnen.

Ein anderes Beispiel: Als Architekt können Sie immer, wenn Sie
einen Kunden von Geld reden hören, an Ihren Steuerberater verweisen. Und der schickt alle Klienten, die ein Haus bauen wollen,
zu Ihnen. Eigentlich ganz normal: Haus- und Zahnärzte empfehlen sich auch gegenseitig Patienten.

Diese Herangehensweise nenne ich Cross-Connecting: Sie sind eine Art Kontaktmakler und betreiben eine Empfehlungsdrehscheibe. Und schon kommt Ihr Geschäft stärker in Schwung.

Kontakte sind wie kleine Schneisen durchs Dickicht: Durch Empfehlung werden sie zu Trampelpfaden, durch Kontaktadern entwickeln sie sich zu Wegen – und durch Cross-Connecting zu einem ganzen Straßennetz mit mehrspurigen Autobahnen.

Nehmen Sie sich Zeit für Kontakte

Sie haben *zu wenig Zeit* für Kontakte? Dann machen Sie sich klar, woran das liegt: Sie verfügen höchstwahrscheinlich über *zu wenige Kontakte*. Wenn Sie nämlich genug Kontakte hätten, würden Sie dadurch Ihre Ziele schneller und leichter erreichen und hätten entsprechend mehr Zeit, Kontakte zu netten Menschen aufzubauen.

Kontaktaufbau können Sie natürlich nicht delegieren, Sie müssen Ihre Kontakte schon selbst knüpfen. Aber Sie können ein Beziehungskünstler, ein Menschenverbinder werden.

Netzwerke sind Namenskraftwerke. Großartige Menschen haben großartige Netzwerke. Mindestens einmal pro Woche sollten Sie an Ihr Kontaktnetz gehen – für Ihren Netzausbau und Ihre Netzpflege.

Vergrößern Sie Ihr Kontaktvermögen!

5

So kommunizieren Sie gewinnend

Sprechen Sie lebendig!

Mit fremden Menschen zu sprechen fiel mir als Junge sehr schwer. Ich hatte Angst, überhaupt etwas zu sagen. Zu Hause hieß es immer: »Halt deinen Mund, du bist nicht gefragt«, da konnte ich nicht viel reden. Ich war ein richtiger Kommunikations-Spätzünder. Aber ich hörte Nachrichten und las Zeitung, besonders Interviews. In der Schule brachte ich mich ungefähr ab dem zwölften Lebensjahr mündlich immer besser ein und bekam dann auch mal ein Nicken der Lehrerin oder den aufmunternden Blick eines Klassenkameraden als Reaktion. Mit der Zeit traute ich mich mehr und wurde immer redegewandter. Nach und nach entwickelte ich mein Kommunikationspotenzial.

In einem so sachlichen Lehrfach wie Physik beispielsweise beteiligte ich mich lebhaft an der Diskussion und bekam mündlich meist eine Eins. Bei den schriftlichen Arbeiten dagegen, bei denen ich nicht mit Charme, Engagement und Sympathie punkten konnte, reichte es nur knapp für eine Drei.

Natürlich kann man gerade in Physik nicht den größten inhaltlichen Unsinn erzählen und dafür ein »Sehr gut« bekommen. Aber durch mein immer stärker sich entwickelndes Einfühlungsvermögen spürte ich es an den Reaktionen der Lehrer, wenn ich mit einer Aussage mal danebenlag, und schaffte es, sie fast unmerklich abzuändern, bis er mit meiner Antwort zufrieden war.

Erst viel später, zu Beginn meiner Karriere, wurde mir bewusst, wie wichtig Kommunikation ist – und dass ich gerade auf der Gefühls- und Beziehungsebene intuitiv seit vielen Jahren mehr und mehr richtig machte. Während des Studiums nahm ich an einem Kurs über medizinische Psychologie an der Uni teil, und nach einigen Diskussionsrunden sagten einige Studienkollegen zu mir: »Warum willst du eigentlich Arzt werden? Du kannst ja schon fast so gut formulieren und argumentieren wie unser Psychologiedozent! Such dir einen Job, bei dem es aufs Reden ankommt!«

Entwickeln Sie Ihren Emotionsquotienten

Warum sind einige Menschen trotz höchster Intelligenz nicht erfolgreich, haben nur wenige Freunde und konnten kaum Karrierechancen nutzen? Ganz einfach: Weil sie nicht gelernt haben, gewinnend zu kommunizieren. Manche sind schlau, aber nur wer auch kommunizieren kann, nutzt seine Schlauheit richtig.

Wir alle kennen den berühmten Intelligenzquotienten, abgekürzt IQ. Um ihn zu messen, wird im Wesentlichen logisch-rationales Denken und statisches Wissen abgefragt. Daneben gibt es aber noch eine für mich viel wichtigere Seite menschlicher Klugheit: die emotionale Intelligenz. Mit einem niedrigen »Emotionsquotienten« (EQ) hat man es im täglichen Leben sehr schwer.

Mit einem hohen EQ dagegen geht vieles leichter. Sie schenken der Verkäuferin ein freundliches Lächeln und werden durch ein gutes Beratungsgespräch belohnt. In der vollbesetzten Straßenbahn kommt kaum Territorialstress auf, wenn alle mit »Social Feeling« ein wenig Rücksicht aufeinander nehmen.

Mit etwas mehr emotionaler Intelligenz ließen sich verbale Missverständnisse und viele weitere Kommunikationsdesaster vermeiden, die nicht selten zu Scheidungen, beruflichen Trennungen und juristischen Auseinandersetzungen führen. Ein guter

»Emotionologe« weiß, dass nur eine gleichwertige Beziehung auf Augenhöhe eine tragfähige kommunikative Basis darstellt. Auch wenn man als Vorgesetzter mit einem Mitarbeiter spricht, ist das Wichtigste zunächst eine gute Beziehungsebene.

Im menschlichen Gehirn gibt es zwei Bereiche, die für die zwischenmenschliche Kommunikation ausschlaggebend sind. Nur solche Reize und Botschaften, die das limbische System – quasi das Vorzimmer – in unserem Gehirn emotional als wichtig und attraktiv einschätzt, gelangen überhaupt ins Kleinhirn – sozusagen ins Chefbüro –, wo wir rational entscheiden.

Beziehungsebene vor Sachebene

Wer sympathisch kommuniziert, wird einfach mehr gemocht. Vertrauen und positive Atmosphäre sind überall die Basis. Ob Sie das Herz Ihres oder Ihrer Liebsten für sich öffnen wollen, Ihrem pubertierenden Kind nützliche Ratschläge nahebringen oder Geschäftspartnern etwas präsentieren möchten.

Wir lernen in der Schule viel über Sachthemen, aber das ist letztendlich nur das Wissen, das ohnehin im Lexikon steht. Wer dann in den Schulprüfungen die richtigen Antworten ankreuzen kann oder den passenden Satz hinschreibt, bekommt gute Noten. Mit guten Schulzeugnissen hat man es bei der Stellenbewerbung leichter – Karriere macht man meist aber nur, wenn man neben der Fachkompetenz auch über soziale und kommunikative Fähigkeiten verfügt.

Kommunikative Fertigkeiten sind wichtiger als gute Schulnoten

Meiner Ansicht nach sollte an unseren Schulen und Universitäten auch Beziehungslehre unterrichtet werden. Der TUI-Chef Michael Frenzel erzählte mir einmal, dass zu seinen Topmanagern früher ein herausragender Fachmann gehörte, der nur leider nicht mit Menschen umgehen konnte. Er war in seinem Fach ein Ass und hatte viel Berufserfahrung, aber immer wieder kündigten wertvolle Mitarbeiter in seinem Umfeld oder baten um Versetzung. Der Grund war ganz einfach der, dass er nicht wusste, wie man konstruktiv kritisiert, ohne zu verletzen; wie man Vorschläge eines Mitarbeiter integriert, anstatt alles abzubügeln, was nicht von einem selbst kommt. Als emotionaler Neandertaler war er für eine Führungsposition nicht geeignet und musste aus dem Unternehmen ausscheiden – obwohl seine fachliche Qualifikation untadelig war.

Nicht nur in Führungsetagen, sondern in nahezu jedem Beruf und jeder Position spielt das Zwischenmenschliche eine entscheidende Rolle. Es mag noch angehen, wenn es sich um einen Forscher in einem Labor handelt, der hinter Reagenzgläsern und Mikroskopen sitzt. Die Leitungsebene in seiner Institution wird er jedoch nur dann erreichen, wenn er zumindest unfallfrei kommunizieren kann. Denn um ein Team formen zu können, braucht man Empathie und emotionale Intelligenz.

Letztlich beruht alles auf Kommunikation – wer nicht kommunizieren kann, ist wie ein Nichtschwimmer im Meer: Er wird untergehen oder kann sich höchstens an andere geklammert über Wasser halten. Wenn Sie etwas kaufen wollen, müssen Sie mit dem Verkäufer kommunizieren. Ob Sie Ihr Kind einschulen lassen, in einer fremden Stadt nach dem Weg fragen, ein Bewerbungsgespräch führen oder beim Team-Meeting Ihre Mitarbeiter briefen – nichts davon würden Sie hinbekommen ohne Kommunikation. Wir sprechen immerzu mit anderen Menschen oder tauschen nonverbale Botschaften aus.

Oder denken Sie an kranke, ältere oder behinderte Menschen: Meist ist nur von der Pflege die Rede oder von Hilfe bei der Nahrungsaufnahme, die diese Personen benötigen. Aber genauso wichtig sind die netten Worte, die ihnen jemand schenkt. Diese oftmals einsamen Menschen sehnen sich hauptsächlich danach, dass ihnen jemand zuhört und lieb mit ihnen spricht. Sie benötigen eben auch emotionale Pflege und geistige Nahrungsaufnahme.

Lernen Sie Beziehungssprache

Bilden Sie sich im Lehrfach »emotionale Kommunikation« fort – möglichst bald und spätestens bevor Sie Ihren nächsten Job antreten oder Ihre nächste Beziehung eingehen. Lesen Sie Fachbücher, besuchen Sie ein Seminar, lassen Sie sich coachen. So werden Sie lernen, sich positiv zu verständigen – eine Fähigkeit, die nicht nur im Beruf, sondern genauso in der Familie, im Freundeskreis und im Verhältnis zu Ihren Nachbarn sehr nützlich ist.

Sie können lernen, über den Wortlaut der gesprochenen Sätze hinaus die Gefühle des anderen herauszuhören. Wenn wir etwas sagen, spricht nämlich nicht allein unser Verstand, sondern vor allem unser Gefühl. Ein verbaler Gedankenaustausch ist deshalb immer zugleich eine Gefühlsübermittlung – und was wir fühlen, überlagert die rationalen Botschaften. In dem, was wir sagen, steckt meist auch ein verdeckter Wunsch, zum Beispiel nach Harmonie, nach Dominanz oder danach, von dem anderen gemocht zu werden. Dialoge drücken oft, wenn auch im Verborgenen, Wut, Lust oder Frust aus.

Entscheidender als das, *was* wir sagen, ist oftmals die Art und Weise, *wie* wir kommunizieren.

Gerade bei der ersten Begegnung mit einem Menschen empfiehlt es sich, möglichst solche Themen anzusprechen, für die er sich erkennbar besonders interessiert. Wenn Sie spannend über sein Lieblingsthema sprechen können, haben Sie seine Sympathie erweckt und die positive emotionale Beziehung kann beginnen.

Oftmals ist es hilfreich, bildhaft zu sprechen. Bebildern Sie Ihre Aussagen! Metaphern, Sprachbilder, visualisierbare Redensarten bilden emotionale Brücken zu Ihren Gesprächspartnern. Argumente ohne Emotionen sind Gedankengräber. Denn Argumente erklären zwar, aber Gefühle überzeugen. Auch durch humorvolle Bemerkungen können Sie Kommunikationshürden überwinden, denn Lachen entspannt.

Bestimmt haben Sie ähnliche Szenen beim Elternabend in der Schule schon einmal erlebt. Beim ersten Zusammentreffen kennt man sich noch gar nicht und trotzdem findet schon die Wahl der Elternvertreter statt. Meist werden diejenigen gewählt, die vorher ein paar kluge oder sympathisch klingende Kommentare abgegeben haben. Weil sie auf gute und angenehme Weise kommuniziert haben, vertraut man ihnen und denkt, dass sie die Interessen der Kinder und der Elternschaft schon gut vertreten werden.

Oder denken Sie an Ihre eigene Schulzeit. Bei der Klassensprecherwahl bekam derjenige die meisten Stimmen, der hervorragend reden und sich gut mit anderen verständigen konnte. »Wenn es einmal Ärger gibt«, sagten sich die Mitschüler, »kann der uns bestimmt rausboxen. Und wenn wir zu viele Hausaufgaben aufbekommen oder die Tests in einem Fach zu schwierig sind, ist der- oder diejenige imstande, auch mal mit dem Lehrer darüber zu verhandeln.« Zu unseren Sprechern wählen wir eben gern solche Kandidaten, die unsere Interessen gut vertreten und so *überzeugend* kommunizieren können, als hätten sie jede Mengen *Zeugen* auf ihrer Seite.

Beachten Sie Ihre Rechte und Pflichten bei der Kommunikation. Manche Menschen glauben ja, andere wären verpflichtet, sich um ein besseres Verständnis ihrer Aussagen zu bemühen. Ich empfehle Ihnen aber: Betrachten Sie die Dinge einmal aus der Sicht Ihres Gesprächspartners. Sie wollen ihn für sich gewinnen oder von Ihrem Standpunkt überzeugen – also hat er ein Recht darauf, dass Sie sich klar ausdrücken.

Wenn Sie Verständnis erzeugen wollen, müssen Sie verständlich sprechen. »Verstehst du, was ich meine?«, fragen wir deshalb oftmals im Gespräch. »Konnte ich mich verständlich ausdrücken?«, wäre die noch passendere Frage.

Selbst wertvolle Gedanken sind für Sie wertlos, wenn Sie nicht richtig präsentiert werden. Ihre tollsten Ideen, Produkte oder Projekte bleiben bloße Hirngespinste, solange Sie Ihren Gesprächspartnern, potenziellen Kunden oder Sponsoren nicht einfach, klar und gleichzeitig animierend erklären können, was es mit Ihrer Angelegenheit auf sich hat.

Die Wirkung von Worten ist wichtiger als die Worte selbst.

Werden Sie sich der Wirkung Ihrer Worte bewusst

Wie beim Boxen gibt es auch beim verbalen Sparring Wirkungstreffer – allerdings meine ich hier positive Punchs, keine kommunikativen k.-o.-Schläge. Das richtige Wort zur richtigen Zeit kann Ihren Gesprächspartner »mit einem Schlag« von Ihrer Vertrauenswürdigkeit, von der Wahrheit Ihrer Worte oder der Genialität Ihrer Idee überzeugen.

Worte sind Schlüssel. Mit den richtigen Formulierungen schließen Sie andere Menschen für sich auf. Verwenden Sie dagegen die falschen Wörter, verschließen sich Münder und Herzen. Mit der Bemerkung »Das ist unser Mädchen für alles« präsentieren Sie einen Absteiger, mit »Das ist unser Alleskönner« einen Aufsteiger.

Deshalb rate ich Ihnen: Lernen Sie die Kunst, mit Worten zu gewinnen! Was Sie sagen und vor allem wie Sie es sagen, muss Ihren Zuhörern gefallen – und nicht Ihnen selbst, dem Sprecher. Das gilt für den Universitätsprofessor wie auch für den Fernsehreporter. Natürlich ist die Qualität und Substanz die Basis. Richtig ist nicht, was Sie *sagen* – sondern was die anderen *hören*. Es gilt nicht das gesprochene, sondern das gehörte Wort, das im Geist Ihrer Zuhörer angekommen ist. Teilweise ist die subjektive Wahrnehmung deshalb sogar wichtiger als die objektive Wahrheit. Denn die wird manchmal gar nicht mehr richtig wahrgenommen, obwohl die Substanz der Aussage wichtig und nützlich ist.

Was Sie sagen und was andere hören, ist selten ein und dasselbe. Für den Kommunikationserfolg ist es deshalb auch wichtig, die Motive Ihres Gegenübers herauszufinden. Was will er von Ihnen hören? Warum entlockt ihm die eine Wendung ein zustimmendes Lächeln, während bei Ihrer nächsten Aussage sein Gesicht eine Spur abweisend wird?

Bei der Kommunikation kommt es eben nicht nur darauf an, was Sie senden wollen, sondern auch darauf, was der andere empfangen will. Bestimmt haben Sie auch schon einmal ausgerufen oder im Stillen gedacht: »Er will einfach nicht verstehen, was ich ihm erkläre!« Oder: »Sie hört mir einfach nicht zu!«

Kommunikation besteht zu 9/10 aus Emotion

Experten sind sich einig, dass menschliche Kommunikation zu 90 Prozent aus emotionalen Signalen besteht und nur zu knapp 10 Prozent aus rationalen Botschaften. Wenn Sie im kommunikativen Miteinander auch die Gefühle berücksichtigen und verstehen, haben Sie folglich eine Erfolgschance von über 90 Prozent. Wenn Sie Ihrem Gegenüber jedoch einen rein sachorientierten Vortrag halten, beträgt Ihre Chance, ihn für Ihren Standpunkt zu gewinnen, gerade einmal 10 Prozent.

Mancher Vortrag oder auch Wortwechsel ist so langweilig, dass man am liebsten weglaufen möchte. Machen Sie es besser: Sprechen Sie engagiert, mit bildhaften Wendungen und lebhaften Gesten, dann wecken Sie die Emotionen Ihrer Zuhörer. Verzichten Sie auf Floskeln wie »soll heißen« oder »will sagen« – sagen Sie lieber gleich, was es heißen soll.

Wecken Sie Neugierde bei Ihren Gesprächspartnern

Wenn Sie Menschen in Ihren Bann ziehen wollen, benötigen Sie die Fähigkeit, gewinnend und spannend zu sprechen. Niemand will langweilige Gespräche führen oder monotone Vorträge über sich ergehen lassen, aber als Zuhörer wie als Gesprächsteilnehmer lässt man sich gern durch Spannung fesseln.

Ganz gleich, worüber Sie sprechen möchten, beherzigen Sie diese Grundregel: Bevor Sie loslegen und ins Detail gehen, bauen Sie durch eine Interesse weckende Eröffnung oder Ankündigung bei Ihren Zuhörern erwartungsvolle Neugierde auf.

Sagen Sie etwas, das möglichst noch nie – oder zumindest nicht so – gesagt wurde, das Ihre Zuhörer zumindest an dieser Stelle nicht erwartet haben und das sie deshalb neugierig macht.

Nach der herzlichen Begrüßung und dem Austausch von Komplimenten eröffnen Sie das Gespräch mit einer Bemerkung, die schlagartig Interesse weckt. Wenn Sie beispielsweise zu spät zu einer Verabredung kommen, sagen Sie nicht platt: »Die Autobahn war wieder so voll.« Sagen Sie stattdessen lieber etwas Überraschendes: »Etwas, das euch alle interessieren wird, ist mir gerade passiert.« Die Aufmerksamkeit aller Anwesenden ist Ihnen sicher. Fahren Sie dann beispielsweise fort: »Ich kann euch allen helfen, eine halbe Stunde Zeit zu sparen. Unsere Autobahnabfahrt ist nämlich wegen eines umgestürzten Lkws gesperrt. Nehmt nachher lieber die Südausfahrt.« Allerdings muss an Ihrer Geschichte auch was dran sein.

Bestimmt kennen auch Sie diese Situation: Nach einem Seminar oder Kongress geht man abends mit anderen Teilnehmern der Veranstaltung noch in ein Restaurant. Man sitzt zusammen am

Tisch und als Erstes fallen vielen Zeitgenossen nur abgenutzte Worthülsen ein. »Ganz schön voll hier!« Oder: »Haben wir uns nicht schon mal irgendwo gesehen?« Krampfhaft wird versucht, ein Gespräch aufzubauen – als Zuhörer kämpfen Sie fast schon gegen einen Gähnkrampf. Das geht eindeutig besser.

Beim Small Talk und jeder Art von situativer Kommunikation benötigen auch Sie Social Feeling und Empathie. Standardsprüche bringen Sie nicht weiter. Leere, austauschbare Phrasen helfen Ihnen gar nichts. Verwechseln Sie Small Talk also nicht mit leerem Geschwätz. Statt sich mit Allgemeinplätzen über Fußball, Wetter und Fernsehsendungen auszulassen, sprechen Sie lieber über Themen, die jeden bewegen: Familie, Gesundheit, Vermögen. Über Kinder zu sprechen, berührt jeden. Schließlich waren wir alle mal klein.

Sagen Sie nicht einfach das Erstbeste, das Ihnen durch den Kopf geht. Schneiden Sie ein Thema an, das Ihre Gesprächspartner an erster Stelle interessiert und das sie auf die Fortsetzung neugierig macht.

Oft habe ich einen Termin oder eine Zusage auf eine Einladung deshalb bekommen, weil ich auch Neugierde wecken konnte. Wenn Sie spannend formulieren, die Interessen Ihres Gegenübers ins Spiel bringen, ist es viel eher zu einer Verabredung bereit. Fragen Sie nicht: »Hast du Freitagabend Zeit? Wir wollen uns eventuell mit ein paar anderen treffen.« Sagen Sie lieber: »Am Freitag wird es bei uns besonders spannend. Da geht's um hochinteressante Themen!« Raten Sie mal, mit welcher Ankündigung Sie eher eine Zusage erhalten. Falls Ihr Gegenüber fragt, was denn da für tolle Leute kommen, nennen Sie einen oder zwei Namen und fügen hinzu: »Das ist noch lange nicht alles. Lass dich überraschen!«

Ist doch klar, dass solche geheimnisvollen Ankündigungen Neugierde wecken und Sie auf diese Weise mehr Zusagen bekommen. Allerdings dürfen Sie die Erwartungen Ihrer Gesprächspartner dann auch nicht enttäuschen.

Natürlich müssen wir auch mit Argwohn und unwillkürlicher Abwehr rechnen, wenn wir unsere Gesprächspartner mit neugierig machenden Eröffnungen verblüffen, aber meist ist die Neugierde größer als das Misstrauen. Wenn unsere Söhne früher von ihrer Oma zum Essen hereingerufen wurden, sagte sie beispielsweise vielversprechend: »Heute gibt es Zauberessen mit Geheimagentennachspeise.« Sie hätten mal sehen sollen, wie unsere Jungs liefen. Sie wollten schließlich wissen, was für aufregende Leckereien auf sie warteten.

Lernen auch Sie, spannend zu kommunizieren! Gerade Berater und Verkäufer sollten Neugierde wecken können. Dazu gehört manchmal, sein Gegenüber auf die Folter zu spannen. Damit die Spannungskurve nicht gleich wieder abfällt, kann es zweckmäßig sein, die Neugierde nicht sofort zu befriedigen.

Wenn Sie das Interesse von jemandem auf Ihre Angebote lenken wollen, dann hüten Sie sich vor unterwürfigen Formulierungen. Fragen Sie nicht »Darf ich Ihnen mal ein paar Minuten stehlen?« oder »Wären Sie so freundlich, mir zwei Minuten zu geben?«. Mit solchen Phrasen klingen Sie wie ein *armer* Verkäufer und werden höchstens an Absagen *reicher*.

Fragen Sie lieber Interesse erweckend: »Haben Sie kurz Zeit für ein Thema, das für Sie sehr spannend und lohnend sein könnte?« Lenken Sie die Aufmerksamkeit nicht auf sich selbst, den Fragesteller, sondern auf die Sache, für die Sie denjenigen gewinnen wollen.

Formulieren Sie verführerisch! Wenn Sie Mitarbeiter suchen, sagen Sie zu den potenziellen Kandidaten nicht: »Wir wollen expandieren und brauchen Leute.« Sagen Sie lieber: »Bei uns können Sie Karriere machen und gut verdienen, da wir stark wachsen.« (Das muss natürlich stimmen, aber sonst würden Sie ja kein Personal einstellen.) Sprechen Sie die Gefühle Ihrer Zuhörer an.

Sorgen Sie für ein zauberhaftes Gespräch, dann wird Ihr Gegenüber wahrscheinlich selbst verzaubert sein.

Werden Sie zum Gesprächsdramaturgen

Gute Gespräche haben wie gute Filme oder Dokumentationen ihre eigene Dramaturgie. Jeder Filmregisseur oder Programmdirektor weiß, dass er die Aufmerksamkeit seiner Zuschauer schon in den ersten fünf Minuten gewinnen muss – ist der Funke dann nicht übergesprungen, schalten die TV-Zuschauer um oder fangen im Kino an, mit den Nachbarn zu tuscheln.

Nicht viel anders ist es, wenn Sie einen Menschen kennenlernen. Dann haben Sie, wie die Fachleute sagen, ungefähr 30 Sekunden, um Ihr Gegenüber für sich einzunehmen. Bei der ersten Begegnung kommt diese Person mit einem Drittel Neutralität, einem Drittel Antipathie und einem Drittel Sympathie auf Sie zu. Auch Sie haben das bestimmt schon oft erlebt: Nach wenigen Augenblicken überwiegt entweder die Anti- oder die Sympathie. Das gilt nicht nur bei der sprichwörtlichen Liebe auf den ersten Blick: Der erste Eindruck entscheidet über alles Weitere. Sie können ihn ebenso wenig rückgängig machen wie Ihre ersten Worte.

Bei solchen ersten Begegnungen ist es daher besonders wichtig, dass man sich kurz fasst und möglichst auch spannend formuliert. Nachdem Sie in der ersten halben Minute hoffentlich eine emotionale Brücke zu Ihrem Gegenüber gebaut haben, bleiben Ihnen nochmals ungefähr 30 Sekunden, um Ihr Anliegen oder Angebot rüberzubringen. Brauchen Sie länger, so wird Ihr Zuhörer meist ungeduldig und versucht Sie loszuwerden. Finden Sie dagegen die richtigen Worte, dann haben Sie mit Ihrem Kommunikationsschlüssel sein Schloss geöffnet. Künftig wird der Betreffende Ihnen aufgeschlossen begegnen. Wenn Sie jedoch nicht die richtigen Worte finden und mit Floskeln wie »also nochmal« oder »anders gesagt« langweilen, wird es für Sie schwer.

Genauso unangenehm wie lahmes Herumstottern ist die verbale Überdosierung gerade beim ersten Kontakt – sie führt nämlich zur emotionalen Unterdosierung. Vermeiden Sie es, Ihr Gegenüber mit Endlosmonologen zuzutexten.

Wenn es zum Beispiel zunächst um einen telefonischen Kontakt geht, dann passiert es manchmal, dass man den anderen nicht gleich an die Leitung bekommt. Sprechen Sie dann bitte nicht auf seine Mailbox: »Sie haben versucht, mich anzurufen. Ich habe es auch versucht. Versuche Sie nachher nochmal zu erreichen.«

Ihre Aussage ist dann zwar unmissverständlich – aber auch so flach und langweilig wie nur möglich. Wie könnte Ihr neuer Kontakt sich auf einen Menschen freuen, der in drei Sätzen dreimal das Verb *versuchen* unterbringt? Auch wenn er es bewusst vielleicht gar nicht bemerkt, haben Sie sich als wenig kreative Person präsentiert. Sprechen Sie lieber wiederholungsfrei auf seine Mailbox: »Sie haben versucht mich anzurufen. Ich habe es auch gerade probiert und klingele nachher nochmal durch.«

Das gilt natürlich nicht nur für Telefonate. Vermeiden Sie es möglichst immer, durch mehrfache Wiederholung der gleichen Worte oder Wendungen Ihre Gesprächspartner anzuöden. Sagen Sie nicht »wie schon erwähnt« oder ähnlich langweilige Floskeln, sondern lassen Sie das, was ja schon erwähnt wurde, einfach weg. Auch im Fernsehen schalten die Zuschauer um oder ab, wenn die neue Staffel einer Serie zur Hälfte aus Wiederholungen besteht.

Auch in der schriftlichen Kommunikation haben Sie nur eine kurze Zeitspanne, um die Aufmerksamkeit Ihrer Adressaten zu gewinnen. Besonders deutlich zeigt sich das in der Printwerbung: Die ersten Zeilen sind entscheidend. Der berühmte Marktforscher Rüdiger Szallies hat mir immer wieder verdeutlicht, dass in einer Werbeanzeige vor allem anderen die Überschrift und die ersten Zeilen spannend sein müssen. Welche raffinierten Sprüche und tollen Angebote Sie weiter unten auf der Seite eingebaut haben, spielt keine Rolle, wenn es Ihnen nicht gelingt, den potenziellen Leser mit Ihrer Headline ganz oben auf der Seite zu fesseln.

Analog kommt bei Gesprächen den Anfangs-, aber auch den Schlussworten besondere Bedeutung zu. Das ist wie in der Fliegerei: Das Wichtigste sind der Start und die Landung. Zwischendurch kann es ruhig mal ruckeln. Entscheidend ist, dass man heil rauf- und wieder runterkommt. Auch Sie wollen bei Unterredungen doch bestimmt richtig starten und möglichst erfolgreich landen.

Gespräche sind wie Schaufenster

Was *merk*würdig ist, bemerken wir leichter und merken es uns besser. Was gefällt, fällt auf.

Auch bei der Dekoration eines Schaufensters ist es wichtig, einen Eyecatcher gerade dort zu platzieren, wo die Passanten entlanggehen. Mein Freund Bernd Freier, der Gründer und Besitzer von *S.Oliver*, hat mir einmal erklärt, wie viel Mühe und Kosten seine Filialisten auf sich nehmen, um ihre Schaufenster besonders gut und aufmerksamkeitserregend zu dekorieren. Die Auslage muss in dem potenziellen Käufer den Wunsch erwecken, mehr zu sehen. Sie lädt ihn in das Geschäft ein – und nur wenn sie spannend und verheißungsvoll ist, folgen Sie dieser Einladung. Schließlich wetteifern auf der Shoppingmeile unzählige Geschäfte der gleichen Branche um Ihr Interesse und Ihre Aufmerksamkeit!

Von einer interessanten Auslage lassen wir uns in den Laden locken. An langweiligen Schaufenstern gehen wir achtlos vorbei. Oder was würden Sie zu einem Schaufenster sagen, in dem verstaubte Ladenhüter suggerieren: »Bitte nicht eintreten«? Nicht anders verhält es sich bei den Gesprächseinladungen, die wir im täglichen Leben erhalten und verteilen.

Leider machen es viele Leute bei Gesprächen nicht besser: Ihre Sprechweise ist voller Satzbrocken, die sie sinnlos in ihre Rede einstreuen – »ich sag' mal«, »im Normalfall«, »keine Ahnung«. Ihr kommunikatives Schaufenster kann noch so ansprechend dekoriert sein – wenn Sie inmitten der tollen Auslagen lauter langweiligen Krempel herumliegen haben, werden Sie Ihr Gegenüber nicht sonderlich faszinieren.

Oder stellen Sie sich vor, Sie wären Chefredakteur einer Zeitschrift. Die Titelseite ist sozusagen das Schaufenster, in dem die Artikel liegen. Bei der Gestaltung der Titelseite geht es also darum, Interesse für die Inhalte im Heft zu wecken, die Neugierde der potenziellen Leser zu kitzeln. Entscheidend ist zunächst einmal nicht, ob der beste Artikel mit den neuesten Erkenntnissen irgendwo im Innern der Ausgabe abgedruckt ist. Wenn die Titelseite nicht die Lust des Lesers wecken kann, wird er die Zeitschrift gar nicht erst kaufen. Natürlich wollen die Redakteure tolle Storys liefern, aber zunächst müssen sie dafür sorgen, dass die möglichen Käufer und Leser von der Titelseite angelockt werden.

Erfolgreiche Chefredakteure wissen, dass sie nur Sekunden haben, um einen potenziellen Käufer für ihre Zeitung oder Zeitschrift zu interessieren. Während Sie auf Ihren Zug warten, schlendern Sie durch die Bahnhofsbuchhandlung, vorbei an den üppig bestückten Zeitschriftenregalen – und Layout und Schlagzeile eines Titels springen Sie an oder eben nicht.

Bekanntlich kommunizieren wir zu vielen unterschiedlichen Anlässen und in immer wieder anderen Konstellationen. Mal handelt es sich um ein Kennenlerngespräch, dann um ein Klärungsgespräch, ein Streit- oder ein Informationsgespräch. Mal befindet man sich in einer fachlichen Runde, dann in einer geschäftlichen oder familiären Situation. Da kommunizieren wir in einer großen Gruppe, hier zu zweit und dort zu fünft. Auch die Gleichartigkeit oder Unterschiedlichkeit der Gesprächspartner – im Hinblick auf Alter oder Geschlecht, soziale Hintergründe oder auch berufliche Hierarchien – spielt eine wichtige Rolle. Und natürlich verfolgen alle Gesprächsteilnehmer in jeder dieser Situationen und Konstellationen unterschiedliche Ziele. Mal will man überzeugen, dann Informationen bekommen, Anweisungen aussprechen oder Standpunkte verteidigen.

Deshalb gibt es auch keine Ratschläge, die auf ausnahmslos jede Gesprächslage anwendbar sind. Das wäre so, als würde ein Tennislehrer seinen Schüler anweisen: »Egal, wie der Ball übers Netz

kommt, hau ihn immer volley in die rechte hintere Ecke zurück!«
Aber einige Empfehlungen, die sich in vielen unterschiedlichen
Situationen bewährt haben, will ich Ihnen hier trotzdem weiterge-
ben.

Krieg oder Frieden in der Kommunikation

Anweisungen in Befehlsform sollten Sie möglichst vermeiden. Wie
angenehm positiv man eine Anweisung formulieren kann, habe
ich einmal bei einer Kommunionsfeier erlebt. In der Kirche sagte
der Pfarrer zu Beginn: »Bitte vergessen Sie nicht, nach der Messe
Ihre Handys wieder einzuschalten.« Alle schmunzelten und hatten verstanden, was er uns indirekt gesagt hatte: »Jetzt bitte aus-
schalten.« Sofort hatte er die Sympathien aller Anwesenden gewonnen – auch derjenigen, die ihn zum ersten Mal sahen und
hörten.

Eines sollte für Sie unstrittig sein: Führen Sie möglichst keine
Streitgespräche! Sie gewinnen vielleicht das Rededuell, verlieren
aber die Zuneigung Ihres Kontrahenten. Kommunikation ist kein
Kampf. Geschickte Gesprächsführung beschert Ihnen den Sieg,
ohne dass Ihr Dialogpartner als Verlierer dasteht. Beide Seiten
sollen sich – wenn machbar – als Gewinner fühlen.

Oberflächlich betrachtet sieht auch dieser oft gebrauchte Satz ei-
gentlich ganz harmlos aus: »Das habe ich doch gleich gesagt!«
Aber er ist rechthaberisch und löst beim Gegenüber ein negatives
Gefühl aus. Sagen Sie besser: »Toll, dass es jetzt so gut läuft.«

Bei Verhandlungsgesprächen konzentrieren Sie sich auf die Big
Points. Dort, wo es Ihnen nicht ganz so sehr drauf ankommt, gönnen Sie auch dem anderen ein paar Punkte – selbst wenn Sie sich
sachlich im Recht wissen. Wenn sich die eine Seite auf der ganzen
Front durchsetzt, fühlt sich die andere als totaler Verlierer und
wird auf Rache sinnen.

Bei Verteidigungs-Angriffs-Gesprächen gibt es eine ganz einfache Regel. Wer sich verteidigt, wird angegriffen – wer sich selbst dagegen angreift, wird verteidigt. Deshalb ist Angriff eben doch nicht die beste Verteidigung. Sagen Sie in einer misslichen Situation, die Sie verursacht haben, ruhig mal: »Da habe ich Mist gebaut.« Sofort werden Sie zu hören bekommen, dass alles gar nicht so schlimm sei. Wenn Sie auch mal Fehler eingestehen, heißt es hinterher meistens: »Der ist in Ordnung.« Wer jedoch darauf beharrt, fehlerfrei zu sein, verscherzt sich schnell die Zuneigung und das Wohlwollen.

Betonen Sie Gemeinsamkeiten! Sympathie ist auch die Summe gemeinsamer Überzeugungen und Vorlieben. Wenn in einem Gespräch jemand sagt, dass er gerne Handball spielt, dann bestätigen Sie ihn. Wenn Sie selbst nicht Handball spielen, können Sie natürlich nicht gut behaupten: »Mache ich auch gerne.« Aber dann sagen Sie eben, dass Handball eine sehr interessante Sportart ist, bei der Sie gerne mal zuschauen würden.

Bei einem Versicherungsforum hörte ich einmal, ein Kunde habe gegenüber seinem Vermittler erwähnt, er sei gerade in Italien gewesen. Der Vermittler berichtete voller Stolz, was er dem Kunden geantwortet hatte: »Ha, raten Sie mal, wo ich war – in den USA!« Das war nicht gerade klug von ihm: Den Wettkampf um das entferntere Reiseziel hat der Vermittler vielleicht gewonnen, aber den Kunden hat er damit bestimmt nicht für sich eingenommen. Besser wäre es gewesen, sich die angeberische Antwort zu verkneifen und stattdessen zu sagen: »Italien ist toll. Ich esse gerne italienisch.«

Seien Sie kein Besserwisser! Werden Sie lieber ein Besserversteher.

Auch mit entwaffnender Ehrlichkeit können Sie Sympathie erzeugen. Wenn es in einem Arbeitsgespräch darum geht, ein Problem zu lösen, fragen Sie doch einfach mal in die Runde: »Habt ihr eine gute Lösung? Mir fällt spontan keine ein.«

Umgekehrt können Sie durch – behauptete oder tatsächliche – Perfektion leicht Aversionen bis hin zur Aggression wecken. Warum müssen Sie immer alles können?

Keine kommunikativen Drohgebärden

Manche Menschen – beispielsweise Vorgesetzte gegenüber ihren Mitarbeitern – formulieren so kriegerisch, dass es den Gesprächsteilnehmern die Sprache verschlägt. Bei uns zu Hause gab es in meiner Kindheit auch so einen Drohsatz: »Warte, bis Papa kommt!«

Gerade aus der Kommunikation mit Kindern kann man lernen, dass die emotionale Botschaft oft einflussreicher ist als die faktische Aussage. In meiner Kindheit rief mir mein Stiefvater vom Balkon unserer Wohnung immer nur zu: »Hochkommen!« Manchmal getraute ich mich zurückzurufen: »Warum denn?« Die Antwort war: »Weil ich es sage!« Eine einschüchternd autoritäre Kommunikationsform. (Viele Jahre später erst wurde mir klar, dass mein Stiefvater durch furchtbare Erfahrungen während der Nazi- und Kriegszeit so sehr verhärtet worden war.)

Kommunizieren statt bevormunden

Völlig daneben wäre es im Geschäftsleben, wenn Sie während einer konfliktträchtigen Gesprächsrunde drohend einwerfen würden: »Das habe ich mir alles notiert, was Sie da eben gesagt haben!« Wer solche Wortattacken abfeuert, dem geht es nicht mehr um die Sache. Ihr Gegenüber fühlt sich dann zu Recht angegriffen und geht zum Gegenangriff über oder ergreift die Flucht.

Manche Formulierungen wirken fast bevormundend, zum Beispiel: »Hör mal, pass mal auf!« Mit solchen abschreckenden Äußerungen wecken Sie bei Ihrem Gegenüber ein unangenehmes Gefühl. Man fühlt sich beinahe in die Schulzeit zurückversetzt, als die Lehrer unaufmerksame Schüler rüffelten: »Ruhe da hinten! Passt gefälligst auf!«

Wer solche Formulierungen verwendet, spielt sich als Chef auf, der das Sagen hat. Dabei ist es egal, ob Sie es vielleicht »gar nicht so gemeint« haben. Es liegt an Ihnen, ob Sie Äußerungen verwenden, durch die sich Ihr Gegenüber bevormundet fühlt – ob Sie das nun wollten oder nicht. Sorgen Sie dafür, dass die Worte aus Ihrem Mund Ihrem Gesprächspartner munden. Und gerade wenn Sie tatsächlich der Chef sind, sollten Sie die Hierarchie-Unterschiede nicht auch noch durch aufgeblasenes Verhalten betonen.

Oft sind es gerade die kleinen, unscheinbaren Redewendungen, die unser Gegenüber kränken und gegen uns aufbringen. So zum Beispiel, wenn sich jemand mit einem gut gemeinten Vorschlag am Gespräch beteiligt und als Antwort ein herablassendes »Lass mal« zu hören bekommt. Auf der Gefühlsebene klingt das wie: »Bringt sowieso nichts, wenn du dich äußerst. Das stört nur.«

Wahrscheinlich kennen Sie auch den folgenden Satz, mit dem man manchmal von anderen abgewürgt wird: »Das wollte ich auch gerade sagen!« Oder: »Das hätte ich jetzt sowieso noch gesagt.« Mit anderen Worten: »Mach dich nicht wichtig und geh uns nicht auf die Nerven. Wenn du nichts Besonderes zu sagen hast, halte einfach den Mund.«

Bei einer Kuratoriumssitzung der AWD-Stiftung Kinderhilfe sagte manchmal ein Teilnehmer, wenn jemand eine Idee vorgebracht hatte: »Da möchte ich noch einen draufsetzen.« Natürlich ist es prima, wenn jemand eine gute Idee noch weiter vervollkommnen will. Aber seine Äußerung wirkte geringschätzig und sandte auf der Gefühlsebene die Botschaft: »Du bist schlechter als ich. Wo du aufhörst, fange ich erst an.«

Rechthaberei nervt. Sagen Sie doch einfach: »Da möchte ich noch eine Erweiterung ins Spiel bringen.« Oder, noch besser: »Ihre tolle Idee könnte sogar noch weitergeführt werden, indem man …«

Manche Aussagen vermitteln Ihrem Gegenüber ein ungutes Gefühl, obwohl sie oberflächlich betrachtet wie Zustimmung aussehen. Wenn jemand einen Vorschlag macht und Sie vorschnell antworten: »Das glaube ich auch!«, dann kann sich das so anhören, als wäre der Vorschlag Ihrer Ansicht nach ein alter Hut.

Ein simples »Stimmt!« kann im Unterbewusstsein Ihres Zuhörers auch negativ nachschwingen. Wenn Sie sagen: »Stimmt!«, dann *bestimmen* Sie, was richtig ist. Sie genehmigen und verteilen Noten.

Ein früherer Vertriebschef sagte immer, wenn er einen Einwand gerade nicht stichhaltig fand: »Genau!« – und fuhr dann mit der Ausführung seiner Idee fort. Dieses »Genau!« verstand ich eigentlich immer als: »Unterbrechen Sie mich nicht mit Ihrem Blödsinn! Ich weiß, was ich will.«

Vermeiden Sie emotionale Negativbotschaften

Einer meiner früheren Mitarbeiter war ein »Aber-Spezialist«. Er begann fast jeden Satz mit »Ja, aber ich finde …« oder mit »Sie haben recht, aber …« Einmal bat ich ihn, einen Tag lang das Wort »aber« zu vermeiden. Stattdessen sagte er: »Ja, allerdings …« Daraufhin bat ich ihn, heute auch auf sämtliche Synonyme und Umschreibungen von »aber« zu verzichten. Und plötzlich gelang die Kommunikation mit ihm sehr viel besser.

Es klingt einfach kollegialer, wenn Sie sagen: »Der Text ist super, ein paar kleine Änderungen könnten helfen.« Loben Sie und fügen Sie noch etwas hinzu. Aber bitte kein »Aber«.

Übrigens: Wenn Sie zu viele Fremdwörter gebrauchen, bleiben Sie Ihren Gesprächspartnern fremd. Erschrecken Sie Ihre Zuhörer auch nicht mit einem »Friedhof der Zitate«. Viele berühmte Leute haben vor ihrem Ableben mehr oder weniger bedenkenswerte Sprüche von sich gegeben – aber sehr viel interessanter ist doch, was Sie als heute Lebender zu heutigen Herausforderungen zu sagen haben.

Kennen Sie das Sprachpartikel »ne?«, mit dem viele Sprecher ihre Sätze zu beschließen lieben? Dieses scheinbar unverfängliche Anhängsel kann auf der emotionalen Ebene als Ausdruck des Zweifels empfunden werden: »Oder irre ich mich da? Bist du vielleicht anderer Meinung?« Bei Ihren Zuhörern kann dadurch ein komisches Gefühl entstehen – so als würden Sie in ein und demselben Satz etwas behaupten und in Zweifel ziehen. Das in der Schweiz übliche »oder?« wird kaum jemand missverstehen, es gehört sogar dazu. »Warte!«, sagt man manchmal zu seinen Gesprächspartnern und denkt sich auch nichts Böses dabei. Aber dieses »Warte!« suggeriert, dass Sie entscheiden können, wann der andere etwas sagen darf. Formulieren Sie lieber: »Bitte nur noch einen kleinen Moment, gleich höre ich Ihnen gerne zu.«

Beginnen Sie Ihre Sätze möglichst nie mit der Floskel »Weißt du …«. Auf der Beziehungsebene heißt das nämlich: »Ich weiß es schon und du noch nicht. Du bist dumm und ich bin schlau.«

Da können Sie Ihrem Gegenüber auch gleich entgegenrufen: »Quatsch!« Das sagt man manchmal arglos daher, aber es heißt ja nichts anderes als: »Du bist blöd. Du hast nämlich Schwachsinn geredet.« Und wer will schon als dumm gelten? Einsichtsfähigkeit fördern Sie durch solche unbedachten Kränkungen bei Ihrem Gesprächspartner bestimmt nicht. Also fangen Sie einen Einwand, auch und gerade wenn sie ihn für abwegig halten, diplomatisch auf. Sagen Sie beispielsweise: »Wollen wir uns das nochmal anschauen?«

Oft wird gedankenlos dahingesprochen »Das muss ich fairerweise sagen« oder »um ehrlich zu sein«. Warum schiebt der Sprecher das gerade an dieser Stelle ein? Ist er sonst nicht fair und nur ausnahmsweise mal ehrlich? Oder: »Das habe ich praktisch nie gemacht.« Also hat er es doch das eine oder andere Mal getan. Auf der Gefühlsebene kann die Wendung, die Ihre Gesprächspartner von Ihrer Vertrauenswürdigkeit überzeugen sollte, im Gegenteil alarmierend wirken.

Emotionen vor Fakten

Wir alle senden und empfangen weit überwiegend auf der Gefühlsebene – ob es uns nun immer bewusst ist oder nicht. Im Bundestagswahlkampf 2005 schaute ich mir zusammen mit Gerhard Schröder eine Aufzeichnung des letzten Fernsehduells an, das er mit seinem Gegenkandidaten Edmund Stoiber geführt hatte. Wir redeten über einige Szenen, die alle die gleiche Besonderheit aufwiesen: Wenn Gerhard Schröder selbst weder sprach noch direkt angesprochen wurde, schaute er manchmal sehr konzentriert, aber ohne ein Lächeln in die Kamera, obwohl gerade dieses Lächeln seine Stärke ist.

Wir stellten fest, dass man eben auch wenn man nicht redet eine kommunikative Wirkung erzielt. Deshalb sollte man gewinnend lächeln, auch wenn man selbst nicht gerade gefragt wird oder antwortet.

Bei diesem Fernsehduell ging es vor allem um das Thema Arbeitslosigkeit. Die Zuschauer wurden anschließend gefragt, wen sie fachlich für qualifizierter hielten, die Arbeitslosigkeit zu bekämpfen. Eine Mehrheit sprach sich hierbei für den Kandidaten Stoiber aus. Daraufhin dachte ich, dass die Wahl dann wohl entschieden sei. Aber als Nächstes wurden die Zuschauer gefragt, welchen der beiden Kandidaten sie für sympathischer hielten – und diesmal gab es eine eindeutige Mehrheit für Schröder.

Die entscheidende Frage war also: Was ist für den Wahlerfolg wichtiger? Gewinnt der Kandidat, den die Wähler für kompetenter halten – oder der sympathischere Bewerber?

Indirekt war es diese Frage, die abschließend auch den Zuschauern gestellt wurde: »Wer ist glaubwürdiger?« Das Ergebnis war aufschlussreich: Die Mehrheit erklärte, Gerhard Schröder sei für sie der glaubwürdigere Kandidat. Mich erstaunte das überhaupt nicht: Wer uns sympathisch ist, den halten wir auch für ehrlich und glaubwürdig – ein Vertrauensvorschuss, den man dann allerdings auch durch seine Taten rechtfertigen muss.

Das gilt länder- und kulturübergreifend. Beim Fernsehduell zwischen John McCain und Barack Obama, den US-Präsidentschaftskandidaten des Jahres 2008, war das alles beherrschende Thema die innere Sicherheit. McCain billigten die Zuschauer mehr Kompetenz zu, Obama aber war beliebter, somit auch glaubwürdiger und wurde kurz darauf zum Präsidenten gewählt.

Machen auch Sie sich bewusst: Sozialkompetenz geht vor Fachkompetenz. Gerhard Schröder zog gerne den Vergleich, Politiker hätten es manchmal ähnlich schwer wie Gebrauchtwagenhändler: Kaum ein Käufer kann alle Details eines gebrauchten Autos abschätzen. Er muss sich auf die Aussagen des Verkäufers verlassen, dass der Wagen unfallfrei ist, die Garantie noch gilt und keine Roststellen überlackiert wurden. Es geht also hier wie dort um Vertrauen – und das kann man am besten durch überzeugende und glaubwürdige Kommunikation gewinnen. Auch hier gilt natürlich: Was man behauptet hat, muss sich im Nachhinein als wahr erweisen.

Wenn die Beziehung positiv ist, vertraut man eben mehr, als wenn jemand nur fachliche Kompetenz ausstrahlt. Natürlich imponiert manchmal das fachliche Know-how eines Verkäufers, der zum Beispiel die tollen Geräte in einer Einbauküche von vorne bis hinten erklären kann. Aber auch Sie spüren es doch sicher oftmals, dass Sie sich emotional schon längst für einen Kauf entschieden haben, wenn Ihnen der Verkäufer sympathisch ist und Sie ihm vertrauen. Auf der anderen Seite haben wir manchmal geradezu eine gefühlsmäßige Sperre: »Hier will ich nichts kaufen«, empfinden wir dann – auch wenn wir die Qualität des Produkts und die Fachkompetenz des Verkäufers nicht bezweifeln.

Für den Vertrieb, erklärte mir Sanford Weill, der langjährige *Citigroup*-Aufsichtsratsvorsitzende, habe er im Zweifelsfall »lieber einen Eisverkäufer angelernt als einen Fachidioten eingestellt«. Was er mit dieser zugespitzten Formulierung sagen wollte, ist klar: Verkäufer müssen gut mit Menschen umgehen können. Das nötige Fachwissen kann man ihnen eintrichtern – aber einem Fachmann ohne Empathie und kommunikative Fähigkeiten kann man nicht so ohne Weiteres beibringen, wie man mit Menschen umgeht. Emotionen zählen letztlich mehr als Fakten. Eine positive Beziehung verträgt auch negative Botschaften. Die Sachebene tritt hier nämlich in den Hintergrund, die Beziehung bleibt im Vordergrund. Einem sympathischen Nachbarn verzeihen Sie auch eher die überhängenden Äste.

Natürlich kann es auch seine Tücken haben, wenn bei einem Gespräch vor allem Beziehungsbotschaften hin- und herfließen. Da empfiehlt es sich unter Umständen, die Gefühlsebene ganz direkt anzusprechen: »Bist du jetzt sauer?« Friedenstiftend können Sie auch beispielsweise sagen: »Sorry, war keine Absicht. Ich schätze Sie sehr.« Dadurch brechen Sie sich bestimmt keinen ab – und besser, als das Gespräch abzubrechen, ist es allemal.

Solange sich der emotionale Staub nicht gelegt hat, den Sie durch eine unbedachte Bemerkung aufgewirbelt haben, können Sie auf der Sachebene höchstens in den Graben fahren. Erst wenn auf der Beziehungsebene alles wieder in Ordnung ist, wird der Weg auf der Sachebene wieder für Sie frei. Bestimmt haben Sie diese Redensart schon mal gehört: »Der hat zugemacht.« Gemeint ist natürlich, dass sich der Betreffende auf der Gefühls- und Beziehungsebene sperrt. Wenn jemand vor Ihnen zumacht, sich Ihnen also emotional verschließt, dann liegt es an Ihnen, denjenigen wieder aufzuschließen. Sonst können Sie sachlich argumentieren, wie Sie wollen, und werden ihn trotzdem nicht überzeugen.

Wenn auf der Beziehungsebene eine Grundstimmung herrscht, die beiden Gesprächspartnern zusagt, können auf der Sachebene auch unterschiedliche Ansichten leicht überbrückt werden. Den damaligen Chef der Wirtschaftsweisen lernte ich einige Monate nach der Einführung der nach ihm benannten Rürup-Rente kennen. Bei einer Podiumsdiskussion führte ich mit dem »Rentenpapst« eine sehr konträre Diskussion. Wir waren bei einigen Inhalten total unterschiedlicher Meinung – aber wir mochten uns. Daraus entstand ein erfreulicher Kontakt, der drei Jahre später zu einer Partnerschaft in der neu gegründeten *Maschmeyer-Rürup AG* führte.

Betrachten Sie sich aus der Perspektive Ihres Gegenübers

Zu einer guten Kommunikation gehört auch, hin und wieder die Sicht des Gesprächspartners einzunehmen. In Seminaren habe ich die Teilnehmer häufig gebeten, sich an einem kleinen Kommunikationsspiel zu beteiligen. Dabei sollten sich jeweils zwei Personen an Tischen gegenübersetzen. Zwischen ihnen lag ein Blatt Papier mit einem einzigen Kugelschreiber, mit dem beide gemeinsam ein möglichst schönes Haus zeichnen sollten.

Nachdem alles bereit war, rief ich »Auf die Plätze, fertig, los!« – und was glauben Sie, was dann regelmäßig passierte? Jeder Teilnehmer wollte natürlich das Haus aus seiner Sicht zeichnen – nur dass bei dem einen unten war, was für den anderen oben war, und umgekehrt. Es kam also ein schlimmes Gekritzel heraus, Häuser mit krummen Dächern im Keller und schiefen Fundamenten im Dachstuhl. Dabei wäre die Lösung ganz einfach gewesen: Die Partner hätten sich nur verständigen müssen, das Haus zuerst aus der einen und dann aus der anderen Perspektive zu zeichnen.

Im übertragenen Sinn gilt das auch für Gesprächssituationen, ganz egal, ob es sich um Dialoge im privaten oder beruflichen Umfeld handelt. Versetzen Sie sich während eines Gesprächs auch mal in Ihr Gegenüber. Stellen Sie sich vor, wie die Dinge aus seiner Perspektive aussehen, welche Motive, Wünsche und Ziele der andere hat.

Die Äußerung »Sie sehen das verkehrt« ist selbst grundverkehrt. Nehmen Sie lieber mal in Gedanken die Sichtweise Ihres Gesprächspartners ein. Wenn Ihnen auf der Autobahn das siebte Auto entgegenkommt, spricht einiges dafür, dass Sie selbst der Geisterfahrer sind.

In Führungssituationen habe ich es hin und wieder erlebt, dass Mitarbeiter auf meine Vorschläge mit Kopfschütteln reagierten. Dann war es meist hilfreich, wenn ich sie aufforderte: »Also, Sie sind jetzt der Chef. Betrachten Sie das Ganze mal aus dieser Sicht.« Durch diese Spiegelung der Perspektiven hatte man auf einmal die gleiche Sichtweise. Jeder überlegte sich: Wie würde ich das machen, wenn das meine Mitarbeiter wären?

Vorher hatte der Chef seine Sichtweise und die Mitarbeiter hatten ihre. Sie haben eine *Meinung*, Ihr Gegenüber hat eine *Deinung*. Versuchen Sie zusammen, eine *Unserung* zu erzielen.

In einem Gespräch habe ich einmal gesagt: »Stellen Sie sich vor, wir würden beide in den Süden wollen. Sie kommen aus dem Westen und ich komme aus dem Osten. Wir haben das gleiche Ziel. Lassen Sie uns einen Weg finden, der für uns beide Sinn macht. Dann kommen wir beide ans Ziel, und darum geht's doch.«

Ihre Botschaft kommt am besten rüber, wenn Sie sich aufrichtig für Ihr Gegenüber interessieren. Das Wort Interesse kommt vom Lateinischen *inter esse*, auf Deutsch »inmitten sein«, also »dabei sein«. Es geht somit um ehrliche Anteilnahme. Widmen Sie sich mit echter Aufmerksamkeit ihrem Gegenüber, dann schaffen Sie eine positive Gesprächsbeziehung.

Spannend ist nicht nur, was Sie selbst interessiert, sondern auch das, was Ihr Gegenüber interessiert. Wenn Sie sich für andere interessieren, interessieren die sich fast automatisch auch für Sie. Erzählen Sie Ihrem Gesprächspartner, was er wissen möchte, und er wird Ihnen verraten, was Sie wissen wollen. Aber das setzt eben voraus, dass Sie ihm mit ernsthafter Aufmerksamkeit begegnen.

Lassen Sie Ihr Gegenüber erzählen

Als Berater habe ich bei beruflich sehr erfolgreichen Mandanten, meist Selbstständige oder Unternehmer, immer wieder ähnliche Situationen erlebt. Wenn die Kommunikation zwischen uns mal ein bisschen stotterte, fragte ich einfach: »Herr Kunde, mal was ganz anderes: Wie ging das bei Ihnen eigentlich los? Wie kamen Sie auf die Idee? Wie haben Sie Ihre Firma gegründet und aufgebaut?« Das Ergebnis war fast immer das gleiche: Der so Gefragte erzählte voller Freude von den Anfängen seiner Erfolgsstory – und unsere Beziehungsebene verlief auf einer positiven Frequenz.

Am Ende des Gesprächs hieß es dann meistens: »Sie gefallen mir. Sie werden das schon ordentlch machen. Sie nehmen jetzt die Ordner alle mit, schauen sich das an und machen mir Vorschläge für meine Absicherung und Finanzoptimierung.«

Bestimmt ist es Ihnen auch schon passiert, dass jemand zu Ihnen sagte: »Ich möchte nur, dass Sie mich anhören. Bitte hören Sie mir zu!«

Die Antwort kann nur heißen: »Dann erzählen Sie mal.«

Viele Menschen freuen sich, wenn sie ihre Lebensgeschichte erzählen können. Die Familienmitglieder wollen sich das meist nicht mehr anhören, sie kennen das alles auswendig. Aber jeder Mensch will sich eben mal aussprechen, seinen Werdegang und seine Sicht der Dinge erklären. Ich empfehle Ihnen: Zeigen Sie Ihrem Gegenüber, dass Sie ihm aktiv zuhören! Gute Zuhörer sind oftmals auch die besten Redner. Während Sie zuhören, können Sie sich schon Ideen für Ihre Antwort überlegen.

Manchmal nehme ich mir ganz bewusst vor, jemandem fast ausschließlich zuzuhören, wenn ich das Gefühl habe, er möchte sich mal ausgiebig mitteilen. Einmal habe ich nahezu anderthalb Stunden am Stück zugehört, ohne selbst etwas zu sagen. Dann musste mein Gesprächspartner zurück zum Flughafen. Er bedankte sich zum Schluss mit den Worten: »Mit Ihnen kann man sich prima unterhalten.«

Durch Fragen beziehen Sie Ihre Gesprächspartner ein

Schlechte Verkäufer denken immer, sie müssten den Kunden eine Beule ans Ohr quatschen. Jeder Journalist dagegen weiß, dass das genau der falsche Weg ist. Wer redet, erfährt nichts. Wer fragt, erfährt alles.

Fragen sind ein hervorragendes Kommunikationsmittel. Wenn Sie die richtigen Fragen stellen, gehen bei Ihrem Gegenüber lauter Türen und Fenster auf. Er öffnet sich Ihnen, denn mit Ihren Fragen schließen Sie Ihren Gesprächspartner auf. Durch Monologe schließen Sie ihn zu.

Um zu meinem Gegenüber rasch eine gute Gesprächsbeziehung herzustellen und vor allem seine Motive einzubeziehen, habe ich oftmals gefragt: »Bald ist Weihnachten – wenn Sie eine Wunschliste hätten, was würde da draufstehen? Was ist Ihnen am wichtigsten?«

Wenn Ihr Gegenüber Ihnen anvertraut, was ihm am wichtigsten ist, dann sind auch Sie ihm wichtig. Stellen Sie kluge (Beziehungs-)Fragen, dann sind Sie auch bei Ihren Gesprächspartnern gefragt. Ihr Gegenüber spürt es, wenn Sie sich wirklich für ihn interessieren.

Wenn Sie merken, dass Ihr Gesprächspartner bedrückt ist und zögert, Ihnen sein Herz auszuschütten, können Sie ihm mit einer Suggestivfrage auf die Sprünge helfen: »Sagen Sie es ruhig – es geht Ihnen doch bestimmt nicht gut?«

Daneben gibt es noch Scheinfragen, die im täglichen Miteinander häufig zu hören sind: »Sie glauben doch auch, dass …?« Oder: »Sind Sie nicht auch der Meinung …?« Durch solche Fragen legen Sie dem scheinbar Gefragten die gewünschte Antwort schon in den Mund – womit Sie ihm quasi den Mund verbieten. Bei Gruppendiskussionen mit abschließender Abstimmung kann das ein hilfreiches Mittel sein, um sich mit der eigenen Meinung zunächst durchzusetzen, aber die Erfahrung zeigt, dass ein so errungener Abstimmungssieg oft wenig wert ist. Wer für Sie votiert hat, steht in Wirklichkeit nicht voll und ganz hinter Ihnen.

Behaupten Sie als Diskussionsleiter: »Sie wollen doch bestimmt auch alle, dass …«, dann bekommen Sie zu hören, was *Sie* hören wollen. Wenn Sie fragen: »Wer ist auch dieser Meinung?«, wird es aufschlußreicher, denn dann stimmen Ihnen die einen halbherzig zu und andere enthalten sich oder votieren gegen Sie.

Durch die Frageform kommt schon jeweils zum Ausdruck, ob es sich um eine hierarchische oder eine symmetrische Gesprächssituation handelt – und entsprechend fallen auch die Antworten aus. Wenn Sie bei strittigen Themen wirklich an der Meinung der Gruppe interessiert sind, kommt eigentlich nur eine Abstimmungsart in Betracht: die objektive Wahl zwischen echten Alternativen. Und einzig bei der stillen, geheimen Umfrage erfahren Sie, was die anderen tatsächlich denken.

Fragen können auch entwaffnend sein. Ursula von der Leyen, meine einstige Medizin-Studienkollegin, ist für mich eine Virtuosin in dieser Fragetechnik. Bei einem Empfang erlebte ich sie einmal bei einem Live-Gespräch, als sie einen Kritiker ihrer Politik entwaffnend fragte: »Wie würden Sie das denn machen, wenn Sie verantwortlich wären?«

Als sie in einer Talkshow mehrfach für ihre Reformideen attackiert wurde, beobachtete ich schmunzelnd, wie sie den gleichen rhetorischen Kunstgriff variierte: »Wie es nicht geht«, hielt sie ihrem Widersacher entgegen, »haben Sie jetzt ja ein paar Mal gesagt. Nun sagen Sie uns aber doch mal: Wie würden Sie es denn machen? Sagen Sie mir nicht, wie es nicht geht, sondern helfen Sie mir: Wie geht es denn besser?« Die Wirkung war verblüffend: Durch die rhetorische Frage erzeugte sie einen Perspektivenwechsel, nahm damit dem Angreifer den Wind aus den Segeln und zog das Publikum auf ihre Seite.

Wenn Sie in einem Dialog nicht weiterwissen, rate ich auch Ihnen: Lieber fragen als drauflossagen. Falsch gefragt ist nicht halb so schlimm wie falsch geantwortet. Und wenn Sie Ihr Gegenüber etwas fragen, dann lassen Sie ihn unbedingt aussprechen. Manche stellen eine Frage und liefern gleich selbst die Antwort. Das ist fast schon herablassend und fördert den Dialog bestimmt nicht.

Durch Fragen wie »Würde dich das interessieren?« betonen Sie Ihren Wunsch nach einem Konsens. Auch indirekt fragende Formulierungen wie »Vielleicht könnte dich das hier interessieren« beziehen Ihren Dialogpartner partnerschaftlich ein, anstatt ihn schlichtweg zu vereinnahmen. Sie begegnen ihm auf einer gleichberechtigten Ebene, und das verbindet.

Fragen Sie Ihr Gegenüber auch immer wieder einmal, ob Ihre Aussagen verständlich und akzeptabel sind: »Ist das okay für Sie? Wären Sie einverstanden?«

Wenn Sie seltsame Antworten bekommen, suchen Sie die Ursache als Erstes bei sich selbst. Sie sind der Bote Ihrer Botschaften – und es liegt an Ihnen, Ihr Anliegen so zu formulieren, dass Ihr Gegenüber Sie versteht. Sie sind der Sender und es ist Ihre Sache, durch Ihre Wortwahl den Empfänger empfänglich zu machen.

Wer richtig fragt, erfährt die Gedanken, Wünsche und Sorgen seines Gegenübers und erhält so genau die Informationen, die er benötigt, um den anderen wirklich zu helfen. Und wer wirkliche Hilfe bringt, ist auch willkommen.

Senden Sie Anerkennung

Geben Sie Ihrem Gegenüber Bedeutung, dann sind Sie auch für ihn von Bedeutung. Wer möchte nicht verbale Streicheleinheiten erhalten? Wer lässt sich nicht gern vor oder von anderen mit netten Worten streicheln?

Als Meisterin in empathischer Kommunikation habe ich im Februar 2007 Maybrit Illner kennengelernt. Sie hatte mich zu ihrer Talkshow zum Thema Rente eingeladen, damit ich unter anderem mit Ex-Sozialminister Norbert Blüm über staatliche Rente, Rentenlücke und private Altersvorsorge diskutierte.

Vor der Sendung kam sie auf jeden einzelnen Teilnehmer zu. »Schön, dass Sie da sind«, sagte sie zu mir. »Sie wirken so ausgeruht. Waren Sie im Urlaub?« Sie ging freundlich und bejahend auf die Menschen zu, strahlte aus, dass man ihr willkommen sei, und schuf dadurch eine lockere Atmosphäre. Klar, dass ich anschließend auf ihre Fragen bereitwilliger antwortete.

Indem sie während der Sendung mit ihren Augen Zuspruch signalisierte, forderte Sie die Teilnehmer stumm dazu auf, mutiger zu werden. Mich hat sehr beeindruckt, wie gut sie vorbereitet war und wie gezielt sie provokante Fragen stellte. Aber genauso gut gefiel mir, dass sie für einen Gast, den sie vielleicht zu sehr bedrängt hatte, dann auch wieder verbindliche Worte fand: »Wir verstehen ja auch, dass Sie das so sehen müssen. Aber unsere Zuschauer ...«

Gerade durch ihre Höflichkeit kitzelte sie so manche aufschlussreiche Äußerung aus den Diskutanten heraus. Sie hatte ein klares Konzept für ihre Sendung, von dem sie aber situativ auch abwich, wenn sie in einer Antwort Chancen erkannte, die Diskussion kurz über ein interessantes Nebengleis zu führen. Wie ein Tennisspieler, der auf jeden Ball eine passende Antwort parat hat, konnte sie aus der Situation heraus immer live retournieren. Und egal, wie hitzig die Diskussion gerade wurde, sie versäumte es nie, einen Gast, auf den alle losgingen, zu schützen, einen anderen, der seit Längerem nichts gesagt hatte, in das Gespräch zurückzuholen oder einen Langredner zu stoppen.

Schauen Sie sich ab und zu eine Talkshow an. Fast jeden Abend wird Ihnen kommunikativer Anschauungsunterricht geboten.

Lernen Sie, sich so auszudrücken, dass Ihr Gegenüber in Ihr Herz blicken kann. Er wird Sie eher in sein Herz schließen, wenn Sie mit ihm über Herzensangelegenheiten reden. Dann mag Ihr Gesprächspartner Sie – auch weil er spürt, dass Sie ihn gut leiden können – und Sie mögen ihn.

Jeder Mensch hat seine Sorgen und Hoffnungen. Ihn darauf anzusprechen, erfordert natürlich Sensibilität. Ich selbst wünsche mir manchmal ein dickeres Fell. Dann wäre ich allerdings weniger sensibel und empathisch – doch nur mit Einfühlungsvermögen können Sie sich in die Motiv- und Gedankenwelt des anderen hineinversetzen. Einfühlungsvermögen erleichtert uns den Umgang mit Menschen. Insofern bin ich doch froh, kein »Dickhäuter« zu sein.

Jeder Mensch möchte gelobt werden und etwas Nettes über sich hören. Gewinnen Sie Ihr Gegenüber durch Ihre Anerkennung. Sprechen Sie Komplimente aus, aber schmieren Sie niemandem Honig um den Mund.

Bei jedem gibt es etwas, das ihn positiv abhebt: »Ihre Krawatte ist aber schön.« Oder: »Toll, dass Sie so viele Fremdsprachen sprechen.« Oder: »Sie sind aber belesen!« Jeder Mensch ist ein bedeutender Gesprächspartner.

Nicht beachten heißt verachten

Es ist so leicht, jemanden zu loben. Automatisch wird dadurch das Verhalten, das Sie bejahen, bei Ihrem Gesprächspartner verstärkt. Ich habe mir angewöhnt, Lob und Komplimente möglichst vor Zeugen auszusprechen oder auch schriftlich mitzuteilen.

Dagegen bringe ich Kritik und Tadel immer nur unter vier Augen und vor allem nur mündlich vor. Hierbei soll es keine Mithörer geben und der Getadelte soll nicht in die Lage kommen, die Kritik möglicherweise noch mehrmals lesen zu müssen.

Kritik muss immer konstruktiv sein. Kritisieren Sie niemals die Person, sondern immer nur sachliche Fehler. Dagegen sollten Sie bei Komplimenten lieber die Person selbst als deren Taten rühmen. »Das haben Sie toll gemacht« klingt gut, »Sie sind toll auf diesem Gebiet« wirkt besser.

Durch großartige Aussagen können Sie jemanden großreden, ihn starkmachen. Sprechen Sie Ihren Dank aus. Äußern Sie lieber ein Lob zu viel als eines zu wenig. Bestimmt haben Sie auch schon mal jemanden klagen gehört: »Wenn mein Chef mich wenigstens mal loben würde!« Aussagen wie diese unterstreichen die verbreitete Sehnsucht nach Anerkennung.

Nennen Sie öfter den Namen Ihres Gesprächspartners

Jeder hört und liest seinen eigenen Namen gern. Beobachten Sie einmal in einem Schreibwarenladen, was die meisten Leute schreiben, wenn sie Kugelschreiber oder Füller ausprobieren. Fast jeder schreibt seinen eigenen Namen. Nichts liest und hört man lieber. Er ist unser schriftlicher und akustischer Fingerabdruck.

Wenn Sie auf eine Dame zugehen und sagen: »Guten Tag, Frau Müller!«, dann steht das »Guten Tag« im Vordergrund und Frau Müller hat das Nachsehen. Sagen Sie stattdessen: »Frau Müller, Guten Tag!«, dann steht Frau Müller an erster Stelle.

Ich kann mir Namen leider nicht sehr gut merken. Gesichter prägen sich mir ein, aber Namen bringe ich leicht durcheinander. Und wenn ich einmal einen Namen verdreht und zum Beispiel aus Karl-Heinz einen Karl-Hermann gemacht habe, wiederhole ich diesen Fehler leider immer wieder. Deshalb bekomme ich vor allem von meinen Söhnen häufig zu hören: »Papa, das nervt! Wir haben dir das schon tausendmal gesagt!« Wenn ich den Namen gleich darauf wieder verdrehe, verdrehen meine Söhne nur noch wortlos die Augen.

Mit dieser Kritik haben sie zweifellos recht und so habe ich mir eine kleine Gedächtnishilfe einfallen lassen. Wenn ich jemanden zum Beispiel zu einer Besprechung treffe, schreibe ich groß seinen Namen und daneben klein das Datum auf meinen Notizblock. Mir hilft das als Gedächtnisstütze und mein Gast hat das Gefühl, dass ich ihn sehr gern erwartet habe.

Wenn Sie die Tagesordnung für ein Meeting verteilen, sorgen Sie doch dafür, dass oben jeweils der Name desjenigen steht, für den der Ausdruck erstellt wurde. Der Aufwand ist gering und Sie drücken Ihre Achtung für den Konferenzteilnehmer aus.

Damit unsere Gäste sich gleich willkommen fühlen, haben wir im Eingangsbereich der *Maschmeyer Group* einen Bildschirm angebracht, auf dem angemeldete Besucher kurz vor ihrem Termin namentlich begrüßt werden: »Herzlich willkommen, Frau Müller«. Selbst internationale Spitzenmanager und vermögende VIP-Kunden freuen sich darüber sehr. Häufig weisen sie darauf hin, wie besonders aufmerksam sie diese Begrüßung fanden.

Verwöhnen Sie Ihre Gesprächspartner

Wenn Sie jemanden nachhaltig emotional berühren wollen, schreiben Sie ihm ruhig mal etwas Schmeichelhaftes, gern auch humorvoll Übertriebenes zum Beispiel am Ende einer E-Mail oder SMS: »Der Vorsitzende Ihres Fanclubs« oder »Ihr Bewunderer«. Der so Hofierte wird Sie noch positiver bewerten und in Erinnerung behalten. Jeder möchte doch gerne gut behandelt werden.

Bringen Sie Ihre Sozialkompetenz durch angenehme Rhetorik zum Ausdruck, dann ist der Dialog mit anderen Menschen oft viel einfacher. Ein Beispiel hierfür ist Martin Kind, der Eigentümer und Geschäftsführer des bekannten Hörgeräte-Unternehmens. Nachdem er 1997 Präsident von Hannover 96 geworden war, bekam ich eines Tages einen Brief von ihm. Eigentlich war es gar kein Brief, sondern mehr eine knappe Ansage ohne Einleitung und ohne Überleitung zu einer persönlichen Einladung: »Ich möchte mit Ihnen über die Vermarktung des Niedersachsenstadions bezüglich Namensrechten reden.« Ich fühlte mich nicht gerade umgarnt und schickte ihm nicht mal eine Antwort.

Später, als wir uns zufällig durch einen gemeinsamen Bekannten persönlich kennenlernten, hörte sich sein Vorschlag schon etwas interessanter an. Aber der entscheidungsstarke Macher Kind formulierte immer noch sehr aus seiner Sicht und hauptsächlich sachorientiert: »Der Verein braucht einen Namensgeber, damit wir zusätzliche Einnahmen erzielen können.« Wir kamen dann trotzdem zusammen – schließlich war es ein lang gehegter Traum von mir, dass das Stadion »meines« Vereins Hannover 96 eines Tages den Namen meines Unternehmens tragen würde.

Mittlerweile ist Martin Kind ein charmanter, gewinnender Kommunikator geworden. Wenn ich heute seine Briefe lese oder mit ihm telefoniere, bin ich überzeugt, dass sein Unternehmen noch stärker wachsen wird, weil er die Leute jetzt nicht mehr nur fachlich beeindruckt, sondern auch mit Charme gewinnt. Inzwischen hat er weit mehr als 2000 Mitarbeiter und seine Produkte werden in über 60 Länder vertrieben. Er ist sehr sozial und zeigt das heute auch offen, während er sein großes Herz früher meist versteckt hat.

Vermeiden Sie Unwörter

Vermeiden Sie grundsätzlich Wörter, die mit »un-« beginnen. Statt Unwörtern wie »unbegrenzt«, »unendlich« und »unverschiebbar« sagen Sie lieber Zauberwörter wie »ewig«, »immer« und »wichtig«.

Auch ein hartes, unvermitteltes »Nein« kann – je nach Gesprächssituation – von einem Notwehrwort zu einem Unwort werden. Manchmal ist es natürlich angebracht, sich gegen inakzeptable Zumutungen mit einem klaren Nein zu wehren. Vermeiden Sie aber im Allgemeinen lieber Stoppwörter – sonst stoppen Sie ungewollt das Gespräch. Meistens können Sie Ihrem Gegenüber durch diplomatische Antworten wie »Sehr interessant« auf schonendere Weise klarmachen, dass Sie von seinem Vorschlag oder Angebot nicht gerade begeistert sind. Wer nicht Nein sagt, muss deshalb ja nicht gleich Ja sagen.

Bei der jährlichen Saisonabschlussfeier von Hannover 96 haben der niedersächsische Ministerpräsident David McAllister und ich mit einem Musiker gesprochen und uns ziemlich seltsame Ideen anhören müssen. Obwohl David McAllister innerlich bestimmt auch den Kopf schüttelte, reagierte er als Profi höchst diplomatisch: »Das kannte ich so noch nicht. Da habe ich wieder was gelernt.«

Ich empfehle Ihnen: Besuchen Sie Rhetorikkurse oder verbessern Sie auf anderen Wegen Ihre Redetechniken. Zum Beispiel können Sie mit einem Gesprächspartner – etwa einem Familienmitglied oder Arbeitskollegen – vereinbaren, während eines Telefonats das Band mitlaufen zu lassen. Sie werden anschließend sehr schnell erkennen, warum an bestimmten Stellen Missverständnisse oder Irritationen auf der Gefühlsebene entstanden sind. Wollten Sie Ihren Partner vielleicht von oben herab belehren oder ihm Ihre Meinung aufdrängen? Überlegen Sie sich, wie Sie das künftig besser machen können, und üben Ihre neue Technik ein.

Zu viel »Ich« drückt Ihr Gegenüber an die Wand

Das Wörtchen »ich«, falsch und zu häufig eingesetzt, (ist) gleichfalls ein Unwort. Ich (mitsamt mir, meiner, mich) ist in vielen kommunikativen Situationen sogar ein besonders problematisches Wort.

Machen Sie einmal in einer Diskussionsrunde ein kleines Experiment. Zählen Sie heimlich, wie oft die einzelnen Teilnehmer »ich« sagen – und erstellen Sie gleichzeitig ein Sympathie-Ranking. Sie werden feststellen, dass zwischen beiden Listen ein klarer Zusammenhang besteht: Je höher ein Teilnehmer auf der Ich-Liste rangiert, desto niedriger wird er in Ihrer Sympathietabelle angesiedelt sein.

Unser Unterbewusstsein erstellt zwar bestimmt keine Statistik der Wörter, die Ihre Gesprächspartner am häufigsten verwenden. Aber es verfügt über eine Art intuitiver Wortwaage, auf der es die Wörter nach ihren Beziehungsqualitäten und Sympathiewerten abwägt. Wenn wir das Wort »ich« sehr oft hören, reagiert unsere innere Waage sehr empfindlich. Seien Sie zurückhaltend mit ich, mir, meiner, mich, sonst klingen Sie ich-lastig.

Man kann natürlich sagen, wie es ja auch oft zu hören ist: »Ich möchte dich beglückwünschen.« Aber eine posi-*tief*ere Gefühlswirkung erzielen Sie mit den Worten: »Du kannst stolz auf dich sein.« Statt zu erklären: »Ich freue mich, Sie zu sehen, denn Sie sind mein Vorbild«, drehen Sie die Reihenfolge lieber um. Auf dem Satzanfang liegt meist eine besondere Betonung und so stehen wieder Sie selbst im Vordergrund, obwohl Sie doch Ihr Gegenüber rühmen wollten. Also sagen Sie besser: »Sie sind mein Vorbild. Sie heute zu sehen, freut mich sehr.«

Auch diese Regel gilt allerdings nicht in jeder Situation. Wenn ich – wie in einigen Passagen dieses Buchs – von mir selbst erzähle, muss ich notwendigerweise das Wort »ich« recht häufig benutzen.

Generell aber sollten Sie sich mit den Ich-Worten *vor*sehen, sonst haben Sie schnell das *Nach*sehen.

Verordnen Sie sich eine Anti-Iching-Kur

Steigen Sie vom Ich-Podest herunter und wechseln Sie zum Sie-Standpunkt. Sagen Sie nicht: »*Ich* sehe das so«, sondern fragen Sie lieber: »Wie sehen *Sie* das?«

Meine Mutter gebrauchte gerne die Redensart: »Jeder spricht von sich, nur ich rede über mich.« Sie hatte dazu eine lustige Anekdote aus meiner Kindheit. Als kleiner Junge bettelte ich sie einmal an: »Mama, gib mich einen Bonbon!« Sie antwortete mir: »Das heißt nicht *mich*, das heißt *mir*.« Empört rief ich daraufhin: »Nicht du, *ich*!«

In den meisten Gesprächssituationen wollen die anderen Menschen nicht x-mal hintereinander etwas über Sie, Ihre Befindlichkeiten und Ansichten hören – so wie Sie selbst denkt jeder auch ein bisschen an sich.

Gebrauchen Sie statt der Abstoßer ich, meiner, mir lieber die positiven Anzieher Sie, Ihnen, Ihr. Es macht auf der Beziehungsebene einen gewaltigen Unterschied, ob Sie zu einer Schlussfolgerung ansetzen mit »Worauf ich hinauswollte …« – oder ob Sie zu Ihrem Gegenüber sagen: »Für Sie bedeutet das …« Wen interessiert schon, worauf Sie hinauswollten? Stattdessen hört jeder gerne hin, wenn etwas für ihn selbst Bedeutungsvolles angesprochen wird.

Oder denken Sie an schauderhafte Sätze wie »Ich erkläre dir das jetzt mal richtig«. Da können Sie auch gleich sagen: »Hoppla, jetzt komme ich«, oder: »Du kapierst wohl gar nichts!« Viel besser wäre dagegen die Formulierung: »Ihnen hilft folgende Information zum Erreichen Ihrer Ziele …« Dann steht nämlich der Angesprochene an erster Stelle, und die Frage ist nicht, ob er irgendetwas »richtig« oder falsch macht, sondern wie er seine persönlichen Ziele am besten erreicht. Sie dagegen, der hilfreiche Sprecher, nehmen sich bescheiden zurück und kommen in Ihrer Aussage als »Ich« gar nicht vor.

Falls Sie selbst an der Ich-Krankheit leiden: Heilen Sie Ihre Ichomanie! Verordnen Sie sich eine Anti-Iching-Kur!

»Ich liebe dich« ist einer der schönsten Sätze im Leben eines Menschen. Aber auch das geht noch liebevoller. Ändern Sie einfach mal die Reihenfolge und sagen oder schreiben: »Dich liebe ich.« Dieser Satz fällt aus dem Rahmen. Sie haben Ihren liebsten Menschen an den Anfang gesetzt und sich selbst ans Ende. Es ist dieselbe Aussage, aber probieren Sie es einmal aus: Ihr liebster Mensch wird noch deutlicher spüren, dass Sie ihn lieben.

Kommunizieren Sie begeistert

Begeisterung ist eine besondere Art der Kommunikation, denn Begeisterung spricht für sich. Sie können mit Begeisterung handeln oder kommunizieren. Sie können Leidenschaft und Begeisterung in Ihre Bewegungen und in Ihre Stimme bringen.

Rufen Sie sich in Erinnerung, dass im Miteinander der Menschen nicht die Ratio, sondern die Emotio die treibende und bestimmende Kraft ist. Begeisterung ist der Startknopf für das Gefühlstriebwerk. Drücken Sie darauf und starten Sie durch!

Mit Begeisterung stecken Sie andere Menschen positiv an. Dadurch werden Sie selbst überzeugender und erfolgreicher und versetzen auch andere in Schwung. Durch die Begeisterung, die Sie ausstrahlen, können Sie sogar sich selbst anstecken und so noch begeisterter werden. Also machen Sie Dinge einfach mit Begeisterung, dann geht alles einfacher.

Denken Sie nur an die euphorische Stimmung bei manchen Musikkonzerten: Die Zuhörer werden von Begeisterung gepackt und mitgerissen. Für ein paar Stunden sind sie wie verwandelt.

2008, bei der 20-Jahres-Feier meines früheren Unternehmens, hatten wir viele Topstars – darunter auch P!nk – eingeladen. Ich hatte das Vergnügen, vor ihrem Auftritt kurz mit ihr sprechen zu dürfen. Schon als sie auf mich zukam, spürte ich die Bugwelle an Energie, die dieses Begeisterungsbündel vor sich her wirbelte – und da war mir sofort klar, dass sie den Saal zum Kochen bringen würde. Ihre Songs waren klasse, aber ihre Begeisterungsfähigkeit war überragend. Mit ihrer Starkstrom-Power elektrisierte sie alle 10 000 Gäste.

Wer begeistert ist, reißt seine Mitmenschen emotional mit. Berater, die mit echter Begeisterung sprechen, wirken noch überzeugender: »Was er anbietet, muss gut sein, sonst wäre er nicht so euphorisch.«

Echte Begeisterung steckt an

Man spürt förmlich, wenn jemand von Leidenschaft beseelt ist. Sofort weht ein anderer Geist. In Konferenzen habe ich oft erlebt, dass Menschen in einer Diskussion gar nicht merkten, wie schnell die Zeit verging. Bis plötzlich jemand rief: »Wie, schon so spät?«

Alle hatten sich total in das fesselnde Thema reingesteigert, weil sie von der Idee derart begeistert waren.

Ich empfehle Ihnen: Statt *fach*lich zu langweilen, ent*fach*en Sie lieber Begeisterung! Natürlich ist es Ihre Pflicht, bei einem Vortrag auch alle fachlichen Botschaften zu vermitteln. Die Kür wäre es, Ihre Zuhörer auch noch mitzureißen. In der Gesamtwirkung ist das fast noch eindrucksvoller als lückenlose Detailkompetenz.

Aber: So eine Begeisterung kann man nicht künstlich herstellen, sie muss echt sein. Ein Schauspieler kann auch am Todestag seines Vaters eine lustige Rolle spielen, aber das fällt ihm dann enorm schwer. Gute Schauspieler steigern sich so in ihre Rolle hinein, dass sie für den Moment dieser andere *sind*.

Wenn Sie direkt vor Publikum sprechen und in einer Gesprächssituation andere mitreißen wollen, geht es nicht um Show. Zur Begeisterung gehört auch der Einklang von Mimik, Gestik und Tonfall. Nur wenn das alles zusammenpasst, sendet man diese begeisternde Kraft aus.

Die Empfänger spüren ganz genau, ob die Begeisterung gespielt oder echt ist. Der Sender redet sich selbst in Feuer. So ergeht es mir auch öfter bei Vorträgen: Ich beginne verhalten und bin am Ende selbst völlig elektrisiert. Das ist eine Art Selbstsuggestion: Immer wenn ich über positives Denken oder eine nach vorn gerichtete Lebenseinstellung spreche, bin ich danach besser drauf, als hätte ich auch mich selbst positiv gewendet. Power schafft Begeisterung und Begeisterung schafft Power – diese beiden Faktoren verstärken sich somit gegenseitig.

Uli Hoeneß treffe ich öfter bei karitativen Anlässen. Wenn man ihn reden hört, strahlt er als Fußballweltmeister und langjähriger Chef von Bayern München natürlich höchste Kompetenz aus. Ganz besonders fällt mir aber jedes Mal die Überzeugung und Leidenschaft auf, mit der er spricht. Seine Begeisterung ist so ansteckend, dass man das Gefühl hat: »Genauso ist es!«

Hoeneß könnte sogar unlogische Dinge verkünden, was er natürlich nicht macht – doch er spricht mit einer solchen Kraft und einem solchen Feuer, dass man als Zuhörer gleich entflammt ist. Und ich habe es selbst oft gesehen: Wenn er zum Spenden auffordert, dann geben viele Spender mehr, als sie eigentlich wollten.

Begeisterung bringt Steigerung

Bei einer Bambi-Verleihung durfte ich wieder einmal erleben, wie Hans-Dietrich Genscher, unser berühmtester Außenminister, sein Publikum begeisterte. Er riss uns alle von Satz zu Satz immer mehr mit. Selbst wenn er in diesem Moment gesagt hätte: »Und jetzt fahren wir alle nach Korea und lösen auch dort die Grenze auf«, dann wären bestimmt einige mitgekommen. Von seinen begeisternden Worten waren wir elektrisiert und unter Handlungsstrom gesetzt. In manchen Situationen schaffen Menschen mit Begeisterung in wenigen Minuten mehr als Menschen ohne Begeisterung in vielen Stunden. Mit gewöhnlichem Talent, aber ungewöhnlicher Begeisterung sind Sie selbst außergewöhnlichen Talenten überlegen.

Manchmal fangen Menschen vor Begeisterung regelrecht an zu leuchten. Haben Sie das auch schon mal gesehen? Begeisterung ist ein Leuchtstoff. Leidenschaftliche Begeisterung ist Brennmaterial. Lassen auch Sie Ihr heiliges Begeisterungsfeuer lodern!

Begeisterung sieht man an dem Feuer in Ihren Augen und hört man an Ihren euphorischen Äußerungen. Also erhitzen Sie sich für Ihre Projekte und Ziele. Seien Sie Feuer und Flamme!

Der Grad Ihrer Begeisterung ist mitentscheidend für Ihren Erfolg. Nutzen Sie Momente der Begeisterung. Leben Sie mit leidenschaftlicher Begeisterung!

Vergrößern Sie Ihr Kommunikationsvermögen!

6

Lernen Sie Geheimsprachen

Lebendig sprechen ohne Worte

Richtige Straßenschlägereien gab es hier. Etliche frustrierte Jugendliche, die ihre Aggressionen gerne mal an Schwächeren ausließen. In diese Hildesheimer Arbeitersiedlung war meine Mutter mit mir kurz vor meiner Einschulung gezogen. Da war es natürlich von Vorteil, wenn man schon von Weitem erkennen konnte, ob die Typen, die einem gerade entgegenkamen, harmlos oder auf Stunk aus waren.

Meine Intuition sagte mir so manches Mal, dass es besser war, die Straßenseite zu wechseln oder abzuhauen. Bevor ich die Jugendlichen hörte oder gar von ihnen angesprochen wurde, spürte ich meist, was gleich passieren würde – falls ich nicht rechtzeitig reagierte.

Noch heute erinnere ich mich genau daran, was mir mit sieben, acht Jahren ein paarmal passiert war, weil ich die Lage nicht gleich erfasst hatte. »Willst du mich anmachen, oder was?«, bekam ich da zu hören. »Lange keine in die Fresse gekriegt, wie?« Durch solche beängstigende und teilweise auch schmerzhafte Zusammenstöße begann ich schon frühzeitig – und anfangs natürlich unbewusst – zu lernen, Entwicklungen ein bisschen im Voraus zu wittern.

Worte sind fürs Ohr – doch das Sprachrohr Nr. 1 ist der Körper

Körpersprachliche Signale können uns erste Hinweise auf Stimmungen und Situationen liefern. Das ist sehr nützlich – keineswegs nur beim Umgang mit gewaltbereiten Jugendgangs. Wer die Körpersignale seiner Mitmenschen lesen kann, der erkennt meist nach wenigen Augenblicken, wie sein Gegenüber drauf ist und was es vorhat.

Wenn Sie beispielsweise mit Ihrem Lebenspartner oder mit Freunden sprechen, könnten Sie an der Körpersprache erkennen, wann ein guter Zeitpunkt gekommen ist, um ein sensibles Thema anzusprechen. Auch bei geschäftlichen Gesprächen ist es natürlich hilfreich, wenn man nebenher scannen kann, mit welchem Fuß der andere aufgestanden ist. Dadurch können Sie bis zu einem gewissen Grad voraussehen, wie Ihr Gesprächspartner sich verhalten, wie er auf Ihr Angebot oder Ihre Argumente reagieren wird.

Viele Menschen glauben ja, bei der zwischenmenschlichen Verständigung sei die verbale, also wortsprachliche Botschaft das Wichtigste. Das ist jedoch ein Irrtum. Die Wörter allein, die wir zu jemandem sagen, sind sogar der unwichtigste Teil unserer Äußerungen.

Wörter sind lediglich Schrift- und/oder Lautzeichen, auf deren ungefähre Bedeutung sich die Sprecher einer Sprache mehr oder weniger geeinigt haben. Leben und damit ihre konkrete, aktuelle Bedeutung hauchen ihnen erst unsere Gefühle ein, die wir durch Körper- und Gestensprache, durch Tonfall und Sprechrhythmus zum Ausdruck bringen – also durch die Art und Weise, wie man geht und steht, dreinschaut und betont. Kein Wunder, dass die erfolgreichste Internet-Community Facebook heißt – und nicht etwa Namebook.

Bei der Musik leuchtet der Unterschied zwischen ein- und mehrkanaliger Kommunikation unmittelbar ein: Wenn wir Musik nur im Radio oder auf einer CD hören, spricht sie uns weniger an, als wenn wir live im Konzertsaal dabei sind oder zumindest ein Musikvideo sehen. Da wir die Darbietung zusätzlich sehen, läuft die Kommunikation auf mehreren Kanälen.

Es klingt wie von einem anderen Stern, aber man kann Gefühle tatsächlich hören und lesen. Der Körper Ihres Gesprächspartners verrät Emotionen und Gedanken, die sich hinter den gesprochenen Worten verbergen. Körpersignale sind die Boten der Seele.

Lernen auch Sie, Emotionen zu lesen, Gedanken Ihres Gegenübers zu sehen und somit seine Absichten zu spüren!

Unsere eigentlichen Muttersprachen sind nonverbal

Die Körpersprache ist die älteste und universellste Sprache der Menschheit. Sie ist »glokal«, wird also global wie lokal verstanden und angewendet. Wir können gar nicht nicht-reden, denn unser Körper kommuniziert immer, selbst im Schlaf. Die Körpersprache ist unsere eigentliche Muttersprache, die Sprache Nummer eins im Leben jedes Menschen.

Jedes neugeborene Baby lernt nämlich zunächst, die Körper-, Gesten- und Mimiksprache seiner Mutter zu verstehen. Diese erste Bezugsperson im Leben eines Menschen nimmt das Neugeborene liebevoll in den Arm, lächelt es an und lehrt das Baby so, auch seinerseits zu lächeln und seine Ärmchen nach der Mutter auszustrecken. In diesem elementaren Stadium kann man der Kommunikation von Mutter und Kind quasi zusehen, denn sie beschränkt sich zunächst – wie bei Taubstummen – auf Mimik und Gestik.

Bald danach lernt der Säugling eine weitere Ur- oder Natursprache. Diese Sprache Nummer zwei ist die Hörsprache, auch Parasprache genannt. Bei der Hörsprache geht es noch nicht um die Botschaft der Wörter selbst, sondern um die nonverbale Message, die wir durch Stimmklang oder Sprechrhythmus, Tonfall und

Lautstärke bei jeder verbalen Äußerung gleichfalls aussenden und empfangen.

Zusätzlich zu Körper- und Hörsprache lernt jeder Mensch relativ früh zwei weitere Sprachen: Bei der sogenannten *Raumsprache* geht es darum, die stummen Botschaften unserer räumlichen Umgebung zu lesen. Die *Darstellungssprache* schließlich ermöglicht uns, Kleidung, Farben und Gerüche in unserer Umwelt zu deuten und unsere eigenen Duft-, Farb- und Dresscode-Botschaften auszusenden.

Diese Natursprachen kommen allesamt ohne Worte aus. Botschaften werden hier über nonverbale Mitteilungskanäle gesendet und empfangen – ob uns das im Einzelfall bewusst ist oder nicht.

Durch nonverbale Sprachen drücken wir unsere Beziehung zur Außenwelt aus. Was Sie innen fühlen, machen Sie außen sicht-, hör- und sogar spürbar. Kommunikation findet also ständig parallel auf mehreren Kanälen statt – und der Wortkanal ist von untergeordneter Bedeutung.

Das wurde mir eindrucksvoll vor Augen geführt, als ich im Dezember 2004 in einer Wirtschaftsdelegation den Bundeskanzler Gerhard Schröder nach Asien begleiten durfte. Bei der persönlichen Begrüßung durch den chinesischen Premierminister Wen Jiabao wie auch bei seiner Ansprache konnte ich allein aus seiner Körpersprache, aus Mimik und Gestik die wesentlichen emotionalen Botschaften – wie Stolz und Selbstbewusstsein – entschlüsseln, obwohl ich kein Wort Chinesisch kann.

Ihr Körper spricht immer

Kommunikation ist ein Wechselspiel. Als Sprecher senden und verschlüsseln Sie Ihre Mitteilungen. Als Hörer empfangen und entschlüsseln Sie die Botschaften Ihres Gegenübers. Missversteht Sie Ihr Gesprächspartner, dann liegt das oftmals daran, dass Sie

Ihre Botschaft unverständlich oder zu vieldeutig formuliert haben. Wenn Sie dem anderen beispielsweise mit Worten versichern, dass Sie von seinem Angebot begeistert sind, aber körpersprachlich gleichzeitig das Gegenteil signalisieren, brauchen Sie sich nicht zu wundern, wenn er skeptisch reagiert.

Seien Sie sich darüber im Klaren, dass nicht nur Ihr Mund, sondern auch Ihr Körper spricht. Ihr Körper spricht immer über Ihre Gefühle, selbst wenn Sie verbal von etwas ganz anderem sprechen. Auch ein Lächeln kann etwas sagen, ebenso wie ein düsterer Blick reden kann. Gerade auf solche Signale sollten Sie Ihre inneren Antennen ausrichten.

Im Grunde funktionieren die Signale der Körper- oder auch der Hörsprache ähnlich wie Wortzeichen in der Schriftsprache: Jedes Zeichen hat eine mehr oder weniger klar definierte Bedeutung, die durch die jeweiligen Kombinationen und den Kontext genauer bestimmt werden.

Unsere Dolby-Surround-Messages bestehen zum allergrößten Teil aus Körperbewegung, Mimik und Gestik, aus Hörsprache, Farb- und Geruchsbotschaften – und nur zu einem sehr geringen Teil aus verbalen Inhalten.

Die Gesamtheit all dieser synchron gesandten kommunikativen Signale macht Ihre Mitteilung aus.

Lernen Sie wieder, Natursprachen zu verstehen

Vielleicht haben Sie das auch schon einmal erlebt: Sie sind beispielsweise in Griechenland im Urlaub, wollen sich in Ihrem Hotelzimmer etwas im Fernsehen anschauen und bleiben bei einem Film in griechischer Sprache hängen. Obwohl Sie kein Wort verstehen, bekommen Sie die wesentlichen Botschaften trotzdem mit. Die Gesichter und Körper der Schauspieler drücken Freude oder Hoffnung, Trauer oder Sorge aus und die Grundzüge der

Story reimen Sie sich aus den Bildern zusammen. In einem Stummfilm sprechen die Körper der Schauspieler die Worte. Obwohl ohne Ton faszinieren diese Zelluloid-Kunstwerke uns noch heute.

Stellen Sie sich dagegen einen Film vor, bei dem Bild- und Tonspur nicht genau synchron laufen. Dann passen Lippenbewegungen, Gestik und Mimik eines Sprechers nicht zu dem, was wir im jeweiligen Moment hören – und das Ergebnis ist ein kommunikatives Durcheinander, das unser Interesse als Zuhörer und Zuschauer bald erlahmen lässt.

In unserer Kultur, die seit alters her auf rationale, rein verbale Kommunikation fixiert ist, waren diese natursprachlichen Botschaften lange Zeit in Vergessenheit geraten. Aber Sie können die nonverbalen Ur-Vokabeln erneut einüben und die natursprachliche Grammatik wieder lernen. Das hilft Ihnen, die Zusammenhänge zwischen Körpersprache und Gefühlen zu entschlüsseln und nonverbale Botschaften Ihrer Gesprächspartner zu verstehen.

Lernen Sie, gezielt auf diesen wortlosen Kanälen zu senden! Trainieren Sie, mit den Händen zu reden, mit Ihrer Mimik zu sprechen und mit Ihren Augen etwas zu sagen. Sie werden eine Wunderwirkung erzielen. Und üben Sie ebenso, zu sehen und zu hören, was Ihre Gesprächspartner Ihnen – gewollt oder nicht – durch ihre Körper- und Parasprache mitteilen.

»Durch diese Bewegung hat er seine Gedanken verraten.« Bestimmt kennen auch Sie solche Formulierungen, die wir oftmals gedankenlos gebrauchen. »Sie hat mich mit ihren Worten berührt.« Oder: »Die Freude stand ihm ins Gesicht geschrieben!«

Nicht nur unser Gesicht, sondern unser ganzer Körper spiegelt unsere Gefühle wider. Dem erfahrenen »Bodyologen« zeigen wir durch Haltung, Gestik und Mienenspiel alles, was wir ausdrücken oder vielleicht auch verbergen wollen – von A wie Angst bis Z wie Zorn. Er sieht Ihre Gebärdensprache und gleicht sie mit Ihren verbalen Mitteilungen ab. So kann er zwischen den Zeilen lesen und Nebentöne wahrnehmen, die Ihrer wortsprachlichen Message möglicherweise widersprechen.

Wie übersetzbar nonverbale Botschaften sein können, zeigt uns die Gebärdensprache der Taubstummen. Die Augen hören mit: Allein durch Körper-, Gesten- und Mimiksprache kann man sogar komplizierte Mitteilungen senden und verstehen. Schauen Sie sich einmal von einem Film fünf Minuten ohne Ton an. Spulen Sie dann zurück und sehen sich die gleiche Sequenz noch einmal mit Ton an. Versuchen Sie herauszufinden, was die Personen in diesen Filmsequenzen empfinden und welche körpersprachlichen Botschaften sie aussenden und empfangen.

Unsere Gesten sind Gefühlsvokabeln

Ihr Körper ist ein Sprechgerät. Auch wenn Sie nichts sagen, nehmen Sie durch Ihre *Körperhaltung* an der *Unterhaltung* teil.

Wenn ein Mensch einen anderen umarmt, sagt er damit: »Ich mag dich, wir sind uns nah.« Wenn wir die Arme vor der Brust verschränken, signalisieren wir durch diese »Brustwehr«, dass wir uns unwohl fühlen und deshalb in Abwehrstellung gehen.

Wir können zwar den Mund halten, um unsere innere Geisteshaltung zu verbergen. Aber selbst geübte »Natursprachler« können nicht dauerhaft verstecken, was in ihnen vorgeht.

Niemand hat seine Gefühle vollkommen im Griff. Deshalb ist es so schwierig, Gestik und Mimik vollständig unter Kontrolle zu halten. Gefühlsregungen kann man allenfalls ein wenig unterdrücken und verschleiern, aber nicht gänzlich verbergen. Denn dabei handelt es sich um Reaktionen, die normalerweise unwillkürlich ablaufen und sich höchstens minimal beeinflussen lassen. Mit viel Training – etwa beim berühmten Pokerface der Glücksspieler – kann man sie durch andere, gefälschte Signale ersetzen, aber auch die wird ein geübter Gesprächspartner mit entsprechender Empathie »entpokern«. »Ich habe schon gesehen«, bekommt man dann beispielsweise zu hören, »dass du nur gepokert hast.«

Gefühlssprache ist fast immer ehrlich. Mit Gefühlen zu lügen, ist so gut wie unmöglich. Meistens zeigen wir das, was wir sind und gerade empfinden. Wenn wir ärgerlich sind, runzeln wir die Stirn. Im Zorn zeigen wir oft dem Widersacher die Zähne oder durchbohren ihn mit einem Blick der Marke »Wenn Blicke töten könnten …«. So fließt neben der oberflächlich-verbalen auf etlichen Kanälen eine mehr oder weniger versteckte gefühlssprachliche Kommunikation. Diese Gefühlssprache wenden wir ständig an, allerdings meist unbewusst, und deshalb nehmen wir die Botschaften auf dieser Ebene meist nicht bewusst wahr.

Auch Schweigen ist ein Teil der Kommunikation. Jemand hört Ihnen wortlos zu, mit skeptischem Blick oder einem erwartungsvollen Lächeln – und durch seine stummen Botschaften beeinflusst er Sie genauso, wie Sie ihn durch den Fluss Ihrer Worte beeinflussen.

Ein Dialog zwischen zwei Menschen ist wie ein emotionales Pingpongspiel. Sie senden Gefühlssignale aus, deren Wirkung sich in den körpersprachlichen Signalen Ihres Gegenübers widerspiegelt. Nicht nur unser Lächeln kann sprichwörtlich ansteckend wirken – das Gleiche gilt für ein Unbehagen, das wir vor unserem Gesprächspartner verbergen wollen, für Anspannung oder Nervosität.

Lernen Sie Körpersignale bewusst zu sehen, dann können Sie die Menschen besser verstehen.

Mit einem schlechten Körper*ausdruck* können Sie keinen guten *Eindruck* erzielen. Auch mit Ihrem Händedruck bringen Sie Ihre Gefühle zum Ausdruck. Wenn man über jemanden sagt: »Er nimmt Haltung an«, dann meint man beides: seine körperliche *Aufstellung* und seine geistig-seelische *Einstellung*. Wer Haltung annimmt, strafft sich auch innerlich.

Es lohnt sich also, auf körpersprachliche Gefühlssignale unseres Gegenübers zu achten. Stattdessen überlegen wir uns oftmals, noch während der andere spricht, eine Antwort auf seine Aussage.

Weit wirkungsvoller können Sie den Dialog steuern, wenn es Ihnen gelingt, versteckte Gefühlsbotschaften Ihres Gesprächspartners zu entschlüsseln und in Ihre Antwort einzubeziehen.

Zum Beispiel möchten Sie eine Immobilie kaufen und der Makler behauptet: »Sie müssen sich aber schnell entscheiden – es gibt noch weitere Interessenten.« Wenn Sie nun anhand seiner Gesten, seines Tonfalls und seines Mienenspiels erkennen können, dass Sie in Wirklichkeit der einzige Interessent sind, dann bringt Ihnen das leicht ein paar Tausend Euro Ersparnis.

Die machtvollsten kommunikativen Botschaften, die wir senden und empfangen können, sind in Body-Language verschlüsselt. Ihre *Wirk*ung formt die *Wirk*lichkeit viel stärker als alle verbalen Mitteilungen in einem Gespräch.

Manche Menschen versuchen zwar, ihre Gefühle hinter einer Maske zu verbergen. Aber ein Augenbrauenzucken oder ein kurzer Blick zu Boden verraten den Lügner. Nicht umsonst sagt man: »Die Augen sind die Fenster der Seele.« Für denjenigen, der sich mit Natursprachen auskennt, sind das Gesicht und der ganze Körper seines Gegenübers wie eine Säule aus aufgetürmten Monitoren, auf denen er unablässig Emotionen aufblitzen sieht.

Werden Sie ein Body-Language-Experte

Jeder von uns kennt Beispiele dafür, wie unser Körper typischerweise spricht. Wenn mein Bundeswehr-Spieß sauer war, stemmte er beide Hände in die Hüften. Damit drückte er drohend seine Kampfbereitschaft aus und ich wusste: Jetzt kracht's.

Bestimmt erinnern auch Sie sich an ähnliche Situationen aus der Kindheit: Die Eltern schauen von oben auf einen herunter und schimpfen. Automatisch senkt man als Kind den Kopf und möchte sich am liebsten in sich selbst verkriechen. Es ist einem peinlich und man ist traurig, weil man getadelt worden ist.

Oder stellen Sie sich vor, dass Sie mit jemandem im Gespräch beisammensitzen. Wenn Ihr Gegenüber die Füße beim Sitzen voreinander stellt, signalisiert er – meist unbewusst – seine Fluchtbereitschaft. Er ist »auf dem Sprung« – und erfahrene Verkäufer könnten an dieser Haltung leicht erkennen, dass dieser Kunde nichts kaufen will.

Wenn sich ein Kunde im Verkaufsgespräch dagegen leicht vorbeugt, dann bedeutet das, dass ihn der gerade angesprochene Punkt interessiert. Als mir einmal jemand meine gebrauchte Hifi-Anlage abkaufen wollte, war er sofort angetan, als ich die noch nicht abgelaufene Garantie erwähnte. Er gab zwar mit keiner Silbe zu erkennen, dass er sich über die Garantie freute, aber daran, wie er sich plötzlich vorbeugte, konnte ich es sehen. Schulen Sie Ihr Auge: Sie können lernen zu sehen, ob sich jemand hin- oder abwendet.

Generell habe ich festgestellt, dass Menschen, die sich im Gespräch voneinander weglehnen, verschiedener Meinung sind oder einander nicht mögen.

Kommt jemand mit großen Schritten in den Raum, so signalisiert das Mut. Stürmt er bei Verhandlungen oder in anderen kritischen Situationen auf diese Weise ins Zimmer, dann zeigt er seine Angriffsbereitschaft, ob ihm das bewusst ist oder nicht.

Wer mit kräftigen Schritten hereinkommt und zuerst die Ferse aufsetzt, hat eine starke Bodenhaftung und ist im wahrsten Sinne des Wortes geerdet. Das fällt mir immer positiv auf, wenn ich Dr. Martin Wittig treffe, den Chef der Unternehmensberatung Roland Berger. Er hat sein Studium durch Jobs als Bergmann und Skilehrer finanziert und führt heute dieses weltweit geachtete Unternehmen. Trotz seiner überragenden Erfolge ist er nicht abgehoben, sondern auf dem Boden geblieben und ein Musterbeispiel für Verlässlichkeit. Wenn dagegen jemand mit kleinen Schritten in einen Raum geradezu hereingetrippelt kommt und erst mit den Zehenspitzen statt mit der Ferse auftritt, dann hat er keine Bodenhaftung, ist eher unsicher. Einmal habe ich beobachtet, wie zwei zerstrittene Manager im Stehen sprachen und der eine sich ein bisschen schräg zum anderen stellte. Unbewusst signalisierte er, dass er weniger Angriffsfläche bieten wollte – so als ob die Worte des anderen Pfeile wären, denen er möglichst ausweichen wollte.

Ein krasses Gegenbeispiel: Beim Empfang zu einer Spendengala konnte ich beobachten, wie lässig und offen George Clooney es sich während eines Interviews auf einer Couch bequem machte. Seine Arme waren weit ausgebreitet. Jede seiner Gesten signalisierte Selbstbewusstsein. Es war beeindruckend, ihn danach bei seinem Bühnenauftritt live erleben zu dürfen. Seitdem weiß ich aus eigener Anschauung, warum er vor allem bei Frauen so beliebt ist.

Manchmal halten Berater einen Kugelschreiber wie ein Messer – sie sind quasi bewaffnet. Bei einem Videotraining in London saß ich bei einer simulierten Beratungssituation jemandem gegenüber, der mit seinen Händen nahezu Karatehiebe vollführte. Als Kunde fühlt man sich in so einer Situation weniger beraten als bedroht.

Bei einem Partner der Wirtschaftsprüfungsgesellschaft *Ernst & Young* sah ich einmal, dass er die Finger der ineinander verschränkten Hände wie ein Stachelfisch spreizte. Das zeigte Abwehr. Obwohl er verbal behauptete, dass er für weitere Argumente offen sei, wollte er seine bisherige Position verteidigen – und verriet diese Absicht überdeutlich durch seine Körpersprache.

Auch durch die Art und Weise, wie Sie ein- und ausatmen, tief oder flach, hektisch oder gleichmäßig, teilen Sie Ihrem Gegenüber etwas über Ihren Gemütszustand mit. Man hält vor Schreck oder Überraschung kurz die Luft an. Und bestimmt haben auch Sie jemanden aus Ihrem Umfeld vor Augen, der die Angewohnheit hat, die Wangen aufzublasen, während er kräftig ausatmet. Wenn Sie diese körpersprachliche Botschaft sehen, können Sie fast sicher sein, dass der Betreffende zum Beispiel gerade eine schlechte Nachricht bekommen hat oder überhaupt nicht gut findet, was Sie ihm eben gesagt haben.

Durch gezielte Anspannung der Kiefer- und Kehlkopfmuskulatur, durch Ihre Atmung und durch die Art und Weise, wie Sie Laute mit den Lippen formen, können Sie unterschiedliche Tonmuster erzeugen: von klar und deutlich bis hoffnungslos vernuschelt, von kalt und unbeteiligt bis warm und emotional.

Machen Sie gezielt Atemübungen! Lernen Sie, Ihr Zwerchfell bewusst einzusetzen. Dann können Sie Ihre Stimme tatsächlich wie ein Musikinstrument gebrauchen.

Legen Sie sich ein Körpersprache-Vokabelheft an

Schauen Sie sich einmal Fotos oder Videoaufnahmen von Ihrem letzten Urlaub an. Lassen Sie die Filme in Zeitlupe laufen und betrachten Sie besonders aufschlussreiche Einstellungen als Standbild. Sie werden unzählige körpersprachliche Botschaften erkennen, die Sie selbst und Ihre Angehörigen senden und empfangen.

Beobachten Sie im Alltag, im privaten und beruflichen Umfeld, gezielt Ihre Mitmenschen und achten Sie in Gesprächen darauf, wie Sie selbst und Ihr Gegenüber sich verhalten. Auf diese Weise können auch Sie sich ein »Vokabelheft« der Gefühlsbotschaften anlegen und zunehmend Ihr Bewusstsein für solche Mitteilungen auf nonverbalen Kanälen schärfen.

Häufig registrieren wir gar nicht bewusst, dass wir eine Botschaft auf einem anderen als dem »Wortkanal« erhalten haben, oder wir »übersetzen« nonverbale Kommunikation automatisch in Worte.

Im Englischen sagt man »Look!« anstelle von »Hör mal!«. Gedankenlos rufen wir manchmal aus: »Ich habe doch gesehen, dass du Ja gesagt hast!« Und wohl jeder kennt Situationen, in denen man spürt, dass jemand einen anschaut – sogar dann, wenn sich derjenige hinter unserem Rücken befindet.

Generell nehmen wir visuelle Signale deutlich stärker wahr als akustische Reize: Sehen geht vor Hören. Manchmal sagt jemand: »Ich bin ganz Ohr.« Wenn er aber mit den Augen woanders ist, dann spiegelt das Desinteresse.

Sehen schlägt Hören

Machen Sie ein kleines Experiment: Wenn in Ihrer Gegenwart eine Person mit einer anderen redet, dann schauen Sie nicht den Sprecher an, sondern denjenigen, zu dem er spricht. So hören Sie weiterhin seine Worte, seinen Tonfall und Sprechrhythmus; aber anstelle der Mimik und Gestik des Sprechers sehen Sie an der Reaktion des anderen, wie die Botschaft bei ihm ankommt. Diese Einengung auf die »Tonspur« des Sprechers wird Ihnen schwerfallen: Auch wenn uns das nicht bewusst ist, sind wir es gewöhnt, neben der wortsprachlichen Mitteilung auch die Botschaften aus den nonverbalen Kanälen aufzunehmen – sozusagen als Ehrlichkeits- und Echtheitszertifikat einer Aussage. Aber wenn Sie diesen kleinen Kunstgriff beherrschen, kann das bei geschäftlichen Verhandlungen für Sie von Vorteil sein.

Das können Sie auch selbst durch einen einfachen Test überprüfen: Auf eine Frage antworten Sie verbal mit »Ja« und schütteln gleichzeitig den Kopf. Jede Wette, dass Ihr Gegenüber hauptsächlich die nonverbale Verneinung registriert!

Bei einer wichtigen Besprechung in einer internationalen Großbank sagte mir ein Spitzenbanker, dass er eine bestimmte Anlage für lohnenswert halte, doch dabei schüttelte er ganz leicht den Kopf. Mit Worten sagte er also Ja, aber sein Körper sagte Nein. Ich glaubte dieser Geste mehr als seiner Zunge und folgte der Anlageempfehlung nicht – was sich übrigens als richtig erwiesen hat.

Am überzeugendsten wirken Sie, wenn Stimme und Worte, Mimik, Gestik und Körperhaltung einen harmonischen Gleichklang ergeben. Denken Sie an die typische Szene, wenn jemand mit seiner oder seinem Liebsten redet: wie er sich hinüberbeugt, mit sanfter Stimme spricht und lächelnd den Arm um die Schulter des geliebten Menschen legt. Auch wenn man nichts hört, spürt man als Beobachter sofort, dass derjenige total verliebt ist.

Umgekehrt spüren wir es meistens auch, wenn jemand Gefühle vortäuscht oder falsche Versprechungen macht. Auch ohne es uns bewusst zu machen, registrieren wir dann, dass die Körpersprache des Betreffenden nicht zu seinen verbalen Beteuerungen passt. Den Worten eines Menschen glauben wir eben nur, wenn sie durch seine Gestik und Mimik beglaubigt werden.

Auch hier zeigt sich: Natursprache schlägt Wortsprache.

Nehmen Sie Natursprachunterricht

Im Alltag erleben wir häufig, dass gesprochene Aussagen und körpersprachliche Botschaften nicht zusammenpassen.

Falls Sie in einem Unternehmen angestellt sind und demnächst mit Ihrem Chef über eine Gehaltserhöhung sprechen wollen, dann achten Sie auf seine Körpersprache. Wenn er Ihnen mit Worten antwortet: »Nichts zu machen«, dabei aber leicht die Schultern hebt und Sie nachdenklich anschaut, dann lautet die körpersprachliche Antwort: »Vielleicht doch.« In diesem Fall lohnt es sich für Sie, am Ball zu bleiben. Wenn er Ihnen dagegen verbal mit einem »Vielleicht« antwortet, sein Körper aber mit vorgerecktem Kinn und zusammengepressten Lippen Ablehnung signalisiert, dann brauchen Sie gar nicht mehr nachzuhaken. Das verbale »Vielleicht« ist nichts wert, wenn es durch ein körpersprachliches »Keine Chance« verneint wird.

Ein leichtes Kopfnicken ist schwächer als ein starkes. Ein leise gesprochenes Ja kann durchaus nur ein Vielleicht sein oder sogar schon ein Nein.

Solche körpersprachlichen Signale kann man auch taktisch bei Verhandlungen einsetzen. Wenn Ihr Gegenüber Ihnen auf einmal ein sehr verlockendes Angebot macht, können Sie sich bewusst zurücklehnen. Obwohl Sie seinem Angebot innerlich zugeneigt sind, geben Sie sich abgeneigt. So signalisieren Sie: »Das finde ich eigentlich nicht so spannend.« Einem Verkäufer, der beobachtet, wie sich der Kunde zurücklehnt, müsste eigentlich schon in diesem Moment klar werden: »Meine bisherigen Argumente haben nicht überzeugt. Damit der Kunde kauft, muss ich noch mehr bieten.«

Ein erfahrener »Natursprachler« kann Ihr Manöver allerdings als unecht durchschauen, falls es mit Ihren sonstigen körpersprachlichen Signalen nicht zusammenpasst. Wenn Sie bei seinem Angebot überrascht den Atem anhalten und große Augen machen, bevor Sie sich scheinbar desinteressiert zurücklehnen, dann entdeckt Ihr Gegenüber, dass Sie sich verstellen.

Werden Sie ein Experte für nonverbale Geheimsprachen

Statt weitere Fremdsprachen anderer Länder zu lernen, sorgen Sie lieber dafür, dass Ihnen die menschlichen Ursprungssprachen nicht länger fremd bleiben. Nehmen Sie Unterricht in Natursprachen wie Gesten-, Hör- und Mimiksprache!

Einer der ganz großen Meister dieses Fachs war der Pantomime und Körpersprach-Künstler Samy Molcho. Ich habe etliche seiner hochinteressanten Seminare besucht. Am meisten lernte ich jedoch von ihm, als er eines Abends bei mir zum Essen war. Es war faszinierend, wie er sogar Gesten, die wir während des Essens machten, interpretierte und immer wieder richtig »übersetzte«, was wir gerade dachten und schmeckten. Seine Bücher und Videos über Körpersprache sind mittlerweile Klassiker und uneingeschränkt zu empfehlen.

Unser Gesicht haben die Gene unserer Eltern bestimmt. Für unseren Gesichtsausdruck dagegen sind wir selbst zuständig und verantwortlich. Wir alle haben zumindest gelernt, den Gesichtsausdruck unseres Partners oder unserer Kinder zu lesen.

Mimik ist ein besonders wichtiger Bestandteil der nonverbalen Kommunikation. Wie oft sagt oder liest man Sätze wie »Sein Gesicht verdüsterte sich« oder »Ihre Gesichtszüge hellten sich auf«. Machen Sie sich bewusst, dass jede geänderte Gefühlslage auch die Mimik verändert, bei Ihnen selbst genauso wie bei Ihrem Gegenüber. Auch wenn jemand absichtlich keine Miene verzieht, sich also nicht in seine Gefühlskarten schauen lassen will, ist das eine Spiegelung seiner aktuellen Gefühlslage.

Werden Sie ein Mimik-Virtuose

Bestimmt haben auch Sie schon einmal eine »Unschuldsmiene« aufgesetzt. Und wenn ein Kind schmollt und das durch eine vorgeschobene Unterlippe und einen bittenden Augenaufschlag signalisiert, dann versteht jeder Mensch auf den ersten Blick: Das Kind will Mitleid erregen, um so vielleicht doch noch zu bekommen, was es sich so sehr wünscht. Als Erwachsener und gar als Elternteil kann man diesem Appell nicht leicht widerstehen.

Ein gewinnender Gesichtsausdruck ist wichtiger als ein schönes Gesicht. Aber gekünstelte Grimassen sind weder schön noch gewinnend. Ein künstliches Lächeln beispielsweise wirkt unglaubwürdig und befremdend.

Unechte Mimik kann man erkennen: Die Gesichtshälften wirken asymmetrisch und die Muskelbewegungen im Gesicht passen nicht zu dem vorgetäuschten Ausdruck.

Bei manchen Menschen dagegen müssen wir nur in ihr lächelndes Gesicht sehen und empfinden echte Sympathie. Spätestens beim zweiten oder dritten Wiedersehen wissen wir, dass uns mit diesem Lächeln nicht Feindseligkeit oder Gefahr, sondern Freundlichkeit und Hilfe nahen.

Üben auch Sie Ihren Gesichtsausdruck regelmäßig vor dem Spiegel! Testen und entwickeln Sie Ihre Fähigkeit, Körpersprache und Gesichtsausdruck zu lesen. Beobachten Sie Ihren Partner und sagen Sie ihm, was er Ihrer Ansicht nach gerade denkt und fühlt. Oder bitten Sie ihn, einmal etwas Nettes zu Ihnen zu sagen und dabei böse zu schauen. Durch solche Übungen können Sie erkennen, ob Sie im Natursprachen-Unterricht Fortschritte machen und in welchen Einzelfächern Sie noch mehr zulegen können. Schärfen Sie Ihre Beobachtungsgabe.

Werden Sie ein Menschenleser!

Was Ihre Gesprächspartner Ihnen nicht mit Worten sagen (wollen), können Sie trotzdem wahrnehmen, weil Sie es an ihren körpersprachlichen Äußerungen sehen. Mit wachsender Erfahrung können Sie Ihr Gegenüber durch Anschauen immer besser durchschauen, also quasi in sein Inneres hineinschauen. Für denjenigen, der die Zeichen zu lesen gelernt hat, sind Gesichter wie Displays, auf denen er anhand wechselnder Mikroausdrücke die jeweils sich verändernden Emotionen beobachten kann – Freude oder Trauer, Argwohn oder Zutraulichkeit.

Je länger ein Gesicht den veränderten Gesichtsausdruck beibehält, desto stärker sind die Gefühle, die sich in ihm widerspiegeln. Je heftiger und abrupter Änderungen im Mikroausdruck eines Gesichts ausfallen, desto ehrlicher und unverstellter sind die zugrunde liegenden Gefühle.

Vergegenwärtigen Sie sich Gespräche mit Ihrer Familie, beim Flirten, im Umgang mit Freunden oder Nachbarn! Rekapitulieren Sie die körpersprachlichen Botschaften und machen Sie sich ihre

Bedeutung klar: In vielen Situationen werden Sie künftig erfolgreicher kommunizieren, wenn Sie die Sprache der Körper lesen und Ihrerseits einsetzen können!

Gewöhnen Sie sich auch an, aktiv zuzuhören: Durch Nicken und Augenkontakt beispielsweise signalisieren Sie, dass Sie mit Gedanken und Gefühl bei dem sind, was Ihr Gegenüber Ihnen gerade erzählt.

Auch Schweigen ist ein Teil der Kommunikation. Sie hören Ihrem Gesprächspartner wortlos zu, aber durch eine skeptisch gerunzelte Stirn oder ein erwartungsvolles Lächeln senden Sie stumme Botschaften. Und diese nonverbalen Antworten beeinflussen ihn genauso, wie Ihr Gegenüber Sie durch den Fluss seiner Worte beeinflusst.

»Ich höre was, was du nicht sagst!«

Beherrschen Sie die Hörsprache? Wahrscheinlich nicht. Dabei wenden wir alle sie tagtäglich an, bewusst oder unbewusst. Wenn Sie zusätzlich diese »Geheimsprache« lernen, werden sich Ihnen ungeahnte Wahrnehmungsdimensionen öffnen. Würden Sie nicht auch gerne anderen zurufen können: »Ich höre was, was du nicht sagst«?

Die Hörsprache ist die Tonalität des Sprechenden, die seine Emotionen ausdrückt, seine verbale Aussage sozusagen vertont und ihr dadurch erst eine konkrete und individuelle Bedeutung verleiht.

Was Sie sagen, wird noch deutlicher und eindrucksvoller, wenn Sie es nicht nur durch Ihre Körpersprache, sondern auch durch Tonfall, Sprechrhythmus, Lautstärke und andere parasprachliche Elemente unterstreichen. Denn die paraverbale Botschaft ist meistens viel wichtiger und wirksamer als die gesprochenen Worte allein.

Bei uns Menschen hört man am Tonfall, an lang gedehnten oder kurz gesprochenen Worten sehr schnell, fast noch unbewusst, dass jetzt beispielsweise Trost kommt, Aufmunterung folgt oder Nahrung naht.

Bevor Babys ihre ersten Wörter zu sprechen und zu verstehen lernen, können sie neben der Mimik von Mutter oder Vater vor allem Einschlaflieder wiedererkennen. Sie verstehen kein Wort, aber der Rhythmus und die Melodie beruhigen sie und vermitteln Geborgenheit.

Neben den Botschaften der Wortsprache, die wir alle zu entschlüsseln gelernt haben, und den körpersprachlichen Messages gibt es also auch Botschaften, die in Tonfall und Sprachmelodie verschlüsselt sind. Auf diesem Kanal erfahren Sie viel mehr von Ihrem Gegenüber, als er Ihnen mit bloßen Worten sagt und oftmals auch sagen will.

Man kann meist schon bei den ersten Worten hören, ob jemand gut drauf ist oder vielleicht gestresst oder bedrückt. Unsere Stimme erzeugt ein sogenanntes Stimmbild – ein Bild, das nicht aus Farben und Formen, sondern aus Klängen, Rhythmen und Untertönen besteht.

Dabei kommt es als Erstes auf die Stimmlage an. Ihre Stimme ist Ihr kommunikatives Klangmedium und offenbart Ihre Stimmung. Sie kann verstimmt klingen wie ein altes Klavier – oder stimmig und stimmungsvoll wie eine Stradivari. Ihre Stimme berührt Ihren Gesprächspartner stärker als alles, was Sie ihm durch Worte vermitteln können.

Wir alle kennen Situationen, in denen wir mit höherer oder tieferer Stimme als normalerweise reden. Das zu erkennen, hilft Ihnen, andere Menschen besser zu verstehen.

Unsere Stimme verrät unsere Gefühle oft noch viel stärker als unsere Mimik. Das zeigen auch Redensarten wie »Sie antwortete mit gebrochener Stimme« oder »Seine Stimme zitterte«. Die gebrochene Stimme assoziieren wir sofort mit Niedergeschlagenheit, die zitternde Stimme mit Angst.

Der Klang Ihrer Worte ist der Überbringer Ihrer Gefühlsbotschaften. Schicken Sie Ihren Gesprächspartnern sympathische Stimmboten, dann wird man Ihre Botschaften als stimmig und vertrauenswürdig empfinden.

In vielen Jobs muss man im Berufsalltag gut und viel reden. Für alle, die oft mit Menschen diskutieren – ob Lehrer oder Eltern, Anwälte oder Berater, Vertreter oder Verkäufer –, ist ihre Stimme ein Kommunikationsinstrument, das über ihren Erfolg bestimmt.

Verbessern Sie Ihre Tonspur

Je nachdem, wie ein Wort betont oder ein Satz ausgesprochen wird, kann sich die Bedeutung des Gesprochenen stark verändern. In schriftlichen Texten heben wir zum Beispiel durch Großbuchstaben oder Unterstreichung heraus, was wir besonders betonen wollen. In der gesprochenen Sprache unterstreichen wir einzelne Wörter oder Satzteile durch Betonung oder heben bedeutungsvolle Inhalte durch eine vorherige »Kunstpause« hervor.

Sie können Ihre sprachlichen Inhalte volltönend orchestrieren oder monoton herunterspulen. Wie heißt es so schön? »Der Ton macht die Musik.«

Das zeigt etwa dieses krasse Experiment, dessen Wiederholung ich Ihnen nicht unbedingt empfehlen kann. Bei einer Party empfangen die Gastgeber ihre Besucher und begrüßen die ersten Gästen mit der üblichen Willkommensformel: »Es ist schön, dass Sie heute gekommen sind.« Mit der gleichen einladenden Armbewegung, ähnlichem Lächeln und demselben warmherzigen Tonfall begrüßen sie dann aber alle danach eintreffenden Gäste so: »Es ist schade, dass Sie heute gekommen sind.« Die ersten Besucher wurden also mit Worten eingeladen, alle anderen sprachlich ausgeladen. Doch einige Gäste, denen das Wort »schade« zugerufen wurde, nahmen nur die körper- und parasprachliche Botschaft auf und fühlten sich trotzdem herzlich willkommen.

Im Grunde können Sie mit Worten sagen, was Sie wollen, solange Sie auf der Tonspur positive Beziehungssignale senden. Der Hörer registriert nämlich als Erstes: »Der klingt gut« – und daraus schließt er dann: »Das klingt gut«, nämlich die Botschaft, die Sie ihm auf der verbalen Ebene gesandt haben.

Lernen Sie auch Ihre Tonspur bewusst zu modulieren! Vergegenwärtigen Sie sich, in welchen Situationen Sie welches Stimmbild produziert haben. Wann Sie zu leise oder zu laut, zu hoch, zu schrill, zu monoton, zu abgehackt oder gedehnt gesprochen haben. Nehmen Sie sich selbst mit Ihrem Smartphone oder einem Diktiergerät auf und hören Sie sich Ihre Äußerungen aufmerksam an. Achten Sie nicht auf Ihre Worte, sondern auf Ihre Stimme, Ihren Tonfall, Ihren Sprechrhythmus. Wenn Sie das öfter wiederholen, wird Ihnen bald bewusst werden, wie Ihre Stimme in welchen Situationen klingt.

Üben Sie, bewusst in unterschiedlichen Tonfällen zu sprechen: aggressiv, entschuldigend, ungestüm. Bestimmt kennen auch Sie die Redensart: »Der Ton wird schärfer!« Zu Hause bekam ich am Tisch von meinem Stiefvater oft zu hören: »Was ist das denn für ein Tonfall?!«

Man horcht auf, wenn sich im Gespräch oder bei einem Vortrag der Ton ändert – und man schaltet ab, wenn der Tonfall zu eintönig wird.

Am Stimmklang können wir manchmal auch heraushören, dass »irgendetwas nicht stimmt«. Dann passen Wort- und Tonwahl nicht zusammen, und die Zuhörer urteilen unwillkürlich: »Der meint nicht wirklich, was er da sagt.« *Wie* Sie etwas sagen, kommt bei den anderen eher an als das, *was* Sie sagen. Und nur wenn beides in Einklang ist, klingt es für Ihr Gegenüber stimmig. Tonwahl ist wichtiger als Wortwahl.

Lernen auch Sie, Unter- und Zwischentöne, Sprechpausen und Sprechrhythmus Ihrer Gesprächspartner zu deuten! Dann können Sie viel besser verstehen, was Ihre Gesprächspartner eigentlich meinen.

Achtung, Sprechgeschwindigkeitskontrolle!

Eine Pause kann mehr aussagen als ein Wort. »Bevor er zustimmte«, lesen wir beispielsweise, »machte er eine Pause.« Diese Pause, durch entsprechende Mimik untermalt, kann das wortsprachliche Ja auf der nonverbalen Ebene in sein glattes Gegenteil verkehren.

Viele Sprecher machen den Fehler, pausenlos zu reden. Sie überschütten ihre Zuhörer mit einem Wortschwall, der auch noch in rasender Geschwindigkeit vorgebracht wird. Ich rate Ihnen: Vermitteln Sie beim Sprechen lieber wenig Inhalt in angemessener Sprechgeschwindigkeit. Sonst geht der größte Teil Ihrer Botschaft bei Ihrem Gegenüber »zum einen Ohr hinein und zum anderen wieder hinaus«.

Wenn Sie auf eine Frage antworten, signalisieren Sie durch zu hohes Tempo, dass Sie schon oft auf diese Frage geantwortet haben. Wenn Sie zu zögerlich antworten, entsteht dagegen der Eindruck, dass Sie von dem, was Sie von sich geben, nicht hundertprozentig überzeugt sind.

Wer klar, deutlich und in angemessenem Tempo spricht, wird von den anderen als kompetent, professionell und vertrauenswürdig empfunden. Wer dagegen seine Reden oder Gesprächsbeiträge herunterhaspelt oder nervtötend langsam abspult, befremdet seine Zuhörer.

Erklärt jemand etwas laut und fest, assoziieren wir: »Der meint auch, was er sagt.« Spricht jemand leise und sanft, so sendet er Verständnis- und Kompromissbereitschaft aus.

Wenn Sie zum Langsamsprechen neigen, dann üben Sie, Ihr Sprechtempo zu forcieren. Trainieren Sie Redesprints! Wenn Sie jedoch zu den Schnellsprechern gehören, dann üben Sie, mit gedrosseltem Tempo zu sprechen.

Gerade wenn Sie über ein Thema reden, das für Ihre Zuhörer neu ist, empfiehlt es sich, langsamer zu sprechen. Häufig hört man: »Der rattert los wie ein Maschinengewehr!« Wenn den Zuhörern von Ihrem Redetempo schwindlig wird, heißt es oft: »Nicht so schnell! Jetzt noch mal langsam zum Mitdenken!«

Auf Ihre Stimme kommt es an

Wenn Sie einen Menschen sprechen hören, machen Sie sich automatisch ein Bild von ihm. Anhand seiner Stimme spüren Sie, ob er zornig und abweisend ist oder heiter und bejahend.

Wenn Sie mit Freunden oder Angehörigen am Telefon sprechen, kann es sogar passieren, dass der andere Sie plötzlich fragt: »Was ist denn los?« Sie haben nur eine sachliche Äußerung gemacht, aber Ihr Telefongesprächspartner hat herausgehört, dass Sie etwas bedrückt.

Mit ein wenig Übung können Sie am Telefon sogar körpersprachliche Botschaften hören. Wenn die Person am anderen Ende der Leitung lächelt, klingt ihre Stimme wärmer und vertrauenswürdiger, als wenn sie mit verkniffener Miene spricht.

Kleben Sie sich ein Smiley an Ihr Telefon. Wer beim Telefonieren lächelt, klingt einfach gewinnender.

Bestimmt haben Sie das auch schon einmal erlebt: Sie bekommen einen Anruf von einer Person, die Sie nicht kennen, und fühlen sich von ihr angezogen, nur weil sich ihre Stimme so positiv und einnehmend anhört. Unwillkürlich stellen Sie sich einen attraktiven, sympathischen Menschen vor. Dagegen möchten wir einen Menschen mit einer unangenehmen Stimme gar nicht erst näher kennenlernen. Er kann noch so gut aussehen – sobald er den Mund aufmacht, machen seine Zuhörer gefühlsmäßig zu.

Bei besonders wichtigen Telefonaten, bei denen ich meinen *Standpunkt* klarmachen wollte, habe ich manchmal bewusst im Stehen telefoniert. Die Stimme klingt dann kraftvoller, als wenn man im Sitzen spricht oder während des Redens hin und her läuft. Einen Standpunkt zu vertreten, heißt eben, *standfest* zu sein.

Kennen Sie das noch aus Ihrer Kindheit? »Entschuldige dich sofort!«, wurde ich manchmal aufgefordert. Das habe ich dann zähneknirschend auch getan. »Das war keine Entschuldigung«, hieß es dann aber, wenn ich die Entschuldigung nur der Form halber und deshalb zu leise und unverständlich herausgepresst hatte. Das leise und unverständliche Sprechen zeigt, dass man sich eigentlich gar nicht entschuldigen will, die verbale Botschaft also durch Betonung und mangelhafte Lautstärke als nicht ehrlich enttarnt wird.

Weder für private noch für berufliche Gespräche brauchen Sie Ihre Nase begradigen zu lassen oder farbige Kontaktlinsen zu tragen. Trainieren Sie lieber Ihre Stimmtechnik! Zeichnen Sie Gespräche auf, die Sie zum Beispiel am Telefon führen. Hören Sie sich Ihre Redebeiträge aufmerksam an und analysieren Sie, wie Ihre Stimme in verschiedenen Situationen klingt. Mal heller, mal dunkler, mal gepresst und kurzatmig, dann wieder fließend und weich.

Stimmen Sie Ihre Stimme, dann werden Sie auch vermehrt Zustimmung finden.

Zu den Themen Sprechtechnik und Körpersprache gibt es hervorragende Fortbildungsangebote – und es lohnt sich, sie wahrzunehmen. Überschaubaren Seminarkosten steht ein hoher Nutzen gegenüber. Wenn Sie die Hörsprache Ihrer Umgebung deuten können, werden Sie privat harmonischer leben und geschäftlich erfolgreicher sein.

Im Laufe meiner Karriere habe ich für Tausende Berater und Führungskräfte Trainings durchgeführt. Das Ziel einer solchen Weiterbildung ist es, den Teilnehmern zu vermitteln, wie sie bei ihrem Gegenüber positive Gefühle erzeugen können und ihnen zu reflektieren, wie sie wirken. Hierfür werden Gesprächssituationen auf Video aufgezeichnet und anschließend analysiert.

Besonders aufschlussreich ist es für die Teilnehmer jedes Mal, wenn wir das Aufnahmeband ohne Ton abspielten. Dadurch wird unübersehbar deutlich, dass unser Körper immer mitspricht. Ein typischer Kommentar der Teilnehmer ist: »Wenn ich sehe, wie ich mich da bewege, ist es ja fast egal, was ich sage.«

Nicht weniger interessant war es für die Teilnehmer immer, von den aufgezeichneten Gesprächssituationen nur die Tonspur zu hören. Dadurch wird einem viel klarer, wie die Bedeutung des Gesagten durch die Betonung verstärkt, abgeschwächt oder auch verzerrt wird. Zum Beispiel kann eine scheinbar rein sachliche Aussage je nach Tonfall eine aggressive Note bekommen oder durch mangelnde Begeisterung des Sprechers entwertet werden.

Werden Sie sich der Augensprache bewusst

Sehen Sie die Sache mit den Augen des anderen. Denn auch seine Augen sehen die Aussagen Ihrer Augen.

Wie oft hören wir die Frage »Warum guckst du so?« oder die Aufforderung »Schau mich mal an!«. Der Ausdruck der Augen verrät sehr viel über die Gefühlslage.

Ich habe bei Vorträgen oft ein Foto gezeigt, auf dem man nur die Augenpartie eines weiblichen Gesichts sehen konnte. »Hat diese Frau gerade Hochzeitstag oder Trauertag?«, lautete meine Frage, und 99 Prozent der Teilnehmer antworteten richtig: »Hochzeit!« Ich fragte weiter: »Warum?« Und wieder kam die Antwort prompt: »Man sieht das an den Augen. Die Frau ist glücklich, ihre Augen strahlen positiv.«

Die Augen machen unsere Gefühle in besonderer Weise sichtbar. Traurige, enttäuschte, kummervolle Augen würde man auf einem entsprechenden Foto gleichfalls sofort erkennen – auch ohne das restliche Gesicht zu sehen. Augen können eben viel mehr als nur schauen – sie können auch hören und sogar sprechen.

Aus Ihrer Schulzeit wissen Sie bestimmt noch, wie beredt sogar ein Blick sein kann, der uns verweigert wird. Wer vom Lehrer möglichst nicht ausgefragt werden wollte, hielt seinen Blick starr nach unten gerichtet. Auch bei meinen Vorträgen sehe ich meist, wer lieber nicht einbezogen werden will und deshalb nach unten schaut. Ebenso kann ich am Ausdruck der Augen erkennen, von wem im Publikum ich eine positive Antwort auf eine Frage erwarten kann. Wer skeptisch dreinschaut, wird mir sicher nicht die bejahende und unterstützende Antwort geben, die ich in diesem Moment hören möchte, um etwa ein gerade vorgetragenes Beispiel zu unterstreichen. Anderen wieder sehe ich von Weitem an, dass sie überzeugt sind und meine Äußerung gerne positiv verstärken möchten.

Auch Räume können sprechen

Durch Möblierung, Beleuchtung und Bilder vermitteln uns auch Räume eine Botschaft. Welche Gegenstände befinden sich darin, wie sind sie angeordnet und wie verteilen sich die Menschen in diesem Raum? Ob es sich um private Zimmer oder Geschäftsräume handelt, stets sagen sie etwas über diejenigen aus, die diese Räume nutzen, und über die Beziehungen zwischen ihnen.

Räume sprechen also ebenfalls zu uns. Die Raumsprache ist neben Körper- und Hörsprache eine weitere Sprache ohne Worte.

Wenn Sie etwa ein Büro betreten, in dem sich mehrere Menschen aufhalten, sehen Sie sofort, wer der Chef ist, wer mit wem in welcher Beziehung steht. Man sieht Zu- und Abneigung, Nähe und Distanz zwischen den Menschen dadurch, wo und wie sie in einem Raum verteilt sind.

Sitzordnungen lassen sich wie Landkarten lesen. Nur ist auf diesen Karten die Geografie der zwischenmenschlichen Beziehungen verzeichnet. Wenn etwa ein Vortragssaal noch leer ist und die Teilnehmer nach und nach eintreffen, gibt es meist einige, die sich in einer der ersten Reihen in die Mitte setzen, nahe zum Referenten. Sie sind also wissbegierig und/oder suchen Beachtung. Wer sich dagegen weit nach hinten und dann auch noch an den Rand setzt, der hat möglicherweise Angst vor Fragen oder ist der Veranstaltung gegenüber recht skeptisch.

Beobachten Sie einmal, was an einem Besprechungstisch geschieht, um den sich eine kleine Gruppe versammelt. Wer an der Schmalseite eines rechteckigen Tischs Platz nimmt, will bewusst zeigen, dass er der Boss ist. Setzt er sich versehentlich dorthin, dann ist das meist ein unbewusstes Signal: Ich bin hier der eigentliche Boss (oder will es zumindest sein)!

Wenn in einer Runde zwei Menschen enger zusammensitzen als die anderen, dann wollen sie wohl gemeinsame Sache machen. Wer dagegen auch am runden Tisch zeigen will, dass er der Chef ist, der sorgt dafür, dass um ihn herum mehr Platz zu den Nachbarn bleibt als bei den anderen Teilnehmern.

Nicht nur Geschäftsleute bei Verhandlungen können die Gesprächssituation verbessern, wenn sie einige der folgenden Ratschläge beherzigen.

Setzen Sie sich möglichst nicht frontal Ihrem Gesprächspartner gegenüber. Im Wildwestfilm beginnen die beiden Rivalen in dieser Situation mit Armdrücken oder anderen Formen des Kräftemessens. Sie aber wollen keinen Showdown mit Sieger und Verlierer, sondern ein partnerschaftliches Gespräch. Ihr Besucher soll sich nicht bedroht, sondern willkommen fühlen. Setzen Sie sich also möglichst neben ihn oder über Eck.

Wenn Sie durch eine Skizze oder Notizen einen Sachverhalt klarmachen wollen, dann achten Sie darauf, dass Ihr Gesprächspartner Ihnen in die schreibende Hand schauen kann. Das ist viel vertrauenerweckender, als wenn Sie ihm quasi die kalte Schulter zeigen und Ihre Papiere gegen seinen Blick abschirmen. Das kennen Sie doch bestimmt noch aus der Schule: dass Sie bei jemandem abschreiben wollten und dessen Hand Ihnen die Sicht versperrte. Dann hatte man immer das Gefühl, dass dieser Mitschüler einen absichtlich nicht abgucken ließ. Ihren Banknachbarn auf der anderen Seite mochten Sie in dieser Situation viel lieber, weil Sie ihm in die schreibende Hand schauen konnten.

Manchmal lässt es sich einfach nicht vermeiden, dass Sie und Ihr Gesprächspartner sich gegenübersitzen. Wenn Sie einen Beruf haben, in dem Sie oft etwas erklären oder zeigen müssen, trainieren Sie doch mal, Schriftstücke zu lesen, die aus Ihrer Perspektive falsch herum liegen. Es wäre doch klasse, wenn Sie Ihrem Gegenüber den Prospekt so hinhalten würden, dass er die Schrift normal lesen kann und Sie ihm trotzdem einzelne Passagen vorlesen könnten! Präsentationsprofis können Zahlen und manche von ihnen sogar Buchstaben »über Kopf« schreiben! So beweisen Sie Ihrem Gegenüber, dass Sie die Dinge aus seiner Perspektive sehen. Dadurch wirken Sie automatisch viel offener und das Gefühl, dass Sie etwas verbergen könnten, kommt gar nicht erst auf.

Wenn Sie jedoch bei einem solchen Vis-à-vis-Gespräch auch noch den zwischen Ihnen stehenden Dokumentenkoffer öffnen, dann richten Sie geradezu eine Wand zwischen sich und Ihrem Gesprächspartner auf. Ihr Gegenüber kann nicht in den Koffer hineinsehen, Sie aber schon. Folglich wird er sich fragen, was Sie vor ihm zu verbergen haben. Er empfindet Sie als im Vorteil und sich selbst als benachteiligt.

Gut gemeint, aber schlecht durchdacht sind auch die »Festungswälle« aus Kaffeekannen und Getränkeflaschen, die oftmals in der Mitte des Verhandlungs- oder Beratungstischs aufgebaut werden. Sorgen Sie dafür, dass alles, was nach Mauerbau aussieht, auf ein Sideboard geräumt wird.

Unsere Räume und die Art und Weise, wie wir sie eingerichtet haben und uns darin bewegen, sprechen »Bände«, wie eine nur leicht übertreibende Redensart sagt. Durch aufmerksame Beobachtung der Teilnehmer eines Meetings im Besprechungsraum oder einer Familienfeier im heimischen Wohnzimmer können Sie fast mehr heraus*sehen*, als Sie heraus*hören* könnten, wenn Sie alle Gespräche der Anwesenden mitverfolgen würden.

Das geschulte Auge sieht auch das, was dem Ohr verborgen bleibt.

Senden und empfangen Sie Farbbotschaften

Bei Sinneswahrnehmungen registrieren wir oftmals gar nicht bewusst, mit welchem unserer Sinne wir gerade eine Botschaft empfangen haben. »Schau mal, wie gut das riecht. Fass auch mal an«, sagte in meiner Kindheit eine Tante zu mir und zeigte auf eine Blume in unserem Schrebergarten.

Nicht nur Gerüche, auch bestimmte Farben können die Erinnerung an Situationen und Stimmungen aus unserer Vergangenheit wecken. Farben können gleichfalls Signale senden, deren Botschaft man entschlüsseln kann.

Bestimmt kennen auch Sie den Satz: »Der sieht alles nur schwarz und weiß.« Dabei ist die Welt bunt und voller Farbnuancen.

Grün ist die Farbe der Natur. Sie steht für gesundes Wachstum und ist die Lebensfarbe schlechthin. Grün wirkt beruhigend und hat eine positive psychologische Wirkung. Wenn Sie in eine Wohnung kommen und viele Grüntöne erkennen, spüren Sie sofort Wohlbehagen und Großzügigkeit. Grüne Zimmerpflanzen machen einen Raum harmonischer und positiver.

Blau ist die Farbe der Seriosität und Korrektheit, des Vertrauens, der Treue und Fairness. Es ist die beliebteste und am weitesten verbreitete Farbe.

Violett und Purpur gelten traditionell als edle Farben. Sie symbolisieren Macht, Ansehen und Hochwertigkeit. In früheren Zeiten waren sie Königen und Kirchenfürsten vorbehalten.

Die drei Farben Grün, Blau und Violett habe ich 1987 bewusst für das Logo meiner neu gegründeten Firma AWD gewählt. Denn genau diese Botschaft sollte es ausstrahlen: Wachstum, Wahrheit, Werthaltigkeit.

Lernen Sie, die Farbbotschaften Ihrer Umgebung zu entschlüsseln. Dann können Sie unausgesprochene Gefühle lesen, manchmal sogar Gedanken anderer Menschen spüren und heraushören, wie Ihr Gegenüber drauf ist und was es mag.

Der eine sieht alles durch die rosarote Brille. Der andere dagegen sieht rot. »Die hat sich grün und blau geärgert«, lautet eine weitere Redensart.

Farben sind zwar Äußerlichkeiten, aber sie lassen oftmals in unsere Innerlichkeiten blicken. Sie senden und wecken Gefühle.

Im Allgemeinen signalisiert die Farbe Weiß Unschuld und Unberührtheit. Wohl auch deshalb wird sie in Krankenhäusern oder im Empfangsbereich von Arztpraxen, aber auch Anwaltskanzleien, Beratungsfirmen und Banken so gerne verwendet. »Wir arbeiten sauber«, signalisiert die Farbe jedem, der in Weiß gehaltene Räume betritt.

Orange- und Gelbtöne dagegen werden als strahlend und warm empfunden und erzeugen eine offene Atmosphäre. Diese Sonnenfarben sah ich in den Geschäftsräumen einer Schauspieler-Agentin und spürte sofort: Hier ist man willkommen.

Entschlüsseln Sie den Farb-Dresscode

Kleidung ist quasi unsere zweite Haut. Auch hier vermitteln Sie durch Ihre Farbwahl Gefühlsbotschaften, ob Ihnen das bewusst ist oder nicht.

Schwarze oder dunkelbraune Schuhe symbolisieren Bodenständigkeit. Dagegen lässt uns ein heller Anzug gleichsam schweben und drückt Flatterhaftigkeit aus.

Weiß gilt auch bei Kleidung als Botschafter von Ehrlichkeit und Reinheit. Weiße Hemden oder Blusen signalisieren Offenheit, Friedfertigkeit und Unschuld. Man spricht ja auch von der weißen Weste oder von der Weiße-Kragen-Gesellschaft der seriösen Geschäftsleute.

Die Farben Weiß und Blau symbolisieren schon jede für sich Seriosität. Wenn Sie beide kombinieren, wirken Sie folglich noch seriöser. Für Businessdamen ist ein blaues Kostüm mit einer weißen Bluse erste Wahl. Ich bevorzuge seit vielen Jahren blaue Anzüge zu weißen Hemden. Mittlerweile könnte ich gar nicht mehr sagen, ob Blau eine meiner Lieblingsfarben ist oder ob ich es deshalb bevorzuge, weil ich gelernt habe, dass es Vertrauenswürdigkeit, Aufrichtigkeit und Zuverlässigkeit ausstrahlt.

Auch die Logos großer Finanzkonzerne, etwa der Allianz oder der Deutschen Bank, sind durch die Farben Blau und Weiß geprägt. Diese Farben signalisieren: Hier ist ein Haus, mit dem man unbesorgt Geschäfte machen kann.

Die Farben unserer Anziehsachen entscheiden oftmals, ob wir auf andere anziehend wirken, denn Farben machen unsere Gefühle sichtbar. Durch beides drücken wir etwas von unserem inneren Befinden aus.

Häufig stehe ich morgens vor dem Kleiderschrank und wähle die Krawatte aus, die möglichst exakt zu einem bevorstehenden Meeting oder einer anderen Begegnung passt. Wenn ich zum Beispiel mit roter Krawatte anmarschiere, möchte ich Kampfbereitschaft, Stärke und Unerschrockenheit ausdrücken.

Manchmal laufe ich auch ganz bewusst Ton in Ton gekleidet auf. Das wirkt dezent und harmonisch. Wer in grauer Kleidung erscheint, strahlt Selbstbeherrschung, Zurückhaltung und Ruhe aus. Grau passt gut zu Silber, das als Farbe der Bescheidenheit und Abgeklärtheit gilt.

Gold dagegen drückt Wohlstand aus. Es steht für Glück und Beständigkeit, es ist die Farbe der Sonne, der Festlichkeit und des Ruhms.

Wählen Sie auch Ihre Brille mit Bedacht. Hat sie einen breiten und dunklen Rahmen, so kann das Ihr Gesicht hart aussehen lassen. Mit einer Lesebrille, über die hinweg Sie Ihr Gegenüber anschauen, wirken Sie lehrerhaft und wecken in Ihrem Gesprächspartner mulmige Erinnerungen an die Zeit, als er ein Schüler war.

Eine Weste lässt Sie als Mann älter erscheinen. Das habe ich zu Beginn meiner Karriere bewusst genutzt: Da ich mich zu jung für Finanzberatung fand, trug ich bei Kundengesprächen oftmals eine Weste. Ein Bart macht düster und älter (aber Sie können dagegen anlächeln). Als Geschäftsmann sollten Sie möglichst keinen Vollbart tragen, selbst ein Schnauzer verdeckt Teile Ihres Gesichts und tarnt damit auch Ihre Gefühle. Als ich meinen Schnauzer abrasiert hatte, sagten mir viele Menschen, ich sähe jünger aus als vorher.

Achten Sie auf Ihr Erscheinungsbild! Gönnen Sie sich eine Typberatung, einen Frisur- und Kleidungs-, Farben- und Düfte-Coach, um Ihr Auftreten bewusst zu gestalten.

Die Botschaft der Gerüche

Auch Gerüche kann man »hören«: Sie sprechen ebenfalls zu uns. Wenn eine brenzlige Aussprache bevorsteht, dann riechen wir das. »Da liegt doch was in der Luft!« Und wenn wir etwas intuitiv erkannt haben, sagen wir umgangssprachlich: »Das habe ich gerochen!«

Aus der Medizin wissen wir, dass von bestimmten Kräutern bestimmte Wirkungen ausgehen. Für Gerüche (und für Farben) gilt das genauso. Das kann man an einem einfachen Beispiel nachvollziehen: Verwenden Sie als Frau einmal das Herrenparfüm Ihres Partners und/oder umgekehrt. Ihre Umgebung wird sofort »wittern«, dass hier etwas nicht stimmt. Parfüm legen Sie schließlich auf, um Ihre Attraktivität zu erhöhen – eine Duftnote, die so gar nicht zu Ihnen passt, wirkt zwangsläufig befremdend.

Wenn man über zwei Menschen sagt: »Die können sich nicht riechen«, dann meint man eigentlich im Gegenteil: »Die können aus dem Geruch des anderen herauslesen, dass er ihnen unsympathisch ist.«

Durch Gerüche können auch Erinnerungen lebendig werden. Obwohl ich Nichtraucher bin, rieche ich gern Tabak: Er weckt in mir ein angenehmes Erinnerungsgefühl an meinen Großvater und meine Mutter in meiner Kindheit. Beim Geruch von Tannen und Zimt denken wir an fröhliche familiäre Weihnachtsfeiern. Der Duft frischer Blumen weckt Frühlingsgefühle und die Lust zum Aufbruch. Geruchsbotschaften sind für unser Gehirn wichtiger als alles, was zur gleichen Zeit mit Worten zu uns gesagt wird. Wenn jemand ausruft: »Hier stinkt's mir!«, dann können Sie sich den Mund fusselig reden: Derjenige wird naserümpfend verduften.

Sprechen Sie mit Düften

Nutzen Sie die Sprache der Gerüche als weiteren Kommunikationskanal. Rosenduft zum Beispiel strahlt Harmonie aus und schafft Nähe. Der Geruch von Rosen senkt außerdem den Blutdruck, während Orangenduft ihn erhöht.

Manchmal benutze ich morgens ein Körperöl, das nach Zitrone riecht. Ich fühle mich dann nicht nur wacher und fitter, sondern strahle auch Kraft und Sportlichkeit quasi als Nachricht aus.

Lavendel wirkt dagegen beruhigend. Früher war ich oft auf anstrengenden Roadshows, um Finanzanalysten und Investoren die Möglichkeit zu geben, uns komplett auszufragen. Den ganzen Tag über jagte ein Termin den nächsten. Dann war ich abends ziemlich überdreht und um schneller runterzufahren und einschlafen zu können, nahm ich ein kleines Geruchslämpchen mit auf die

Reise. Ein paar Tropfen Lavendel genügten, um mir zu dem nötigen Nachtschlaf zu verhelfen.

Wenn Sie sich gestresst fühlen, hilft Ihnen Bergamotte, um sich zu entspannen und zu regenerieren.

Dann und wann, wenn ich nach einem langen Arbeitstag mit vielen anstrengenden Meetings noch einen Bericht durcharbeiten oder einen wichtigen Brief schreiben musste, hat mir Pfefferminze geholfen: Man fühlt sich gleich erfrischt, wenn man diesen Geruch einatmet, und kann sich besser konzentrieren. Auch Thymianduft wirkt belebend.

Die gleiche Wirkung erzielen Sie natürlich auch bei Ihren Gesprächspartnern, wenn Sie selbst die entsprechenden Gerüche verströmen oder durch eine Duftlampe verbreiten. Geht es Ihnen nicht auch so, dass Sie bei dem Geruch von Kokos in Sonnencreme oder Piña Colada in Ferienlaune geraten?

So strahlen Sie Erfolg aus

Der frühere UN-Generalsekretär Kofi Annan nahm 2008 an einem Mittagessen in einem sehr illustren Kreis aus Wirtschaft und Politik bei mir zu Hause teil. Als Kofi Annan das Haus betrat, spürte ich sofort: Dieser Mensch strahlt Weisheit und Frieden aus, er ist erfüllt von dem Wunsch, Brücken zu bauen. Später beim Spaziergang konnte ich mit ihm über diesen Eindruck sprechen. Und da zeigte sich, dass seine Ausstrahlung ganz genau dem entsprach, was er mit Worten zu mir sagte.

Durch Körper- und Hörsprache senden wir nonverbale Botschaften – Ausstrahlung ist dagegen so etwas wie das nonverbale Passwort, mit dem Sie sich in die Herzen und Hirne Ihrer Mitmenschen einloggen können. Mangelt es Ihnen an Ausstrahlung oder strahlen Sie einen wenig anziehenden ID-Code aus, dann bleibt die betreffende Community leider für Sie gesperrt.

Sie können sich nicht in die Herzen der Menschen hacken, aber Sie können Ihre Ausstrahlung upgraden. Sie selbst sind nämlich der Gestalter Ihrer Außenwirkung. Sie selbst sind für Ihren Körper und seine Ausstrahlung zuständig. Sie sind der Bildhauer Ihres Körpers. Sie können ihn formen und in Form bringen.

Ausstrahlung lässt sich nicht künstlich schaffen. Sie müssen authentisch und somit überzeugend bleiben. Ihre eigenen Körpersignale sind die Zeugen. Bleiben Sie sich treu.

Google-Gründer Larry Page lernte ich 2007 in Davos beim Weltwirtschaftsforum kennen. Anfangs registrierte ich ihn gar nicht; ich kannte ihn zwar von Fotos, aber er fiel nicht auf, er wirkte unscheinbar. Doch dann ging ein Raunen los: »Da ist er«, flüsterten sich die Leute zu. Im Verlauf des Abends konnte ich kurz mit ihm sprechen und fand es sehr erhellend, dass er fast wie ein verträumter Erfinder aussah. Ihn umgab keine Aura von Macht, Kraft und Geld – er wirkte auf mich wie ein unbedarfter Kunststudent. Obwohl er viel Einfluss und Vermögen besaß, strahlte er nicht diese barocke Ornamentierung aus, sondern die Aura eines neugierigen Erfinders. Er war im wahrsten Sinn des Wortes »echt«. Seine Vita und seine Ausstrahlung stimmten überein.

Für eine positive Ausstrahlung sind Größe, Hautfarbe oder Alter nicht entscheidend. Viel wichtiger ist es, dass Sie durch Ihre Körpersprache und Ihr Erscheinungsbild strahlen.

Anlässlich eines von meiner damaligen Firma organisierten Kongresses konnte ich Ende 2008 eine Stunde lang mit Bill Clinton sprechen. Danach traf ich ihn noch einige Male bei verschiedenen Anlässen. Seine Ausstrahlung ist einfach faszinierend. Sobald er einen Raum betritt, steht er im Mittelpunkt. Er zieht sofort alle Blicke auf sich, die Menschen unterbrechen ihre Gespräche und schauen ihn begeistert an.

Muss man US-Präsident sein, um eine magnetische Aura zu haben? Nein! Ich bin überzeugt davon, dass fast jeder Mensch seine Ausstrahlung zumindest etwas verbessern und vielleicht sogar ein Charismatiker werden kann.

Studien belegen, dass wir von anderen Menschen dann am attraktivsten empfunden werden, wenn an erster Stelle unsere positive Ausstrahlung stimmt. Erst an zweiter Stelle zählen gute Umgangsformen, gefolgt von einem gepflegten Äußeren an dritter und hoher Intelligenz an vierter Stelle. Und erst in fünfter Linie kommt es auch auf gutes Aussehen an.

Ohne Ausstrahlung bleiben Sie im Aus – auch wenn Sie noch so gut aussehen.

Ausstrahlung verstärkt den Inhalt

Als wir mit unserer Firma an der Börse und schließlich im MDAX waren, also zu den 80 größten börsennotierten Unternehmen Deutschlands gehörten, waren wir oft auf Roadshow, auf der wir unser Unternehmen präsentierten. Bei diesen Meetings wurde ich auch von kritischen Aktionären über Bereiche befragt, von denen ich nicht so viel verstand.

Nach einem dieser Treffen sagte mir mein Finanzchef: »Die stellen Ihnen diese Fragen nicht, um zu hören, was Sie dazu inhaltlich zu sagen haben – das steht doch alles auf der Homepage und im Geschäftsbericht. Die wollen sehen, wie Sie mit der Frage umgehen, ob Sie dabei locker sind. Wenn Sie entspannt reagieren, strahlen Sie aus, dass wir alles im Griff haben.«

Das war keine ganz leichte Aufgabe für mich, denn wenn ich mich konzentriere, schaue ich meistens eher düster drein. Aber die Gesprächspartner bekamen natürlich nur mit, dass ich bei ihren Fragen die Stirn in Falten legte und ein finsteres Gesicht machte. Die Botschaft meiner Mimik lautete also: »Oh, da berühren Sie einen wunden Punkt – dieses Problem haben wir noch nicht so ganz unter Kontrolle.«

Auch meiner Präsentations- und Business-Englisch-Lehrerin war mein angespannter Gesichtsausdruck nicht verborgen geblieben. »Carsten, es kommt nicht darauf an«, erklärte sie mir, »dass du bis in die letzten sprachlichen Raffinessen perfekt formulierst. Konzentriere dich nicht so sehr auf Grammatik und richtige Aussprache. Sei locker, lächle, schau dein Gegenüber mit einem souveränen Blick an, anstatt in Gedanken permanent nach Vokabeln zu suchen.«

Damit sagte sie mir letztlich das Gleiche wie zuvor mein Finanzchef: Ausstrahlung ist wichtiger als Inhalt, der natürlich trotzdem stimmen muss.

Am besten ist es, wenn man seinen Text gut kennt, fachlich kompetent ist und dann aber vor allem seine Botschaft mit der richtigen Ausstrahlung rüberbringt. Das habe ich in der Folgezeit immer besser gelernt. Auch wenn kritische Bereiche angesprochen wurden, konnte ich nun locker – mit positiver Ausstrahlung – entgegnen: »Ich freue mich über die Gelegenheit, Ihnen das zu erklären.« Selbst wenn ich innerlich darüber fluchte, dass ausgerechnet wieder nach Punkten gefragt wurde, in denen ich nicht ganz so sattelfest war.

Gestalten Sie aktiv Ihre Ausstrahlung

Auch Sie können Ihre Ausstrahlung verstärken. Dafür müssen Sie sich natürlich zuerst bewusst für die Optimierung Ihrer Ausstrahlung entscheiden und Ihre attraktivere Aura dann auch entsprechend einsetzen.

Unsere äußere Erscheinung vermittelt unserer Umgebung ein ganzes Bündel an Botschaften: Ob wir festlich angezogen sind, ob wir durchtrainiert und sportlich wirken, ob wir eine gepflegte Frisur oder einen wirren Haarschopf haben – jedes dieser Signale sagt auch etwas über unsere innere Verfassung aus.

Körperpflege, gesundes Essen und ausreichend Schlaf, Ausgleichssport und rechtzeitig eingelegter Erholungsurlaub tun jedem von uns sichtbar und fühlbar gut. Man sieht es einem Menschen einfach an, wenn er dauergestresst ist, zu viel Nikotin und Alkohol konsumiert: Darunter leidet nicht nur sein Körper, sondern eben auch seine Ausstrahlung.

Solarienhersteller und Betreiber von Sonnenstudios machen sich das zunutze. Sie werben mit der Aussage, dass man schon durch ein wenig Sonnenbräune sportlicher und vitaler wirke, also wie ein Mensch, der mehr Freizeit als andere hat und demnach erfolgreich sein muss. Der Besuch im Sonnenstudio kann echte Ausstrahlung so wenig wie eine gesunde Lebensweise ersetzen. Aber das Beispiel zeigt, wie viel angenehmer unsere Ausstrahlung schon durch kleine Veränderungen werden kann. Eine ganze Industrie fußt auf dem Geschäftsmodell »Ausstrahlung optimieren«. Man sagt doch auch: »Für den ersten Eindruck hast du keine zweite Chance.« Viele Studien belegen, dass sich Gesprächspartner in den ersten Sekunden eine Meinung über andere Menschen bilden. Dieser erste Eindruck hängt zu einem sehr großen Teil von Ihrer Ausstrahlung ab.

Wie schaffen Sie es auf Anhieb, sich in das Beziehungs- und Gefühlsprogramm Ihres Gegenübers einzuloggen? Bestimmt sehr viel eher, wenn Sie mit einem Siegerlächeln auf Menschen zugehen, als wenn Sie eine brummige Miene aufsetzen und mit jeder Geste signalisieren: »Bringen wir's hinter uns.«

Natürlich kann man einen ungünstigen ersten Eindruck manchmal noch umbiegen. Aber man hat es enorm schwer, wenn man anfangs als Mensch mit einer wenig angenehmen Ausstrahlung wahrgenommen wird. Bestimmt haben Sie auch schon mal über jemanden gesagt: »Man muss ihn nur richtig kennenlernen, dann merkt man auch, dass er in Ordnung ist.« Aber kaum einer, den Sie zunächst schroff behandelt haben, hat Lust, Sie noch einmal zu treffen und genauer kennenzulernen.

Durch eine schlechte Ausstrahlung entsteht schnell eine *Raus*strahlung. Sie gleichen dann einem Magneten, der sich mit seinem Minuspol auf etwas zubewegt: Alles wird von seiner negativen Aura regelrecht abgestoßen. Also wenden Sie den Menschen lieber Ihren Pluspol zu! Sie selbst haben es in der Hand, sich für eine attraktive Ausstrahlung positiv zu polen.

Entscheiden Sie sich ganz bewusst, Ihre Ausstrahlung zu optimieren! Bestimmt werden Sie sich bald schon über bessere Ergebnisse in vielen Lebensbereichen freuen.

Strahlen Sie Siegesgewissheit aus

Ein tolles Beispiel für positive Ausstrahlung können Sie bei WM- oder Olympia-Wettbewerben im Fernsehen verfolgen. Bestimmt ist Ihnen auch schon einmal aufgefallen, mit welcher Ausstrahlung die besten Sprinter der Welt aus den Katakomben des Stadions und zum Startblock gehen.

Jeder von ihnen ist überzeugt, der Beste zu sein. Jeder von ihnen zieht vor dem Rennen seine ganz persönliche »Show« ab. Sie alle haben bereits die Ausstrahlung eines Gewinners – lange bevor das eigentliche Rennen beginnt. Niemals würde einer dieser Spitzenathleten Schwäche zeigen, auch dann nicht, wenn er zum Beispiel erkältet wäre. Sonst würde er mit seiner Ausstrahlung ja den Rivalen signalisieren: »Heute könnt ihr mich schlagen.«

Bei einem 1500-Meter-Lauf während der Bezirksmeisterschaften war auch der mehrfache niedersächsische Mittelstreckengewinner am Start. Er hatte eine echte Siegeraura und fragte mich noch an der Startlinie: »Na, hast du was zu lesen mit? So ein Lauf ist doch langweilig.« Damit hatte ich schon vor dem Startschuss einen Dämpfer für mein Selbstwertgefühl abbekommen. Mit jeder Geste, jedem Wort strahlte er aus: »Hier gewinne ich – ihr könnt unter euch ausmachen, wer Zweiter wird.« Genauso kam es dann auch: Er gewann haushoch. Selbst wenn sich die Ausstrahlung rein naturwissenschaftlich nicht messen lässt, es gibt sie zweifellos. Das gilt genauso für die Atmosphäre, die sich zwischen

Menschen in einem Raum aufbauen kann. Aus Romanen kennt man seit Jahrhunderten Sätze wie »Spannung lag in der Luft« oder »Die Atmosphäre war geladen«. Bestimmt haben auch Sie es schon mehr als einmal erlebt, dass Sie einen Raum betreten und sofort gespürt haben: Die Luft ist zum Schneiden. Man sieht förmlich, wie böse die Anwesenden aufeinander sind.

Die Ausstrahlung eines Menschen zeigt uns, wie selbstsicher er ist und wie es generell um seine Gefühle bestellt ist. Auch Tiere spüren instinktiv, ob ein Mensch, der ihnen entgegenkommt, mutig oder ängstlich ist.

In den Medien wird häufig eine Technik zur Verstärkung eines Themas eingesetzt. Wenn über jemanden besonders positiv oder negativ berichtet wird und kein aktuelles Foto zu der Situation gemacht werden konnte, nimmt man ein älteres Bild, das einen der Akteure entsprechend mit einem Sieger- oder Verliererlächeln zeigt. Denn durch das Foto kommt die Textmessage erst richtig an.

Die Ausstrahlung von Karl Lagerfeld spricht eine deutliche Sprache. Er inszeniert sich selbst wie ein lebendes Kunstwerk. Schon durch seine Handschuhe baut er eine Distanz auf. Der hohe Kragen signalisiert: »Du kannst mich nicht verletzen!« Und seine geradezu mystisch wirkende Sonnenbrille ist im wahrsten Sinn des Wortes undurchschaubar. Mit dieser Abwehrverpackung provoziert er. Man interpretiert seine Gesten unwillkürlich als Unnahbarkeit. Umso überraschter war ich, dass er bei der Bambi-Veranstaltung 2010 sehr herzlich mit meiner Partnerin Veronica Ferres und mir sprach und uns für ein Fotoshooting zu sich nach Paris einlud.

Er ist vorsichtig gegenüber Menschen, die er noch nicht genauer kennt, und lässt niemanden so leicht an sich heran. Aber wahrscheinlich ist das unausweichlich, wenn man so berühmt und erfolgreich ist. Mittlerweile waren wir bei ihm in Paris und ich habe erlebt, wie warmherzig und liebenswert er hinter seiner Schutzfassade ist. Er ist ein umfassend gebildeter Mensch, humorvoll und selbstironisch.

In einer ganz anderen Welt lebt und wirkt dagegen der bekannteste und erfolgreichste Banker Deutschlands, Dr. Josef Ackermann. Nach etlichen Gesprächen mit ihm empfinde ich, dass seine Gesamtwirkung durch eine Mischung aus Freundlichkeit und Autorität, Kompetenz und Seriosität entsteht. Er hat eine faszinierende ganzheitliche Ausstrahlung, die auch in seinem charmanten Lächeln spürbar wird und die – neben seinem überragenden Know-How – erklärt, warum er in der Finanzwelt eine solche Bedeutung hat und auch nach Dämpfern in der Öffentlichkeit immer wieder äußerst positiv wahrgenommen wird.

Für Ihren zukünftigen Erfolg kann es hilfreich sein, bereits so zu wirken, als hätten Sie schon Erfolg. Nichts ist wichtiger für den kommenden Erfolg als der schon vorhandene. Strahlen auch Sie Gewinnerstrahlen aus – denn Erfolg zieht Erfolg bekanntermaßen an.

Darum polieren auch Sie Ihre Aura auf – das geht! Setzen Sie Ihre positiv ausstrahlende Eigendarstellung ein!

Vergrößern Sie Ihr Ausstrahlungsvermögen!

7

Auf die Geisteshaltung kommt es an

Stellen Sie sich Ihr Leben ein!

Die besten Berater wurden zu einer Ski-Incentive-Woche im Winter 1982 eingeladen. Damals studierte ich noch Medizin und war zweitberuflich Finanzberater für die OVB. Nach dem Skifahren auf dem Weg zurück zum Hotel nahm mich unser Chef eines Tages beiseite und zeigte auf einen Mann, der ein Stück vor uns lief. »Sehen Sie den Herrn dort?«, fragte er mich. Ich bejahte. »Der hat zehnmal so viele Beratungserfolge wie Sie«, fuhr er fort und sah mich erwartungsvoll an.

»Na gut«, gab ich zurück, »der ist ja auch schon älter und hat mehr Erfahrung.«

»Das schon«, stimmte mein Chef zu, »mit 23 Jahren sind Sie wirklich noch ziemlich jung. Aber jetzt raten Sie mal, was der Herr dort vorher beruflich gemacht hat.« Ich zuckte mit den Schultern. »Der war Handwerker!«, erklärte er mir. »Und genau das ist auch sein Vorteil: Der theoretisiert nicht wie Sie den ganzen Tag herum, ob etwas geht oder nicht. Der macht das einfach.«

Auch wenn mein Chef es nicht ausdrücklich erwähnte, war mir klar, worauf er anspielte. Er hatte mich erst vor Kurzem wieder gefragt: »Wann werden Sie endlich hauptberuflich Finanzberater?« Doch ich hatte mich wie jedes Mal um eine Antwort herumgedrückt: »Ich studiere ja auch Medizin und ich weiß noch nicht richtig, wofür ich mich entscheiden werde.«

Der Mann da vorne aber, der ehemalige Handwerker, zeigte vollen Einsatz. Ihm stand keine Hintertür offen, so nach dem Motto: »Notfalls werde ich ja Arzt und brauche das alles hier gar nicht« – und gerade dadurch war er mir überlegen. Das gab mein Chef mir an diesem Tag zu verstehen und dadurch schubste er mich herunter von dem Schlauch, auf dem ich bis dahin gestanden hatte.

»Okay«, sagte ich mir, »wenn der so viel Umsatz machen kann, dann kannst du das auch!«

Falschdenken vergeudet Lebensenergie

Das Leben hat keine Favoriten. Deshalb sollten in Ihrem Leben Sie selbst Ihr Favorit sein. Sie haben Ihr Leben geschenkt bekommen – also packen Sie dieses Geschenk aus und nutzen Sie es bestmöglich.

Auch Sie haben einen Erfolgscoupon. Lösen Sie diesen Gutschein für ein glücklicheres Leben ein. Verändern Sie Ihr Leben oder Ihr Leben verändert Sie. Die Voraussetzung ist, dass Sie sich bewusst dafür *entscheiden*, Ihr Leben verändern zu wollen. Nur Ihre Einstellung könnte hierbei Ihr Gegner sein.

Ihr Orthopäde empfiehlt Ihnen eine gute Körperhaltung, ich empfehle Ihnen eine gute *Geistes*haltung. Damit meine ich Ihr persönliches Gesamtkunstwerk aus positivem Denken und Zielstrebigkeit, Mut und Durchhaltekraft.

Mir ist selbstverständlich klar, dass sich nicht alle Dinge ändern lassen. Ganz arme Menschen aus afrikanischen Hungerregionen, Schwerbehinderte oder auch elternlose kleine Kinder können ihre traurige und natürlich – nicht selbst verschuldete – Situation leider nicht über Nacht, manchmal auch nie, gegen glückliche Verhältnisse tauschen. Die äußeren Umstände spielen immer eine wichtige Rolle, und um diese zu ändern, reicht eine positive Geisteshaltung alleine nicht aus. Aber Sie können entscheiden, mit welcher Geisteshaltung Sie persönlich in den Tag gehen. Mit Ihren Gedanken gestalten Sie, was Sie in die Gussform Ihres Lebens gießen.

Auch in Ihrer Erbsubstanz ist ein Erfolgsgen vorhanden. Auch für Sie gibt es keine Einkommensvorschrift. Und erst recht sind auch Sie nicht verpflichtet, unglücklich zu sein.

Glauben Sie felsenfest an sich selbst. Schämen Sie sich nicht Ihrer Herkunft. Entwickeln Sie keine Minderwertigkeitsgefühle.

Ihre Körpergröße und Ihr Alter können Sie nicht ändern. Aber wie Sie dastehen und wie Sie sich körperlich fühlen, können Sie durch Sport und Ernährung maßgeblich beeinflussen. Überspitzt kann man sagen: Sie bestehen aus dem, was Sie denken, was Sie essen und wie Sie sich bewegen. Dabei steht das Denken an erster Stelle. Verschenken Sie keine Lebensenergie, weder durch Fehlernährung noch durch Bewegungsmangel – vor allem aber nicht durch Falschdenken. Holen Sie sich nicht nur die besten Lebensmittel, sondern auch das beste Leben, das Sie bekommen können!

Sie sind, wie und was Sie denken – machen Sie sich das immer wieder klar. Die Natur ist neutral, sie ist weder für noch gegen Sie. Das Leben belohnt und bestraft uns nicht, es bringt uns etwas oder bringt uns etwas bei. Erfolge und Misserfolge sind nur natürliche Folgen unserer Denkweise und unserer Einstellung zum Leben. Wenn Sie zu viel gegessen haben, brauchen Sie eine Ernährungsdiät, wenn Sie zu viel ausgegeben haben, eine Finanzdiät.

Leben bedeutet, Probleme zu lösen. Doch das wirkliche Problem ist meist nicht das Problem selbst, sondern wie Sie es betrachten. Und wenn Sie Ihr Problem faktisch nicht lösen können, dann lösen Sie sich geistig *von* ihm.

Die Fähigkeit, Probleme praktisch zu lösen, ist für mich die eigentliche Lebensintelligenz. Lassen Sie sich von Problemen nicht *auf*regen, sondern zur Lösung *an*regen. Nichts ist einfach, aber wer will schon *nichts*? Wenn Sie immer nur den leichten Weg suchen, werden Sie den schweren, aber lohnenden Erfolgsparcours niemals schaffen.

Sie haben die Wahl

Wir haben im Leben fast immer eine Wahl. Oftmals kann man zwischen verschiedenen Alternativen entscheiden – im Großen wie im Kleinen.

Nachdenken heißt, Fragen durchzuspielen und passende Antworten für ein erfolgreiches Leben zu suchen. *Richtige* Fragen sind deshalb *richtungsweisend*. Durch gute Fragen, die Sie sich selbst stellen, können Sie bessere Antworten finden. Überlegen Sie sich die Antworten auf Ihre Lebensfragen.

Sie finden Ihre Figur nicht gut? Dann haben Sie die Wahl, das zu ändern – oder alles so zu lassen, wie es ist. Sie sind mit Ihrem Zeugnis, Ihrer Stelle, Ihren Sprachkenntnissen, Ihrer Fitness, Ihrer Partnerbeziehung nicht zufrieden? Dann entscheiden Sie, ob Sie Ihre Situation ändern wollen oder nicht. Wenn nicht, dann ist es Ihnen auch nicht wichtig genug. Sie selbst sind der Lenker Ihres Lebensautos. *Sie* entscheiden, wohin Sie steuern, denn Sie haben fast immer die Wahl.

Treffen Sie eine Erfolgsentscheidung, allerdings ohne Erfolgsgarantie. Aber bedenken Sie: Die falscheste Entscheidung wäre es, gar keine Entscheidung zu treffen. Und das ist halb so harmlos, wie es klingt. Entscheidend ist, dass Sie sich entscheiden.

Wenn Sie morgens aufwachen, liegt es an Ihnen, ob Sie aufstehen oder noch eine halbe Stunde im Bett bleiben. Sie bestimmen, ob Sie abends im Fernsehen einen Krimi schauen oder in dem Lehrbuch aus Ihrem Fortbildungskurs lesen.

Wählen Sie – und dann stehen Sie zu Ihrer Wahl. Stehen Sie zu Ihrer Situation. *Love it, leave it, or change it.* Es gibt kein Muss. Sie haben den Vertrag über Ihre aktuelle Lebenssituation sozusagen selbst unterschrieben. Wenn er Ihnen nicht mehr passt, dann kündigen Sie ihn!

Wenn Sie mit Freunden an einem netten Abend gesellig beisammensitzen, machen Sie einmal das folgende kleine Experiment. Bitten Sie alle, sich auf weiße Gegenstände im Zimmer zu konzentrieren. Nach einer kurzen Zeitspanne sagen Sie: »So, jetzt Augen zu!« Und nun fragen Sie zur allgemeinen Verblüffung, noch während die Augen Ihrer Gäste geschlossen sind: »Welche Dinge sind in diesem Zimmer *rot*?« Sie werden schnell merken, dass kaum jemand andere als weiße Gegenstände wahrgenommen hat.

Diese Beobachtung lässt sich verallgemeinern: Auch im echten Leben ist man oft einseitig auf das ausgerichtet, was man gerade erwartet.

Während meines Medizinstudiums hatte ich ein eindrucksvolles Erlebnis. »Sie sind nicht imstande, auch nur einen Kilometer zu Fuß zu gehen«, eröffnete mir der Professor im Anatomiekurs. Der menschliche Fuß war gerade auf dem Lehrplan und unser Hochschullehrer sprach über verschiedene Fußformen wie Plattfuß, Hohlfuß und Senkfuß. Ich zeigte daraufhin meinen sehr ausgeprägten Hohlfuß und bekam die Spontandiagnose »Zum Gehen nicht geeignet«. Total verblüfft schaute ich den erfahrenen Anatomie-Spezialisten an. »Ich habe viele Jahre lang mehr als 100 Kilometer pro Woche an Trainingsläufen absolviert«, brachte ich schließlich hervor. »Ich habe zahlreiche Wettkämpfe über Mittel- und Langstrecke gewonnen! Wie passt das mit Ihrer Diagnose zusammen?« Jetzt war es an meinem Professor, erstaunt dreinzuschauen. Doch später bestätigte ein Orthopäde meine »Laufunfähigkeit«. »Sie können gar nicht laufen, Sie hinken ja«, sagte er.

Vielleicht wäre ich mit anatomisch perfekten Füßen ein noch besserer Läufer geworden, aber ich wusste ja nicht, dass meine Fußform für diesen Sport alles andere als optimal war. Und so hatte ich immerhin zahlreiche Wettkämpfe über Mittel- und Langstrecke gewonnen. Ich hatte aber eben nicht gewusst, dass ich nicht laufen konnte, und bin deshalb einfach gerannt, obwohl ich dazu laut meinem Medizinprofessor »objektiv« nicht imstande war.

Unser Leben wird eben nicht nur durch die objektive Realität, sondern auch durch unsere Denk- und Sichtweise, durch unsere subjektive Wahrnehmung bestimmt– und die können Sie bewusst und planvoll ändern.

Verbünden Sie sich mit Ihrem Unterbewusstsein

Verlassen Sie gewohnte Denkbahnen und legen Sie alte Denkmuster ab. Freuen Sie sich auf neue Gedankenhorizonte, auf großartige Einsichten, die Ihnen großartige *Aus*sichten eröffnen werden.

Ihr bester Verbündeter ist Ihr Unterbewusstsein. Die Funktionsweise und Kraft unseres Unterbewusstseins kann die Wissenschaft trotz modernster Forschung noch nicht annähernd erklären. Aber Sie können sie hier und heute nutzen.

Richten Sie Ihr Unterbewusstsein rund um die Uhr auf Erfolg aus, sieben Tage die Woche, 24 Stunden am Tag. Oftmals ist eine schwierige Situation nur eine Spiegelung unserer Geisteshaltung. Veränderungen gehen nur dann aus uns hervor, wenn wir eine andere Denkweise annehmen. Sich selbst und das, was wir gerade tun, infrage zu stellen, schafft oft schon eine Antwort auf ein Problem.

Veränderungen im Leben beginnen fast immer mit einer mentalen Veränderung. Ihr Leben hängt nämlich nur zu einem kleinen Teil davon ab, was Ihnen geschieht – und zu einem viel größeren Teil davon, wie Sie auf diese Geschehnisse reagieren. Wenn Sie sich ändern, ändern sich oftmals auch Ihre Lebensumstände. Was mit Ihnen und Ihrem Leben passieren wird, liegt deshalb zu einem hohen Prozentsatz in Ihrer Hand. Lassen Sie sich nicht von der Richtung bestimmen, sondern bestimmen Sie die Richtung selbst.

Sie sollten allerdings nicht auf Wunder hoffen. Viel mehr kommt es auf Ihre Bereitschaft an – darauf, dass Sie bereit sind, es zu schaffen. Form schlägt Klasse. Sonst wären Pferdewetten einfach und sonst bräuchten Dritt- oder Viertligamannschaften im DFB-Pokal gar nicht erst anzutreten. Aber wer in Bestform ist, kann selbst höherklassige Gegner schlagen.

Seien auch Sie nicht nur Norm, sondern in Form, möglichst in Höchstform! Nehmen Sie Ihr Glück in die Hand und laufen Sie ihm nicht hinterher. Es stimmt, dass erfolgreiche Menschen oftmals mehr Glück als andere haben – aber dieses Glück entsteht meist durch eine Mischung aus richtiger Geisteshaltung und positiver Einstellung, gepaart mit Mut und Fleiß, Zielorientierung und Beharrlichkeit. Gewinnen auch Sie die Erfolgsolympiade! Aber nur wenn Sie willens sind, sich intensiv Ihrer Gewinnerstrategie zu widmen, werden Sie die goldene Erfolgsmedaille erringen.

Wie hoch ist Ihr Erfolgshandicap? Oder sind Sie wegen Ihrer inneren Einstellung Ihr eigenes Handicap? Die Meisten haben sich die Mehrheit Ihrer Lebenshürden wahrscheinlich selbst aufgestellt. Ändern Sie Ihre Gedanken, dann ändern sich Ihre Gefühle. Damit ändert sich Ihr Handeln – und die Mehrheit Ihrer Lebenshürden kann dadurch verschwinden. Die restlichen überwinden Sie locker als Lebenshürdenläufer.

Unsere Gedanken und unsere Geisteshaltung sind genauso durch unser Wollen beeinflussbar wie unser Körper. Sie können Ihre Geisteshaltung beliebig tunen, denn sie steht unter Ihrem direkten Einfluss.

Nähren Sie in Ihrem Innern bewusst das Gefühl und verstärken Sie systematisch den Gedanken, dass Sie Ihr Umfeld beeinflussen können. Ihr Verhalten wirkt auf Ihre Stimmung und Ihre Stimmung auf Ihr Verhalten.

Setzen Sie sich geistig keine Grenzen, akzeptieren Sie keine Limits. Durchbrechen Sie Hindernisse, beseitigen Sie Blockaden! Wenn Sie nur durchschnittlich arbeiten, werden Sie nicht überdurchschnittlich erfolgreich. Außergewöhnliche Menschen handeln außergewöhnlich – und durch außergewöhnliche Handlungen wird man ein außergewöhnlicher Mensch.

Auch Sie können außergewöhnlich sein, wenn Sie es wirklich wollen. Verbessern Sie sich selbst, dann verbessern sich auch Ihre Ergebnisse und Sie schwenken von den Normalwegen auf Ihre Erfolgsstraße ein.

Was andere können, können Sie auch!

Schauen Sie sich um! In Ihrem Umfeld werden Sie zahlreiche Beispiele finden, die Ihnen die Wahrheit dieses Satzes beweisen: Was andere können, das können Sie auch! Werden Sie sich bewusst, dass in einem gewissen Umfang fast jeder das schaffen kann, was andere auch schon geschafft haben.

Bestimmt kennen Sie Menschen, die in der gleichen Stadt wie Sie aufgewachsen sind, dieselbe Schule besucht haben und ungefähr in Ihrem Alter sind. Einige von ihnen sind besonders erfolgreich geworden. Suchen Sie Kontakt zu diesen Erfolgreichen! Eifern Sie ihnen nach – Sie werden es auch schaffen! Es gibt viele Menschen mit ähnlichen Fähigkeiten wie Sie, die mehr Erfolg haben, glücklicher sind und mehr verdienen als Sie. Sagen Sie sich: »Ich werde bald dazugehören.«

In vielen Ratgebern wird Ihnen empfohlen, nicht in den Spuren der anderen zu gehen, da Sie sonst nicht überholen könnten. Ich empfehle Ihnen – jedenfalls für den Anfang – das Gegenteil: Folgen Sie ganz bewusst den Spuren der anderen – derjenigen, die in ihrem Bereich bereits erfolgreich sind. Dadurch kommen Sie leichter voran und können Erfahrung sammeln. Später, wenn Sie Ihre ersten Zwischenziele erreicht haben, können Sie aus dem Windschatten treten und auch neue, eigene Wege gehen oder sogar Ihre früheren Vorreiter überholen.

Sie sind auch ein Ergebnis Ihres Umfeldes. Wählen Sie deshalb – soweit möglich – ein Umfeld, das Ihnen zu besseren Ergebnissen verhilft. Geben Sie nicht negativen Zeitgenossen, sondern positiven Mitmenschen die Macht, Ihr Leben zu beeinflussen. So hart es klingt: Manchmal ist es nötig, dass wir den Kontakt zu Negativdenkern reduzieren.

Aus Ihren erfolgreichen Vorbildern werden Ihre erfolgreichen Selbstbilder. Erfolge anderer Menschen, die etwas Besonderes geschafft haben, sind für Sie Hinweisschilder, dass Sie es auch schaffen können.

Denken Sie nach vorne!

Mit der Veränderung Ihrer inneren Einstellung können Sie die äußeren Lebensumstände verändern. Der echte Gegner ist nicht außen, er sitzt in Ihrem Kopf. Zeigen Sie ihm die Rote Karte! Verweisen Sie ihn von Ihrem Lebensspielfeld!

Sie schaffen es aus sich selbst heraus. Erste Hilfe kommt immer von innen, dann erst folgt die unterstützende Zweitversorgung von außen.

Werden Sie der Lebensretter Ihrer Gegenwart, indem Sie sich vor negativen Gedanken der Vergangenheit und vor Zukunftssorgen schützen. Wenn Sie Ihre Vergangenheit vor sich legen, legen Sie Ihre Zukunft hinter sich. Denken Sie nicht zu sehr an *vergangene* Misserfolge, denken Sie lieber an *zukünftige* Erfolge. Sie können die Vergangenheit nicht abschaffen, aber eine positive Zukunft schaffen. Rückwärts können Sie sich allenfalls erinnern, leben können Sie jedoch nur vorwärts. Wie oft habe ich bei Vorträgen von Bankberatern mit rein leistungsbezogenen Einkünften die Aussage gehört: »Wenn mein Einkommen erst einmal hoch genug ist, dann zeige ich auch mehr Einsatz.« So herum geht es jedoch nicht. Offenbar haben sie Ursache und Wirkung verwechselt. Sie müssen schon positiv nach vorne denken, dann geht es auch einkommensmäßig nach vorne. Stellen auch Sie sich deshalb die Frage: Will ich, dass mein Leben so *weitergeht wie bisher* – oder will ich endlich *weiter kommen als bisher*?

Viele fühlen sich im Leben eingeengt. Meistens kommt das daher, dass sie in ein Gedankengefängnis eingemauert sind. Die Grenzen, die uns beengen, sind meistens die, die wir uns selbst gesetzt oder als gegeben akzeptiert haben. Entscheiden Sie, ob Sie Ihre unbefriedigende Situation beibehalten oder auf eine befriedigende neue Situation zusteuern wollen. Möchten Sie es in der Unfreiheit bequem haben – oder nehmen Sie lieber Unbequemlichkeiten in Kauf, um frei zu sein? Europaweit sind die Grenzzäune gefallen – öffnen Sie auch Ihre mentalen Schlagbäume! Entscheiden Sie sich für die Abkehr von Ihrem bisherigen Weg, sonst können Sie sich – überspitzt gesagt – irgendwann auf den Grabstein schreiben lassen: »Unverändert zurück!«

Werfen Sie hinderliche Gewohnheiten über Bord

Obwohl Sie eigentlich in besseren Umständen leben wollen, haben Sie sich an die schlechteren Umstände gewöhnt. Ihre Gewohnheiten haben Widerstandskraft gegen die Veränderungen entwickelt, die Sie sich eigentlich wünschen. Aber jetzt wird es für Sie doch langsam langweilig. Lösen Sie die Erfolgsbremse, schalten Sie die Lebenssperre ab!

Werden Sie ein Widerstandskämpfer gegen hinderliche Gewohnheiten. Sich Altes abzugewöhnen, ist manchmal schwieriger, als etwas Neues zu lernen – aber es ist wie beim Winterschlussverkauf: Erst muss das nicht mehr passende Sortiment raus, damit Lager und Auslage wieder frei sind für neue Angebote.

Sie würden abends lieber mal Vokabeln auffrischen oder eine Fachzeitschrift lesen – aber aus Gewohnheit machen Sie immer, wenn Sie nach der Arbeit zur Tür hereinkommen, als Erstes den Fernseher an? Dann verfrachten Sie Ihr TV-Gerät notfalls in den Keller, falls Ihnen das hilft, Ihre hemmende Gewohnheit zu überwinden!

Sie scheuen sich davor, fremde Menschen anzusprechen, bräuchten aber eigentlich genau diese Fähigkeit, um in Ihrem Beruf erfolgreich und/oder im Privatleben glücklich zu sein? Dann belegen Sie Kurse oder besorgen Sie sich einen Coach, um Ihre Kontakt- und Kommunikationsfähigkeit zu verbessern!

Viele Menschen haben sich – wenn auch nicht absichtlich – in einer Trägheitsfalle verfangen. Sie fürchten sich vor Veränderung und klammern sich deshalb an das Gewohnte. Verlassen Sie Ihren Gewohnheitsbereich mit Wohlfühlaroma. Niemand kann gegen sein Naturell handeln, aber Gewohnheiten, Denk- und Verhaltensweisen kann man ändern. Machen Sie einen Gewohnheiten-Frühjahrsputz! Geben Sie alte, negative Gewohnheiten zum Sperrmüll und nehmen Sie bewusst neue, förderliche Gewohnheiten an!

Aktivieren Sie sich selbst. Sie allein sind zuständig für Ihren Erfolg. Sie selbst entscheiden, was Sie tun und was nicht. Alles hat seinen Preis – auch das Nicht-Tun kostet etwas. Wägen Sie ab, was Sie mehr kostet. Sie sind Ihr eigener Boss.

Schauen Sie nicht zu, wie andere Geld verdienen. Verdienen Sie in der gleichen Zeit lieber selbst Geld! Ein Profisportler beispielsweise verdient sein Geld genau dadurch, dass Sie die Veranstaltung anschauen, bei der er seine Siege einfährt. Wollen Sie Ihr Leben auf der Tribüne verbringen – oder wollen Sie selbst auf Ihrem Spielfeld zu den Gewinnern gehören?

Bewegen Sie lieber selbst etwas, anstatt nur zuzuschauen, wie sich andere bewegen.

Es ist mehr oder weniger egal, welche Tätigkeit man ausübt. Aber es ist niemals egal, *wie* man sie ausübt. Denn letztlich kommt es weniger darauf an, was Sie tun, als vor allem darauf, wie Sie es tun. Wenn die Verhältnisse nicht besser sind, müssen Sie für Ihre Verhältnisse eben besser werden. Wenn Sie bestmöglich arbeiten, werden Sie ziemlich sicher auch bestmöglich bezahlt. Bevor Sie Ihre Stelle wechseln, schauen Sie erst einmal, ob Sie die Dinge besser machen können, indem Sie Ihre Einstellung wechseln.

Natürlich haben Situationen und Umstände Einfluss auf Sie und Ihr Leben. Aber Sie haben Einfluss darauf, wie Sie die Dinge bewerten und damit umgehen. Sie sind der Chef Ihres eigenen Lebens. Sie allein haben es in der Hand, von innen heraus eine andere Persönlichkeit zu werden und sich dadurch selbst zu ändern.

Stellen Sie an sich selbst höhere Ansprüche – und nicht an Ihr Umfeld.

Verlassen Sie das Durchschnittsgebiet

Wie oft hört man diese Bemerkungen: »Die anderen haben im Schnitt auch nicht mehr.« Oder: »Im Durchschnitt sind sie auch nicht schneller.«

Was hat es mit diesem so häufig als Vergleichsgröße herangezogenen Durchschnitt auf sich? Durchschnitt gibt es im wirklichen Leben gar nicht. Das Durchschnittseinkommen ist beispielsweise ein arithmetisches Mittel, aber tatsächlich verdienen viele Menschen deutlich weniger, andere erheblich mehr als »der Durchschnitt«.

Als Vergleichswerte für Ihr eigenes konkretes Leben taugen Durchschnittsgrößen nichts. Durchschnittlich sein heißt für mich, der Schlechteste von den Besten oder der Beste von den Schlechten zu sein. Kein erstrebenswerter Zustand! Lieber Übermaß als Mittelmaß – aber bloß nicht Untermaß!

In der Schule war ich in Latein nicht schlecht, aber auch nicht gut. Am Elternsprechtag erklärte der Lehrer meiner Mutter, dass ich in Latein besser sein könnte. Meine Mutter hielt jede Note außer »sehr gut« und »gut« für katastrophal. Deshalb erklärte ich ihr auf dem Rückweg beschwichtigend, dass ich ja nicht zu den Schlechtesten gehörte, sondern voll im Mittel der Klasse lag.

Meine Mutter konnte ich damit aber keineswegs beschwichtigen. Aus ihrer Sicht hatte ich für dieses Schulfach schlicht und einfach nicht genug getan – und sie hatte recht! Durchschnittlich gut ist nicht gut genug. Ich orientierte mich nicht an den guten Lateinschülern, sondern eher an den noch schlechteren und fühlte mich hier ausnahmsweise im Mittelmaß pudelwohl. Klar, dass ich in diesem Fach nie wieder gut wurde. Ich hatte denselben Lehrer wie die Spitzenschüler – nur meine Einstellung war verkehrt.

Seien Sie anders als andere!

Weit verbreitet ist die Einstellung: »Alle machen das so – also machen wir das genauso.« Schließlich: »Was sollen die Leute denken, wenn man aus der Reihe tanzt?« Wer sich an diese defensiven Regeln hält, vermehrt nur die graue Schar der Allerweltsmenschen um ein weiteres Exemplar.

Meine Eltern fuhren im Urlaub mit mir immer nach Tirol – genau wie unsere Nachbarn. Später erfuhr ich, dass unsere Nachbarn immer wegen uns dorthin fuhren. Was für tolle Ziele hätten wir ansteuern können, wenn wir uns nicht an ihnen und sie sich nicht an uns orientiert hätten? Dabei waren wir keineswegs eng mit ihnen befreundet. Wir hörten sie nur irgendwann sagen: »Da ist es schön.« Also fuhren wir dorthin und fanden es auch schön. Und die Nachbarn fuhren an denselben Ort, weil sie von uns hörten, dass wir es schön fanden.

Wenn Sie immer nur das tun, was alle anderen machen, ist das so bereichernd wie zusätzliches Wasser im Ozean. Deshalb rate ich Ihnen zum Triple-N: *Nur Nicht Nachmachen!*

Triple-A ist die Note für das Beste, was es in einer Kategorie gibt. AAA-Rating erhält also, wer im positiven Sinne *Anders Als Andere* ist. Leider orientieren wir uns oftmals trotzdem nicht an den Besten, sondern einfach an der Mehrheit. Was Müller, Meier, Schmidt und Schulze tun, kann ja nicht verkehrt sein, oder? Aber die Müllers und Meiers machen wiederum nach, was sie von den Schmidts und Schulzes abschauen – und so laufen alle in der Herde, anstatt ihren eigenen Weg zu gehen.

Verabschieden Sie sich von der Masse! Sagen Sie endgültig Adieu zur Anonymität! Wer so handelt wie alle anderen, bekommt auch nur so viel, wie alle anderen haben – und das ist bekanntlich nicht besonders viel. Wenn Sie das Gleiche tun wie die anderen, erreichen Sie auch nur das Gleiche. Wenn alle zur gleichen Zeit zur Arbeit oder in den Urlaub fahren, stehen alle im Durchschnittsstau.

Warum bringt die Orientierung am Durchschnitt nichts und wirkt teilweise sogar lähmend? Ich habe dazu meine eigene Meinung: Durchschnitt entsteht dadurch, dass es einigen nicht schlecht genug und anderen noch nicht gut genug geht – mit der Folge, dass die einen nicht an ihre Grenzen gehen müssen und die anderen es nicht wollen.

Nehmen Sie lieber die Herausforderung an: Messen Sie sich nicht am Durchschnitt, sondern an Ihren Träumen und Zielen! Denken Sie nicht darüber nach, ob Sie das können – fragen Sie sich lieber, *wie* Sie das hinbekommen können.

Stellen Sie sich vor, Sie müssten einige Wochen lang doppelt so viel arbeiten wie gewöhnlich, um einen Angehörigen aus einer finanziellen Notlage zu befreien – Sie würden es doch bestimmt machen. Das zeigt, dass sich Durchschnittsleistungen immens steigern lassen, wenn nur die Motivation stimmt.

Also stellen auch Sie Ihren Lebenswecker! Wecken Sie Ihren Überlebenstrieb, um über dem Durchschnitt zu *leben*. Schaffen Sie sich Anreize, aus dem Durchschnittlichen herauszukommen – das gilt für Ihre Fitness, Ihre Allgemeinbildung oder Ihre Kochkünste genauso wie für Ihren beruflichen und wirtschaftlichen Erfolg.

Wenn Sie so arbeiten wie Ihr durchschnittlich verdienender Nachbar, dürfen Sie sich zumindest nicht wundern, wenn Ihr Einkommen ähnlich durchschnittlich ist wie seines.

Werden Sie das, was Sie sein könnten

Geben Sie der positiven Versuchung nach, all das zu werden, was Sie sein könnten, eigentlich auch sein sollten und seit Langem werden wollten. Motivieren Sie sich zu Höchstleistungen! Wo Ihre persönlichen Potenziale liegen, können Sie ganz einfach ausprobieren.

Kurz vor Silvester 1988 lernte ich im Hotel *La Samanna* auf der Karibikinsel St. Martin Ivan Lendl kennen, den damaligen Weltranglisten-Ersten im Tennis. Das Hotel gehörte seinen Schwiegereltern. Er trainierte auch dort jeden Tag und irgendwann sprachen wir darüber, dass er demnächst zu den Australian Open nach Sydney fliegen würde. Er erzählte mir, wie heiß es dort sei, und fügte hinzu: »Besonders heiß ist es für die, die verlieren. Wer dort verliert, schimpft über die Hitze.«

Hatten die Gewinner also in einer klimatisierten Halle gespielt? Natürlich nicht! Es ist immer das Gleiche: Sie können Entschuldigungen suchen, um zu glauben, dass Sie nicht selbst schuld sind – oder Sie können sich auf die äußeren Umstände einstellen und das Beste daraus machen.

Ähnlich verhält es sich mit dem verbreiteten Wehklagen über hohe Preise. Ein selbstständiger Webdesigner sagte mir einmal, dass er von einem richtigen Sportwagen träume, ihn sich aber nicht leisten könne. Deshalb hoffe er, dass der Hersteller die Preise senken werde, der Händler sich einen Rabatt abhandeln lasse oder er wenigstens günstige Ratenzahlungen vereinbaren könne.

»Besser wäre es«, antwortete ich ihm, »wenn Sie sich klarmachen würden, was Sie selbst tun können, um Ihr Ziel zu erreichen. Die Preise heruntersetzen können Sie nicht – aber Sie können mehr arbeiten. Werden Sie nicht abhängig von dem, der die Preise macht – werden Sie unabhängig, indem Sie Ihre Einnahmen erhöhen!«

Das gilt entsprechend natürlich für alle Lebensbereiche: Mit Ausreden reden Sie sich ins Aus.

Wie oft denkt man, dass in einer anderen Firma alles besser ist. Natürlich bekommt man von außen fast immer nur die Sonnenseite zu sehen: Der Chef ist dort angeblich netter, es gibt weniger Stress und man muss kaum Überstunden machen. Wechselt dann ein Bekannter tatsächlich in dieses Unternehmen, dann bekommt man allerdings meist zu hören: »Na ja, Überstunden und Stress gibt es hier auch. Und manchmal ist der Chef ganz schön genervt.«

2007 wurden in meinem Unternehmen viele Mitarbeiter zu einer neu gegründeten Firma abgeworben. Vielleicht hatte man ihnen das Schlaraffenland versprochen. Doch bald darauf waren nicht wenige von ihnen vermutlich ernüchtert. Wer vorher nicht kompetent oder fleißig genug gewesen war, hatte am neuen Arbeitsplatz bestimmt dieselben Schwierigkeiten wie vorher. Und spätestens beim Studium der nächsten Einkommensabrechnung erkannte manch einer, dass die versprochene Einkommenssteigerung ausgeblieben war.

Im Grunde ist es ganz einfach: Ihr Arbeitsplatz ist immer nur so gut wie die Arbeit, die Sie selbst abliefern. Ihre Einstellung zu Ihrer Arbeit entscheidet über Ihren beruflichen Erfolg.

Kaum ein Schüler kommt nach Hause und ruft: »Die Schule ist toll, der Lehrer ist super – nur ich habe im Unterricht nicht aufgepasst.« Für den Schüler sind fast immer die Schule und der Lehrer schuld.

Mein älterer Sohn, der in Frankreich eine englische Schule besuchte, beklagte sich einmal bei mir, dass er in seinem Schulfach Economics den Lehrer nicht verstehe. Der Lehrer war ein Osteuropäer und seine Aussprache des Englischen tatsächlich nicht perfekt. Überdies erschwerten, so mein Sohn wörtlich, »ein deutlich wahrnehmbares Lispeln sowie ein alle drei Wörter auffällig wiederkehrendes ›Schscht!‹ die Kommunikation erheblich.« Als sich mein Sohn bei mir über diesen Lehrer beschwerte, wollte er von mir im Grunde die Erlaubnis, eine schlechte Note zu schreiben.

»Kannst du den Lehrer ändern – oder dich?«, antwortete ich. Außerdem fragte ich ihn, ob es auch Lehrbücher für Economics gebe. Er bejahte das und auf meine nächste Frage, ob die Bücher, wenn man sie lese, auch unverständlich nuschelten, musste er grinsen. »Wenn dir das lieber ist,«, fügte ich hinzu, »kannst du natürlich auch in den nächsten 40 Jahren, wann immer du auf deine Schulnoten angesprochen wirst, zu deiner Entschuldigung anführen, dass damals der Lehrer genuschelt hat.«

Darauf hatte er aber keine Lust und so erklärte er sich bereit, in seiner Freizeit Nachhilfeunterricht zu nehmen. Der Nachhilfelehrer hatte eine tadellose Aussprache, mein Sohn schrieb nach nur vier Wochen die volle Punktzahl und schloss sein Economics-Studium kurz vor seinem 21. Geburtstag in London erfolgreich ab.

Machen Sie Schluss mit den Ausreden

Durch Ausreden können Sie sich nicht verbessern. *Ausreden* sind Lügen, die wir uns selbst *einreden*. Wer reich an Ausreden ist, wird meist arm an Tätigkeiten sein. Sie können entweder Ausreden suchen oder den Erfolg suchen – beides gleichzeitig geht nicht. Durch Ausreden können Sie Ihr Leben nicht positiv verändern, aber was Sie sich einreden, verändert Ihr Leben.

Ein Berater der OVB sagte mir einmal: »Die Leute sind nicht gut drauf – kein Wunder bei dem schlechten Wetter!« Da es stürmte und regnete, ging er also gar nicht erst los. Ich bekam schon fast Mitleid mit ihm, aber kurz darauf hörte ich ihn sagen: »Bei dem schönen Wetter denken die Leute an alles andere – nur nicht an Finanzprodukte. Da macht es überhaupt keinen Sinn, loszugehen.«

»Komische Einstellung«, sagte ich mir: »Für das, was er tun muss, ist es ihm in der Nacht zu dunkel und am Tag zu hell. Mit einer solchen Geisteshaltung wird er immer für alles eine Ausrede finden.«

Lustig sind oft auch die Ausreden von einigen Übergewichtigen: »Ich nehme schon zu, wenn ich andere essen sehe.« Dabei weiß im Grunde jeder, dass das blanker Unsinn ist.

Ich empfehle Ihnen also dringend: Machen Sie sich nicht selbst etwas vor! Sie unterliegen denselben Naturgesetzen wie andere auch. Wenn Sie zunehmen, haben Sie zu viel gegessen und/oder sich zu wenig bewegt. An außerirdischen Mächten hat es jedenfalls nicht gelegen. Und wenn Sie morgens nicht rechtzeitig aus dem Bett kommen oder abends schon wieder vor dem Fernseher hängen geblieben sind, dann können Sie so lange, wie Sie wollen, nach Sündenböcken suchen und Entschuldigungen finden: Schuld sind trotzdem immer nur Sie selbst.

Viele Menschen fühlen sich besser, wenn sie auf jemanden schimpfen und ihm die Schuld in die Schuhe schieben können. Wenn man einen Sündenbock gefunden hat, kommt es einem zunächst so vor, als hätte man zumindest halb gewonnen. Aber ist es dann wirklich nur noch halb so schlimm? Nein, denn Sie haben trotzdem zumindest halb verloren, weil Ihr Blickwinkel falsch ist. Die Suche nach Ausreden und Sündenböcken ist reine Energievergeudung. Sie selbst berauben sich dadurch der Energie, die Sie eigentlich für Ihre wieder einmal aufgeschobene Arbeit verwenden sollten.

Es nützt Ihnen nichts, wenn Sie andere dafür verantwortlich machen, dass Sie nicht gehandelt haben. Es liegt fast immer allein in unserer Macht. Und wem wir die Schuld geben, dem geben wir die Macht. Aber die Macht über sich selbst sollten Sie niemals abgeben. Für sich selbst denken können nur Sie.

Übernehmen Sie die Verantwortung für Ihr Leben

Es liegt an Ihnen, eine *Antwort* auf die verschiedenen Herausforderungen in Ihrem Leben zu geben. Deshalb heißt es ja auch: »Dafür habe ich die Ver*antwort*ung.« Manche sind absichtslos in etwas hineingeraten, aber jetzt liegt es an ihnen, sich vorsätzlich aus dieser Lage zu befreien. Sonst handeln sie fahrlässig gegenüber sich selbst!

Verantwortung ist kein Hut, den man nach Belieben auf- und wieder absetzen kann! Sie haben das Recht zur Eigenbestimmung und die Pflicht zur Selbstverantwortung. Wer beispielsweise sagt: »Das Glas ist umgefallen«, der verschleiert seine Verantwortung. Sagen Sie also lieber wahrheitsgemäß: »Ich habe das Glas umgekippt.«

Wir alle sind mit dem gleichen Guthaben an Selbstvertrauen auf die Welt gekommen. Es liegt an uns, ob wir dieses Selbstvertrauen vergrößern oder verringern.

Bevor andere an Sie glauben, müssen Sie an sich selbst glauben. Erst müssen Sie sich selbst vertrauen, ehe andere Ihnen Vertrauen entgegenbringen. *Selbstbewusst* bedeutet: sich *bewusst* zu sein, dass es an einem *selbst* liegt. Wenn in demselben Unternehmen zehn Pharmareferentinnen die gleichen Arzneien anbieten, in derselben Stadt tätig sind und nach demselben Vergütungssystem entlohnt werden – warum erzielen sie so unterschiedliche Ergebnisse? Wegen der unterschiedlichen Einstellung!

Vertrauen Sie sich selbst, dann bekommen Sie auch ein höheres Selbstwertgefühl. Dann sind Sie mental darauf ausgerichtet, Gelegenheiten zu entdecken. Sie halten dann gleichsam Ausschau nach Chancen, Sie liegen auf der Lauer statt im Dämmerschlaf.

In der Kindheit haben wir oftmals eine Reihe hinderlicher Redensarten mit auf den Lebensweg bekommen. »Lehrjahre sind keine Herrenjahre.« Diese und viele andere »Lebensweisheiten« laufen darauf hinaus, dass wir uns mit den Verhältnissen arrangieren sollen. »Was ein Häkchen werden will, krümmt sich beizeiten.« Das alles sind nicht gerade förderliche Ratschläge für ein erfolgreiches Leben. Auch das sicher gut gemeinte »Bleib so, wie du bist!« spornt uns nicht unbedingt an, uns weiterzuentwickeln.

Lassen Sie sich von solchen Redensarten nicht unterkriegen. Sonst verlieren Sie die Schlacht gegen Ihr beengendes Umfeld und Ihre hinderlichen Gewohnheiten – nach dem Motto »Zurück zur Bequemlichkeit«. Sich anzustrengen hat ja sowieso keinen Sinn. Und was sollen die Nachbarn denken? Verändern Sie Ihre Geisteshaltung, reißen Sie unsichtbare Mauern ein.

Identifizieren Sie sich mit dem, was Sie tun

Zwischen Ausreden und Selbstverantwortung die richtige Wahl zu treffen, ist eigentlich ganz einfach: Identifizieren Sie sich mit Ihrer Arbeit. Bevor sich Mandanten, Patienten, Zuschauer, Freunde für Sie entscheiden, müssen Sie sich erst einmal selbst entscheiden: als Berater für Ihr schwankendes Einkommen, als Bäcker für das frühe Aufstehen, als Arzt für die Ansteckungsgefahr, als Sportler für das Verletzungsrisiko.

Man muss sich auf den Zeitrhythmus, das Belohnungssystem, die Risiken und Chancen einschwören, die nun einmal zu jedem Beruf gehören. Jeder Job hat Nachteile, aber auch Vorteile. Berater, die auf Honorarbasis arbeiten, können sich ihre Zeit frei einteilen und ihre Einkommensmöglichkeiten sind unbegrenzt. Bäcker haben abends früher frei als andere. Sportler genießen Ruhm und Applaus, Ärzte ein hohes Image und Respekt.

Ein Mitarbeiter erzählte mir einmal nach einem Mandantentermin: »Ich habe heute einen supererfolgreichen Architekten kennengelernt. Eigentlich möchte ich hier aufhören. Ich habe den falschen Beruf. Ohne Finanzberatung können die Leute leben, aber nicht ohne ein Dach über dem Kopf. Kein Wunder, dass es den Architekten so gut geht. Architekt müsste man sein!«

Es gibt aber auch erfolglose Architekten, die einen erfolgreichen Arzt kennen und davon träumen, wie toll es wäre, auch Arzt zu sein. Schließlich braucht man Ärzte unbedingt, wenn man krank ist, aber nicht jeder braucht ein eigenes Haus.

Doch das sind alles wieder nur Ausreden, ersonnen von Menschen, die nicht mit Leidenschaft und vollem Einsatz für ihre Sache arbeiten. Es gibt erfolgreiche Architekten und es gibt weniger erfolgreiche – beide arbeiten in der Baubranche. Es gibt Arztpraxen, die laufen, und solche, die vor sich hindümpeln, beide in derselben Medizinsparte. Die Ursachen für den unterschiedlichen Erfolg liegen also offensichtlich zu einem großen Teil bei den Architekten oder Ärzten selbst.

Deshalb empfehle ich Ihnen: Identifizieren Sie sich mit Ihrem Beruf und machen Sie das Beste daraus, egal in welcher Branche und welcher Position Sie gerade sind.

Entweder Sie finden eine andere Einstellung zu Ihrem Beruf – oder Sie suchen sich einen anderen Job. Aber wenn dort Ihre Einstellung und Ihr Einsatz wieder nicht stimmen, werden Sie auch dort nicht erfolgreicher sein.

Bilden Sie sich fort!

Auf unseren letzten Schultag folgt der erste Tag in einem neuen Schulfach: Praktisches Lernen für erfolgreiches Arbeiten. Die beste Leiter zum Erfolg besteht aus Wissensstufen.

Die Fähigkeit zu praktischem Denken scheint bei vielen gebildeten Menschen eher unterentwickelt zu sein. Praktische Bildung soll uns helfen, konkrete Aufgaben lösungsorientiert zu durchdenken. Kaufen können Sie weder praktische Intelligenz noch nützliches Wissen. Aber Sie können sich Wissen aneignen und Ihre praktische Denkfähigkeit entwickeln. Wissen ist das Fundament Ihres Erfolgsgebäudes. Fortbildung liefert die Bausteine für seine fortwährende Erweiterung.

Wenn es Ihnen weder an Fleiß noch an Mut mangelt, dann ist Fortbildung das beste Fortbewegungsmittel auf Ihrer beruflichen Erfolgslaufbahn. Durch permanente Fortbildung entwickelt man sich weiter, wächst geistig und der Horizont erweitert sich.

Suchen Sie sich Menschen, mit denen Sie sich über fachliche Fragen austauschen können, die in Erfolgskategorien denken, schon etwas vorangekommen sind oder zumindest auch vorankommen wollen. Wenn Ihre bisherigen Bekannten Ihnen in dieser Hinsicht wenig geben können, ist das ein Grund mehr für Sie, Ihren Bekanntenkreis und somit Ihren Wissenshorizont zu erweitern.

Aber generell gilt: Sie können von jedem etwas lernen – und sei es, dass Sie von jemandem lernen, was Sie vermeiden müssen, um beispielsweise in einer bestimmten Situation nicht in Schwierigkeiten zu geraten.

Wenn jemand Sie kritisiert, so überlegen Sie, ob es sich um neidische Nörgelei handelt – oder vielleicht um konstruktive Kritik. Wer zu Ihnen sagt: »Das schaffst du sowieso nicht!«, hat keine Antwort von Ihnen verdient. Konstruktive Kritik dagegen kann Ihnen helfen, besser zu werden, etwa wenn Ihnen jemand rät: »Probiere es doch mal so!«

Stärken Sie Ihre Stärken und schwächen Sie Ihre Schwächen! Man kann Wissensmängel aufholen, Wissenslücken schließen. Akzeptieren Sie keine Bildungsgrenze. Wenn Sie zum Beispiel zehn Seiten am Tag lesen, kommen Sie immerhin auf 30 Bücher im Jahr, in zehn Jahren auf 300 gelesene Bücher. Bezweifeln Sie etwa, dass Sie dann mehr wissen als vorher?

Ich selbst habe mehr als 1000 Bücher gelesen. Biografien, Fach- und Sachbücher zum Beispiel über Zeitmanagement, Kommunikationstechniken und wirtschaftliche Themen. Nicht jedes Buch habe ich Wort für Wort gelesen, manche nur diagonal, und einige habe ich auch nach einem oder zwei Kapiteln weggelegt. Aber durch nahezu jedes dieser Bücher ist mein Wissen größer, tiefer und verzweigter geworden. Und sogar durch das Lesen von Krimis habe ich etwas gelernt. Meine Kombinationsfähigkeit wurde besser, ich konnte Dinge antizipieren, die noch nicht konkret ersichtlich waren.

Auch die Lektüre von Geschichtsbüchern kann uns fortbilden. Es kann sehr lehrreich sein, Jahrhunderte im Zeitraffer vorüberziehen zu sehen. Es hilft einem, weltverändernde Ereignisse zu verstehen. Durch alle diese Bücher hat sich mein Gespür für Zusammenhänge und Situationen entwickelt. Lesen Sie auch Tages- und Wochenzeitungen – und möglichst nicht nur die Lokalzeitung, sondern ruhig auch mal *Peking News* oder *US Today* auf Ihrem Smartphone oder Laptop. Dann wird Ihnen auch schnell klar, dass es nicht reicht, die Dinge immer nur aus deutscher Sicht zu betrachten.

Was kostet Sie jährlich Ihr Auto? Insgesamt mehrere Tausend Euro für Versicherung und Steuern, Reparaturen und Reifen, Kraftstoff und Rücklagen für den nächsten Autokauf? Dann sollte Ihre Fortbildung Ihnen zumindest ein paar Hundert Euro pro Jahr wert sein, damit auch Ihr eigener Motor rundläuft.

Lernen Sie, Ihr Namensgedächtnis zu trainieren. Lernen Sie Sprachen, leben und arbeiten Sie ein Jahr oder länger im Ausland. Jede Fernreise zu jedem Flecken in der Welt ist lehrreich. Und lernen Sie möglichst auch zu verkaufen. Arbeiten Sie in den Ferien einmal in einer Boutique oder Galerie, wo Sie unmittelbar mit Menschen zu tun haben. Sich besser verkaufen zu können, ist eine enorm wertvolle Fortbildung für Ihre Erfolgspraxis. Wenn Sie sich weiterbilden, können Sie weiterkommen.

Akzeptieren Sie das Leistungsprinzip

Wladimir Klitschko erzählte mir, dass er für jeden Schwergewichtsboxkampf, der maximal zwölf mal drei Minuten dauert, acht bis zehn Wochen hart trainiert.

»Kondition schlägt Klasse«, erklärte mir Klitschko. Für einen Sieg brauche man natürlich auch Mut, Angriffslust und eine erstklassige technische und taktische Ausbildung. Aber entscheidend für den Erfolg sei letztlich etwas ganz anderes: »Boxen ist wie Schach«, führte er weiter aus. »Vor einem Kampf analysiere ich meinen Gegner, schaue mir seine Kämpfe als Amateur und bei den Profis an, studiere seine Interviews, und dann kann ich ihn auch psychisch ganz genau einschätzen.«

»Genauso entscheidend für Sieg oder Niederlage ist die mentale Stärke«, vertraute mir Wladimir Klitschko außerdem an. »Mit hundertprozentigem Einsatz und vollkommen diszipliniert kann man nur kämpfen, wenn man die nötige mentale Stärke besitzt. Aber die kann man genauso trainieren wie seine Kondition oder seinen Bizeps.«

Vorbereitung auf und Fortbildung für neue Herausforderungen sind nicht immer angenehm. Aber da Sie die Spielregeln des Erfolgs nicht grundlegend ändern können, ändern Sie besser Ihr eigenes Verhalten – das nämlich haben allein Sie in der Hand.

Vor einigen Jahren durfte ich Sanford Weill kennenlernen, den langjährigen Chairman der *Citigroup*-Bank. In einer privaten Runde saß ich mit diesem großen Mann zusammen, der ein Bankunternehmen mit einem Wert von vielen Hundert Milliarden Dollar geformt hat. Und ich nutzte die Gelegenheit, um ihn zu fragen, worauf seiner Ansicht nach der Erfolg des von ihm geschaffenen Unternehmens beruhe.

Seine Antwort bestand aus zwei Teilen. Im zwischenmenschlichen Umgang gilt für ihn das Motto »Respect all people«, vom Pförtner bis zum Aufsichtsrat. Im Geschäftlichen zählt für ihn ausschließlich die Leistung – also nicht, ob jemand schon lange dabei ist und man ihn gern hat. Auch wenn zwei Abteilungen zusammengelegt werden, geht er rein nach Leistung. Ihm ist es egal, ob der zukünftige Chef aus dem eigenen Unternehmen oder dem dazugekauften kommt.

Die Leistung, die Sie beispielsweise als Autoverkäufer abzuliefern haben, besteht in erster Linie darin, dass Sie die Produkte Ihres Unternehmens an den Mann oder an die Frau bringen. Daran werden Sie gemessen und dafür werden Sie bezahlt. Sie sind für Ihr Unternehmen so viel wert, wie Sie an Wert schaffen.

Von Misserfolgen wird viel *erzählt* – aber nur Erfolge *zählen*. Wenn Sie ein besseres Beispiel abgeben, werden Sie auch etwas Besseres bekommen.

Lernen Sie, leistungs- und ergebnisorientiert zu arbeiten

Manche wollen ein Festgehalt und am liebsten einen beamten-ähnlichen Status. Wenn es wirklich das ist, wovon Sie träumen – okay. Es kann auch beruhigend sein, immer zu wissen, was am Ende des Monats aufs Konto kommt. Wenn Sie jedoch mehr Chancen suchen und hoch hinaus möchten, dann ist das wahrscheinlich nicht der richtige Weg für Sie.

Viele Menschen haben den Eindruck, dass der Chef sie bevorzugt oder benachteiligt. Tatsächlich können das Aussehen oder das Parteibuch, die Religionszugehörigkeit oder die Mitgliedschaft in einem bestimmten Sportclub für manche Karrieren entscheidend sein. Wenn Sie nicht derart subjektiv beurteilt und bezahlt werden wollen, dann suchen Sie sich eine Tätigkeit, in der die Ergebnisse objektiv messbar sind.

Ich hätte mir beispielsweise nie vorstellen können, Eiskunstläufer zu werden. Abgesehen davon, dass ich von der Motorik her für diesen Beruf völlig ungeeignet wäre, hätte ich auch nie davon abhängig sein wollen, ob meine Kleidung, meine Frisur und die von mir ausgewählte Musik den Preisrichtern gefallen. Als Leichtathlet kämpfte ich dagegen in einer Disziplin, in der Haarfarbe, Körpergröße oder Glaubensbekenntnis keine Rolle spielen, sondern nur die Resultate zählen.

Vielleicht ist es für Sie besser, sich eine Tätigkeit zu suchen, bei der Sie nicht für Ihre Arbeitszeit, sondern für Ihre konkreten Arbeitsergebnisse bezahlt werden. Das ist im Prinzip der gleiche Unterschied wie zwischen Breiten- und Leistungssport. Betreiben Sie Leistungsarbeit, und wenn Sie dann bessere Ergebnisse als die anderen liefern, verdienen Sie mehr und kommen schneller voran.

Akzeptieren Sie das Leistungsprinzip! Bringen Sie dort Ihre besten Leistungen, wo Ihr Einsatz belohnt wird – und reduzieren Sie nicht-lohnende Aktivitäten.

Es könnte für Sie lohnend sein, sich eine Arbeitsstelle mit leistungsorientiertem Einkommen zu suchen oder zu schaffen. Unter

Leistungsorientierung verstehe ich, dass man optimale Ergebnisse abliefern und sich am Erfolg messen lassen will. Wer als Kind oder Jugendlicher mit dem Fußballspiel beginnt, startet nicht in der Nationalmannschaft, sondern in einem kleinen Verein in der untersten Klasse. Als Anfänger muss er einen holprigen Rasenplatz in Kauf nehmen, mit ungeübten Mitspielern klarkommen, und nicht einmal der Ball hält Profi-Ansprüchen stand. Aber jeder in dieser Mannschaft hat die gleichen Bedingungen.

Alle haben zwei Beine und einen Kopf, alle tragen die gleichen Trikots. Doch einige wenige in jeder Mannschaft fallen so positiv auf, dass sich Bezirksligavereine für sie interessieren. Warum? Weil sie engagierter spielen, beharrlicher trainieren, sich mehr Kondition und Schnelligkeit aneignen.

Wenn sie erst einmal in die Verbandsliga aufgestiegen sind, können sie relativ schnell die Aufmerksamkeit von Trainern und Managern der Landesliga-Teams auf sich ziehen. Dort ist der Rasen noch etwas besser, die Mitspieler auch, und die Bälle erfüllen schon die Profi-Norm. Doch bis ganz nach oben schaffen es nur diejenigen Nachwuchsspieler, die in jeder Liga immer so spielen und trainieren, als ob sie schon eine oder zwei Klassen höher angekommen wären.

Bei Fußballern leuchtet uns das Leistungsprinzip ohne Weiteres ein: Sie werden nicht dafür bezahlt, dass sie soundso viele Stunden anwesend waren. Hier zählen ausschließlich Tore und Siege. Egal, ob ein Mitspieler Mist baut oder der Gegner sehr stark ist.

Aber gerade bei den spannenden Tätigkeiten außerhalb der Fußballstadien verhält es sich genauso: Wenn Sie eine überragende Leistung bringen, die Ihnen selbst oder Ihrem Team zum Sieg verhilft, dann zahlt sich das für Sie auch in besonderer Weise aus.

Ohne Fleiß keine First Class!

Um voranzukommen und sich zu verbessern, müssen Sie Ihr Wissen oder Ihren Arbeitseinsatz vergrößern. Meine Mutter gebrauchte gerne die Redensart: »Ohne Fleiß kein Preis.« Als Kind hörte ich diesen Spruch überhaupt nicht gerne. Ich fand ihn kleinkariert und überholt. Später merkte ich dann, dass das, was mir meine Mutter richtigerweise geraten hatte, in der Realität eine noch viel höhere Bedeutung hat.

Nur kommt es eben darauf an, dass wir unseren Fleiß auf die richtigen und wichtigen Dinge verwenden. Was für Sie richtig und wichtig ist, bestimmen Sie selbst – es müssen also keineswegs vorrangig die finanziell lohnendsten Aktivitäten sein.

In jedem Fall gilt: Sie können die Dinge halbherzig vorantreiben – dann werden Sie höchstens zweitklassige Ergebnisse erzielen. Oder Sie können sich mit voller Kraft und heißem Herzen ins Zeug legen – dann werden Sie auch erstklassige Erfolge erreichen und können First Class leben.

Machen Sie den Full-Power-Test

Wie leicht man Anstrengungen auf sich nehmen kann, wurde mir klar, als mir Otto Rehhagel einmal erzählte, wie viele Menschen bei Auswärtsspielen von Werder Bremen als Zuschauer mitfahren. Sie stehen frühmorgens auf, bezahlen das Ticket, fahren zehn bis zwölf Stunden hin und noch einmal so lang zurück – ganz einfach weil es ihnen wichtig ist, ihre Lieblinge spielen (und möglichst siegen) zu sehen.

Wenn es Ihnen wichtig ist, Ihre Ziele zu erreichen, dann können Sie einen ähnlichen Aufwand auch von sich selbst verlangen. Werden Sie Ihr eigener Fan! Nehmen Sie Mühen und Unbequemlichkeiten auf sich, um mehr zu erreichen und erfolgreich zu sein.

Die Entscheidung liegt bei Ihnen: Wenn Sie lieber wenig arbeiten und dafür mehr Freizeit haben wollen, dann müssen Sie die Konsequenzen aushalten – unter Umständen bis ins Alter. So gleicht sich im Leben alles wieder aus.

Natürlich gibt es auch Jobs, in denen man nur acht Stunden täglich arbeiten kann und keine Chance auf Überstunden oder Karriere hat. Wenn Sie wollen, können Sie einen solchen Posten eventuell gegen eine Arbeitsstelle eintauschen, die Ihnen mehr Aufstiegsmöglichkeiten bietet. Und dort, wo Sie Einsatz zeigen können, sollten Sie jede Chance nutzen, um sich zu verbessern. Eine Serviererin oder ein Kellner können hierbei Ihre Vorbilder sein: Je freundlicher und je häufiger sie arbeiten, je schneller und aufmerksamer sie sind, desto höher fällt ihr Trinkgeld aus.

Wenn Sie die Chance haben, leistungsorientiert zu verdienen, kommt es einfach darauf an, Einkommensziel und Leistungsbereitschaft in Einklang zu bringen. Rechnen Sie sich aus, welche Aktivitäten Sie entfalten müssen, um Ihr Einkommensziel zu erreichen – und dann legen Sie los! Erst wenn Sie Ihr selbst gestecktes Aktivitätenziel erreicht haben, ist Ihr Arbeitstag – oder Ihre größere Arbeitseinheit – beendet.

Legen Sie für Ihre Lebensplanung das aus Ihrer Sicht genau richtige Maß an Intensität und Einsatz fest. Ein Freiberufler, der an seinem Beruf vor allem die Freiheit des Nichtstuns schätzt, fährt sein Geschäft über kurz oder lang in den Graben.

Auf einem Kongress bekam ich durch Zufall beim Händewaschen einmal mit, wie ein freiberuflicher Mitarbeiter zu einem Kollegen sagte, er verdiene in der Bausparkasse nicht ganz so viel wie in seinem früheren Beruf. Ich fragte ihn später: »Na, was haben Sie denn in Ihrem alten Beruf verdient?« Er antwortete: »4000 Euro monatlich.«

»Und was haben Sie im letzten Monat bei Ihrer Bausparkasse verdient?«, wollte ich wissen, und darauf er: »3500 Euro.«

»Wie viele Stunden haben Sie denn im letzten Monat wirklich Beratungen durchgeführt?«, hakte ich nach. Er druckste herum, wurde ein bisschen rot und murmelte dann: »So um die 30 Stunden.«

»Nicht schlecht!«, sagte ich. »Mit rund vier Tagen Arbeit haben Sie 3500 Euro verdient. Bei Ihrer alten Stelle waren es 4000 Euro für 20 Tage. Jetzt rechnen Sie sich mal aus, wie viel Sie bei der Bausparkasse verdienen könnten, wenn Sie zehn oder sogar 20 Tage im Monat Ihrer eigentlichen Beratungsarbeit nachgehen würden.«

Bei Kälte muss man sich bewegen, sonst erfriert man. Bei Schwierigkeiten muss man mehr arbeiten, sonst scheitert man. »Die anderen haben eben Glück«, bekommt man oft zu hören. Ich kenne tatsächlich einige Spitzenperformer, die viel Glück haben. Aber glückliche Umstände gesellen sich oftmals zu einer Mischung aus unermüdlicher Beharrlichkeit und echter Knochenarbeit dazu.

Wenn Sie überprüfen wollen, ob Sie wirklich mit voller Power gearbeitet haben, dann gibt es für Sie ein einfaches Messverfahren. Fragen Sie sich am Ende eines bestimmten Zeitabschnitts: »Hätte ich noch mehr schaffen können?« Wenn Sie ehrlichen Herzens antworten können: »Mehr ging nicht!« – dann haben Sie Ihre persönlichen Grenzen derzeit ausgeschöpft. Wenn nicht, ist es wieder ganz einfach: In Ihrer nächsten Zeiteinheit geht noch mehr. Nach meiner Überzeugung ist weniger nicht mehr. Vielmehr kommt viel vor wenig und mehr ist mehr!

Wenn Sie Topleister sein wollen, gehen Sie bis an ihre Grenzen – anders geht es nicht. Leben Sie das Maximalprinzip.

Vergrößern Sie Ihr Leistungsvermögen!

8

Erschaffen Sie sich Ihr Zeitreich
Optimieren Sie Ihre Lebenszeit!

Einmal habe mir sogar Zeit gekauft. Das war vor über 30 Jahren. Genauer gesagt: Ich tauschte schlecht bezahlte in gut dotierte Zeit.

1978 bekamen wir bei der Bundeswehr einen Monatssold von knapp 200 DM. Einmal hatte ich 24 Stunden Wachdienst und das auch noch von Samstag 12 Uhr bis Sonntag 12 Uhr. Ich hatte mich aber auf das Wochenende mit meiner Freundin gefreut und außerdem ein paar Beratungstermine vereinbart, von denen ich mir eine lukrative Vergütung versprach. Also fragte ich einen Kollegen, ob er für mich den Dienst übernehmen würde, da er an diesem Wochenende nicht nach Hause fahren wollte und somit ohnehin in der Nähe der Kaserne war.

Seine Antwort war wohl eher als scherzhaft verkleidete Ablehnung gemeint. Jedenfalls sagte er: »Na klar – für 50 DM.« Das war ungefähr ein Viertel meines Monatssolds! Ich sollte ihm also einen ganzen Wochenlohn für nur einen Tag Vertretung geben.

Trotzdem ließ ich mich auf den scheinbar so schlechten Handel ein. Ich verdiente an den Beratungen, die ich in insgesamt acht dieser 24 »freigekauften« Stunden durchführte, 400 DM. Also doch kein übles Geschäft: Ich hatte schlecht bezahlte in gut honorierte Zeit umgetauscht – ganz zu schweigen von den unbezahlbar schönen Stunden mit meiner Freundin.

Sie können es nicht allen recht machen

Manche sagen gedankenlos: »Ich habe endlos Zeit.« In Wirklichkeit ist ihnen nur noch nicht bewusst geworden, dass sie ihre Zeit vergeuden. Wer seine Zeit nur *verbracht* hat, der hat sie nutzlos *verbraucht*.

Ein Beispiel für perfektes Zeitmanagement ist der Aufsichtsrat meines früheren Unternehmens, Michael Frenzel, seit vielen Jahren Vorstandsvorsitzender bei TUI. Natürlich bekommt er jeden Tag unzählige Briefe und E-Mails. Er entwickelte eine Art Sensor, um unter permanentem Zeitdruck nur das zu lesen, was für den Konzern im aktuellen Moment wirklich wichtig war. Bei ihm bekommen Sie auf viele Dinge keine direkte Rückmeldung, weil sie einfach nicht wichtig sind und keiner Antwort bedürfen. Aber wenn etwas für ihn bedeutsam ist, erhalten Sie eine schnelle Antwort. Wobei auch menschliche Dinge nach seinen Kategorien wichtig sind. Etwa als meine Mutter gestorben ist, da hatte dieser viel beschäftigte Mann die Zeit, um mir sehr liebe persönliche Zeilen zu schreiben. Denn Dinge, die ihm persönlich am Herzen liegen, haben für ihn eine Sonderpriorität. Im Geschäftsalltag antwortet er nicht auf jeden Brief, sondern immer nur auf das, was gerade wichtig und zielführend ist. Damit stößt er niemanden vor den Kopf, sondern wird trotz seiner extrem knappen Zeit letztlich jedem gerecht. Jedenfalls empfinde ich es so und etliche Menschen haben mir diesen Eindruck bestätigt.

Auf der anderen Seite gibt es Menschen, die völlig harmoniegesteuert sind und auf jede Mail sofort antworten. Die verpassen dann bei ihren beruflichen Aufgaben vielleicht etwas ganz Wichtiges, weil sie sich gerade mit einer unwichtigen Angelegenheit beschäftigen.

Die Grundidee von Zeitmanagement ist ganz einfach: Wichtiges hat Vorfahrt. Auch Sie haben die Freiheit, Ihre Zeit zu nutzen, um Ihren Lebenszielen Schritt für Schritt näherzukommen. Lernen Sie, Ihre berufliche Zeit als Arbeitsinstrument zu gebrauchen –

und Ihre private Zeit als Glücksvehikel. Geschicktes Zeitmanagement wirkt lebensverlängernd.

Wir alle haben gleich viel Zeit

»Zeit« ist eines der meistbenutzten Hauptwörter der deutschen Sprache. Es gibt wohl nur wenige Menschen, die sich weniger Zeit wünschen, aber viele, die sich mehr Zeit wünschen.

Zeit verrinnt unerbittlich – sie ist objektiv, eine unbeeinflussbare Größe und ein besonders wertvolles Gut. Wir können sie nicht aufsparen und nicht vermehren. Sie ist nicht käuflich und sie kann nicht gelagert werden.

Die Verteilung der Zeit ist fair und demokratisch. Sie verfügen über genauso viel Zeit wie Ihre Nachbarin, Ihre Schwester, Ihre Mutter, Ihre Freundin und Ihre Kollegin. Ihr Vorgesetzter, Ihr Kind, der Hotelier in Kenia, der Fischer in Alaska – sie alle haben pro Tag 24 Stunden Zeit. Ob Mann, ob Frau, ob jung, ob alt – jeder hat 1440 Minuten pro Tag zur Verfügung. Und ob Clochard oder Vorstandsvorsitzender, ob Fernfahrer oder Formel-1-Weltmeister: Für alle hat eine Stunde 60 Minuten und eine Minute 60 Sekunden.

Von der Geburt ab läuft unsere Lebensuhr. Zeit bedeutet Leben. Ihr Leben besteht einzig und allein aus Zeit – also machen Sie diese zu einer schönen und erfolgreichen Lebenszeit.

Mein Freund Jean-Remy von Matt entwickelte vor einigen Jahren eine Uhr, die auf die durchschnittliche Lebenserwartung der Menschen ausgelegt ist. Man stellt sie auf sein eigenes Alter ein und kann dann jederzeit ablesen, wie die eigene Restlebenszeit verrinnt – ein Countdown bis zum Tod. Einige, denen er diese Uhr schenkte, verstauten sie schnell ganz hinten im Schrank: Die Uhr zeigt die Begrenztheit des stetig verrinnenden Lebens an, für sie eine fürchterliche Wahrheit, die sie sich nicht ständig bewusst machen wollen.

Man kann Zeit nicht auffüllen oder nachladen, wie man einen neuen Packen Papier in das Magazin eines Kopiergeräts schiebt. Zeit kann man auch weder verkleinern noch vergrößern. Wenn Ihnen Zeit gestohlen wurde, können Sie diese nicht zurückklauen oder nachkaufen. Zeit verrinnt kontinuierlich und unwiderruflich. Deshalb ist es sinnvoll, so viel wie möglich aus seiner Zeit zu machen.

Aber wie macht man das: die verfügbare Zeit ideal nutzen? Ich habe viel Zeit auf diese Frage verwendet und ich bin überzeugt davon, dass meine Erfolge auch zu einem erheblichen Teil auf effizientem Lebenszeit-Management beruhen.

Lernen Sie die Kunst, Ihre Zeit ideal zu nutzen! Dann können Sie mehr Erfolge erzielen, Stress reduzieren und glücklicher durchs Leben gehen.

Rennen Sie nicht mit der Zeit um die Wette!

Zeit ist ein Paradoxon, Zeit ist relativ. Wir hören von der einen Seite: »Dazu ist der Tag zu kurz!« Und von der anderen: »Das ist aber so eine lange Zeit!« Für manche vergeht das Leben wie im Zeitraffer, für andere wie in Zeitlupe.

Zeit empfinden wir subjektiv als unterschiedlich lang oder kurz. 1987, vor einem kritischen Gespräch mit meinem ersten und letzten Chef bei der OVB, musste ich vor seiner Bürotür warten. Diese Minuten kamen mir wie Stunden vor. Als ich jedoch am nächsten Tag mit meiner Verlobten, in die ich heftig verliebt war, in einem romantischen Restaurant saß, da vergingen die Stunden wie im Flug. Als ich auf die Uhr schaute, war ich völlig überrascht, dass es schon so spät war.

Rennpferd oder Schnecke? Einen Wettlauf gegen die Uhr können Sie nur verlieren, denn wie sehr Sie auch hetzen: Dadurch gewinnen Sie keine zusätzliche Zeit. Rennen Sie der Zeit nicht hinterher! Laufen Sie ihr vorweg! Sie können sich nach Leibeskräften beeilen, es wird trotzdem nicht früher.

Fast jeder denkt, dass sich die Uhren heutzutage immer schneller drehen. Aber nein: Wir selbst drehen uns immer schneller, oftmals im Kreis und manchmal sogar wie im Hamsterrad.

Aber nun ist es höchste Zeit für eine Zeitlektion!

Stellen Sie sich Zeit als ein begrenztes Geldbudget vor

Wie viel ist Ihnen eine Stunde Ihres Lebens wert? Gehen Sie mit Ihrer Zeit ebenso sorgfältig um wie mit Ihrem Geld? Verlorene Zeit können Sie nie wieder aufholen – sie ist also noch wertvoller als Geld und sollte noch bewusster und sorgfältiger verwendet werden.

Stellen Sie sich einmal Ihre gesamte Lebenszeit vor. Da wir die Zeit mit unseren fünf Sinnen nicht erfahren können, ist es hilfreich, sich die Begrenztheit unserer individuellen Zeit plastisch zu vergegenwärtigen.

Ich habe in Banken und Versicherungen bei Vorträgen zum Thema »Erfolgsverstärkung« oft erzählt, dass man heute im Schnitt mit 20 Jahren anfängt zu arbeiten und mit 60 in Rente geht – also 40 Jahre oder 480 Monate Zeit hat, um in seinem Beruf etwas zu erreichen. Ich empfahl ihnen, sich vorzustellen, dass jeder Monat von ihrer Arbeitszeit eine Goldmünze sei. Demnach hat jeder Mensch maximal 480 Goldmünzen zur Verfügung. Wer erst mit 30 Jahren eine Arbeit aufnimmt, kommt entsprechend nur noch auf 360 Goldmünzen. Wenn Sie 40 Jahre alt sind, haben Sie nur noch 240 Arbeitsmonate zur Verfügung, also nur noch einen Rest von 240 Goldmünzen. Je weniger Münzen Sie haben, desto überlegter geben Sie diese aus. Und jetzt stellen Sie sich vor, dass Ihr Vorrat auf 50 Münzen zusammengeschmolzen ist. Wie vorsichtig werden Sie diese einsetzen!

So wie wir es vermeiden, Geld zu verschwenden, so sollten wir auch lernen, mit unserer Zeit innerhalb eines gesetzten Limits auszukommen. Gerade für den finanziellen Erfolg ist es wichtig, nicht nur mit Geld, sondern auch mit Zeit richtig umzugehen.

Es gibt eben nicht nur Geldbudgets, sondern auch Zeitbudgets. Wir können nur so viel Zeit ausgeben, wie wir haben, und wenn Sie Ihr Zeitkonto überzogen haben, können Sie meist höchstens einen Kurz-Zeitkredit aufnehmen. Wenn Sie zum Beispiel aufgrund einer Krankheit alle anstehenden Verpflichtungen um eine Woche verschieben, dann ist das kein Problem. Aber wenn Sie das öfter machen, droht Ihnen die Zeitinsolvenz.

Vergeuden Sie keine Arbeitszeit

Zeit ist Geld und Geld ist eben auch Zeit. Wir erleiden also einen Finanzverlust, wenn wir Zeit verschwenden. Machen Sie Ihre Zeit lebendig. Reanimieren Sie tote Stunden!

Angenommen, Sie verdienen rund 4000 Euro monatlich, dann haben Sie ein Jahresgehalt von circa 50 000 Euro. Bei acht Arbeitsstunden täglich und circa 230 Arbeitstagen pro Jahr kostet jede Minute rund 50 Cent. Eine Minute vertrödeln heißt also, 50 Cent zu vergeuden. Vertrödeln Sie zehn Minuten, sind es schon 5 Euro; bei einer Stunde schon 30 Euro; ein Arbeitstag macht 240 vergeudete Euro aus.

Im Beruf sollten Sie immer daran denken, was jede Arbeitsstunde wert ist. Falls Sie 200 000 Euro im Jahr verdienen, kostet eine verlorene Minute 1,80 Euro, eine Stunde 108 Euro und ein Arbeitstag fast 900 Euro.

Ich hatte in meinem Unternehmen einmal einen Mitarbeiter, der sich aus meiner Sicht den Tag recht gemütlich gestaltete. Der Schnellste war er jedenfalls nicht. Eines Tages wollte er wegen seiner Überstunden mehr Gehalt.

»Ich bin einverstanden«, antwortete ich ihm. »Wenn Sie wirklich länger arbeiten müssen, bekommen Sie eine Gehaltserhöhung.« Er schaute mich fragend an. »Als Erstes«, fuhr ich fort, »sollten Sie damit aufhören, tagsüber Zeit totzuschlagen. Minimieren Sie privates Palaver, arbeiten Sie effektiver und kommen Sie pünktlich aus der Mittagspause zurück.«

Wie er mir erklärt hatte, pochte seine Familie auf die Lohnerhöhung, weil er ja einen Teil seiner Abende der Firma opfere, anstatt sie mit seinen Angehörigen zu verbringen. »Im Grunde ist es genau umgekehrt«, sagte ich. »Immer wenn Sie an Ihrem Schreibtisch zum Fenster hinausschauen oder mit Ihren Kollegen die neuesten Gerüchte besprechen, rauben Sie Ihrer Familie ein paar Minuten.«

Er versprach, meine Anregungen umzusetzen. Falls er trotzdem auch weiterhin Überstunden machen müsse, solle er sich wieder bei mir melden, ermunterte ich ihn. Doch von da an kam er mit der normalen Arbeitszeit aus. Das Thema Gehaltserhöhung sprach er nie mehr an.

Machen auch Sie sich die Wechselwirkung zwischen Zeit und Geld immer wieder bewusst!

Verwenden Sie Ihre Arbeitszeit für die höchstbezahlte Tätigkeit

Meine Mutter fuhr in den 1970er-Jahren oftmals mit dem Bus quer durch Hildesheim, ans andere Ende der Stadt. Sie wusste, dass dort im Supermarkt ein Karton Waschpulver 50 Pfennige billiger zu haben war. Die Busfahrt dauerte 40 Minuten hin und nochmals 40 Minuten zurück. Hinzu kamen die Kosten für die Fahrkarten.

Eigentlich wollte meine Mutter Geld sparen, aber sie gab bei dieser Aktion insgesamt mehr Geld aus, als wenn sie das Waschpulver im teureren Ladengeschäft um die Ecke gekauft hätte. Ihr wäre nie in den Sinn gekommen, Geld und Zeit in Relation zu setzen.

Ständig gebrauchte sie die Spruchweisheit: »Wer den Pfennig nicht ehrt, ist des Talers nicht wert!« Mein Motto lautet dagegen: »Wer die Minute nicht ehrt, ist der Stunde nicht wert!« Diesen Geldzeitwert haben beispielsweise die Manager der großen Museen in London erkannt: Wer genügend Zeit hat, kann sich in einer der meist ziemlich langen Warteschlangen vor den Ticketschaltern anstellen. Wer es dagegen eilig hat, bekommt am Expressschalter gegen eine zusätzliche Gebühr sofort seine Eintrittskarte.

Ein weiteres Beispiel: Die »Four Minute Workout Machine« aus den USA: Sie ist ideal für alle, die genug Geld haben, aber nicht genug Zeit. Das innovative Gerät kostet 14 000 Dollar – ein stolzer Preis, der sich aber für Menschen mit genügend Geldvermögen und chronisch angespanntem Zeitbudget rechnet. Ihre Nutzer halten sich dank ausgeklügelter Technik mit nur vier Minuten täglichem Training so topfit wie sonst mit einer halben Stunde Training. Statt zum Beispiel beim Rudergerät nur Kraft beim Ziehen zu benötigen, müssen Sie auch beim Rückwärtsdrücken Kraft aufwenden. Also mehr Anstrengung in gleicher Zeit. Kein Wunder, dass der futuristische Crosstrainer bei erfolgreichen Managern, Politikern und Künstlern in Amerika so beliebt ist.

Dagegen gab mein Stiefvater teure Zeit aus, um billiges Geld einzusparen. Er musste als technischer Angestellter während der Woche tagsüber arbeiten – und bis er zu Hause war, war es oft zu spät, um noch in unserem Schrebergarten zu werkeln oder Rasen zu mähen. Ein älterer Nachbar bot an, diese Arbeiten für 10 DM pro Stunde zu übernehmen. Doch dieses Geld wollten meine Eltern sparen. Also musste mein Stiefvater auf Überstunden verzichten, damit wir nicht die 10 DM an den Nachbarn »vergeudeten«. Dabei hätte eine Überstunde meinem Stiefvater doppelt so viel – nämlich 20 DM – gebracht. Statt 10 DM zu sparen, verloren meine Eltern 10 DM durch diesen schlechten Tausch.

Also: Wenn es möglich und sinnvoll ist, sollten Sie eine Hilfskraft einsetzen! In der so frei gewordenen Zeit legen Sie sich aber bitte nicht in den Liegestuhl, sondern üben Ihre besser bezahlte Tätigkeit aus. Über Ihren Mehrverdienst rechnet sich das allemal – und Ihre Hilfskraft freut sich über den Nebenerwerb. Zusätzlich sparen Sie wahrscheinlich noch Zeit oder erhöhen Ihr Gehalt, indem Sie in Ihrer Firma vielleicht schneller Karriere machen.

Machen Sie einen Zeitverwendungs-Check

Unsere Zeit ist immer *jetzt* – und jeder hat gleich viel Zeit. Allerdings können wir unsere Zeit verschwenden oder gut verwenden.

Machen Sie einen Zeit-Check. Ihr Zeitguthaben beträgt 24 Stunden am Tag, somit 168 Stunden pro Woche. Also verfügen Sie über rund gerechnet 700 Stunden im Monat. Wenn Sie täglich acht Stunden für Essen, Schlaf und Körperpflege rechnen, sind das in einem Monat circa 240 Stunden. Addiert man noch ungefähr 160 Stunden Arbeitszeit sowie 20 Stunden für Fahrten zum Arbeitsplatz und zurück, dann bleiben immer noch fast 300 Stunden Freizeit. Eigentlich ganz schön viel, aber haben Sie diese Stunden auch tatsächlich frei?

Bei Managementseminaren zur Leistungssteigerung bitte ich die Teilnehmer oft, in einer Tabelle ihre zehn wichtigsten Arbeitstätigkeiten aufzulisten. Danach sollen sie so schnell wie möglich aufschreiben, wie viel Prozent ihrer Zeit sie für jede einzelne dieser zehn Tätigkeiten aufwandten. Da ich ihnen nur eine Minute gebe, bleibt ihnen keine Zeit, um alles sorgfältig zu kalkulieren. Die meisten kamen in der Summe auf 150 bis 160 Prozent – was ihnen zeigte, dass man meist nicht alle Aufgaben eines Tages oder einer Woche im Auge hat und den Zeitaufwand falsch einschätzt. Als Nächstes bitte ich sie dann, ihre zehn wichtigsten Tätigkeiten so aufzuteilen, dass sie mit den tatsächlich nur verfügbaren

100 Prozent auskamen. Notgedrungen planen sie nun für zweitrangige Tätigkeiten weniger Zeit ein und konnten so für ihre wirklich wichtigen Aufgaben genügend Zeit vorsehen.

Hilfreich ist es auch, sich Zeit als ein Gefäß vorzustellen: Nur ein Teil der Aufgaben, die Sie sich für einen Tag vorgenommen haben, passt in das Zeitgefäß hinein. Wenn es voll ist, haben Sie 100 Prozent der an diesem Tag verfügbaren Zeit verbraucht. Der Rest fließt durchs Überlaufventil in den folgenden Tag.

Der Unterschied zwischen vorgesehener und tatsächlich praktizierter Zeitaufteilung ist oftmals verblüffend groß. Vermutlich ist das bei Ihnen nicht sehr viel anders. Machen Sie die Probe:

Protokollieren Sie einmal eine Woche lang Ihre Zeitnutzung. Wenn bei Ihrer Arbeit nicht jede Woche viele verschiedene Aufgaben anfallen, führen Sie ruhig einen ganzen Monat lang Ihr Zeithaushaltsbuch. Hier ist es ausnahmsweise einmal sinnvoll, sich mit der Vergangenheit zu beschäftigen und den eigenen Kalender rückblickend zu analysieren. Schalten Sie Ihren Zeitverschwendungsmesser ein!

Ich selbst habe auch einmal einen solchen Zeitverwendungs-Check gemacht, wenn auch nur als Nebeneffekt. Eigentlich wollte ich bloß herausfinden, zu wie viel Prozent meiner Zeit ich mich mit Dingen beschäftigen musste, die mir Spaß machten, und zu wie viel mit Tätigkeiten, die mir weniger gefielen. Diese Erkenntnisse, für die ich viel Zeit verwandte, waren für mich sehr aufschlußreich. Durch eine solche Zeitanalyse wird sich höchstwahrscheinlich auch bei Ihnen herauskristallisieren, dass eine riesengroße Diskrepanz zwischen dem besteht, was Sie eigentlich machen wollten – und dem, was Sie tatsächlich gemacht haben.

Zeitmanagement ist Selbstmanagement

Genau betrachtet können wir nicht unsere Zeit managen, sondern nur uns selbst. Zeit lässt sich nicht managen, wohl aber planen.

Ihr Zeitmanagement zu leben heißt, Ihr Leben zu managen. Wer eine herausfordernde berufliche Tätigkeit oder viele Aufgaben in einer großen Familie zu erfüllen hat, möchte am liebsten etliche Tätigkeiten auf einmal erledigen. Aber das geht in der Regel schief.

Falsch ist es auch, sich in unwichtigen, angeblich dringenden oder scheinbar notwendigen Arbeiten zu verzetteln. Manchmal verliert man sich geradezu in Alibitätigkeiten oder verbringt den Tag de facto nur am »Arbeitsplatzsimulator«. Mit Pseudo-Arbeiten wird die Arbeitszeit herumgebracht – aber nicht die Arbeit ins Ziel gebracht! Oft kehrt dann erst abends nach Arbeitsschluss die Einsicht ein, dass man an diesem Tag bei allem Fleiß die eigentlich wichtigen Dinge nicht geschafft hat.

Einer meiner Manager in unserem Unternehmen war anscheinend außerstande, das Wichtige vom Unwichtigen und das Dringende vom nicht so Dringenden zu trennen. Er arbeitete bienenfleißig von früh bis spät, aber die wirklich wichtigen Sachen blieben allzu oft unerledigt.

Ich nahm ihn dann eines Tages zur Seite und sagte: »Wenn du morgen früh um acht mit der Arbeit anfängst, dann stell dir einfach mal vor, dass die Firma um 9 Uhr abbrennt. Was müsste bis dahin unbedingt schon erledigt sein?« Um 9 Uhr, fügte ich hinzu, solle er zu mir ins Büro kommen und mir seine Ergebnisse mitteilen.

Als er am nächsten Vormittag pünktlich um neun bei mir erschien, berichtete er voller Stolz, dass er die Gehaltsauszahlung auf den Weg gebracht hätte. Dann wollte er von mir wissen, was er nun als Nächstes tun solle. »Ganz einfach«, antwortete ich ihm. »Stell dir vor, dass die Firma um 10 Uhr abbrennt. Was müsste bis dahin dringender als alles andere erledigt sein?«

Er dachte kurz nach und machte sich an die Arbeit. Es klappte also – und diese Methode funktioniert bestimmt auch bei Ihnen oder einem Kollegen oder Mitarbeiter von Ihnen, der in ähnlicher Weise zeitlich verrennt.

In brenzligen Situationen weiß man intuitiv sofort, was als Erstes zu tun ist. Daran sollten Sie denken, wenn es um Sie herum mal wieder turbulent zugeht – und seien Sie gleichzeitig froh, dass es glücklicherweise nicht wirklich bei Ihnen brennt.

»First things first!«

Richten Sie Ihre Prioritäten an Ihren Zielen aus. Planen Sie jeden Tag neu – am besten am Abend davor oder frühmorgens, bevor Sie in den neuen Tag starten.

Schätzen Sie den Zeitaufwand für jede geplante Tätigkeit realistisch ein und legen Sie jeweils Start- und Endzeitpunkt fest. Planen Sie genügend Pufferzeit für Unvorhergesehenes ein – nicht zu knapp, lieber zu viel. Auch wenn es übertrieben klingt: Gerade bei Selbstständigen und Angestellten mit Führungsaufgaben ist erfahrungsgemäß ein Drittel der Tagesarbeitszeit als Puffer nötig.

Ihre Zeitplanung darf niemals dazu führen, dass Sie sich an ein starres Raster klammern. Nehmen Sie das Unkontrollierbare, das Unvorhersehbare an. Reservieren Sie ihm einen angemessenen Platz in Ihrem Arbeitstag.

Vor den Aufgaben kommen die Hausaufgaben

Großartige Handlungen bewirken großartige Ergebnisse und benötigen großartige Vorbereitung. Es ist erwiesen, dass Menschen, die sich *viel Zeit* für die Planung nehmen, oft *weniger Zeit* für die

Durchführung benötigen und somit *Zeit gewinnen*. Wer dagegen wenig plant und schnell beginnt, sieht nur kurzfristig wie der mögliche Gewinner aus. Langfristig ist er der Verlierer – und zwar mit deutlichem Zeitrückstand.

Jedes einzelne Prozent Ihrer Zeit, das Sie in die Vorbereitung von Aufgaben einbringen, spart Ihnen bei der Durchführung zehn Prozent Zeit!

Als Jugendlicher in einem Zeltlager habe ich das einmal praktisch erlebt. Wir wurden in zwei Gruppen eingeteilt und jedes Team sollte eines der Mannschaftszelte aufbauen. Meine Gruppe legte sofort los und wir waren schon halb fertig, während die andere Gruppe noch überlegte und zunächst alle Stäbe und Verbindungsteile sortierte. Wir fühlten uns bereits wie die sicheren Sieger, doch dann zeigte sich, dass wir etliche Teile falsch montiert hatten. Also mussten wir einiges wieder abbauen und neu probieren. Wir hatten nicht weit genug vorausgedacht, verloren viel Zeit – und die Wette, wer schneller fertig sein würde.

Damals sagte ich mir: »Lieber mal einen Finger lang nachdenken als einen Arm lang aufs Geratewohl losarbeiten.« Verlängern Sie die Vorbereitungszeit und verkürzen Sie dadurch die Durchführungszeit!

Das gilt auch fürs Telefonieren: Bevor Sie zum Hörer greifen, machen Sie sich auf jeden Fall Notizen. Bereiten Sie sich vor, listen Sie auf, was Sie besprechen und erreichen wollen. So gehen Sie zielorientierter und folglich auch zeitorientierter ans Werk.

Je stabiler das Planungsfundament, desto massiver und höher der Tatenturm, der darauf errichtet werden kann!

Sie sind ein menschliches Wesen – also ist es für Sie auch wesentlich, Zeit für das Wesentliche zu haben. Bestimmt haben Sie oft schon Sätze wie diese gehört: »Die hat dafür Zeit!« Oder: »Der hat dafür keine Zeit.«

Doch! Für die Dinge, die einem wirklich wichtig sind, nimmt man sich eben Zeit. Auch Sie hätten bestimmt auf der Stelle Zeit, wenn Sie die Gelegenheit bekämen, einen spannenden oder prominenten Menschen zu treffen. Als ich einmal die Chance erhielt, Shakira zu sehen, nahm ich sie gerne wahr, um ihr Guten Tag sagen zu können. Und genauso erging es mir bei Lady Gaga. Wenn Sie eine solche Sondermöglichkeit bekommen könnten, würden Sie dann nicht auch alles Erdenkliche dafür tun und hätten plötzlich Zeit?

Umgekehrt gilt aber genauso: Wenn die Zeit einmal wirklich knapp ist, dann schärft das unseren Blick für das Wesentliche. Vor 20 Jahren hatte ein Berufskollege einen Bandscheibenvorfall. Nach erfolgreich verlaufener OP war eine lange Reha angesagt, während der er zunächst nur fünf Stunden pro Woche arbeiten durfte. Da seine Arbeitszeit nun also eine Stunde pro Werktag betrug, blieb ihm nichts anderes übrig, als sich auf das absolut Wesentlichste zu konzentrieren. Wie er mir sagte, konnte er dadurch so klar wie niemals vorher zwischen wichtig und unwichtig unterscheiden.

Grüne Welle für Ihre Alpha-Prioritäten

Stellen Sie sich ein Koordinatensystem vor: Die eine Achse steht für die Wichtigkeit, die andere für die Dringlichkeit Ihrer Aufgaben. Was besonders wichtig *und* besonders dringlich ist, stellt Ihre erste Aufgabe dar. Was sehr wichtig und ein bisschen dringlich ist, wartet als zweite Aufgabe auf Sie. Was ein bisschen wichtig und sehr dringlich ist, das ist entsprechend Ihre dritte Aufgabe, die aber in der Regel delegiert werden kann. Dinge dagegen, die wenig wichtig und wenig dringlich sind, stellen auch keine Aufgabe für Sie dar.

Glücklicherweise ist Wichtiges selten dringend und Dringendes selten wichtig. Nur Aufgaben, die wirklich wichtig *und* echt dringend sind, müssen Sie konzentriert und so schnell wie möglich lösen. Seien Sie kein Wichtigtuer – aber tun Sie das, was wichtig ist.

Manchmal können allerdings Dinge, die eigentlich nicht wichtig waren, auf einmal ganz dringend und somit auch wichtig werden – weil man nämlich versäumt hat, sie zur rechten Zeit anzugehen.

Ich habe oft erlebt, dass Mitarbeiter zu spät zu einer Schulungsveranstaltung kamen. Um Pünktlichkeit war zwar *dringend* gebeten worden, für diese Nachzügler aber schien sie nicht so *wichtig* zu sein. Egal, was wir uns für die notorischen Zuspätkommer ausdachten – eine Strafe zahlen, den Besprechungsraum aufräumen –, es nützte nichts. Wenn es aber darum ging, als Belohnung für viele qualifizierte Beratungen eine Reise an ein tolles Urlaubsziel anzutreten, kamen sie nie zu spät. Immer trafen sie dann pünktlich mit ihren Lebenspartnern ein. Manche von ihnen reisten sogar bereits am Vorabend an: Offenkundig hatte es für sie oberste Priorität, diese Reise nicht zu verpassen.

Eine Grundvoraussetzung herausragender Arbeitsleistung ist die Prioritätensetzung. Wichtige Dinge sollen nicht unter weniger wichtigen leiden. Niemand muss alles machen und können. Aber Sie sollten immer mit dem Bedeutendsten beginnen und Alpha-, Beta- und Gamma-Prioritäten festlegen. Einzig und allein Sie können entscheiden, welche Ihrer *To-dos* erstrangig, welche zweit- und welche drittrangig sind.

Schauen Sie in Ihrer Zielplanung nach. Aus Ihren Zielen haben Sie Handlungspläne abgeleitet – und entsprechend sollten Sie nun Ihre Aufgaben definieren und priorisieren. Wenn Sie alles als gleich wichtig einstufen, dann haben Sie keine Prioritäten.

Alpha-Prioritäten sind für die Zielerreichung besonders wichtig. Deshalb sollte ihnen der größte Teil Ihres beruflichen Zeitaufwandes gewidmet sein. Auf die Gamma-Aufgaben entfällt entsprechend der geringste Zeitanteil. In der Realität verhält es sich allerdings so, dass die meisten Menschen den größten Teil ihrer Zeit auf Beta-Aufgaben verwenden und den kleinsten für ihre Alpha-Prioritäten. Nur bei den Beta-Aufgaben halten sich Soll und Ist meist mehr oder weniger die Waage.

Immer wenn ich zusätzliche Aufgaben übernahm, dachte ich: »Jetzt brauche ich entsprechend auch mehr Zeit.« Am liebsten hätte ich beim lieben Gott einen Antrag gestellt, mir mehr als 24 Stunden Zeit pro Tag zu genehmigen. Dabei ist die irdische Lösung viel einfacher: Beta-Aufgaben delegieren, sich auf Alpha-Aufgaben konzentrieren. Wenn Sie Ihre Alpha-Aufgaben richtig definieren und angehen, werden auch manche Beta- zu Gamma-Aufgaben, also reif für den Papierkorb. Bevor Sie sich verzetteln, schmeißen Sie die überschüßigen *To-do*-Zettel lieber weg.

Papierkorb voll – Schreibtisch leer

Alpha-Aufgaben sind nicht delegierbar, Beta-Aufgaben hingegen schon. Komisch, dass man sich am meisten mit dem aufhält, was man delegieren könnte, und sich am wenigsten demjenigen widmet, das nicht zu delegieren ist. Lernen Sie deshalb unbedingt, Ihre Prioritäten nach Dringlichkeit und Wichtigkeit zu ordnen. Noch einmal: Alpha = »dringlich und wichtig« kommt zuerst, dann Beta = »wichtig, aber nicht sehr dringend«, dann Gamma = »ein bisschen wichtig, aber sehr dringend«.

Am besten sollte Ihr Papierkorb groß und Ihr Schreibtisch klein sein – zumindest aber der Papierkorb nach der Arbeit voll und der Schreibtisch leer.

Gehört wirklich vieles in den Abfalleimer? Ja! Also verabschieden Sie sich vom vollen Tisch, freuen Sie sich auf den leeren Tisch. So mache ich das auch immer bei der Vorbereitung meiner Vorträge: Wenn ich neue und bessere Charts bekomme, entferne ich dafür genauso viele alte, sonst würde der Vortrag viel zu lang werden.

Wichtig geht vor dringlich

Behalten Sie immer Ihre Ziele im Blick. Nur Aufgaben, die Sie Ihren Zielen näherbringen, genießen bei Ihnen Alpha-Priorität. Was richtig ist, ist wichtig – was wichtig ist, ist richtig.

Lassen Sie sich von Ihrem Zielweg auch nicht durch Dringlichkeitsfanatiker abbringen. Alpha-Aufgaben liegen zu lassen ist schlimmer, als Beta-Aufgaben auf die lange Bank zu schieben. Werden Sie kein Dringlichkeitsfetischist! Je hektischer Sie sich um Dringendes kümmern wollen, desto weniger wollen Sie sich anscheinend um das Wichtige kümmern.

Eigentlich ist es ganz einfach:
- Start für die Alpha-Aufgabe,
- Pause für die Beta-Aufgabe,
- Stopp für die Delta-Aufgabe.

Hüten Sie sich vor der Schieberose

Schieben Sie keine wichtigen Themen auf! Bei Schieberose denkt man, dass es immer etwas Dringlicheres zu erledigen gebe, aber eben nichts Wichtigeres. Man schiebt die vermeintlich schwere Entscheidung vor sich her. So wird das Verschiebesyndrom zur Schiebe-Neurose. Unerledigtes wird hin- und hergeschoben, von links nach rechts und wieder zurück. Mit solchen Wanderbaustellen produzieren Sie einen Zielerreichungsstau.

Kurieren Sie deshalb Ihre Schieberose! Es ist verständlich, dass man unangenehme, anstrengende, schwierige, konfliktträchtige Themen nicht gleich anpacken möchte. Durch Aufschieben wollen sich manche vor dem Scheitern schützen und der Anstrengung ausweichen. Dadurch wird jedoch nichts einfacher oder besser. Im Gegenteil, gerade wenn Sie eine schwierige Herausforderung gemeistert haben, kommen Sie leichter voran. Erledigen Sie das Nötige lieber in Echtzeit – sonst müssen Sie sich später wie im Zeitraffer abzappeln, um die aufgeschobenen Aufgaben nachzuholen.

Auch wenn ich sonst immer für Motivation bin – beim Aufschieben möchte ich Sie entschieden demotivieren. Aufschub ist Flucht, damit verschieben Sie Ihr Leben mitunter auf später. Das erfüllt schon fast den Tatbestand der Schiebung. Was man immer weiter aufschiebt, erledigt sich manchmal zwar von selbst – aber das kann beruflich sehr teuer werden. 1983 hatte ich einem Kunden einen größeren Berufsunfähigkeitsschutzvertrag vermittelt. Die Versicherung wies mich darauf hin, dass noch die Antworten auf zwei Routine-Gesundheitsfragen nachzureichen seien. Die verbleibende Frist betrug zehn Tage – eigentlich mehr als genug Zeit für eine reine Formalität.

Doch dummerweise ließ ich die Sache liegen – und so wurde eine wahre Zeitbombe daraus. Als ich von einer längeren Geschäftsreise aus dem Ausland zurückkam, hatte ich Post von der Versicherung: Der Antrag war wegen Unvollständigkeit abgelehnt worden und meine Provision folglich futsch. Er konnte auch nicht erneut gestellt werden. Das Aufschieben einer Kleinigkeit, die nach fünf Minuten erledigt gewesen wäre, hatte mich rund 1000 DM gekostet – und jede Menge zusätzlichen Aufwand, bis der Kunde doch noch zu den gleichen Konditionen versichert werden konnte. Aber jede schmerzliche Erfahrung hat auch ihre positiven Seiten: Ein derart teurer Verschub unterlief mir danach nie mehr.

Unangenehmes möglichst sofort erledigen

Ich habe jeden Tag viele Telefonate zu führen. Dafür plant mir mein Sekretariat beispielsweise zwischen 10 und 12 Uhr einen Telefonblock ein. In dieser Zeit muss ich dann 15 oder 20 Anrufe erledigen. Früher habe ich fast immer mit den Anrufen begonnen, die mir am angenehmsten waren und auf deren Ergebnisse ich am neugierigsten war. Wenn die eingeplanten zwei Stunden nicht für sämtliche Anrufe reichten, blieben auf diese Weise die wirklich wichtigen Telefonate oftmals unerledigt.

Daraus zog ich eines Tages die Konsequenzen und beschloss: Zuerst müssen die schwierigsten und unangenehmsten Dinge erledigt werden – denn die sind meist auch von größter Wichtigkeit. Diese Vorgehensweise ist darüber hinaus eine gute Stressprophylaxe.

Viele Menschen »werden gearbeitet«: Ihre Arbeit wird von anderen bestimmt. Wenige arbeiten an dem, was sie selbst gewählt haben – meist werden sie bloß von der Flut der tagtäglichen Dringlichkeiten mitgerissen. Ihren Zielen kommen sie damit trotz aller Mühen keinen Schritt näher.

Machen Sie es besser als diese planlos sich Plagenden: Planen Sie's, dann packen Sie's!

Egal, für welches Zeitplanungssystem Sie sich entscheiden: Nutzen Sie Hilfsmittel beziehungsweise Planungsunterstützer, aber möglichst nur eines. Wenn Sie ein paar Termine und Aufgaben in Ihrem iPhone oder Blackberry vermerken, andere auf dem Notizblock, wieder andere im Timer auf Ihrem Laptop und natürlich zusätzlich immer noch ein paar *To-dos* in Ihrem Kopf jonglieren – dann wundern Sie sich bitte nicht, wenn Ihnen ein Haufen unerledigter Aufgaben auf die Füße fällt. Dann hatten Sie nämlich ein paar Pläne zu viel.

Planen Sie mit System

Am besten kann ich mir einen Überblick über die anstehenden Aufgaben verschaffen, wenn ich den kommenden Tag auf herkömmlichen Tagesplanern strukturiere. Ob Sie nun Papier und Stift oder Laptop bevorzugen: Planen Sie den Umgang mit Ihrer

Zeit möglichst schriftlich – und tun Sie es immer rechtzeitig im Voraus! Mittendrin fehlen Ihnen Distanz und Überblick – und rückblickend können Sie sowieso nichts mehr planen, sondern sich höchstens über Ihre mangelnde Planung ärgern.

Sorgfältige und realistische Vorausplanung hilft Ihnen enorm dabei, Ihre Ziele zu erreichen. Sie können dadurch Ihre Termine einhalten, vermeiden unnötigen Stress und sind mit Ihren Arbeitsresultaten zufriedener, als wenn Sie gehetzt und hektisch durch Ihren Tag stolpern.

Auch die Zeitplanung selbst braucht Zeit: Reservieren Sie sich dafür eine stille Zeit ohne Störung.

Investieren Sie Zeit und Aufmerksamkeit in Ihren Zeitsystem-Input – das bringt Ihnen einen rentablen Output in Form von gewonnener Zeit.

Damit Sie Ihre Zeit sinnvoll planen können, benötigen Sie Selbstdisziplin. Diese wiederum gewinnen Sie durch Eigenmotivation. Fragen Sie sich immer: Warum will ich diese Aufgabe bewältigen? Welches Ziel will ich erreichen? Dann richten Sie die jeweilige Zeiteinheit auf dieses Ziel hin aus.

Legen Sie zwischendurch immer wieder mal eine Zielminute ein. Checken Sie Ihre Koordinaten: Sind Sie noch auf Zielkurs?

Für die Wochenplanung gilt ebenfalls: Legen Sie Ihre *To-dos* schriftlich fest! Dann vergessen Sie nichts, behalten den Überblick und sind motivierter. Verpflichten oder neudeutsch »committen« Sie sich selbst – gehen Sie vor heiklen oder wichtigen Aufgaben schriftliche Selbstverpflichtungen ein.

Oft ist es leichter, eine Woche zu planen als einen einzelnen Tag: Dann können Sie die anstehenden Aufgaben und Tätigkeiten auf mehrere Tage verteilen und thematische Schwerpunkte setzen. Überspitzt gesagt: Den Montag und den Dienstag widmen Sie dann beispielsweise der Konferenzvorbereitung, den Mittwoch und den Donnerstag bestimmten Büroarbeiten, während der Freitag schwerpunktmäßig für Kontaktpflege, einen anstehenden Arztbesuch oder andere Lebensbereiche reserviert ist.

Entscheidend ist aber letzten Endes, dass Sie die Aufgaben in Ihrem Zeitplan auch tatsächlich angehen. Die beste Reiseplanung hilft Ihnen nichts, wenn Sie nachher gar nicht losfahren.

Den Tag planen – die Woche im Blick behalten

Am besten ist es nach meiner Erfahrung, wenn man jeden einzelnen Tag detailliert durchdenkt, aber dabei die gesamte Woche vor Augen hat. Was am einen Tag liegengeblieben ist, geht in den nächsten Tag über, doch entsprechend müssen Sie dort dann neu planen, neue Prioritäten setzen. Aus gestriger Sicht für morgen noch Vorrangiges muss jetzt eventuell als Nachrangiges gleichfalls auf einen der folgenden Tage gelegt werden.

Unterscheiden Sie in Ihren Wochen- und Tagesplänen durchweg nach Alpha- und Beta-Prioritäten – vielleicht sogar farbig oder mit zwei verschiedenen Schriften für den schnellen Überblick, was das Entscheidende ist.

Je mehr Aufgaben Sie haben, desto mehr Planung benötigen Sie logischerweise. Notieren Sie in Ihrem Zeitverwendungsplan nur Ihre eigenen Aufgaben. Notizen zu Terminen und Veranstaltungen Ihrer Kinder oder Ihres Lebenspartners haben in Ihrem Zeitplan nichts zu suchen. Sie erschweren Ihnen nur den Überblick. Generell gilt: Termine gehören in den Terminkalender. Für Notizen gibt es den Notizblock.

Einkommen produzierende Tätigkeiten haben Alpha-Priorität

Bei beruflichen Terminen und Aufgaben haben die Tätigkeiten, die direkt zur Einkommenssteigerung beitragen, höchste Priorität. Putzen Sie Ihre Zeitfenster!

Kümmern Sie sich um hochwertige Aufgaben und nicht um minderwertige Angelegenheiten. Mit »minderwertig« sind die Dinge gemeint, die nicht zu Ihren Schlüsselaufgaben gehören.

Welche Ihrer Tätigkeiten bringen Ihnen beziehungsweise Ihrem Unternehmen am meisten Nutzen? Welche Ihrer Aufgaben tragen zum höchsten Ertrag bei? Welches sind wert*volle* Aufgaben – und welches sind wert*leere*?

Stellen Sie sich an jedem Abend die Frage, ob Sie Ihrem Ziel nähergekommen sind. Fragen Sie sich bei Ihrer abendlichen Rückschau: Was war gut und was muss ich morgen anders machen? Das gilt natürlich genauso bei privaten Aufgaben: Haben Sie endlich das Geburtstagsgeschenk besorgt, das Sie schon seit Tagen kaufen wollen?

Was Sie besonders motiviert, ist für Sie besonders relevant. Was relevant für Sie ist, wollen Sie, und deshalb werden Sie es tun.

Setzen Sie das »One Moment In Time«-Prinzip um

Angenommen, Sie haben eine Stunde Zeit, um den Stapel auf Ihrem Schreibtisch abzuarbeiten, dann wenden Sie das Prinzip der sofortigen Erledigung durch Einmal-Handhabung an. Lesen Sie jeden Ihrer Briefe und/oder E-Mails nur einmal durch! Blättern Sie also nicht in einem Brief nach dem anderen und schauen erst einmal nach, was da so alles an schönen, spannenden und schwierigen Dingen auf Sie wartet.

Wenden Sie das »One Moment In Time«-Prinzip an: Nehmen Sie den ersten Brief und behalten Sie ihn in der Hand, bis der Vorgang erledigt ist: Schreiben oder diktieren Sie die Antwort, fügen Sie den Adressaten Ihrer Telefonliste hinzu, delegieren Sie die Angelegenheit, heften Sie das Schreiben ab oder werfen Sie es in den Papierkorb.

Dann wenden Sie sich dem nächsten Papier oder der nächsten Mail zu. Wieder entscheiden Sie: schriftlich antworten, in die Telefonliste, delegieren, abheften oder Papierkorb. Und so arbeiten Sie eine Sache nach der anderen ab.

Wenn Sie dagegen hin und her blättern, sind Sie während des zweiten Vorgangs gedanklich immer noch ein Stück beim ersten und schielen gleichzeitig schon auf den dritten Brief. Auf diese Weise fangen Sie viel an und beenden nur wenig. Hüten Sie sich vor Zeittotschlag!

Planen Sie auch Zeit für Familie und Freunde ein

Planen Sie neben Ihren beruflichen auch Ihre privaten Termine! Sonst fallen die wahrscheinlich öfter einmal aus.

Es gibt Menschen, die bekommen Schuldgefühle, wenn sie nicht rund um die Uhr arbeiten, sondern stattdessen auch mal alle viere von sich strecken. Aber wer viel arbeitet und die wichtigen Aufgaben des Tages gelöst hat, hat auch ein Recht auf Freizeit und Erholung. Planen Sie also auch Ihre Zeit für Privates. In der Medizin bekommt der Privatpatient die Luxusbehandlung – bei Ihren Terminen sollten die privaten gleichfalls eine Exklusivbehandlung erfahren. Seien Sie Ihr eigener Privatpatient!

Sie brauchen eine ausgeglichene Work-Life-Balance. Ihr Job, Ihre Familie und Freunde und Ihre Gesundheit verdienen gleichermaßen Aufmerksamkeit.

Richten Sie sich Prioritätenfilter ein

Wenn ich in Urlaub fahre, gebe ich meinen Söhnen für alle Fälle eine Festnetznummer, die auch mein Büro hat. Mein Sekretariat bitte ich, mich nur zu stören, wenn man bei einem dringenden Fall wirklich nicht weiterweiß. Außerdem wende ich das Handy-aus-Prinzip an: Im Urlaub bleibt mein berufliches Handy ausgeschaltet. Dass man problemlos auch einmal unerreichbar sein kann, erlebte ich auf den Bahamas: Ich hatte keinen Funkempfang, das Handy ging nicht – aber die Welt ging deshalb nicht unter.

In einer meiner Firmen führte ich Diensthandy-Verbot für Mitarbeiter während des Urlaubs ein. Vorher war es fast schon zur Gewohnheit geworden, dass manche Mitarbeiter nicht mehr zur Bürozeit an ihrem Arbeitsplatz von den Kunden angerufen wurden, sondern nur noch übers Handy und sogar abends oder am Wochenende. Auch für mich selbst schob ich dem einen Riegel vor, indem ich auf meine Voicemail-Box sprach: »Bitte rufen Sie wochentags zwischen 8 und 18 Uhr im Büro an.«

Wer beruflich besonders beansprucht wird, sollte sich im Urlaub von der E-Mail-Flut genauso wenig überschwemmen lassen. Richten Sie sich eine zweite, geheime E-Mail-Adresse ein, zu der nur Absender und Themen mit Alpha-Priorität durchkommen. Alles andere blocken Sie durch einen Mailfilter ab, der nur solche Nachrichten durchlässt, die Ihr Sekretariat, Ihr Assistent oder Ihre Familie als dringend und wichtig einstufen.

Herbert Schmalstieg, der frühere Oberbürgermeister von Hannover, hat mir einmal seinen »Urlaubstrick« verraten. Als Stadtoberhaupt konnte er nicht zwei oder drei Wochen lang unerreichbar sein. Aber natürlich musste auch er sich ab und zu erholen und deshalb hatte er mit seinem Sekretariat eine Vereinbarung getroffen: Während seines Urlaubs konnten jeden Tag zwischen 10 und 11 Uhr Telefonate zu ihm durchgestellt und wichtige Posteingänge besprochen werden. Er nutzte also das Zeitfenster-Prinzip. Tun Sie das auch!

Unterwerfen Sie sich nicht der Telefon-Tyrannei

Jede Branche hat ihre profitabelsten Tageszeiten. Wenn Sie in diesen Phasen als Börsenmakler anstatt beispielsweise Kurse zu beobachten Briefe mit Beta- oder Gamma-Priorität beantworten, dann sollten Sie das schleunigst ändern. Was kann man aber gegen Telefonanrufer tun, die Energie und Aufmerksamkeit zur Unzeit binden?

Das naheliegendste Hilfsmittel ist eine Voicemail-Box: Zu bestimmten Zeiten sind Sie oder ist Ihr Büro erreichbar – zu anderen nicht oder nur für einen definierten Personenkreis.

Sie können Ihren Anrufbeantworter auch als Nachrichten-Abfangjäger einsetzen. Lassen Sie erst einmal alle Anrufer ihre Nachrichten draufsprechen – und nachher hören Sie sich das an und entscheiden, was sofort erledigt werden muss, was später und was gar nicht.

Oder vereinbaren Sie – falls Sie über ein Sekretariat verfügen – Telefonblöcke, wahlweise vor- oder nachmittags. Anrufer bekommen dann zu hören: »Der Chef ist morgen zwischen 10 und 11 Uhr oder übermorgen zwischen 14:30 Uhr und 15:30 Uhr erreichbar.«

Arbeiten Sie dann, wenn Sie am besten punkten können

Logischerweise müssen Sie sich bei Ihrer Zeitplanung nach Ihren Zielgruppen richten. Dass ein Bäcker nicht erst nachmittags frische Brötchen anbieten sollte, leuchtet ein. Auch ein Kinobetreiber, der aus Bequemlichkeit keine Abendvorstellung anbietet, wird sich gegen die Konkurrenz nicht lange behaupten können. Sie müssen dann arbeiten, wenn Sie die größte Wirkung erzielen.

H. P. Baxxter, der Frontmann der Band *Scooter*, erklärte mir einmal, was das Schwierige an seinem Beruf sei. Ich war zuerst verdutzt: Was sollte es bei seinem Beruf überhaupt Problematisches geben? Er und seine Band sind berühmt, die Fans jubeln ihnen zu und sie genießen Prominentenstatus in jedem Hotel oder Restaurant. Die Schattenseite besteht aber darin, dass sie so häufig von ihren Partnern beziehungsweise von ihren Familien getrennt sind. Konzerte finden nun einmal abends und am Wochenende statt. Musiker müssen auftreten, wenn ihr Publikum nicht arbeitet.

Wenn Sie im Verkaufs- oder im Dienstleistungssektor tätig sind, müssen Sie in Ihrer Alpha-Priorität zu der Zeit aktiv und erreichbar sein, die für Ihre Kunden am besten passt. Ein Kioskbesitzer, der von 8 bis 18 Uhr geöffnet hat, ist zwar fleißig, wird aber trotzdem auf keinen grünen Zweig kommen – im Gegensatz zu seinem Mitbewerber, der nur von 18 bis 22 Uhr hinter dem Tresen steht, dann also, wenn die Läden ringsherum meist schon geschlossen haben.

Politikern im Wahlkampf geht es genauso – darüber habe ich einmal mit Sigmar Gabriel gesprochen. Beim Wahlkampf zu den Landtagswahlen in Niedersachsen musste er wochenlang durchs ganze Land touren – und die Veranstaltungen fanden immer nach 17 Uhr oder an den Wochenenden statt.

Auch Dienstleister wie Architekten, Anwälte oder Steuerberater stellen sich zunehmend auf ihre Kunden ein. Sie verlegen ihre Beratungszeiten auf den Abend und das Wochenende.

Ich halte oft auch am Wochenende Vorträge. Meine Lebenspartnerin Veronica Ferres ist Schauspielerin und da wird natürlich manchmal auch sonntags gedreht. Dafür ist dann mitunter montags frei – und das hat durchaus seinen Charme! Die Geschäfte sind leer, die Verkäufer sind ausgeruht und aufmerksam und der Park gehört einem zum Spazierengehen fast allein.

Sie müssen Ihr Leben nicht immer nach Wochentagen ausrichten. Man kann sich nicht nur sonntags sonnen und nicht nur an Werktagen werken.

Das gilt entsprechend für die berufliche Planung mancher Tage. Zäumen Sie Ihren Tagesplan bei Bedarf einmal von hinten auf! Wenn Sie zum Beispiel als Freiberufler am nächsten Tag noch um

20 Uhr einen wichtigen Termin haben, dann ist das der entscheidende Zeitpunkt. Fragen Sie sich: Was ist an diesem Tag sonst noch so wichtig, dass ich es davor erledigt haben muss? Wichtig ist an einem solchen Tag sicher nicht, dass Sie so früh wie sonst immer im Büro sind – wichtig ist, dass Sie um 20 Uhr ausgeruht und bestens vorbereitet sind. Legen Sie entsprechend Ihren Ausnahme-Zeitplan für diesen besonderen Tag fest.

Humorvoll, wie er eben ist, sagte Udo Lindenberg einmal zu mir: »Die Tage sind alle gleich lang, aber unterschiedlich breit.« Mehr als 24 Stunden hat kein Tag, aber je effizienter Sie arbeiten, desto mehr passt in eine Stunde hinein.

Effizienz heißt: Aufgaben richtig zu erledigen, und zwar schnell!

Wie effizient man sein kann, erlebte ich an mir selbst im Frühjahr 2011. Nach einer Knie-Operation musste ich eine Zeit lang an Krücken gehen. Anstatt ineffektiv hin und her zu rennen, wie ich es sonst manchmal an mir habe – mal schnell zum Handy laufen, nach SMS schauen oder zur Uhr im Nebenzimmer –, plante ich meine Routen durch die Räume genau, um keinen Meter zu viel zu gehen.

Hin und Her macht Akku leer!

Es kann effizient sein, wenn man mehrere Dinge gleichzeitig tut – allerdings lassen sich weit weniger Tätigkeiten synchron durchführen, als viele Multitasking-Propagandisten behaupten. Mühelos kann man beispielsweise auf dem Laufband laufen und sich dabei dieses Buch als Hör-CD zu Gemüte führen. Ich selbst schaue mir auf dem Hometrainer immer BBC- oder NBC-Sendungen an, um mein Wirtschaftsenglisch frisch zu halten. Aber mehr als Dualtasking schaffe ich nicht.

Frauen können viel besser als die meisten Männer viele verschiedene Aufgaben an einem Tag meistern. Doch auch die geübteste

Familienmanagerin würde ihre Aufgaben effizienter verrichten, wenn sie diese nacheinander ausführen würde. Das Großartige an der Zeitdimension ist doch gerade, dass eben nicht alles gleichzeitig geschieht – geschweige denn geschehen muss.

Meine Lebenspartnerin bildet in dieser Hinsicht eine beeindruckende Ausnahme. Sie ist richtig gut darin, mehrere Aufgaben parallel zu erledigen – ich nenne sie daher manchmal »Miss Gleichzeitig«. Von Berufs wegen ist sie es gewöhnt, am Set auf viele verschiedene Dinge gleichzeitig zu achten. Sie ist eine ausgezeichnete Zeitnutzerin, aber auch sie stößt dabei an Grenzen, die uns allen die menschliche Natur setzt.

Unser Gehirn ist eben kaum imstande, mehrere Dinge nebeneinander auszuführen. Man ist dann nicht schneller, man wechselt nur schneller zwischen den Tätigkeiten hin und her, und das kostet jedes Mal Umschaltzeit. Der Stressfaktor ist deutlich höher. Wie beim *Stop-and-Go* auf der Autobahn verbraucht man unnötig viel Energie. Außerdem machen wir beim Multitasking mehr Fehler.

Das ist im Grunde ähnlich, wie wenn man immer wieder unterbrochen wird. Wie heißt es oft: »Haben Sie einen Moment Zeit?« Nur summieren sich viele Momente eben schnell zu Minuten oder sogar Stunden. Man braucht jedes Mal zusätzliche Zeit, um sich in seine Arbeit wieder hineinzudenken. In Gedanken ist man womöglich noch beim Thema der Unterbrechung und springt dann eine Weile zwischen beidem hin und her.

Gute Manager sind auch deshalb erfolgreich, weil sie sich zu einer bestimmten Zeit nur einem einzigen Thema widmen – sie konzentrieren sich zielorientiert.

Tappen Sie in keine Zeitfalle – vermeiden Sie den Zeitinfarkt!

Effizient ist nicht immer auch effektiv

Effizient ist es nach meiner Erfahrung, wenn man zum Beispiel Zugfahrten für bestimmte Tätigkeiten nutzt. Früher habe ich bei einer längeren Bahnreise meist vor mich hin gedöst, aus dem Fenster geguckt oder im DB-Magazin geblättert. Mittlerweile ist mir bewusst, dass es sich dabei um tote Zeit handelt, die ich lebendig machen kann: Ich verlege einfach Arbeiten, die ich alleine und in anderer Umgebung erledigen kann, in diese Fahrtzeiten. Ich bereite dann Vorträge vor oder lese und beantworte die Post – und habe dadurch nach der Ankunft mehr freie Zeit.

Wer effizient arbeitet, erledigt eine Aufgabe schnell und mit geringem Aufwand. Aber das bedeutet nicht automatisch, dass er auch effektiv ist. Effektiv ist dagegen, wer sich auf das Richtige, also auf das Wichtige konzentriert.

Versuchen Sie nicht nur effizient, sondern auch effektiv zu arbeiten! Im Zweifel geht immer Effektivität vor Effizienz. Die richtigen Dinge zu tun ist wichtiger, als irgendwelche Beta- oder gar Gamma-Dinge richtig zu tun.

Tun Sie das Richtige mit geringem Aufwand! Lassen Sie sich von der Powerkombination aus Effektivität und Effizienz mit Überschallgeschwindigkeit zu Ihrem Ziel fliegen.

Wenn Sie jedoch Ihr Ziel im festgelegten Zeitrahmen nicht erreicht haben, können Sie Ihre Arbeit eigentlich nicht beenden. Also stellen Sie eine Alarmanlage gegen Zeitdiebe auf! Werden Sie Herrin oder Herr Ihrer Zeit!

Sagen Sie öfter Nein

Bei Ihrer Zeitplanung müssen Sie lernen, zu all den Zeitdieben, die Ihre Lebenszeit stehlen wollen, notfalls auch mal Nein zu sagen. Laufen Sie vor den Zeiträubern davon! Sagen Sie Nein zu allem

Unwesentlichen – und damit Ja zu dem, was für Sie wesentlich ist. Die Neins tragen enorm zu Ihrem Familienglück bei. Verneinen Sie, wenn möglich, und bejahen Sie, wenn nötig: So retten Sie Lebenszeit. Lassen Sie keine Zeitsäufer und Zeitfresser an sich heran!

Sie brauchen nicht allzeit bereit zu sein. An Ihre Hoteltür können Sie ein Schild hängen: »Bitte nicht stören!« Schaffen Sie sich auch sonst in Ihrem Leben störfreie Zeiten. Sie können und dürfen nicht jeder Bitte entsprechen. Lehnen Sie kleine Gefälligkeiten, die mal kurz zwischendurch von Ihnen verlangt werden, höflich ab. Wirklich liebe Menschen verlieren Sie durch eine solche Verneinung nicht. Machen Sie sich immer wieder klar, wie begrenzt die Ressource Zeit ist. Sie können es anstellen, wie Sie wollen, Sie schaffen unmöglich alles, was Sie selbst machen könnten und was andere von Ihnen wollen. Also wählen Sie aus, nehmen Sie selbst die Zeitzügel in die Hand.

Bei Besprechungen ist es hilfreich, vorher den Zeitrahmen festzulegen. Sagen Sie beispielsweise gleich zu Beginn: »Wir haben zwei Stunden Zeit.« Und nach eineinhalb Stunden zur Erinnerung: »So, jetzt bleiben uns noch 30 Minuten.« Auf einmal kommen alle Teilnehmer viel schneller auf den Punkt, weil sie spätestens jetzt den Arbeitsbeschleuniger einschalten.

Verabreden Sie am Ende einer Besprechung gleich das nächste Treffen. Das beliebte »Wir können dann ja demnächst telefonieren, wann wir uns das nächste Mal sehen«, bringt nur zusätzlichen Zeitaufwand und birgt überdies die Gefahr, dass man die Sache vergisst.

Wenn Sie durch solche kleinen Kunstgriffe nur eine Stunde pro Wochentag einsparen, dann haben Sie künftig zwei Tage pro Monat frei – zwei freie Tage nur für Sie, für Ihre Kinder, Partner und Freunde. Aufs Jahr gerechnet macht das glatt einen dreiwöchigen Urlaub zusätzlich aus.

Werden Sie noch gelebt oder leben Sie schon? Führen Sie ein Fremd- oder ein Eigenleben? Wer beklagt, die Zeit sei so schnell vergangen, hat seine Zeit nicht genutzt, sondern nur verbraucht.

Wird Ihnen langsam klar, dass gut genutzte Zeit langsam vergeht? Schalten Sie Zeitverbraucher aus und Zeitsparer ein.
Vergrößern Sie Ihr Zeitvermögen!

9

Durchhalten bringt's
Beharrlichkeit als Lebensschule

»Ewig wird das mit den hohen Aktienkursen nicht weitergehen«, sagte mir eine innere Stimme. Der DAX war stetig gestiegen, ein erfolgreicher Börsengang jagte den anderen.

Wir hatten den AWD-Börsengang eigentlich erst für 2001 geplant, aber im Winter 1999/2000 kam bei mir ein Gefühl auf, dass das Börsenumfeld nicht mehr lange gut bleiben würde und wir lieber schnell, also nach den Sommerferien, spätestens im Oktober, an den Start gehen sollten. Man kann aber nur an die Börse gehen, wenn man gute Zahlen hat, und so kämpften mein Team und ich rund um die Uhr für tolle Resultate. Obendrein braucht man für den Börsengang eine gute Expansionsstrategie – also überlegten wir zusätzlich, mit welchem Zukunftspotenzial, welcher Wachstumsperspektive und welchen Zukaufsynergien wir für Aktionäre interessant werden könnten. Und obwohl das schon mehrere Fulltime-Jobs nebeneinander waren, musste ich gleichzeitig an vielen Meetings mit Wirtschaftsprüfern und Investmentbankern teilnehmen und beim Verfassen des ersten offiziellen, allen aktienrechtlichen Kriterien genügenden Geschäftsberichts mitwirken, den wir rechtzeitig vorlegen mussten.

Es kam so vieles gleichzeitig, dass es eigentlich nicht zu schaffen war. Aber ich hatte das Ziel, unseren Börsengang zu stemmen, und sagte mir deshalb immer wieder: »Du musst durchhalten. Da musst du durch!«

Ich schlief höchstens zwei Stunden pro Nacht, aber bis Mitte September waren wir gut unterwegs. Ein Investmentbanker, den ich fragte, was jetzt noch schiefgehen könnte, antwortete mir: »Keine Sorge, alles läuft bestens! Nur wenn jemand sich über Fehler in Ihrem Prospekt beschweren würde, wenn es politische Unruhen oder einen Börsencrash geben würde, könnte noch etwas schiefgehen.«

Am 3. Oktober stellte die Investmentbank den Investoren unser Projekt vor. Der Ausgabepreis der Aktien war gerade auf eine Spanne zwischen 54 bis 62 Euro festgelegt worden. Am selben Tag kam von einem Konkurrenten eine einstweilige Verfügung: Wir dürften uns nicht »größter unabhängiger Finanzdienstleister« nennen. Im Nachhinein gab uns das Gericht zwar recht, aber das half uns erst einmal gar nichts: Innerhalb weniger Stunden mussten wir die Prospekte umschreiben, sonst wäre der Börsengang abgesagt worden.

Dann gingen wir auf Roadshow, nach London, Mailand, Paris, Zürich und zwischendurch auch für einen Tag in die Beneluxländer. In Amsterdam merkten wir, wie die Banker andauernd tuschelten, aus dem Saal raus- und wieder hereinrannten. Wir fragten uns: »Haben wir etwas falsch gemacht?« Aber dann wurde klar: Im Nahen Osten gab es blutige Unruhen mit zahlreichen Verletzten und Todesopfern.

Die Börsenkurse krachten in den Keller. Die potenziellen Investoren, die wir bei unserer Roadshow trafen, sahen uns nett an, waren aber am Kauf von Aktien weniger interessiert als an der Frage, welche ihrer bisherigen Aktien von anderen Unternehmen sie als Erste wieder verkaufen sollten. Am nächsten Tag hörten wir, dass etliche andere Börsengänge abgesagt worden waren. Uns war klar, dass auch unser Projekt spätestens dann gestorben wäre, wenn auch noch die Aktienkurse vergleichbarer Unternehmen abrutschen würden. Wenn ein ganzer Sektor abstürzt, will natürlich niemand Aktien einer neuen Firma aus dieser Sparte kaufen.

Zwischendurch sagte ich zu einem Vertrauten: »Wenn das jetzt schiefgeht, bin ich im Eimer.« Wir hatten 50 Millionen Euro für den Börsengang aufgewendet, also einen ganzen Jahresgewinn. Die Firma wäre völlig demoliert, das Image wäre ruiniert gewesen.

Und dann passierte auch noch genau das, was auf gar keinen Fall geschehen durfte: Unser Konkurrent MLP war jahrelang hochgelobt worden; die Aktie kostete etwa 170 Euro pro Stück – und krachte innerhalb weniger Tage auf 130 Euro runter.

Angebliche Fehler im Prospekt, Kriegsgefahr, Börsencrash: Kurz nacheinander war alles eingetreten, was der Investmentbanker an möglichen k.-o.-Schlägen aufgezählt hatte.

Damit war für mich klar: Unser Börsengang ist geplatzt. Ich weiß noch, wie ich am Abend zu meiner Familie sagte: »Ich schmeiße hin.« Am nächsten Tag telefonierte ich mit einem Wirtschaftsanwalt, der mich seit vielen Jahren betreute, und sagte auch zu ihm: »Offenbar soll es nicht sein, dass wir an die Börse gehen. Ich gebe auf.«

Aber er sagte zu mir: »Jetzt sind Sie zu 99 Prozent durch. Das eine Prozent schaffen Sie auch noch. Denken sie doch an Ihren Sport: Die letzten Meter sind die schwersten – aber gleich haben Sie es geschafft. Erfolg wird erst am Ende, nach Überschreiten der Ziellinie, ausgezahlt. Machen Sie weiter!« Auch meine Familie sprach mir Mut zu, und da raffte ich mich also wieder auf.

Erneut waren wir kurz vor dem Ziel, dann kam der nächste Knüppel: Anwälte von Anlegern, die von der Wertentwicklung ihres Finanzinvestments enttäuscht waren, erklärten, wir hätten in unserem Prospekt nicht erwähnt, dass sich Anleger über unsere Beratungsleistung beklagt hätten. Also mussten wir den Prospekt wieder umschreiben und deshalb den Börsengang um drei Tage verschieben.

Daraufhin dachte ich: »Das macht doch die Investmentbank nicht mehr mit, der Börsengang fällt jetzt ganz bestimmt aus.« Aber auch die Banker wollten so kurz vor dem Happy End nicht kapitulieren. Also machte ich weiter; es war wie beim Ironman-

Wettbewerb, wenn man denkt, man kippt um, und sich zwingt, automatisch die Füße oder Arme zu bewegen.

Wir gingen dann am 20. Oktober mit einem Emissionspreis von 54 Euro tatsächlich an die Börse. An diesem Tag betrug der Eröffnungskurs bereits 56,10 Euro, am Abend waren es schon 68 Euro. Und am Ende wurde es einer der zehn größten Börsengänge zwischen 1990 und 2000. Ich weiß bis heute nicht, wie ich das durchgehalten habe – aber genau dafür wurden wir belohnt.

Erfolg ist kein Selbstläufer

Wenn Sie im Leben Erfolg haben wollen, müssen Sie beharrlich dafür arbeiten und auch Niederlagen einstecken können. Solche unausweichlichen Rückschläge können sogar die beste Lebenslehre werden. Gerade Fehler können besonders lehrreich und bereichernd sein – sowohl für das private Glück als auch für den beruflichen Erfolg. Eigentlich müsste man Fehler, aus denen man lernen kann, begrüßen, denn dann ist die Chance größer, sich von zukünftigen Misserfolgen zu verabschieden.

Gut verdienende Menschen werden nicht zuletzt für ihr Ausdauervermögen bezahlt.

Erfolg ist ein listiger Schelm und ein kritischer Beobachter. Kurz bevor man die Treppe zum Erfolg erklommen oder ein wichtiges Ziel erreicht hat, tritt sozusagen eine Erfolgsjury auf den Plan. Sie werden quasi getestet, ob Sie schon reif für den Erfolg sind. Auch Ihnen wird man ein Bein zu stellen versuchen, und dann wird sich zeigen, ob Sie die Flinte ins Korn werfen. Ob Sie – wie die meisten Menschen – bei Schwierigkeiten aufgeben oder unerschütterlich am Ball bleiben. Denn für Erfolg und Karriere müssen Sie vorrangig die Prüfung im Lebensschulfach Beharrlichkeit schaffen.

Aufhören ist immer einfach – weitermachen dagegen ist manchmal schwierig. Wenn man aber die Anfangsphase hinter sich hat, dreht sich das Verhältnis manchmal sogar um: Dann wird es immer schwieriger aufzuhören – und das Weitermachen für den Zukunftserfolg wird immer einfacher.

An jeder Business School wird gelehrt, dass man circa zehn Jahre an Entwicklung und Erfahrung benötigt, um operative Exzellenz zu erreichen. Das gilt für jemanden, der Golf oder Schach lernen will, genauso wie für Wissenschaftler oder Musiker, Techniker oder Ärzte. Man spricht auch von der »Zehntausend-Stunden-Regel«: So lange, darüber sind sich die Leader einig, braucht man im Allgemeinen, um einen hohen Grad an Professionalität zu erreichen.

Gehen Sie Ihr Ziel von Anfang an mit größter Entschlossenheit und unerschütterlicher Beharrlichkeit an. Setzen Sie Ihren Weg hartnäckig fort, egal, welche Hindernisse sich vor Ihnen auftürmen. Ausdauer und Beharrlichkeit sind für das Erreichen Ihres Ziels ebenso wesentlich wie Engagement. Das ist wie beim Marathon: Mit vielen kleinen Schritten können Sie große Erfolge erzielen – aber nur, wenn Sie diese vielen Schritte beharrlich hintereinander machen.

Großes beginnt oftmals klein, Gutes schlecht, Richtiges falsch. Aber wenn Sie durchhalten, werden für Sie die Dinge groß, gut und richtig enden.

Durch Fehler zum Erfolg

Kleinkinder würden niemals auf die Idee kommen, einfach sitzen oder liegen zu bleiben, wenn sie bei ihren Gehversuchen stolpern und hinfallen. Jedem von uns ist es als Kind so ergangen: Alles war in unseren ersten Lebensjahren ein Ansporn, um weiterzumachen. Von einem Sturz ließen wir uns überhaupt nicht aus der Bahn werfen – im Gegenteil, er half uns zu lernen, wie man richtig geht, ohne auf die Nase zu fallen.

Fehler sind in aller Regel nützlich. Leider haben unsere Eltern und Lehrer uns spätestens ab dem Schulalter beigebracht, möglichst keine Fehler zu machen. In meiner Generation dachten Schüler bei schlechten Klassenarbeiten sofort an die drohende Bestrafung. Misserfolge aller Art galten in den Augen unserer Erzieher als Fehler. Kein Wunder, dass sich viele Menschen vor Misserfolgen fürchten und Strategien entwickelt haben, um Fehler zu vermeiden.

Dabei kann sich das, was uns zunächst als Fehler erscheint, im Nachhinein oft als große Chance erweisen. Finden Sie heraus, welcher Vorteil sich aus dem Nachteil ergeben könnte, den Sie gerade erlitten haben. Oftmals ist der Vorteil mindestens genauso groß. Jede Verfehlung bietet Ihnen die Gelegenheit, um eine Erfahrung reicher zu werden. Man kann daraus gestärkt hervorgehen und klüger von Neuem beginnen. Ein Ziel, das Sie heute verfehlt haben, werden Sie beim nächsten Mal schon besser treffen können. Jeder Sportschütze weiß: Wenn er ein Ziel verfehlt hat, ist es damit nicht für immer und ewig erledigt – ganz im Gegenteil! Durch Übung wird er besser. Beim nächsten Mal wird er zumindest die Zielscheibe treffen, und wenn er beharrlich weiterübt, trifft er über kurz oder lang ins Schwarze.

Leider haben viele Menschen schon in früher Jugend verinnerlicht, vor allem zu betonen, was sie »nicht können« und »nicht richtig gemacht« haben. Das ist *destruktives, negatives* Fehldenken. Denken Sie lieber daran, was Sie dazugelernt haben und jetzt schon besser können – das ist *konstruktives, positives* Denken, das nicht zuletzt den Durchhaltewillen stärkt. Erst wenn Sie denselben Fehler ein zweites Mal begehen, machen Sie einen richtigen Fehler. Und selbst dann sollten Sie Ihren Rückfall als behebbaren Vorfall ansehen.

Egal, was Sie anfangen: Zu Beginn werden Sie meist Misserfolg haben. Daraus entsteht ein Lerneffekt, und dieser ermöglicht schließlich den Erfolg. Der Misserfolg ist also oftmals die Wende zum Erfolg. Doch die Misserfolgsphase müssen Sie aushalten.

Ein Hürdenläufer trainiert die Strecke, weil er ein guter Hindernisüberwinder werden will – für Ihren Erfolg müssen Sie seinem Beispiel folgen. Hindernisse sind dazu da, überwunden zu werden.

Ein Misserfolg ist nur ein kleines Problem, aber die Angst vor dem Misserfolg ist ein richtig großes Problem. Da die meisten Menschen gelernt haben, Misserfolge möglichst zu vermeiden, wird ihnen der Weg zum Erfolg durch ihre Angst vor Misserfolg versperrt. Das ist geradezu tragikomisch: Sie wollen Erfolg und verhindern ihn, weil sie den Misserfolg ausschließen möchten. Dabei ist der Misserfolg oftmals die Basis künftiger Erfolge. Man verliert einfach eher, wenn man Angst hat zu verlieren. Nur wer bereit ist, Fehler zu riskieren, kann aus ihnen lernen.

Ohne Misserfolgsphase keine Lernphase und ohne diese auch keine Erfolgsphase. Aus jeder dieser drei Phasen können Sie Erkenntnisse für morgen und somit für den Erfolg in der Zukunft gewinnen. Denn auch wenn Sie schon erfolgreich sind, können Sie durch Beharrlichkeit weiterhin viel lernen. Das gilt für jeden Lebensbereich: Als Elternteil oder Partner, als Freund, bei Ihrem Hobby oder im Beruf – überall können wir noch besser werden, wenn wir aus den vorher gemachten Schritten lernen.

Begrüßen Sie Fehler als Hinweise, wie es besser geht – dann verabschieden Sie sich von den Misserfolgen.

Misserfolge sind nur Zwischenstände

Misserfolge sind Zwischenergebnisse auf dem Weg zum zukünftigen Erfolg. Das ist wie bei Eishockeyspielen: Nach dem ersten Drittel der Spielzeit gibt es ein Zwischenergebnis und dann wieder eins nach dem zweiten Drittel. Danach kommt das Schlussdrittel, manchmal folgt noch eine Verlängerung und auf die vielleicht auch noch Penaltyschießen. Und oft wird sogar noch ein zusätzliches Spiel angesetzt – viele weitere Chancen also. Wer ein paar Tore zurückliegt, kann diese aufholen und am Ende trotzdem der Sieger sein. Jeder Rückstand ist nur eine Momentaufnahme.

Notfalls gibt es immer noch eine neue Saison: Man muss nur wieder antreten und darf nicht vorzeitig das Handtuch werfen.

Durchhalten heißt auch, nach dem Aufholprinzip zu leben. Wenn ich zum Beispiel bei einem Fünftausend-Meter-Lauf einmal vom Zeitzielplan abgewichen war und schlechtere Zwischenzeiten erzielt hatte, dann musste ich eben zusehen, dass ich die verlorenen Sekunden in den nächsten Runden wieder aufholte. Nicht nur beim Sport habe ich Rückschläge immer nur als Rückstände während eines Zwischenabschnitts angesehen. Mit Training und Ausdauer können Sie auf der Laufbahn viele Mitläufer und im täglichen Leben viele Ihrer Mitmenschen überholen.

Misserfolge sind nur vorübergehend misslungene Erfolge. Kleine Ausrutscher, die Sie als willkommenen Ansporn für den neuen, umso besser gelingenden Versuch nutzen können. Also: Nach Fehlversuchen gleich neu versuchen!

Hauptsache, Sie bleiben Ihrer Strategie treu. Halten Sie unbeirrt Ihren Kurs – auch wenn Sie bei einem Zwischenschritt mal danebengelegen haben. Wenn Sie Ihren Traum durch vorzeitige Aufgabe begraben, werden Sie ihn nie wieder träumen. Alles Verkehrte können Sie berichtigen, doch wenn Sie aussteigen, ist es auf diesem Gebiet aus. Aussteiger können keine Aufsteiger werden.

Ein gekonnter Fallrückzieher kann selbst aus einer verunglückten Vorlage einen Volltreffer machen. Also halten Sie durch, egal was passiert.

Nutzen Sie Rückschläge als Chancen

Rückschläge sind Prüfungen mit Schlägen, die Sie meist ein Level höher katapultieren. Nach Rückschlägen hat man es oftmals sogar leichter, denn nun weiß man ja, wie es geht, oder zumindest, wie es besser geht. Rückschläge sind also Vorstufen auf dem Weg zum Erfolg.

Auf diesem Weg gibt es nicht nur Abkürzungen, sondern auch Abweichungen. Nehmen Sie einen solchen Umweg, so wird der Zielweg länger, aber Ihr Ziel bleibt erreichbar. Umwege kosten zwar Zeit, aber wenn Sie umdrehen, verlieren Sie noch viel mehr Zeit.

Der Schauspieler John Malkovich schilderte uns bei einem Abendessen, dass er mit seinen großen Rollen in weltweit bekannten Filmen wie *Ripley's Game*, *Eragon* oder *Per Anhalter durch die Galaxis* sehr viel Geld verdient hatte. Doch wie er mir weiter berichtete, hatte er fast sein gesamtes Vermögen Bernie Madoff anvertraut, der mit einem Schneeballsystem 50 Milliarden Dollar veruntreut hat, und dadurch beinahe alles verloren. Vorher war Malkovich so reich gewesen, dass er nicht mehr hätte arbeiten müssen, aber nun musste er noch mehr Rollen annehmen. Doch er hielt durch, er blieb er selbst, und er lamentierte nicht lange herum, sondern akzeptierte die Situation, wie sie nun einmal war: »Okay, es ist schiefgelaufen, dann mache ich eben das Beste draus.« Mit unerschütterlicher innerer Ruhe machte er einfach weiter – zur Freude der Kinogänger, die ihn in den letzten Jahren vermehrt in Blockbuster-Filmen sehen durften.

Fast jede Erfolgsgeschichte von berühmten Menschen ist auch eine Geschichte über deren Misserfolge. Die sind vorübergegangen, aber geblieben ist der Erfolg.

Je schneller Sie lernen, desto besser. Überspitzt gesagt: Je schneller Sie Misserfolge haben, desto schneller können Sie daraus Erfolge ableiten. Schicksalsschläge ausgenommen, sollten Sie Rückschläge als Vorschläge für bessere Lösungen ansehen. Rückschläge gibt es so, wie es die Nacht oder den Winter gibt: Danach kommt immer ein neuer Tag oder der nächste Frühling.

Topsportler trainieren sechs Tage pro Woche. Sie wollen nicht in die Knie gehen müssen und verlieren – sie wollen oben auf dem Siegertreppchen stehen, möglichst nach jedem Kampf. Und für dieses Ziel heißt es eben: üben, üben, üben. Immer wieder das Gleiche, Woche um Woche, Tag für Tag. Durchhalten heißt aushalten – halten auch Sie es aus!

Erfolgreiche Menschen lassen sich von Rückschlägen nur kurz frustrieren. Um sich selbst zu schützen, sollten auch Sie Ihre Leidenszeit begrenzen. Setzen Sie einen Erinnerungsstopp! Siegertypen sind begierig, aus ihren Misserfolgen zu lernen – aber sie sind niemals auf der Suche nach Ausreden oder Entschuldigungen. Machen Sie es wie sie: Je kürzer Sie sich an Misserfolge erinnern, desto schneller sind Sie wieder auf zukünftige Erfolgschancen konzentriert. Schnell vergessen ausnahmsweise erwünscht!

Der Misserfolg ist kein Prolog zu Ihrer Beerdigung, sondern kann sogar die Geburtsstunde Ihres Erfolgs werden. Es ist in jedem Fall schlauer, das Notwendige zu tun und Rückschläge zu erleiden, als gar nichts zu tun. Also lassen auch Sie sich nicht durch kurzfristige Rückschläge langfristig in die Flucht schlagen. Sehr gerne habe ich auf den Konzerten der *Scorpions* immer wieder ihren Song gehört: *No Pain, No Gain* – genauso geht es im Leben zu: durch Täler voller Qualen zu den Gipfeln des Siegs. Auch für Sie wird es in Zukunft immer wieder Höhen und Tiefen geben. Nach dem Misserfolg ist vor dem Erfolg. Rückschritte von gestern sind Fortschritte für morgen.

Um durchzuhalten, stellen Sie sich eine Zielbelohnung vor

Einmal wollte ich sogar ganz aufgeben und mein Leben beenden. Das war bei der Bundeswehr, im Winter 1978, ich erinnere mich noch genau: In der Silvesterwoche hatte ich Wachdienst, bei minus 15 Grad. Meine Freundin und ich hatten uns gerade getrennt. Mein Studium war bis zum Ende meiner Bundeswehrzeit verschoben und nach einem Unfall mit Totalschaden hatte ich kein Auto mehr. Die mögliche Karriere als Profisportler war zerstört, alle Freunde quer durch Deutschland verstreut und ich war mit meinen Eltern verkracht. Darüber hinaus war ich absolut übermüdet und durchgefroren wie noch nie. Wozu weitermachen? Ich fühlte mich total verlassen und war völlig verzweifelt. Für einen Moment sah ich in meinem Leben keinen Sinn mehr und da schoss mir kurz der Gedanke durch den Kopf, mir mit meinem Gewehr die Kugel zu geben. Doch schnell war dieser grausame Gedanke wieder weg und ich dachte an das Ende der Wachzeit und freute mich auf das warme Bett. Als ich später in meinem Bett lag, kam ich glücklicherweise wieder aus diesem Zwischentief heraus und die dunklen Gedanken verflogen. Ich dachte sogar schon an die nächsten Sommerferien. Wenn Sie sich einmal in einem tiefen Tal gefangen fühlen, hilft es beim Durchhalten, wenn Sie an das Ende der Strapaze denken. Wenn Sie sich durch eine schwierige Arbeitswoche kämpfen, denken Sie an das tolle Gefühl, wenn Sie am Wochenende wieder bei Ihren Lieben sein werden – bei Ihrem Partner, Ihren Kindern und Freunden.

Durchhalten ist leichter, wenn Sie dabei gezielt die Hoffnung auf ein gutes Ende in ihrem Innern nähern. Stellen Sie sich vor, wie gut Sie sich fühlen werden, wenn Sie alles durchgestanden haben. Bergwandern ist sehr anstrengend, und bestimmt kennen Sie das auch: Auf dem Weg zum Gipfel überlegt man immer wieder, ob man nicht umkehren sollte. Aber wenn man durchhält, wird man entschädigt, wenn man oben auf dem Gipfel steht und die tolle Aussicht genießt. Das Gefühl, etwas so Schwieriges geschafft zu haben, kann geradezu berauschend sein – ganz abgesehen von der Berghütte, in der ein kühles Bier und eine leckere Brotzeit auf die Gipfelstürmer warten.

Denken auch Sie auf dem Weg zu Ihren persönlichen Gipfeln immer an das schöne Gefühl, das Sie am Ziel genießen werden. Dadurch halten Sie leichter durch. Ihre eigene Motivation wird Ihnen helfen, den langen, oftmals steilen Weg zu gehen – und noch darüber hinaus.

Den Rekord-Bergsteiger Reinhold Messner, der alle Achttausender der Erde ohne künstliche Sauerstoffunterstützung bezwungen hat, lernte ich im Jahr 2000 kennen. Wir sprachen beide auf einem Motivationstag in der Münchner Olympiahalle vor 18 000 Leuten. Flachlandtiroler wie ich und vielleicht auch Sie können uns kaum vorstellen, wie es bei minus 30 Grad Celsius nach stundenlangem Schneesturm in einem aussieht. Hatte dieser Mann, als er sich total erschöpft im ewigen Eis vorankämpfte, nicht viel mehr Gründe aufzugeben, als Sie jemals haben können?

Aus jedem Tal führt ein Weg heraus. Sie dürfen nur nicht im tiefen Tal hin- und hergehen: Sie müssen weiter bergan klettern, wie mühsam es auch sein mag.

Weitermachen erhöht die Erfolgsquote

Risiken und Chancen sind kalkulierbare Wahrscheinlichkeiten. Der langjährige Trainer der deutschen Handballnationalmannschaft, Heiner Brandt, erklärte mir einmal während einer Podiumsdiskussion, wie sich das Gesetz der Wahrscheinlichkeit im Handball auswirkt. Angenommen, ein Spieler erzielt jeweils bei drei Würfen ein Tor. Nach dem Gesetz der Wahrscheinlichkeit muss er dann also sechsmal antreten, wenn er zweimal ins Tor treffen will. Bei zwölf Versuchen kommt er schon auf vier Siegtreffer. Wahrscheinlichkeitsrechnung ist unwahrscheinlich hilfreich:

Kein Topspieler verfiele auf den Gedanken, die restlichen acht Schüsse als »Misserfolge« zu beklagen. Es ist eigentlich ganz einfach: Wer länger durchhält, fährt auch mehr Treffer ein.

Trotzdem habe ich bei Schulungen oft erlebt, dass sich manche Berater der hilfreichen Quotenlogik nicht immer bewusst sind. Dabei lassen sich die Gesetze der Wahrscheinlichkeitsrechnung ganz einfach als mentale Durchhalteverstärker nutzen: Wenn Sie drei Personen Ihre Beratung anbieten und einer von ihnen Ja sagt, dann ist das eine Erfolgsquote von 33 Prozent. Wenn Sie also neun Personen fragen, kommen Sie schon auf drei Erfolge. Dreifacher Einsatz, dreimal so hohes Resultat – durchhalten lohnt sich also! Und wer stattdessen frustriert ist, weil ja sechs von neun Versuchen nicht geklappt haben, der sollte ganz schnell seine Einstellung ändern – oder er wird niemals zu den Gewinnern gehören.

Kein Verkäufer wird dauerhaft eine Abschlussquote von 100 Prozent erreichen. Die Anzahl der Neins muss also proportional ansteigen, *damit* Sie die Zahl der Erfolge erhöhen können. Aber je mehr Neins kommen, desto höher sind die Chancen auf ein baldiges Ja.

Absagen sind kein Versagen!

Immer wieder habe ich beobachtet, dass Verkäufer und Berater mit allen möglichen Tricks versuchen, die Anzahl der Absagen zu verringern.

Führt man sich jedoch die Quotenlogik vor Augen, hat es nicht den geringsten Sinn, über Fehlversuche zu klagen: Sie gehören so unvermeidlich dazu wie Schatten zum Sonnenschein. Aber vergegenwärtigen Sie sich: Wo Schatten ist, ist umgekehrt auch Sonne.

Der Bayern-Stürmer Mario Gomez, unser Nachbar in München, verriet mir einmal, als wir uns am Sonntagnachmittag beim Spazierengehen trafen, dass seine Quote 5 : 1 beträgt. Er muss also fünfmal aufs Tor schießen, damit ein Ball drin ist. Mal trifft er ein paar Spiele hintereinander überhaupt nicht, dann wieder erzielt er drei Tore in einer einzigen Partie.

Über Erfolg und Misserfolg entscheidet oft die Bereitschaft, mit Rückschlägen fertigzuwerden. Verkäufer werden nicht zuletzt dafür gut bezahlt, dass sie Absagen aushalten. Diese Vertriebsvergütung ist also teilweise eine Art Schmerzensgeld. Jeder gute Verkäufer weiß: Absagen sind kein Versagen – sie gehören zum Spiel einfach dazu.

Machen Sie sich klar, dass die Neins Ihre Verbündeten sind. Wenn Sie bewusst die Neins ausschließen wollen, schließen Sie ungewollt auch die Jas mit aus. Freunden Sie sich mit den Neins an.

Um mir diese Relation stets vor Augen zu halten, wandte ich in meiner Anfangszeit als Berater einen kleinen Kunstgriff an. Ich stellte eine leere Flasche neben mein Telefon und immer wenn eine Terminvereinbarung nicht geklappt hatte, warf ich einen Pfennig in die Flasche ein. Ich nahm mir vor, viele Pfennige einzuwerfen, denn ich wusste ja: Wenn die Flasche mit den Nein-Pfennigen voll ist, habe ich auch genug Jas und damit Erfolg erzielt. So lernte ich, mich sogar auf Neins zu freuen.

Wie viele Neins würden Sie ertragen? Verschieben Sie Ihre Nein-Grenze!

Beenden Sie möglichst jede Arbeitseinheit mit einem Erfolgserlebnis

In jungen Jahren habe ich im Sport einen weiteren nützlichen Durchhaltetrick gelernt. Einmal im Jahr mussten alle im Leichtathletikverein an einem Mehrkampf teilnehmen. Diskuswerfen fand ich sehr interessant, aber von fünf oder sechs Wurfversuchen gingen bei mir drei bis vier im wahrsten Sinn des Wortes schief. Der Trainer ließ uns immer so lange weitermachen, bis uns ein guter Wurf gelungen war. Dann hatten wir zwar wieder Lust, weitere Würfe zu probieren, aber zu unserem Bedauern brach er genau dann das Training ab. Ergebnis: Wir konnten das nächste Training kaum erwarten – denn wir wollten ja da weitermachen, wo wir gerade einen tollen Wurf gelandet hatten.

Dieses simple Prinzip lässt sich auf viele Lebensbereiche übertragen: Hören Sie möglichst nicht mit einem Misserfolg auf, sondern machen Sie bis zu einem Erfolg weiter – und dann erst Schluss! Durch diesen kleinen Kunstgriff sind Sie besser drauf. Der Weg zum Erfolg ist immer steil, und kein Lift fährt Sie dort hinauf. Sie müssen schon die Treppe nehmen. Also steigen Sie eine Stufe nach der anderen hoch, immer schön konstant. Jede Stufe bereitet Sie auf die nächste vor. Jedes Erklimmen einer Stufe ist anstrengend, aber genau das macht Sie stark für die nächste Stufe und mit jedem Schritt werden Ihre Ausdauermuskeln trainiert. So entwickeln Sie Widerstandsfähigkeit und Stehvermögen.

Bleiben Sie so lange am Ball, bis Sie es geschafft haben

Gerade die ganz Großen und Supererfolgreichen beherrschen die Kunst der Beharrlichkeit. In Südafrika konnte ich bei einem Filmdreh beobachten, wie der berühmte Schauspieler Christopher Lambert immer wieder warten, warten, warten musste. Es ging nur um eine kurze Szene, aber einmal war das Mondlicht falsch, dann wieder wehte zu viel Wind. So musste die Szene immer wieder neu gedreht werden. Aber er machte deshalb »keine Szene«. Ihm war bewusst, dass Beharrlichkeit einfach zu seinem Geschäft gehört und professionelle Filmstars auszeichnet.

Bei Schauspielern denkt man meist nur an die schönen und angenehmen Seiten ihres Berufs. Aber sie müssen eben auch oft unangenehme, strapaziöse Dinge aushalten, wofür Disziplin und Durchhaltevermögen unerlässlich sind.

Mirko Slomka hatte eine Phase, in der Durchhaltevermögen gefragt war. Ich bekam aus nächster Nähe mit, wie Schalke 04 und er sich im Frühjahr 2008 trennten. Er hatte etliche Angebote, andere Bundesligamannschaften und ausländische Nationalmannschaften zu trainieren. Aber sein bisheriger Verein ließ ihn noch nicht aus seinem Vertrag heraus und so musste er diese attraktiven Offerten ausschlagen. Wir sprachen oft darüber, wie er aus der Zwickmühle herauskommen könnte.

Bis sein Vertrag endlich aufgelöst war, verging sehr viel Zeit, und plötzlich wurden die Anfragen deutlich weniger. Vereine kontaktierten Slomka zwar für Sondierungsgespräche, aber zu einem Abschluss und einer neuer Anstellung kam es nicht. Indirekt gab man ihm zu verstehen: »Die Pause war zu lang, da stimmt doch was nicht.« Er war vorübergehend out.

Aber er ließ sich nicht beirren, er dachte keine Sekunde darüber nach, beispielsweise in seinen alten Beruf als Lehrer zurückzukehren. Im Gegenteil, er hielt durch und nutzte jede Gelegenheit zur Fortbildung. Sein Durchhaltevermögen wurde belohnt – schließlich trat doch noch ein Bundesligaverein an ihn heran. Mittlerweile hat Mirko Slomka Hannover 96 von den Abstiegsrängen in die Europa League geführt. Er wurde im Sommer 2011 zum zweitbesten Trainer der Vorsaison gewählt und viele Topclubs haben Interesse an ihm.

Bleiben also auch Sie so lange am Ball, bis Sie Ihr Ziel erreicht haben! Schlechte Zeiten werden nämlich keine guten Zeiten, wenn Sie aufgeben.

Opfern Sie niemals Ihre großen Ziele für kleinere Ziele

Durchhaltevermögen brauchen Sie auch, um durch beharrliches Ansparen ein längerfristiges Konsumziel zu erreichen. Zum Beispiel benötigt jemand 10 000 Euro, um eine schöne Karibikreise zu unternehmen. Also plant er, diesen Betrag in einem Zeitraum von zwei Jahren zu sparen, um schließlich durch die Reise eine langfristige, höhere Befriedigung zu erzielen.

Aber dann vergehen die Monate, er hat gerade erst 1000 Euro zurückgelegt und sagt sich: »So viel Geld zusammenzusparen, schaffe ich ja doch nicht – oder höchstens, bis ich alt und grau bin. Lieber nehme ich das Geld jetzt schon und fliege morgen ans Mittelmeer.« Die kurzfristige Befriedigung, sofort Urlaub machen zu können, ist zwar geringer, scheint ihm aber auf einmal wichtiger.

Also gibt er sein langfristiges Ziel auf und bucht schnell eine Woche im einfachen Hotel. Dann fliegt er mit dem berüchtigten Touristenbomber zu einem überfüllten Strand und hadert mit sich selbst: Die ersten 1000 Euro, die er für seine Traumreise schon beisammen hatte, sind weg. Hätte er sich zusammengerissen und an seinem langfristigen Plan festgehalten, dann hätte er nächstes Jahr erster Klasse in die Karibik fliegen können. Das Fünf-Sterne-Luxus-Hotel mit menschenleerem Palmenstrand hat er ja längst ausgesucht – aber das alles ist nun wieder in weite Ferne gerückt.

Von schlechtem Gewissen geplagt, beschließt unser Soforturlauber, sich von jetzt ab besser zu disziplinieren. Den Verlockungen der billigen Sofortbelohnung will er künftig eisern widerstehen und durchhalten, bis er sein langfristiges Ziel erreicht hat. Aber wenn er sein Verhalten und seine Gewohnheiten nicht von Grund auf ändert, dann wird er bei der nächsten Gelegenheit wieder rückfällig werden und die langfristigen Ziele erneut der kurzfristigen Befriedigung opfern.

Um bis zu Ihrem Zukunftsziel durchzuhalten, müssen Sie eben auch mal Entbehrungen in der Gegenwart aushalten.

Durch Hinschmeißen werden Probleme meist größer. Natürlich ist es verführerisch, bei Rückschlägen alles hinzuschmeißen. Aber das Problem wird dadurch eher noch größer. Rufen Sie sich stattdessen in Erinnerung, wie Sie Ihre größten Probleme in der Vergangenheit mit Beharrlichkeit gelöst haben.

Damals haben Sie bestimmt auch gedacht: Jetzt ist es aus. Gleich kommt die Sintflut und Noahs Arche mit zwei Tieren pro Rasse. Doch der Weltuntergang blieb aus. Es ging irgendwie weiter. Und meistens kommt sogar unmittelbar nach dem Abstieg der Aufstieg – nach dem Blackout hoffentlich ein White-in. Also halten Sie auch diesmal durch!

Wenn es beim Erlernen eines für Sie neuen Musikinstruments nicht gleich klappt und Sie sich am Klavier verspielen, ist das nicht schlimm. Verloren haben Sie erst, wenn Sie den Deckel über der Tastatur für immer zuknallen. Wenn Sie Ihr neues Gartenhäuschen zusammenzimmern wollen, ist es nicht schlimm, wenn Sie die Bauteile beim ersten Versuch falsch zusammenbauen. Verloren haben Sie erst, wenn Sie die Bretter, aus denen Ihre Hüttenwände werden sollten, im Kamin verheizen und somit endgültig aufgeben. Nur durch Aufgeben wird eine Niederlage endgültig.

Oder denken Sie an ein Kartenspiel. Wenn Herz Trumpf ist und Sie zunächst nur Pik, Kreuz und Karo auf der Hand haben, dann werfen Sie ja auch nicht gleich Ihr Blatt hin. Mit jeder Karte, die Sie ziehen, steigt die Wahrscheinlichkeit, dass endlich doch noch Herz kommt. Sie müssen nur immer weitermachen.

Nichts ist für Sie aus, solange Sie Ausdauer haben. Halten Sie Rückschlage aus, so halten Sie Ihren Erfolg fest. Fehler sind notwendige und erfreuliche Lernschritte auf dem Weg zum Erfolg. Wer viel arbeitet, macht viele Fehler. Wer wenig arbeitet, macht wenig Fehler. Wer nie arbeitet, macht nie Fehler und wird genau deshalb niemals Erfolg haben.

Durchhalten bis zum Ziel

Mein größtes Vorbild in puncto Durchhaltekraft ist Gerhard Schröder. Ende Mai 2005, nach dem schlechten Landtagswahlergebnis seiner Partei in Nordrhein-Westfalen, war die SPD in den Umfragen auch bundesweit ganz unten. Da ging es eigentlich gar nicht mehr darum, ob die Union bei der vorgezogenen Bundestagswahl im Herbst gewinnen würde – sondern nur noch darum, ob sie allein regieren konnte oder die FDP als Koalitionspartner brauchte. Und Gerhard Schröder sagte: »Ja, dann müssen wir jetzt kämpfen!« Er zog von Wahlkampfeinsatz zu Wahlkampfeinsatz, von Politsendung zu Politsendung und holte in den Umfragen immer mehr auf. Wäre es um ein Fußballspiel gegangen, könnte man sagen: Zu Beginn lag er 0 : 4 hinten, dann holte er noch bis zum 4 : 4 auf und schied erst beim Elfmeterschießen aus.

Wie er mit dem Rücken zur Wand so begeistert redete – diese unglaubliche Beharrlichkeit und Willenskraft haben mich wahnsinnig beeindruckt. Die meisten hatten ihn schon abgeschrieben, aber Gerhard Schröder dachte überhaupt nicht ans Aufgeben, weil er sein Lebtag ein absoluter Kämpfer war – und fast hätte er noch die Bundestagswahl gewonnen.

Durchhaltevermögen kann man sich auch von Steffi Graf abschauen. Im Dezember 1989 traf ich sie zum ersten Mal. Wir hatten jeder ein Haus im Polo-Club von Boca Raton in Florida und als ich sie beim Training beobachtete, wurde mir eines sehr schnell klar: Ihr überragender Erfolg als Tennisspielerin ging vor allem auf ihren Kampfgeist und ihre Durchhaltekraft zurück. Sie übte ihren Aufschlag nicht Tausende und nicht Zehntausende Male, sondern millionenfach. Sie erzählte mir, dass sie tagein, tagaus viele Übungsstunden absolvierte. Wahrscheinlich hatte sie damals schon rund 20 000 Trainingsstunden hinter sich gebracht.

Wenn ich in den Jahren danach ab und zu mal einen mentalen Durchhalteverstärker brauchte, dann dachte ich gerne an diese Begegnung zurück. Schon mit einem Bruchteil der Ausdauer von Steffi Graf können auch Sie viele Konkurrenten, Schwierigkeiten und vermeintliche Misserfolge hinter sich lassen.

Geben Sie nie in emotionalen Sondersituationen auf

Fürs Durchhalten ist es auch wichtig, dass Sie in einem emotionalen Ausnahmezustand keine weitreichenden Entscheidungen treffen. Werfen Sie niemals das Handtuch, wenn Sie gerade wütend oder ausgepowert sind.

Lassen Sie erst einmal Ihren Ärger verrauchen. Schlafen Sie eine Nacht darüber. Warten Sie, bis der Frust nachlässt. Meist sind Sie dann schon nicht mehr so verzweifelt. Wenn Sie bei Wut und Frust Langfrist-Entscheidungen treffen, überlassen Sie anderen die Kontrolle über Sie und Ihre Ziele.

Wenn man aufgeben will, hat man fast immer Gesichter von Menschen vor Augen, die einen enttäuscht, geärgert oder frustriert haben. Stellen Sie sich bewusst die Bilder derjenigen vor, die Ihnen Schwierigkeiten gemacht haben und wegen denen Sie aufgeben wollten. Und nun hängen Sie sich in Ihrer Fantasie die Bilder dieser Typen übers Bett. Wollen Sie diese Bilder wirklich die nächsten 20 Jahre anstarren? Wollen Sie sich immer wieder eingestehen müssen: »Diese Typen haben mich geschafft«?

Letzten Endes kommt es nicht so sehr darauf an, wie die anderen Sie sehen. Sie selbst müssen in den Spiegel schauen können. Formulieren Sie deshalb vor allem für sich selbst Ihren festen Vorsatz: »Vor Schwierigkeiten laufe ich nicht davon.«

Denn das hieße ja, dass Sie noch viele Jahre mit dem negativen Gefühl des Scheiterns leben müssten. Nein, das wollen Sie auf keinen Fall. Sie sind an den Misserfolgen doch gar nicht *gescheitert*, sondern durch diese sogar noch *gescheiter* geworden!

Es ist so einfach aufzugeben. Aber es ist schwer, sich fürs Aufgeben zu vergeben. Viel besser ist es, mutig Fehler zuzugeben – und dann aufs Neue Gas zu geben. Klar, dass es schwer wird, aber es wird. Halten Sie durch, bleiben Sie dran! Stufe für Stufe, Schritt für Schritt – bis Sie am Ziel Ihrer Träume angekommen sind. Werden Sie niemals ein Aufgeber, bleiben Sie ein Weitermacher.

Vergrößern Sie Ihr Stehvermögen!

10

Entschleiern Sie das Geldgeheimnis
Geld als Lebensmittel

Ein besonders bizarres Erlebnis mit einem Ehepaar in Braunschweig werde ich nicht vergessen. Schon am Telefon, als wir den Beratungstermin vereinbarten, hieß es: »Kommen Sie ruhig vorbei, aber ich sage Ihnen gleich: Wir kaufen nichts.« Ich hatte mittlerweile schon ein paarmal erlebt, dass sich anfangs skeptische Kunden im Verlauf des Gesprächs für meine Angebote zu interessieren begannen. Also fuhr ich trotzdem hin und saß schließlich mit dem Ehepaar am Küchentisch.

Auf meine Frage, was ihre besonderen Ziele und Wünsche seien, bekam ich zu hören: »Dazu möchten wir nichts sagen. Aber erklären Sie uns doch mal, welche Produkte Sie anzubieten haben.« Ich war jedoch der Ansicht, dass man die wirtschaftliche Situation eines Kunden zumindest ungefähr kennen muss, bevor man ihm etwas empfehlen kann. Also fragte ich, wogegen sie bereits versichert seien. Aber auch darüber wollten sie keine Auskunft geben.

»Was verdienen Sie denn so in etwa?«, probierte ich es erneut.

»Das ist sehr persönlich«, antwortete sie mir. »Das geht Sie nichts an!«, bekräftigte er.

»Dürfte ich denn erfahren«, fragte ich unverdrossen weiter, »welche Geldanlagen Sie bereits getätigt haben und wie viel Geld auf Ihrem Konto liegt?«

Sie schüttelten einträchtig die Köpfe. »Das ist unsere Sache.«

Meine Hoffnung schwand, aber noch gab ich mich nicht geschlagen. »Hören Sie, ich habe einige Semester Medizin studiert«, sagte ich. »Eines weiß ich jedenfalls genau: Wenn Sie Ihrem Arzt nicht verraten, welche Beschwerden Sie haben, keine Blutproben abgeben und sich nicht untersuchen lassen, dann kann er Ihnen auch nicht helfen.«

Sie wechselten tiefe Blicke. »Na gut«, rangen sie sich ab, »aber Sie dürfen keinem etwas sagen!«

Ich rechnete fast schon damit, dass ich noch eine Vertraulichkeitserklärung unterschreiben müsste. Aber schließlich legten sie mir ihre Lohnsteuerkarten und Gehaltsabrechnungen vor.

Wieder fragte ich, welche Versicherungen sie abgeschlossen hätten. Wieder zögerten sie, zeigten mir aber nach einigem Hin und Her ihren Versicherungsordner. »Aber mitnehmen dürfen Sie den nicht!«

So bekam ich auch ihren Bausparvertrag über 20 000 DM zu sehen. Sie erklärten mir stolz, dass er bald »voll« sei. »Voll« ist ein Bausparvertrag, wenn 40 Prozent angespart sind, in ihrem Fall also 8000 DM. Bei diesen Kunden waren aber nicht nur 40 Prozent, sondern fast 100 Prozent angespart, nämlich 19 600 DM. Weil sie nie über ihre Geldangelegenheiten sprachen, glaubten sie, in einen Bausparvertrag über 20 000 DM müssten eben 20 000 DM eingezahlt werden. Tatsächlich aber hätten sie bei einem Einzahlungsziel von 20 000 DM weitere 30 000 DM leihen können, wenn sie einen Bausparvertrag über 50 000 DM abgeschlossen hätten. Sie hatten große Fehler begangen und ließen sich ihre Verträge nun doch gerne optimieren.

Das war für mich ein Schlüsselerlebnis: Auch Menschen, die glauben, sie könnten ihre Angelegenheiten alleine regeln, brauchen meist – sogar dringend – eine kompetente Finanzberatung.

Geld regiert die Welt – regieren Sie mit!

»*Money makes the world go round*«, heißt es ganz richtig in dem weltbekannten Musical. »Geld« ist – wegen seiner hohen Bedeutung – eines der meistbenutzten Wörter weltweit. Trotzdem sagen oder denken viele Menschen immer noch: »Über Geld redet man nicht.«

Na gut, dann schreibe ich eben darüber. Wer möglichst nicht über Geld spricht, hört auch kaum etwas über dieses Thema. Folglich erfährt er auch nicht, warum manche Leute Geld haben und andere nicht – trotz ähnlicher Einkünfte.

Wie kommt man zu Geld und wie macht man mehr aus dem, was man schon hat? Für manch einen scheint Geld keine Rolle zu spielen. Das ist bei mir anders. Als Finanzberater habe ich oft erlebt, dass Kunden auf die Frage nach ihrem Einkommen oder nach der Höhe ihrer Ersparnisse zurückhaltend reagierten. Offenbar scheuen sich viele Menschen vor einem Finanz-Striptease.

Eine ehrwürdige Privatbank, die für ihre erfolgreiche Vermögensverwaltung viele Auszeichnungen erhalten hat, lud eine Runde sehr erfolgreicher und besonders reicher Unternehmer zur Präsentation einer innovativen Geldanlage-Idee ein. Ich war gespannt, wer alles kommen würde, hörte dann jedoch von einigen der Angeschriebenen: Das Thema sei zwar interessant, man werde aber der Einladung nicht folgen. Sie wollten nicht in einem solchen Rahmen gesehen werden. Niemand sollte wissen, dass sie in der Lage wären, einen größeren Geldbetrag anzulegen. Stattdessen baten sie den Bankexperten um einen diskreten Einzeltermin.

Geld ist eben für viele Menschen absolut Privatsache – bei den Wohlhabenderen aus Angst vor Neid, bei den Geringverdienenden manchmal aus Scham.

Meine Eltern zum Beispiel wussten nicht, wie viel Ersparnisse der andere jeweils hatte. Ich glaube sogar, dass meine Mutter nicht einmal wusste, was mein Stiefvater genau verdiente, und umgekehrt. Mir gegenüber verloren sie niemals ein Wort über unsere Finanzsituation. Vielleicht ist es ja richtig, Kinder bis zu einem gewissen Alter mit diesem Thema nicht zu behelligen; aber ich erfuhr auch, als ich volljährig war, keinen Deut mehr von ihnen.

So wie sexuelle Aufklärung ratsam ist, braucht man auch finanzielle Aufklärung. Doch beim Thema Geld waren meine Eltern eben enorm verklemmt. Ich glaube, dass nicht wenige Menschen öfter mal klamm sind, weil sie nicht wissen, wie man mit Geld umgeht, und weil sie zu verklemmt sind, um darüber zu reden.

Bis heute ist Geld für viele Menschen ein Tabuthema – leider. Genauso verdrängen viele die finanziellen Folgen von Alter, Krankheit und Tod. Oder gehören Sie zu den 5 Prozent der Berufstätigen, die ein Testament gemacht haben? Bezeichnenderweise benutzen wir für Geld in unserer Gesellschaft häufig negative Begriffe wie »Kohle«, »Schotter«, »Asche« oder »Kröten«. Dabei kann sich unser Vermögen viel besser vermehren, wenn wir eine positive Einstellung zum Geld gewinnen.

Geld zu haben, ist kein Problem, aber keins zu haben, kann ein großes Problem sein. Geld kann zwar negative Assoziationen auslösen, etwa: mehr Arbeit, hohe Steuern, viel Neid. Man kann es aber auch positiv interpretieren – dann bedeutet Geld: Sicherheit, Wohlstand oder Freiheit.

Werden Sie ein €C☺!

Bestimmt haben Sie schon von der berühmten Finanzzeitung *The Economist* gehört. Ein Economist – oder kurz *Eco* – ist jemand, der sich mit Geld gut auskennt. Schließen Sie sich einfach der €C☺-Bewegung an: Das sind Menschen mit gutem ökonomischem Sachverstand und einem positiven Verhältnis zum Geld. Werden Sie ein €C☺!

Ich erinnere mich noch an mein erstes Geld-Erlebnis. Ich war fünf Jahre alt und lebte mit meiner Mutter in Bremen in einem Wohngebiet, das aus umgebauten Kasernen bestand. Wir hatten dort eine kleine Zwei-Zimmer-Wohnung und eines Tages ging ich in den Kaufmannsladen um die Ecke und suchte mir einige schöne Dinge zum Spielen und zum Naschen aus. Als ich dann an der Kasse vorbeigehen wollte, fragte mich die Kassiererin, ob ich nicht bezahlen wollte. Ich schaute sie nur erstaunt an und hatte mein Aha-Erlebnis. Blitzartig wurde mir klar: Wenn man etwas kaufen will, wird eine Gegenleistung verlangt – man braucht dazu diese Tauschmittel aus Metall und Papier.

Von da an war ich neugierig auf alles, was mit Finanzen zu tun hatte. Es machte mir beispielsweise richtig Spaß, in das Portemonnaie meiner Mutter zu schauen, das voller Münzen war. Manchmal nahm ich sie kurz raus, stapelte sie und spielte mit ihnen, aber ich legte sie immer wieder zurück.

Niemals während meiner ganzen Kindheit und Schulzeit bekam ich auch nur das Geringste über Karriere, Einkommen und Vermögen zu hören. »Wer ein guter Schüler ist, aus dem wird auch etwas« – das war alles, was zu diesem Thema gesagt wurde. In unserer Schulklasse wollten wir Jungs alle Pilot oder Arzt werden. Das waren Berufe mit Image und sie versprachen hohe Einkünfte.

Aber auch heute behaupten noch viele Menschen, an ihrem attraktiven Beruf interessiere sie nur die abwechslungsreiche Tätigkeit – das damit verbundene höhere Einkommen sei ihnen eigentlich egal. Aber das trifft wohl nur in seltenen Fällen wirklich zu. Wer acht oder mehr Stunden täglich seinem Job nachgeht, macht das in der Regel nicht nur aus Spaß an der Freude. Selbstverständlich gibt es auch Menschen, die aus sich heraus hoch engagiert Tag und Nacht zum Beispiel in wissenschaftlichen, kirchlichen und medizinischen Bereichen arbeiten. Aber in erster Linie geht man zur Arbeit, um Geld für das tägliche Brot zu verdienen und um Vermögen aufzubauen.

Umfragen bestätigen immer wieder, dass jeder zweite Deutsche in Gelddingen nur Bahnhof versteht. Aber wie soll der Finanzzug ins Rollen kommen, wenn man keine Ahnung hat, wie man sein Geld in Fahrt bringen kann?

Mangelndes Geldinteresse ist der Hauptgrund für finanzielle Bildungslücken und führt damit oft zu vielen vermeidbaren Finanzproblemen. Vielen Menschen fehlt ein Geld-Guide durch den Finanzdschungel.

Geld muss ein Schulfach werden

Schon unsere Kinder sollten lernen, dass der Inhalt ihres Sparschweins oder Geldbeutels nur für eine bestimmte Anzahl von Süßigkeiten oder Spielzeugen reicht. Bereits unsere Kleinen sollten eine Geldlehre machen, damit sie als Große in die Vollen gehen können – und nicht etwa in eine finanzielle Leere blicken.

Ich empfehle Ihnen: Besprechen Sie mit Ihren Kindern immer wieder, wie sie mit ihrem Taschengeld umgehen sollten. Die gemeinsamen Überlegungen, ob das Kind von seinem Taschengeld einen Teil sparen sollte, ob es alles ausgeben oder aufheben will, sind eine nützliche Geldschule und üben schon Einnehmen und Verwenden. Spielen Sie mit Ihrem Nachwuchs ruhig auch mit dem Kaufmannsladen oder sogar Geldspiele wie zum Beispiel *Monopoly*. So lernen schon unsere Jüngsten spielerisch, wie man sein Geld vermehren oder auch verlieren kann.

Aber nicht nur zu Hause brauchen Kinder Finanzerziehung. Ich plädiere seit Jahren für Financial Education als Schulfach. Sicher brauchen die Kinder und Jugendlichen nicht die ganze Schulzeit über fünf Stunden pro Woche in Gelddingen unterrichtet zu werden – aber ein, zwei Jahre lang eine Stunde pro Woche Finanzerziehung wären eine wirklich sinnvolle Bildungsmaßnahme.

Überwinden Sie Ihren Finanz-Analphabetismus

Unsere Welt ist voller Finanz-Analphabeten, die unfähig sind, mit Geld umzugehen. Selbst mit Arbeitskollegen reden viele Menschen nicht über ihre Finanzen, ihr Einkommen und/oder ihr Vermögen. Obwohl man in der gleichen Branche arbeitet, in derselben Firma beschäftigt ist und ein ähnliches Gehaltsgefüge hat, bleibt das Thema tabu.

Dabei bekommt man meist schon auf dem Parkplatz eine Ahnung von den Einkommensunterschieden in dem betreffenden Unternehmen. Aus der unterschiedlichen Größe der abgestellten Autos lässt sich auf Karrierehierarchien und finanzielle Hackordnungen schließen.

Kurz nach meiner Führerscheinprüfung, Ende der 1970er-Jahre, wollten auch meine Kumpels und ich ein bisschen Eindruck schinden. Wir waren alle ganz wild auf einen Ford Capri oder einen Opel Manta. Wer so einen Wagen fährt, glaubten wir, strahlt finanzielle Power aus und weckt bei den Mädchen Aufmerksamkeit. Von meinem bis zur Volljährigkeit reservierten Konfirmationsgeld und von meinem Ferienverdienst schaffte ich mir 1978 tatsächlich einen gebrauchten Manta an, den ich allerdings zwei Monate später zu Schrott fuhr.

Nicht nur Halbstarke wollen durch zur Schau gestellte Besitztümer auf sich aufmerksam machen. Ein PS-starkes Auto soll auffallen, eine große Wohnung soll beeindrucken. Mit Schmuck möchte man im wahrsten Sinn des Wortes glänzen.

Statussymbole sind bekanntlich bei beiden Geschlechtern, in allen Alters- und Einkommensklassen begehrt. Bei Männern sind es oftmals Kreditkarten (schwarz oder mindestens goldfarben) und Visitenkarten mit eindrucksvollen Titeln, Siegelringe und Aktenkoffer, Hemden mit eingestickten Initialen oder teure Armbanduhren. Viele Frauen stellen Erfolg und Reichtum auch gern durch Schmuck zur Schau. Durch teure Kleidung möchten sie Blicke auf sich ziehen.

Weniger dezent wäre es, mit Einkommensbelegen zu wedeln oder sozusagen als *Schein*-Werfer die Angebershow abzuziehen – aber darum, seine Umwelt zu beeindrucken, geht es trotzdem häufig. Der bekannte Werber Holger Jung hat für die Sparkassen einmal einen Werbespot entwickelt. Nach dem Motto »Wer hat das Größte, das Schönste, das Schnellste?« versuchen sich zwei Freunde gegenseitig mit Fotos ihrer Besitztümer zu übertrumpfen. Der gelungene Werbespot spielt augenzwinkernd mit der unbestreitbaren Tatsache, dass sich manche Menschen gerne mit Statussymbolen von anderen abgrenzen möchten.

Klar ist man stolz, wenn man ein größeres Haus als der Nachbar hat. In unserer Gesellschaft ist Erfolg nun einmal der Schlüssel zum Wohlstand. Erfolg und Geld hängen zusammen. Daraus lässt sich auch ein schönes Kombinationswort bilden: *Erfol-G-eld*. Wir empfinden den Geld-Turbo als Erfolgs-Turbo und umgekehrt.

Geld ist geprägte Freiheit

Natürlich sind Liebe, Familie und Gesundheit das Wichtigste im Leben – und diese kostbarsten aller Güter kann man sich eben nicht kaufen. Doch unter den nicht ganz so wichtigen Dingen, die man mit Geld kaufen kann, ist so mancherlei, das die Annehmlichkeit des Lebens erhöht. Die Wünsche der Menschen sind daher häufig auf Geld gerichtet. Für eine Menge Menschen sind Glück und Luxus so eng miteinander verbunden, dass man daraus ein eigenes Wort kreieren könnte: *Glüxus*.

Geld lässt sich zu jeder Zeit in eine Dienstleistung oder in das Konsumgut unserer sehnlichsten Träume verwandeln. Es hat eigentlich nichts Geheimnisvolles, Mystisches oder Mysteriöses – Geld ist einfach ein hilfreiches Mittel zum Zweck des Kaufens und Verkaufens. Es ist also ganz natürlich, möglichst viel von diesem

Tauschmittel besitzen zu wollen. Geld kann das Mittel sein, mit dem sich Ihre Wünsche erfüllen lassen.

Das Geld beherrscht das Leben vieler Menschen. Sorgen Sie dafür, dass es nicht Ihr Leben beherrscht – vor allem nicht dadurch, dass Sie Geldsorgen haben. Allerdings sollte Geld niemals zum Selbstzweck werden. Werden Sie nie Sklave des Geldes! Das Geld muss vielmehr Ihr Diener bleiben.

Oft fragt man mich, wie wichtig mir Geld ist und was mir Geld bedeutet. Geld ist für mich eine Art gedruckter Sicherheit und geprägter Freiheit. Münzen werden geprägt und unser Leben wird durch das Geld als Ganzes enorm geprägt. Geld verleiht mir ein Gefühl der Freiheit. Es fühlt sich für viele Menschen großartig an, dass man sich teure Produkte, nach denen man Sehnsucht empfindet, auch leisten kann.

Echte Freiheit setzt finanzielle Unabhängigkeit voraus. Finanzielle Unabhängigkeit ist daher ein wertvolles Gut.

Finanzielle Freiheit erhöht das Selbst*wert*gefühl. Nichts verschafft dem Menschen mehr Freiheit als sein Vermögen im zweifachen Wortsinn: das, was er hat, und das, was er ist und kann. Also buchstäblich: Haben und Sein.

Geld ist gedruckte Sicherheit

Genügend Geld zu haben, beruhigt. Wer beispielsweise keine Angst vor den finanziellen Folgen von Arbeitslosigkeit haben muss, schläft besser. Einer meiner Kunden sagte einmal, sein Privatvermögen sei die beste Arbeitslosenversicherung. Es biete ihm die Sicherheit, dass er auch mal ohne Erwerbseinkommen klarkommen könne.

Es ist angenehm, sich wegen der monatlichen Lebenshaltungskosten nicht sorgen zu müssen und sich von der Furcht, kein Dach über dem Kopf zu haben, befreien zu können. Geld macht zwar nicht immer glücklich, aber die Lebenszufriedenheit wird durch ein höheres Einkommen zweifellos vergrößert.

Leute mit Geld können viel spannendere Dinge tun und tolle Sachen leichter kaufen. Wer Geld hat, kann sich Annehmlichkeiten leisten und anderen Menschen das Leben erleichtern. Mit Geld kann man seiner Großmutter einen Platz im Altersheim finanzieren oder die Ausbildung seiner Kinder fördern, Kunstvereine und die wissenschaftliche Forschung unterstützen oder einen Sportverein sponsern. Wer mehr hat, kann logischerweise auch mehr geben – finanziell oder zeitlich in Form eines Ehrenamtes. Es macht auch Freude, für soziale Kinderprojekte oder für die Ärmsten der Armen zu spenden. Mir gibt es jedenfalls Befriedigung, durch finanzielle Zuwendungen den Kampf gegen Aids zu unterstützen, die Rettungshubschrauber-Ausbildung zu verbessern, kriegsversehrte Kinder operieren zu lassen oder Hunger zu lindern.

Geld kann uns als Sicherheit in ökonomisch schwierigen Zeiten dienen. Geld ermöglicht uns, auf Reisen lehrreiche Eindrücke zu sammeln und uns fortzubilden. Geld erlaubt uns, uns mit Biokost gesund zu ernähren oder uns in einem gemütlichen Restaurant mit guten Freunden kulinarisch verwöhnen zu lassen.

Im fortgeschrittenen Alter werden weitere Annehmlichkeiten des Geldes spürbar, wenn man ein finanzielles Ruhekissen hat. Es ermöglicht uns eine erstklassige medizinische Versorgung, ein besseres Altersheim und eine qualifiziertere Pflege, wenn die körperlichen und geistigen Kräfte nachlassen.

Werden Sie ein Finanzwissender

Zur Konfirmation erhielt ich von der Stadtsparkasse Hildesheim ein Startkonto mit einem Guthaben von fünf DM. Ich zahlte auch die Geldgeschenke, die ich zur Konfirmation bekommen hatte, auf mein neues Konto ein. Danach ging ich immer wieder zu meiner Sparkassenfiliale und ließ mir Sparbuchzinsen oder Bauspar-prämien erklären. Alle diese »Bankgeheimnisse« interessierten mich sehr und so begann meine Finanzausbildung schon in jungen Jahren. Mittlerweile habe ich meine Vermögensausbildung abgeschlossen und so weiß ich heute, dass dies ein überaus lohnendes Investment war.

Als ich zur Bundeswehr kam, eröffnete ich mein erstes Gehaltskonto – und auch danach ging ich immer wieder zu »meiner« Bank, um mir Finanzdinge haarklein erklären zu lassen. Eigentlich müsste ich den Banker, den ich immer wieder ausfragte, noch für den damaligen Nachhilfeunterricht bezahlen.

Vielleicht haben Sie schon einmal den Spruch gehört: »Ich brauche keinen Vermögensberater – denn ich habe ja kein Vermögen.« Dabei verhält es sich fast immer umgekehrt: Wer in Finanzfragen unberaten ist, bleibt eben deshalb oftmals vermögenslos! Darum empfehle ich Ihnen: Werden Sie Ihr eigener *Geld*verbesserer, verschaffen Sie sich so viele Kenntnisse über Finanzen, wie Sie bekommen können. Eine profunde Finanzbildung ist die beste Form der Vermögensbildung. Vergrößern Sie Ihr Human-Vermögen – und dazu gehört der richtige Umgang mit Ihrem Finanz-Vermögen.

Wenn wir schon ein zeitlich begrenztes Leben haben, sollten wir zumindest ein finanziell unbegrenztes Leben führen. Lernen Sie deshalb so schnell wie möglich, wie man Geld verdient – und wie man damit umgeht, nachdem man es verdient hat. Zwei Stunden Vermögensaufbau-Unterricht pro Quartal reichen aus. Lernen Sie die Finanzsprache, arbeiten Sie sich in Finanzthemen ein. Führen Sie sich Finanzvitamine zu! Die tun nicht weh und haben garantiert nur eine Nebenwirkung: Sie werden sich finanziell nach und nach verbessern.

Aus meiner Sicht ist Wohlstand ein Menschenrecht. »Jeder Mensch hat das Recht auf finanziellen Schutz und wirtschaftliche Freiheit.« So lautet auch der Leitsatz der Firma *Horbach*, die ich im Jahr 2000 kaufte. Das Unternehmen ist auf die Finanzberatung von Hochschulabsolventen und Akademikern spezialisiert.

Leider hat kaum jemand einen Geld-Führerschein, der ihn zu mehr Geld führt. Dabei ist Finanzplanung Zukunftsplanung. Kennen Sie jemanden, der keine ungeklärten Finanzfragen hat oder der nicht mehr Geld haben möchte? Mehr oder weniger jeder Mensch möchte mehr Geld besitzen. Und der Schlüssel zu mehr Wohlstand ist die Finanzbildung.

Oder denken Sie an einen Safe: Um an das Geld zu kommen, müssen Sie die Kombination kennen, die das Zahlenschloss öffnet. Manche Menschen sind besonders wohlhabend geworden, weil sie den Sicherheitscode des Safes entschlüsselt haben, in dem die Finanzgeheimnisse lagern.

Geben Sie weniger aus, als Sie einnehmen

Bei vielen Menschen reicht das monatliche Einkommen oftmals nicht aus. Dabei geht man vor allem arbeiten, um vom erzielten Entgelt seinen Lebensunterhalt zu finanzieren. Für Sondersituationen benötigt man ein Finanzpolster. Das gilt natürlich erst recht, wenn man seinen Arbeitsplatz verliert oder andere Einkommensquellen plötzlich aufhören zu sprudeln. Wie aber schafft man es, sich ein solches Finanzpolster zuzulegen?

Gewöhnen Sie sich an, Ausgaben als Ihre Feinde und Einnahmen als Ihre Freunde anzusehen. Und wer will schon mehr Feinde als Freunde haben?

Als ich während meines Medizinstudiums mit der Finanzberatung anfing, erfand ich eine neue Bedeutung für die Abkürzung EKG:

1. **E**innahmen erhöhen
2. **K**osten senken
3. **G**ewinn anlegen

Das bedeutet, vereinfacht gesagt: Möglichst mehr Geld verdienen – und möglichst weniger ausgeben. Wenn Ihnen das gelingt, dann bleibt Ihnen vom monatlichen Nettolohn ein Überschuss. Diesen Betrag können Sie Monat für Monat zur Seite legen. Aus der Differenz zwischen Ihren Einnahmen und Ausgaben entsteht Ihre Vermögensmehrung. Dieses Mehr können und sollten Sie investieren.

Achten Sie darauf, dass Ihre Ausgaben stets unter Ihren Einnahmen liegen, denn damit sind Sie auf einem guten Geld-Weg. Eigentlich logisch, aber es wird trotzdem von vielen nicht beherzigt.

Das Geld-Grundgesetz

Immer wieder werde ich gefragt, wie man sich ein Vermögen aufbaut und wohlhabend wird. Tausende eigene Beratungsgespräche haben mir immer wieder gezeigt, welche Empfehlungen besonders nützlich sind. Und auch viele vermögenden Menschen, mit denen ich darüber sprach, haben mich in meiner Überzeugung bestätigt.

Seien auch Sie nicht nur ein guter Ausgeber, sondern vor allem ein guter Einnehmer. Dafür sollten Sie sich an die vier S heranmachen – denn so geht Geld:

- **S**chulden vermeiden
- **S**paren
- **S**treben nach Einkommensverbesserung
- **S**chlau investieren

Das ist eigentlich im Normalfall ganz »easy«. Aber: natürlich individuell abhängig von Alter, Familienstatus, Einkommen und Vermögensstand. Sie müssen lernen, mit Ihrem Einkommen auszukommen. Das setzt allerdings voraus, dass man in *Finanzbalance* lebt: Vom eigenen Verdienst maximal 100 Prozent ausgeben. Wer

110 Prozent ausgibt, hat minus 10 Prozent. Wer 90 Prozent aus-gibt, hat plus 10 Prozent. Ganz simpel, oder?

Jeder Mensch hat ein Recht auf Wohlstand. Dazu empfehle ich (m)ein Geld-Grundgesetz. Seine einzelnen Artikel lauten:

1. Schulden abbauen
2. Kosten reduzieren
3. Einkommen verbessern
4. Geld ansparen
5. Risiken durch Absicherung minimieren
6. Vermögen schützen
7. Förderung und Steuervergünstigung nutzen
8. Investitionen tätigen.

Es funktioniert meistens nicht, viel Geld auszugeben und gleich-zeitig viel zu sparen. Und der beste Finanzplan nützt Ihnen nichts, wenn Sie sich nicht gegen existenzielle Risiken wie Berufsunfä-higkeit, Unfall und Haftpflichtschäden versichern (also Unfall und Haftpflichtversicherung sind auf jeden Fall Pflicht). Das pas-siert zum Glück nicht im Regelfall, aber wichtig im Fall des Un-falls. Und später müssen Sie auch Ihr Hab und Gut durch Versi-cherungen schützen.

Mein Partner in unserem unabhängigen internationalen Bera-tungsfirma ist der ehemalige Chef der Wirtschaftsweisen, Profes-sor Dr. Dr. h. c. Bert Rürup. Er gilt als *der* Ökonom in Deutsch-land – und sogar er sagt: »Der Mensch ist kein *Homo oeconomicus.* Aus meiner Sicht ist er eben auch ein *Homo emotionalis.*« Selbst dieser kopfgesteuerte Topökonom entscheidet nicht immer nur rational und logisch.

Die Kombination macht's: Gefühl und Kalkül. Aber dafür müs-sen wir unser Gehirn hier ganz bewusst einschalten – sonst han-deln wir beim Umgang mit Geld nicht wirtschaftlich rational, sondern unwirtschaftlich emotional. Bei der Liebe gilt: Herz vor Geld. Bei Finanzen aber: Geld vor Herz.

Entwickeln Sie Ihren Wohlstandsplan

Ich bin nicht mehr operativ tätig und muss kein Geld mehr verdienen. Jetzt nutze ich meine Erfahrung, setze mein Geld ein und lasse es für mich arbeiten. Obwohl ich kein monatliches Einkommen mehr habe, wächst mein Vermögen, weil ich recht geschickt investiere. Mittlerweile bitten mich immer mehr Menschen um Tipps und die Möglichkeit, bei manchen Investitionen mitmachen zu können.

Entwickeln Sie Ihren Wohlstandsplan! Viele Menschen konzentrieren sich mangels Finanzausbildung zu sehr auf das Monatsgehalt, das sie einnehmen, und zu wenig auf das, was sie davon ausgeben. Sie haben keinen langfristigen Finanzplan, sondern höchstens einen »Leergeld«-Plan, der sie zu finanziellen Aben*teuern* verführt.

Als ich mit einem Freund zum ersten Mal mit dem eigenen Auto in Urlaub fuhr, ließen wir uns vom ADAC einen Reiseplan aufstellen. So konnten wir genau kalkulieren, wo wir tanken und wo wir zwischendurch übernachten würden. Es war für uns als Reiseanfänger sehr hilfreich, unsere Fahrt mit einem solchen Tour-Guide zu planen.

Entsprechend sollten auch Sie auf Ihrem Weg in den Wohlstand nicht ohne Geld-Guide starten. Noch weniger sollten Sie allerdings zögern, Ihre Reise auch tatsächlich anzutreten. Wer nicht losfährt, kommt logischerweise nie am Ziel an. Das gilt auch für Ihren Vermögensaufbau: Annullieren Sie Ihren Armutsplan und stellen Sie stattdessen Ihren persönlichen Reichtumsplan auf.

Machen Sie den Finanz-Check

Selbst bei uns in Europa leben viele Bürger fast von der Hand in den Mund, und das Monat für Monat. Nicht unbedingt, weil sie nicht genug verdienen, sondern weil sie kein Finanzkonzept haben.

Sobald manche Menschen ihr Gehalt bekommen, wird das Verlangen nach noch mehr Anschaffungen in ihnen übermächtig. Nach Karrieresprüngen geben sie mehr Geld aus als vorher, bei manchen entsteht fast eine Gier. Sie lassen ihre Ausgaben im gleichen Maß ansteigen wie ihre Gehälter – oder sogar noch höher und schneller. So geraten sie oftmals in eine Kostenspirale und damit zwangsläufig in eine Finanztretmühle – und je schneller sie das Geld mit Füßen treten, desto schneller müssen sie laufen. Mit einem klaren Finanzkonzept aber könnten sie auf ihrem Wohlstandsweg schon weit vorangekommen sein.

Weil viele Menschen nicht einmal einen Überblick haben, wofür sie eigentlich in jedem Monat wie viel Geld ausgeben, machte ich grundsätzlich bei neuen Kunden erst einmal eine Einkommens- und Finanzanalyse. Da fiel mir immer wieder auf, dass kaum jemand klar vor Augen hat, wie viel Geld er wofür verwendet.

Belege über konstante Abbuchungen wie Miete, Hypothekenzahlungen oder Versicherungsbeiträge fanden die meisten Mandanten recht schnell in ihren Ordnern. Aber wie viel für Lebensmittel, Freizeitspaß, Kleidung, Gesundheit oder Geschenke ausgegeben wurde, war ihnen meist schlichtweg nicht bekannt.

Entsprechend unrealistisch waren oftmals die Vorstellungen, was man glaubte, monatlich investieren zu können. Viele Mandanten meinten, sie hätten überhaupt keinen Spielraum, andere dagegen überschätzten ihre finanziellen Möglichkeiten bei Weitem. Ein Kunde bespielsweise, der in den 1980er-Jahren 2000 DM verdiente, wollte 500 DM pro Monat anlegen. Er rechnete mir sein Einkommen minus Fixausgaben vor und obwohl ich skeptisch reagierte, beharrte er auf seinem Wunsch. Er wollte unbedingt 500 DM monatlich ansparen und war sich ganz sicher, dass er diesen Betrag regelmäßig aufbringen würde.

Prinzipiell war sein Gedanke ja richtig: Je mehr man spart, desto vermögender wird man. Aber er hatte sich, wie von mir befürchtet, zu viel zugetraut. Nach wenigen Monaten stornierte er seinen

Anlageplan wieder. Er konnte ihn nicht bedienen, weil er schlicht vergessen hatte, seine flexiblen Geldausgaben – von Tanken bis Kino – einzukalkulieren.

Machen Sie es besser: So wie man beim ärztlichen Gesundheits-Check seine Blutwerte messen lässt, so untersuchen Sie jetzt beim Finanz-Check Ihre Vermögenswerte. Ihre laufenden Einnahmen und laufenden Kosten, zum Beispiel Daueraufträge, lassen Sie außen vor. Listen Sie alles auf, was Sie auf der Habenseite verbuchen können: Sparguthaben, Renten- und Lebensversicherungen, Immobilien und Aktien. Addieren Sie alle Ihre Vermögenswerte zum heutigen Marktwert und ziehen Sie als Nächstes alle unbezahlten Rechnungen, Darlehen und sonstigen Verbindlichkeiten davon ab – dann wissen Sie ohne Wenn und Aber, wo Sie finanziell stehen.

Für viele Mandanten habe ich zu Beginn einer Beratung erst einmal ein *Liquiditäts-Forecast* erstellt. Erst durch diese Vorschau auf die Entwicklung ihres Kontos in den nächsten zwölf Monaten konnten sie erkennen, was ihnen nach Abzug aller Kosten tatsächlich zum Investieren übrig blieb.

Wie oft habe ich erstaunte Gesichter gesehen, wenn Kunden ihre echte *Cash-Burn-Rate* (Geldverbrennungsrate) betrachtet haben – wenn sie also zum ersten Mal sahen, wie viel von ihrem Einkommen im monatlichen Ausgabenfeuer direkt wieder verglühte.

Sorgen Sie für positiven Cashflow

Mit dem spannenden Wort »Cashflow« bezeichnet man den Geldfluss – also die Summen, die tatsächlich auf Ihr Konto fließen. Wer am Ende des Monats mehr im Portemonnaie oder auf dem Konto hat als einen Monat davor, der hat unterm Strich einen positiven Geldfluss. Von einem negativen Geldfluss spricht man dagegen, wenn der Sollsaldo oder – noch schlimmer – die Schulden steigen und das Finanzloch mit der Zeit größer wird. Dann verfließt das Geld sozusagen.

Sie haben bestimmt schon einmal den Ausspruch »*Cash is king*« gehört. Also achten Sie darauf, dass Ihr Cashflow positiv ist und Sie immer flüssig sind – sonst sitzen Sie schnell auf dem Trockenen. Unternehmer wissen, wie wichtig das ist, und Investoren nutzen den positiven Cashflow als Voraussetzung für ein steigendes Vermögen. Bringen Sie Ihre Finanzquelle zum Sprudeln!

Vermögenswerte füllen Ihre Tasche durch Zufluss – Verbindlichkeiten leeren Ihre Taschen und führen zu einem Abfluss. Erzielen beziehungsweise vergrößern Sie den positiven Cashflow durch weniger Ausgaben und/oder mehr Einnahmen!

Ihr vorrangigstes Ziel muss es sein, einen Finanzüberschuss zu erwirtschaften und damit Vermögenswerte zu schaffen – aber solche Vermögenswerte, die Einnahmen erzeugen und nicht noch laufende Kosten mit sich bringen. Denn wer Ausgaben und Verbindlichkeiten niedrig hält, wird mit größerer Wahrscheinlichkeit ein wachsendes Vermögen erzielen. Und wenn Sie so viel Vermögen haben, dass Sie von den Erträgen dauerhaft leben können, sind Sie reich.

Ein Teil Ihres Arbeitseinkommens sollte rasch zu einem Geldeinkommen führen. Dadurch entwickeln Sie ein Zusatzeinkommen und können schneller Vermögen bilden. Durch diesen weiteren Zufluss erzeugt Ihr Geld sozusagen Geld.

Wer immer wieder etwas kauft, hat vielfach nicht nur Anschaffungskosten, sondern auch noch Unterhaltungs- und Wertminderungskosten zu tragen. Für ein Auto beispielsweise muss man eben nicht nur die Anschaffungskosten aufbringen, sondern Monat für Monat auch das Geld für Steuern und Versicherungen. Dann und wann kommen auch noch Kosten für Reparaturen, für neue Reifen und andere Verschleißteile dazu. »Nix-eingeplant-Kosten« nenne ich solche Vermögensgräber.

Stellen Sie sich einen Finanzautomaten vor. Er hat zwei Funktionsweisen: Entweder Sie müssen etwas einwerfen, also ihn füttern – oder *Sie* bekommen Futter, also etwas heraus. Jedem wäre doch der Betriebsmodus lieber, bei dem regelmäßig Geld herauskommt. Man spricht hier auch vom Input- bzw. vom Outputprinzip, je nachdem, ob Sie für einen Teil Ihres Lohns zum Beispiel ein Darlehen abzahlen müssen oder denselben Betrag schon in Investments einzahlen können. Streben Sie Guthaben an und vermeiden Sie *Schlecht*haben, nämlich Verbindlichkeiten!

Kaufen Sie Assets – nicht Liabilities!

In den USA oder in Großbritannien ist das Gegensatzpaar »*Assets versus Liabilities*« – Vermögenswerte kontra Verbindlichkeiten – vielen Menschen deutlich bewusster als hierzulande. Daneben gibt es auch noch *Neutrals*.

Assets sind zum Beispiel Aktien oder vermietete Immobilien: Hier erhalten Sie eine Dividende oder entsprechende Renditen, also einen positiven Cashflow.

Neutrals können etwa Kunstwerke sein. Ihr Wert bleibt mehr oder weniger gleich: Sie erzeugen keine Unterhaltungskosten, aber auch keine Zusatzeinnahmen, also weder negativen noch positiven Cashflow. Sie sind wie stehende Gewässer, in denen nichts zu- oder abfließt.

Liabilities haben Sie, wenn Sie zum Beispiel ein Ferienhaus besitzen. Sie gehen Verpflichtungen ein, müssen die Immobilie vielleicht sogar noch abzahlen. Auf jeden Fall entstehen Unterhaltungskosten: Sie müssen unter anderem Grundsteuer, Versicherungsbeiträge und Instandhaltungskosten aufbringen, es entsteht also ein negativer Cashflow. Liabilities sind Dinge, die kein Geld einbringen und jeden Monat etwas kosten, aber hoffentlich zumindest die Lebensqualität erhöhen.

Wenn Sie eine größere Anschaffung machen wollen, fragen Sie sich künftig immer als Erstes: In welche der drei Kategorien gehört der beabsichtigte Kauf? Können Sie dadurch Zusatzeinnahmen aus Geldvermögen erzielen und so Ihren Cashflow – positiv – erhöhen? Oder führt der Kauf zu Zusatzausgaben, die Ihren Cashflow – negativ – verringern?

Auf Aktiva erhalten Sie meist eine Rendite, Ihnen fließt etwas zu. Bei Passiva, wie beispielsweise Hypothekenkosten, fließt etwas ab. Es ist eben ein Unterschied, ob Sie Ihre Sparquote erhöhen – oder Ihre Konsumquote steigern. Im ersten Fall kommt Geld rein, im zweiten geht es raus.

Vom Ersten bis zum Letzten eines Monats kämpfen wir für ein aktives Einkommen – fünf, sechs oder sogar sieben Tage die Woche, auch wenn wir mal keine Lust haben zu arbeiten. Später aber im Alter erhalten wir ein passives Einkommen, für das wir eben nicht mehr arbeiten müssen – jedoch nur dann, wenn wir für Überschüsse gesorgt und diese clever und vorausschauend angelegt haben.

Das bestätigte mir auch der Stargeiger David Garrett bei meiner Geburtstagsfeier vor einigen Jahren. Wir sprachen über fortlaufende Einnahmen in der Zukunft, die ohne weitere Arbeitsleistung entstehen. Für jeden erfolgreichen Song erhält er über viele Jahre GEMA-Tantiemen. Etwas Ähnliches können Sie durch Dividenden, Mieteinnahmen, Zinszahlungen, Renditen oder sonstige Erträge erreichen.

Sorgen Sie für Geldzuflüsse

Hoffentlich geben Sie schon jetzt (oder zumindest bald) weniger aus, als Sie einnehmen. Motto: *Er*halt – *Be*halt. Ihre Einnahmen sind sozusagen Ihre Mittelbeschaffung. Jetzt kommt es auf eine schlaue Mittelverwendung an.

Was Sie eventuell schon angespart haben, können Sie in Geldwerte investieren, zum Beispiel in ein Sparbuch oder in Bundesschatzbriefe, in Sachwerte wie Gold oder Immobilien, in Aktien oder Investmentfonds oder sogar in Wettwerte wie Optionen oder Zertifikate – doch damit wird man nur selten Wettkönig.

Ganz weit vorne sind Sie, wenn Sie klug investieren. Aber das geht auf höchst unterschiedliche Weise und führt entsprechend zu verschiedenen Resultaten. Schauen Sie sich im Internet einmal eine Zinstabelle an. Dort können Sie leicht ablesen, wie lange es dauern würde, Ihre Ersparnisse bei lediglich zweiprozentigen Sparbuchzinsen zu verdoppeln: glatte 35 Jahre! Viele Statistiken belegen, dass dagegen die langfristige, durchschnittliche Rendite von Investmentfonds durchaus 6 Prozent betragen kann: Wenn Sie dort investieren, können Sie Ihre Ersparnisse in nur zwölf Jahren verdoppeln, auch wenn es zwischendurch einmal Rückschläge gibt. Ein bemerkenswerter Unterschied, oder?

Wie oft bekomme ich den Einwand zu hören: »Aber die Sparbuchzinsen sind zumindest sicher.« Das stimmt, aber wenn Sie von den geringen Zinsraten die Inflationsrate abziehen, bleibt meistens nicht einmal ein Zinsertrag von einigen Zehntelprozenten übrig.

Als Geldanlage ist das Sparschwein eine Sauerei und das traditionelle Sparbuch ist ein Schrumpfbuch. Wenn Sie Renditen unterhalb der Inflationsrate erzielen, geht's mit Ihrem Sparvermögen abwärts. Mit dem Sparbuch spart man sich arm. Dieser rostdurchlöcherte alte Dampfer verliert unterwegs immer mehr von Ihrem Vermögen, anstatt es auf seiner Fahrt zu vermehren. Mit dem Sparbuch werden Sie es also kaum schaffen, Ihr Realvermögen zu vermehren. Investmentanlagen können sich dagegen auf lange Sicht zu Geldvermehrungs-Motorbooten entwickeln.

Stellen auch Sie eine solche Wann-wodurch-Betrachtung an. Vergleichen Sie Zinsen und Erträge verschiedener Anlageformen und rechnen Sie aus, wann Sie Ihr Finanzziel mit welchem Finanzinstrument erreicht haben werden. Der Vergleich hilft Ihnen, die rentierlicheren Wege der Geldvermehrung einzuschlagen. Auf diesen Schiffsrouten werden Sie mehr Geld erzielen – und eines Tages hoffentlich den Hafen Ihrer persönlichen Geld-Freiheit erreichen.

Finanzielle Freiheit durch cleveren Vermögensaufbau

Die finanzielle Freiheit ist verkürzt gesagt das Polster, das wir zur Verfügung hätten, um auch ohne Monatseinkommen weiter über die Runden zu kommen. Wenn Sie zum Beispiel 2000 Euro monatlich benötigen und gerne für ein Jahr Finanzreserven haben würden, benötigen Sie 24 000 Euro. Ihr Sorglos-Kontoguthaben entspricht dann zwölf Monaten, in denen Sie Ihre Lebensunterhaltskosten schon gedeckt haben, ohne neue Einnahmen erzielen zu müssen. Nach Ablauf dieser zwölf Monate wären Ihre Ersparnisse verbraucht.

Finanzielle Unabhängigkeit kann bedeuten, später nicht mehr von Lohneinkünften oder staatlicher Rentenzahlung abhängig zu sein. Wer aufhören möchte zu arbeiten, muss finanziell unabhängig sein. Deshalb muss er sich eine Finanzsituation schaffen, die es ihm ermöglicht, für den Rest seines Lebens von seinen Ersparnissen beziehungsweise seinen Geldreserven zu leben. Streben Sie an, als Rentner durch Finanzfreiheit arbeitsfrei zu sein!

Hierzu ein plakatives Beispiel: Wenn jemand eine halbe Million Euro zu durchschnittlich 6 Prozent anlegt, dann erzielt er jährliche Einnahmen von circa 30 000 Euro vor Steuern. 6 Prozent erhalten Sie natürlich nur mit volatileren Anlagen, also mit Finanzprodukten, deren Wert schwankt. In Phasen schlechter Performance müsste man etwas dazuverdienen oder seine Ausgaben senken beziehungsweise in Monaten mit guter Performance im Voraus kleine zusätzliche Rücklagen bilden. Als Rentner würden Ihnen nach Steuern gut 20 000 Euro jährlich zur Verfügung stehen, ohne dass Sie das Kapital angreifen.

Maximieren Sie Ihr Finanzglück

Ein prall gefülltes Konto steigert bis zu einem gewissen Maß Ihr Glücks- und Selbstwertgefühl. Zugegeben: Ab einer gewissen Einkommens- und Vermögenshöhe kann Ihr Glücksgefühl nicht mehr im gleichen Maß wachsen wie das Guthaben auf Ihrem Bankkonto. Aber das ist kein Grund, nicht weiterhin auf höhere Einkünfte und Vermögen hinzuarbeiten: Absolut gesehen steigt auch Ihr Glücksfaktor mit wachsendem Vermögen immer weiter an.

Wer 1 Million Euro besitzt, ist natürlich nicht automatisch zehnmal so glücklich wie jemand, der 100 000 Euro hat. Aber in den meisten Fällen wird er doch glücklicher sein als jemand, der nichts besitzt oder sogar 100 000 Euro »auf der Uhr« hat, also an Schulden. Freunde kann man sich für Geld zwar nicht kaufen, aber ein Gefühl von Sicherheit schon.

Bestimmt kennen auch Sie das Märchen vom Hans im Glück. In dieser Geschichte geht es symbolisch um den Tauschhandel. Hans bekommt als Lohn für sieben Jahre Arbeit einen Klumpen Gold, den tauscht er für ein Pferd ein, das Pferd für eine Kuh, die Kuh für ein Schwein, das Schwein für eine Gans und die wiederum für einen Schleifstein, der ihm zuletzt in den Brunnen fällt. *Schlecht* getauscht, unglücklich getauscht, heißt für mich die Moral dieser berühmten Geschichte. *Gut* getauscht hätte Hans dagegen, wenn er genau umgekehrt den Schleifstein für eine Gans, die Gans für ein Schwein, das Schwein für eine Kuh, die Kuh für ein Pferd und das Pferd schließlich in Gold eingetauscht hätte.

Machen Sie es also besser als der Hans aus dem Grimm'schen Märchen. Wenn Sie noch kein Startvermögen besitzen, wird es für Sie höchste Zeit, es endlich aufzubauen. Mit einem Stein zum Start wird es im wahrsten Sinn des Wortes schwer – also sorgen Sie dafür, dass Sie zumindest mit einer Gans, besser noch mit einem symbolischen Schwein oder einer Kuh auf die Reise in Ihre finanzielle Freiheit gehen. Von nun an gilt es, Ihren Vermögensstand zu erhöhen und nicht etwa zu verringern.

Sparen Sie sich Ihr Startkapital an, verwandeln Sie es nach und nach in ein größeres Vermögen! Tauschen Sie sich *reich*!

Aber täuschen Sie sich nicht selbst: Durch Geldleihen werden Sie schnell zum Selbstbetrüger.

Schuldenmachen ist nicht schick

Nachdem ich meinen Manta gleich zu Anfang meiner Bundeswehrzeit plattgefahren hatte, brauchte ich dringend ein neues Auto. Ich war jedoch knapp bei Kasse und so nahm ich zum ersten Mal in meinem Leben einen Kredit auf. Von dem Darlehen kaufte ich mir einen gebrauchten Simca Matra Bagheera (das war der damals berühmte Dreisitzer mit Rennwagen-Look) für 4000 DM – und ich war mächtig stolz auf meine klatschgelbe Flunder, auch wenn sie mich mehr als einmal im Stich ließ.

Doch nach dem Kaufrausch ließ der Kater nicht lange auf sich warten: Die monatliche Darlehensrate fraß einen großen Teil meines bescheidenen Einkommens auf. Außerdem hatte ich mir, ohne es zu wissen, ausgerechnet das Automodell aufgehalst, das vom ADAC gerade zum Pannenkönig gekürt worden war und das auch noch mit gewaltigem Reparaturstau. Und so nahm das Unglück seinen Lauf: Mal musste ich 500 DM für Reparaturen aufwenden, mal 2000 DM. Jedes Mal dachte ich, es wäre der letzte Werkstattbesuch, aber auf jede Panne folgte bald schon die nächste. So investierte ich immer weiter und steckte innerhalb eines Jahres dummerweise 11 000 DM in mein Auto. Insgesamt kostete es mich also 15 000 DM, die ich natürlich überhaupt nicht eingeplant hatte. Dementsprechend hatte ich mein Konto kräftig überzogen. Um diesen Kredit wieder abzustottern und die verdammten Schulden loszuwerden, verpflichtete ich mich sogar als Zeitsoldat auf zwei Jahre.

Diese Erfahrung war mir eine Lehre für mein restliches Leben. Bei uns zu Hause galt Schuldenmachen sowieso als Todsünde.

Wenn meine Mutter gewusst hätte, dass ich mich für ein Auto verschuldet hatte, und dann noch für ein schnelles und somit gefährliches Gefährt – nicht auszudenken!

Nie mehr habe ich danach einen Kredit aufgenommen, um mir einen Konsumwunsch zu erfüllen. Noch heute zahle ich lieber in bar als mit einer Kreditkarte – und bei dem Gedanken, dass ich mich auch nur mit einem kleinen Betrag verschulden könnte, wird mir noch immer so mulmig zumute, wie ich mich damals mit meinem Autokredit fühlte.

Schulden sind oftmals selbst verschuldet

Vielleicht ist es kurzfristig cool, sich zu verschulden, aber langfristig sind Schulden so heiß, dass sich schon manch einer die Finger daran verbrannt hat. Und selbst ver*schuld*et sind die Schrammen, die man sich bei einem solchen Geld-Crash zuzieht, oftmals auch.

In den meisten Fällen sind Schulden einfach keine gute Idee. Zunächst genießt man angenehme *Vorzieh*effekte, doch die unangenehmen *Nachdruck*effekte lassen meist nicht lange auf sich warten. Wenn Sie Geld sparen, kommen Sie in den Genuss von geldvermehrenden Zinsen und Zinseszinsen. Wenn Sie aber einen Kredit aufnehmen, müssen Sie zusätzlich zur geliehenen Summe auch noch die Schuldzinsen und -zinseszinsen zahlen! So verteuerte sich auch mein Auto, das ich mir von dem Sparkassenkredit kaufte, um die zu erbringenden Darlehenszinsen – ein immenser Aufschlag!

Wie leicht sagt es sich: »Dann leihe ich mir eben Geld.« Und wie schwer ist es oftmals, aus dem Tal der Schulden zum Gipfel des Geldes aufzusteigen.

Ein früherer Bekannter von mir hatte sich eine eindrucksvolle Luxusfassade aufgebaut. Er besaß mehrere Autos und ein großes Haus, in Restaurants kam für ihn nur das Beste infrage. Aber wie sich eines Tages herausstellte, war er nicht reich an Scheinen, sondern nur scheinreich: Alles war bei ihm auf Pump gekauft. Schließlich war er hoffnungslos überschuldet. Der Gerichtsvollzieher erschien, die Zwangsvollstreckung wurde angeordnet – das ganze traurige Programm. Wegen dieses Totalabsturzes schämte er sich so sehr, dass er umzog und den Kontakt zu seinen früheren Bekannten abbrach.

Kaufen Sie nur, was Sie sofort bezahlen können!

Viel zu viele Menschen warten ungeduldig auf die nächste Gehaltszahlung und geben das eben eingegangene Geld sofort wieder aus. Falls Sie auch an sich selbst einen solchen »Ausgebreflex« kennen, gewöhnen Sie sich an, sich vorher zu fragen: Ist dieser Spontankauf wirklich nötig? Wenn Sie die Frage nicht mit einem ehrlichen Ja beantworten können, dann stellen Sie die Anschaffung zumindest zurück. Denn auch wenn Sie am Monatsersten scheinbar genügend Geld auf dem Konto haben – im restlichen Monat laufen Sie ins Minus und zahlen dann wieder die ruinösen Zinsaufschläge für Ihren Dispokredit. Darüber freut sich – wenn überhaupt irgendwer – höchstens Ihre Bank.

Spätestens wenn Sie ein paar Monate hintereinander mehr ausgegeben haben, als Sie einnehmen, sollten bei Ihnen die Alarmglocken läuten. Wenn Sie offene Rechnungen nicht mehr begleichen können, ohne Ihr Konto zu überziehen – dann brennt es bei Ihnen unterm Dach! Dann müssen Sie die Finanzfeuerwehr zum Löschen rufen. Der Geldbrandstifter ist meistens das miese Ausgabeverhalten und nicht etwa die miese Einnahmesituation: Man lebt über seinen Möglichkeiten.

Also lassen Sie es lieber gar nicht erst so weit kommen. Machen Sie einmal monatlich Kassensturz – bevor Sie selbst wegen chronisch leerer Kasse abstürzen.

Man kann durch Krankheit, Unfall oder Arbeitslosigkeit sein Einkommen verlieren – das alles sind Wechselfälle des Lebens, auf die man oftmals selbst wenig Einfluss hat. Umso wichtiger ist es, sich ein bisschen Pulver trocken zu halten: Wer über einen Geld-Pulverturm verfügt, muss nicht gleich Schulden machen, wenn einmal etwas Unvorhergesehenes dazwischen schießt.

Viele Berufsanfänger machen den Fehler, von Beginn an mehr auszugeben, als sie einnehmen. Da sie nicht auf ihre Geldbalance achten, haben sie schon nach kurzer Zeit quasi ein negatives Startvermögen auf ihrem Konto. Sie geben heute Geld aus, das sie erst morgen verdienen werden – und beziehen somit gleichsam einen Minuslohn! Ihr Nettolohn steht ihnen schon nicht mehr uneingeschränkt zur Verfügung, sondern ist durch Zins- und Tilgungszahlungen gekürzt.

Tappen Sie nicht in die Schuldenfalle

Gerade Jobeinsteigern rate ich dringend: Stoppen Sie sofort Ihre Lebensstil-Inflation! Unterlassen Sie es, in jungen Jahren auf Ihrem Lebensvermögenskonto der Zukunft Schulden zu machen. In die Schulden hinein gleitet man so leicht wie auf der Skipiste – aber aus den Schulden heraus ist es ein steiler und steiniger Weg ohne Seilbahn.

Vielleicht findet manch einer es nicht allzu schlimm, verschuldet zu sein – schließlich nimmt ja die Staatsverschuldung auch immer weiter zu. Doch selbst für Staaten gibt es Schuldengrenzen, die sie tunlichst nicht überschreiten sollten – weshalb Staaten wie beispielsweise Griechenland oder Portugal (und mittlerweile ganz Europa und die USA) nun durch radikale Sparprogramme versuchen müssen, ihre übergroße Schuldenlast wieder loszuwerden.

Das sieht bei Privathaushalten leider noch viel dramatischer aus. Sich einfach weiter zu verschulden, ist keine Lösung. Konsumschulden sind wie bleierne Kugeln, die früher die Sträflinge mit sich schleppen mussten. Befreien Sie sich vom Schuldenblei.

Falls Sie regelmäßig mehr ausgeben, als Sie einnehmen, ist bei Ihnen nun Sparen angesagt. Sie müssen Ihre Kosten senken und Ihre Einnahmen-Ausgaben-Relation in Ordnung bringen. Ihre Schuldenuhr tickt bis kurz vor zwölf – und dann ist High Noon. Bevor die Colts rauchen, dampfen Sie lieber ganz schnell Ihre Ausgaben ein. Das gilt auch für augenscheinlich Wohlhabende: Dann muss eben der Zweitwagen weg, das Ferienhaus verkauft werden und zukünftig ist beim Fliegen Economy- statt Business-class angesagt.

Nehmen Sie möglichst keinen Konsumentenkredit auf

»Kredit« leitet sich von *credere* ab, auf Deutsch *vertrauen*. Beim Ratenkredit muss man folglich raten, ob der Schuldner zurückzahlen wird.

Konsumentenkredite sind tückische Stolperdrähte. Die Lust, etwas sofort zu besitzen, kippt oftmals bald schon in Frust um. Sie müssen meist lange und teuer für ein kurzfristiges Vergnügen büßen.

Sich heute schon etwas zu leisten, das man sich eigentlich erst morgen leisten könnte, ist natürlich falsch – jedenfalls dann, wenn es sich bei der Anschaffung um Gegenstände handelt, deren Wert durch den Gebrauch schwindet. Solche Konsumgüter sollten Sie – ebenso wie individuelle Liebhaberobjekte – nur von dem bezahlen, was Sie wirklich verfügbar haben – und keinesfalls auf Pump. Falls Sie in eine finanzielle Notlage geraten, müssen Sie den Kredit trotzdem weiter abzahlen – und ob Ihnen dann jemand Ihre Anschaffung zu einem angemessen Preis abkauft, steht in den Sternen. Statt eines Finanzluftpolsters hätten Sie dann ein Finanzvakuum.

Nichts wie raus aus der Kreditspirale!

Wer sich Konsumgüter kauft, bevor er das nötige Geld beisammenhat, nimmt sich quasi Belohnungen vorweg. Er ist gesättigt – und wer satt ist, wird passiv. Auch emotional ist es viel schöner, aktiv und hungrig auf etwas zuzusteuern und nicht die ansteigende Vorfreude schon in eine nachlassende Nachfreude verwandelt zu haben.

Es ist einfach frustrierend, heute und morgen Geld verdienen zu müssen, das man schon gestern ausgegeben hat. Ob Sie zum Beispiel durchschnittlich 7 Prozent Rendite erzielen oder ob Sie 7 (meist sogar mehr) Prozent Kreditzinsen zahlen müssen, ist ein riesengroßer Unterschied. Wenn Sie über 10 000 Euro Guthaben verfügen und diesen Betrag mit durchschnittlich 7 Prozent anlegen könnten, dann würden Sie nach zehn Jahren 20 000 Euro besitzen! Wenn Sie dagegen 10 000 Euro Schulden haben, für Ihr Darlehen denselben (in Wirklichkeit meist sogar höheren!) Zinssatz von 7 Prozent ansetzen und nicht zwischen durch tilgen, dann haben Sie nach zehn Jahren 20 000 Euro Schulden.

Falls Sie mit Ihrem Konto in den roten Zahlen sind, sollten Sie das auch farblich entsprechend markieren. Bei roten Zahlen sollte man auch rot sehen! Nehmen Sie einen Stift und kreisen Sie die Minuszahlen auf Ihrem Kontoauszug rot ein. Das signalisiert Ihnen: STOPP! So geht es nicht weiter! Auf Ihrem Konto herrscht *Ebbe* – also müssen Sie es schnellstmöglich *fluten*. Sonst sitzen Sie auf dem Trockenen.

Vorsicht vor dem Giro-Kreisel!

Menschen mit überzogenen Ansprüchen greifen allzu gern auf den Überziehungskredit ihres Girokontos zurück. Es wird scherzhaft auch »Gyros«-Konto genannt: Wer öfter mal seinen Girokredit nutzt, kann sich bald höchstens noch Gyros aus der Fast-Food-Bude leisten. Tatsächlich kommt der Name vom italienischen *giro* beziehungsweise *girare* (= Kreislauf, kreisen lassen).

Wer ein Girokonto besitzt, aber kein oder wenig Guthaben darauf, der bekommt am Bankschalter oft verheißungsvoll zu hören: »Kein Problem, Sie dürfen Ihr Konto bis 5000 Euro überziehen.« Was die netten Bankangestellten gerne verschweigen: Meist fallen für einen Dispo- oder Überziehungskredit 5 bis 6 Prozent *mehr* Zinsen als für einen regulären Kredit an. Der Kunde freut sich, dass er kein *richtiges* Darlehen aufnehmen muss. Und das stimmt ja auch: Er hat nun ein *unrichtiges* Darlehen mit besonders hohen Kreditzinsen am Hals.

Ich dagegen rate Ihnen: Stehen Sie in einem solchen Fall zu Ihrem Finanzengpass. Machen Sie sich nicht selbst etwas vor! Wenn Sie Ihr Konto überzogen haben, schulden Sie den überteuerten Überziehungskredit so schnell wie möglich in ein günstigeres Darlehen mit fester Rückzahlungsquote und deutlich niedrigeren Zinsen um. Und dann tilgen, tilgen, tilgen!

Wer Ihnen einen Überziehungskredit einräumt, so könnte man beinahe glauben, hat nur eines im Sinn: Er will Ihnen »eins überziehen«. Die Kreditgeber verdienen prächtig damit und geben zur Begründung gerne an, dass sie ja bei dieser Kreditform ein höheres Risiko eingingen. Für Sie aber ist das Risiko noch sehr viel höher: Sie zahlen nur die immensen Zinsen, ohne zu tilgen. Das klingt attraktiv, bedeutet aber in aller Regel, dass Sie kaum mehr von dieser Schuldenlast herunterkommen. Selbst wenn Sie zehn oder 20 Jahre lang monatlich die Zinsen geleistet hätten, wären Ihre Schulden noch gleich hoch.

Hüten Sie sich auch vor »tilgungsfreien« Kreditverträgen. Machen Sie sich deutlich, dass Sie damit keinen Deut besser liegen. Ganz im Gegenteil: Mit einem solchen Darlehen legen Sie das Gelübde der ewigen Zinszahlung ab. Anstatt bin ans Ende Ihrer Tage auf Pump zu leben, pumpen Sie lieber Ihren Schuldenkeller leer!

Scheinbar kundenfreundlicher ist eine Darlehensform, bei der man während der Laufzeit ausschließlich tilgt und die gesamten Zinsen erst am Ende zahlt. Tatsächlich aber vergrößert diese Variante oftmals die Schuldenlast. Durch den Zinseszinseffekt steigen die hinzukommenden Schulden sogar progressiv an. Lassen Sie also die Finger von Krediten mit dem Etikett »Nur tilgen«, vor denen auch die Verbraucherschutzverbände zu Recht warnen.

Bares statt Plastik

Mit Kreditkarten hat man oft schlechte Karten. Man begleicht Kreditkartenschulden mit Dispo, Dispo mit Konsumentenkrediten. Damit ist man bereits im Labyrinth der Kredite gefangen – für viele eine Reise ohne Rückkehr.

Kreditkarten sind weltweit einsetzbar. Mit der »Zahl«-Karte sind Sie immer zahlungsfähig, jedenfalls solange sie noch nicht gesperrt ist.

In Deutschland sind die Kreditkarten üblicherweise Charge-Karten: Der Benutzer erhält alle paar Wochen eine Rechnung, die auch erst dann fällig ist. Es handelt sich quasi um einen zinslosen Kredit mit sehr kurzer Laufzeit; insofern passt auch die Bezeichnung »Kreditkarte«. Der zinslose Kurzzeitkredit kann sich aber sehr schnell in einen langfristigen Hochzinskredit verwandeln, wenn der Rechnungsbetrag abgebucht wird und Ihr Konto nicht die entsprechende Deckung aufweist. Dann nämlich zahlen Sie doch wieder Überziehungszinsen von 10 Prozent oder sogar noch mehr.

Viele Kunden haben mir gesagt, dass sie durch ihre Kreditkarte dazu verführt wurden, etwas zu kaufen, obwohl sie sich eigentlich nur im Laden umschauen wollten. Die Kredit- oder EC-Karte wird leichter gezückt als reales Geld. Wenn Sie mit Plastik bezahlen, sehen Sie nicht, wie in Ihrem Portemonnaie das Geld schwindet. Wenn Sie dagegen Geldscheine aus dem Geldbeutel nehmen müssen, spüren Sie unmittelbar, wie Ihnen Ihr gutes Geld zwischen den Fingern zerrinnt.

Zahlen Sie also bar statt mit Karte – am besten mit kleinen Scheinen, dann fühlt sich der Schwund noch schlimmer an und man hält sich deutlich mehr zurück. Wenn Sie bar bezahlen, bekommen Sie eventuell einen Barzahlungsrabatt, weil Sie dem Ladenbesitzer die Kreditkartengebühr ersparen. Gerade bei größeren Einkäufen lohnt es sich auch deshalb, cash zu zahlen. In diesem Fall gilt wirklich: Bares ist Wahres. Machen Sie keine Kreditkartenschulden – sonst beginnen Sie im Schuldensumpf zu versinken!

Ein kleiner Kniff kann Ihnen helfen, Ihr Ausgabeverhalten zu verbessern. Nach Bestreiten Ihrer Fixkosten haben Sie jeden Monat einen bestimmten Teil Ihres Einkommens zur freien Verfügung. Diesen Betrag sollten Sie aufteilen: Verwahren Sie in Ihrem Portemonnaie das Geld für Lebensmittel und sonstige Haushaltskosten in einem Fach, Ihr Taschengeld in einem anderen.

Schulden sind nicht gleich Schulden

Meist ist es ein Kreuz mit den Schulden: Man wird glatt aufs Kreuz gelegt. Dagegen kann es bei Investitionen durchaus sinnvoll sein, einen Kredit aufzunehmen.

Wenn etwa ein Einzelhändler Schulden macht, um sein Ladenlokal zu vergrößern, dann erwartet er, dass durch die zusätzliche Ladenfläche mehr Umsatz generiert wird. Wenn er richtig kalkuliert hat, kann er aus den gestiegenen Erlösen seine Schuld begleichen und darüber hinaus seinen Gewinn vergrößern. In diesem Zusammenhang spricht man vom Leverage- oder Hebeleffekt.

Ganz anders sieht es aus, wenn Sie einen teuren Wintermantel für 1000 Euro kaufen. Ein Jahr später hat der allenfalls noch einen

Wiederverkaufswert von 300 Euro. In diesem Fall nehmen Sie Schulden für etwas auf, das sich verbraucht, also an Wert verliert. Der Investor jedoch nimmt ein Darlehen auf etwas, dessen Wert meist zumindest stabil bleibt oder sich sogar steigert – zum Beispiel eine Immobilie oder eine andere »dingliche Sicherheit«, wie das im Bankenjargon heißt.

Zuweilen ist man versucht, Geld-Alchemie zu betreiben und leiht sich Geld. Man hofft, mit der Rendite einer spekulativen Geldanlage die Darlehenszinsen zu übertreffen. Wenn dann aber die riskante Rechnung nicht aufgeht, ist das sehr ärgerlich. Die Erfahrung zeigt, dass sich solche Anlagen/Darlehenskombinationen nicht immer rechnen. Wie viel Zinsen zu zahlen sind, steht fest – um die Rendite spekulativer Anlagen dagegen muss man bis zum Schluss zittern. Traurigerweise habe ich von Kunden hören müssen, dass das nicht immer gut ausgeht.

Während meines Studiums hatte ich einen Kunden aus der Arztbranche. Er hatte sich sein Leben lang nach der Maxime gerichtet, dass man keine Schulden machen soll. Als er Immobilien erwarb, war es sein wichtigstes Ziel, diese so schnell wie möglich schuldenfrei zu bekommen – einfach deshalb, weil »man« keine Schulden hat. Dabei hatte er seinen Hypothekenkredit in der Niedrigzinsphase aufgenommen und zahlte enorm günstige Zinsen. Aber er hielt es eben für unschicklich, Schulden zu haben. Gefühlsmäßig standen für ihn nicht die Immobilien als Wertanlage, sondern die Schulden im Vordergrund.

Oft habe ich bei Kunden erlebt, dass sie Schulden generell für einen Makel hielten: Auch wenn ihr Haus 600 000 Euro wert war und sie noch 300 000 Euro Hypothekenkredit abzuzahlen hatten, sagten sie immer: »Wir haben noch 300 000 Schulden drauf« und nicht: »Wir haben 300 000 runter.«

Dabei steht der Hypothekenbelastung bei der Immobilie der Wiederverkaufswert gegenüber. Falls es sich um ein Bauwerk handelt, aus dem Sie Mieteinkünfte beziehen, dann stehen der monatlichen Kreditrate außerdem monatliche Zahlungen zu Ihren Gunsten gegenüber – zusätzlich zum bleibenden oder möglicherweise sogar steigenden Sachwert. Das ist der entscheidende Unterschied zu einem teuren Motorrad oder zu einer kostspieligen Musikanlage, die man auf Pump kauft: Deren Wert schmilzt wie Schnee in der Frühlingssonne dahin. Und übrig bleiben einzig die Schulden.

Auch Leasen bringt Sie in die Miesen

Etliche Zeitgenossen halten Leasing für smart. Man braucht das Geld nicht vorher zusammenzusparen, scheinbar nimmt man auch keinen Kredit auf. Aber letztendlich zahlen Sie doch zurück, was Sie im Voraus in Anspruch genommen haben. Sie tilgen Monat für Monat einen Teil Ihrer Schuld und zahlen auch noch Zinsen.

Leasing ist also nur eine andere Darlehensart. Beispielsweise ein Auto zu leasen, ist für Privatleute keineswegs billiger, als wenn man es durch einen herkömmlichen Kredit finanziert. Beim Leasing sieht die monatliche Rate zwar niedriger aus als bei einem traditionellen Kredit. Bei diesem aber zahlen Sie Zins und Tilgung, beim Leasing tilgen Sie monatlich nur einen kleinen Teil – und das dicke Ende kommt bei Vertragsablauf.

Anders als bei einem Kreditvertrag mit fester Laufzeit gehört Ihnen das geleaste Fahrzeug am Ende keineswegs. Sie können also auch nicht den Wiederverkaufswert einstreichen. Beim Leasing müssten Sie eigentlich parallel zu den monatlichen Mietraten auch noch Geld als Anzahlung für das nächste Auto ansparen.

Für manche Geschäftsleute mit Gewerbebetrieben mag es aus Steuer- oder Liquiditätsgründen von Vorteil sein, ihre Fahrzeuge zu leasen – aber für Privatpersonen rechnet es sich normalerweise nicht.

Heilen Sie Ihre Finanzen – jetzt!

Falls Ihre Ausgaben regelmäßig über Ihren Einnahmen liegen, sollten Sie unbedingt gegensteuern, vor allem solange Sie noch jung genug sind, um sich ein belastbares finanzielles Fundament zu schaffen. Durch meine Bekannten im Fußballgeschäft höre ich immer wieder von erschütternden Fällen, bei denen genau diese Absicherung versäumt wurde. Manche Spieler – auch erfolgreiche Nationalspieler – haben während ihrer Karriere schlicht vergessen, sich rechtzeitig ein passives Einkommen zu verschaffen. Im Alter erleiden sie nicht selten tragische Abstürze: Sie müssen Privatinsolvenz anmelden und sind für den Rest ihrer Tage auf private und staatliche Fürsorge angewiesen.

Machen Sie es besser – reißen Sie rechtzeitig das Steuer herum! Wenn Sie verschuldet sind, kann es für Sie nur eines geben: So viel und so schnell wie möglich zurückzahlen! Schulden sind Gift für Ihre Finanz-Gesundheit. Wenn Kredit, dann weg damit – und zwar *asap*! Schulden sind eben doch ein Beinbruch. Ihr Geld muss verarztet werden: Kosten eingipsen! Schuldenaufbau stoppen! Und dann zur Finanz-Reha und Schuldenabbau einleiten!

Aber vorbeugen ist viel besser als heilen. Werden Sie Ihr eigener Finanzdoktor. Verordnen Sie sich die wirkungsvollste Finanzmedizin: Mehr Geld verdienen, weniger ausgeben!

Vergrößern Sie Ihr Finanzvermögen!

11

Setzen Sie Ihre Geldmaschine in Gang

Eröffnen Sie Ihr Lebenskonto

Kunden zu gewinnen, bereitete mir große Schwierigkeiten. Ich war erst 19 Jahre alt, als ich im Herbst 1978 nebenher mit der Finanzberatung bei der OVB anfing. Und der Beginn war sehr enttäuschend. Da wurde mir gesagt, dass ich auch für mich selbst einen Ansparvertrag abschließen könnte. So war dann mein erster Abschluss als Finanzberater tatsächlich eine private kapitalbindende Versicherung für mich selbst mit monatlicher Leibrente ab dem. 60. Lebensjahr.

Die Versicherungsbeiträge zu zahlen, fiel mir anfangs schwer, aber es hat sich gut gerechnet: Ich werde eine viel größere Auszahlung erhalten, als wenn ich beispielsweise in einen Sparvertrag eingezahlt hätte. Aufgrund meiner beruflichen Entwicklung haben sich die Dinge für mich seit damals sehr verändert. Dennoch wurde mir auf diese Weise frühzeitig klar, was ich danach auch bei vielen Mandanten erlebte: Je eher man anfängt, in eine private Rentenversicherung einzuzahlen, desto größer ist später der Ertrag, also die monatliche Privatrente.

Vermögensaufbau ist keine Zauberei

Wohl jeder wäre gerne finanziell potent. Aber warum hat der eine, was dem anderen fehlt? Finanzpotenz ist keine Zauberei, das Grundprinzip klingt vielmehr fast banal: Wenn Sie heute Einzahlungen leisten, können Sie »morgen« Auszahlungen erhalten. Sparen Sie früh und möglichst viel und investieren Sie clever – dann wächst Ihr Vermögen kontinuierlich.

100 Euro monatlich, ab dem 30. Lebensjahr zu 6 Prozent angelegt, bringen Ihnen im 65. Lebensjahr circa 138 000 Euro. Davon haben Sie nur 42 000 Euro selbst aufgebracht. Wenn Sie zehn Jahre später beginnen, müssen Sie schon gut 200 Euro ansparen, um auf ein ähnliches Ergebnis zu kommen. Und dann haben Sie mehr als 60 000 Euro aus eigener Tasche eingezahlt.

Wenn Sie 100 000 Euro 35 Jahre lang mit einer Verzinsung von lediglich 2 Prozent anlegen, dann bekommen Sie circa 200 000 Euro heraus. Das geht eindeutig besser, zum Beispiel langfristig in Wertpapierfonds anlegen, die im Durchschnitt einen Wertzuwachs von 6 Prozent erzielen. Dann würden Ihnen dieselben 100 000 Euro nach 35 Jahren fast 770 000 Euro bringen!

Worauf warten Sie also noch? Jedes Jahr, jeder Monat, in dem Sie nicht loslegen, kostet Sie richtig Geld. Natürlich müssen Sie Steuern auf Ihre Gewinne bezahlen, aber das gilt sowohl für 2 Prozent als auch für 6 Prozent Rendite.

Fast jeder träumt davon, etwas Geld auf der hohen Kante zu haben, ein Finanzpolster für unverhoffte Ausgaben und die Basis für finanzielle Sicherheit im Alter. Warum aber träumen die einen nur davon – während die anderen ihren Vermögensaufbau mit traumwandlerischer Sicherheit rechtzeitig angehen?

Stellen Sie sich einmal vor, alle Menschen hätten für einen Moment das gleiche Vermögen, zum Beispiel 1000 Euro pro Kopf.

Wie lange würde diese Vermögensgleichheit dauern? Jeder würde mit seinen 1000 Euro Startvermögen anders umgehen: Der eine behält es, der Nächste vermehrt es; andere hauen es sofort auf den Kopf, teilweise oder komplett. Wahrscheinlich hätten nach einem Jahr die ersten Menschen ihren Geldbestand bereits auf 2000 Euro verdoppelt – und andere wären leider pleite. Nach ein paar Jahren wären manche Menschen auf dem Weg zum Multimillionär – und andere müssten um milde Gaben betteln. Über kurz oder lang gäbe es voraussichtlich genauso viele reiche und genauso viele arme Menschen wie vor der »Stunde null«, als alle mit dem gleichen Grundvermögen gestartet waren.

Dieses zugespitzte Szenario macht deutlich, wie sehr unser Geldverhalten durch unsere Persönlichkeit geprägt ist. Unterschiede bei den Finanzverhältnissen fangen natürlich mit der unterschiedlichen beruflichen Entlohnung an. Aber selbst bei gleichen Einkünften können einige sparen, andere nicht. Ich habe mich mit diesem Phänomen immer wieder beschäftigt. Entscheidend für die Entwicklung der Vermögenssituation ist das individuelle Spar- und Ausgabeverhalten.

Stellen wir uns drei verschiedene Menschen vor, die alle das Gleiche verdienen: monatlich 2000 Euro.

- A gibt jeden Monat 1600 Euro aus, legt also 400 Euro monatlich zurück und sorgt vor.
- B gibt jeden Monat 2400 Euro aus und macht minus. Seine Schulden steigen Monat für Monat um weitere 400 Euro an.
- C schließlich lebt in finanzieller Balance: 2000 Euro nimmt er monatlich ein und 2000 Euro gibt er aus.

B lebt offenkundig über seine Verhältnisse. Bei C dagegen scheint es zu passen. *Passen* heißt aber beim Kartenspiel: Ich will nicht oder kann nicht! C baut keine Schulden, aber leider auch kein Vermögen auf.

Von unseren drei Kandidaten ist einzig und allein A auf einem Erfolg versprechenden Weg, ein Vermögen aufzubauen.

Wenn Sie es noch nicht tun: Versuchen auch Sie so bald wie möglich, einen Einkommensteil anzusparen! So können Sie schnell eine zusätzliche Geldquelle erschließen, die unabhängig von Ihrem Arbeitseinkommen fließt. Leben Sie unter und nicht über Ihren Verhältnissen.

Erhöhen Sie Ihre Einnahmen

Anstatt Ihre Ausgaben zu senken, können Sie natürlich auch Ihre Einnahmen steigern – und zwar durch Anwendung der vier Fs:

- Freizeitjob: zur Einkommensaufbesserung
- Fleiß: mit Überstunden zu mehr Einnahmen
- Fortbildung: zur Erzielung eines höheren Stundenlohns beziehungsweise Monatseinkommens
- Freiberuflich: Selbstständigkeit für Einkommenszunahme

Einen Freizeitjob zu finden, ist meist nicht allzu schwer. Der Sportlehrer meiner Kinder beispielsweise gab abends im Freibad Schwimmunterricht und verdiente sich so etwas dazu. Die Einkommenshöhe hängt natürlich von vielerlei Faktoren ab – von Schulabschluss und beruflicher Qualifikation, von Weiterbildung und Engagement. Wer also glaubt, er könnte mir nichts, dir nichts reich werden, ohne sich dafür anstrengen zu müssen, der macht sich selbst etwas vor.

Nachhaltige Einkommenssteigerung setzt in aller Regel Wissenssteigerung voraus – durch Fachliteratur oder Besuch von Seminaren. Überlegen Sie, welcher Weiterbildungsweg für Sie geeignet ist. Vielleicht müssen Sie die Abendschule besuchen, einen Volkshochschulkurs oder ein Fernstudium beginnen, um Ihr Einkommen zu steigern – entscheidend ist, dass Sie Ihr Wissen vergrößern und Ihre Fertigkeiten verbessern.

Meine Faustformel lautet: Wenn Sie 1 Prozent Ihres Einkommens in Fortbildung investieren, haben Sie größere Chancen,

10 Prozent mehr Einkommen zu erwirtschaften. Also entscheiden Sie sich: Wollen Sie pauken oder lieber auf die Pauke hauen?

Angenommen, es gelingt Ihnen – durch Fortbildung, Überstunden oder einen Freizeitjob –, noch ein paar Hundert Euro zusätzlich zu verdienen. Dann können Sie von diesem Geldbetrag Monat für Monat etwas beiseitelegen. Wie man beim Sport kontinuierlich an Muskelkraft gewinnt, so bauen Sie nun nach und nach Finanzkraft auf: erst weglegen, dann anlegen. Und falls Sie künftig einmal einen kurzfristigen Finanzbedarf haben, können Sie auf Ihr beiseitegelegtes Geld zurückgreifen.

Verkaufen Sie sich nicht unter Wert

Sprechen Sie Ihren Chef doch einfach mal wegen einer Gehaltserhöhung an. Sie können das durchaus machen, wenn Sie das begründete Gefühl haben, dass Sie woanders mehr bekommen könnten. Also handeln Sie. Fragen Sie Ihren Vorgesetzten nach einer Gehaltserhöhung. Erklären Sie ihm, dass Sie bei der Konkurrenz 10 Prozent mehr verdienen könnten. Sie würden aber viel lieber in Ihrer jetzigen Firma bleiben – bitten Sie Ihren Chef, eine Lösung zu finden, mit der Sie beide gut leben können.

Sie können auch versuchen, Ihre Gesamteinnahmen zu erhöhen, indem Sie sich selbstständig machen. Da bleiben die Gewinne bei Ihnen, und Sie allein entscheiden, ob Sie Überstunden machen. Fortan gilt für Sie: Umsatzerlöse minus Kosten gleich Einkünfte. Als Freiberufler oder Gewerbetreibender entscheiden Sie selbst, wie viel von Ihrem Gewinn Sie privat entnehmen oder zurück ins Geschäft investieren. Von dem, was als Jahresüberschuss bleibt, kaufen Sie beispielsweise neue Maschinen oder stellen zusätzliches Personal ein. Durch solche Investitionen können Sie meist Ihren Jahresumsatz kräftig steigern und oftmals damit die Gewinne und somit auch Ihr privates Vermögen entsprechend vergrößern.

Wenn es Ihr Traum ist, sich selbstständig zu machen, dann tun Sie's! Ein Paradebeispiel für erfolgreiches Unternehmertum ist Jürgen Großmann, besonders bekannt geworden als Vorstandsvorsitzender der RWE AG. Ich lernte ihn 2004 kennen. Damals erzählte er mir, dass er bei der *Klöckner Werke AG* tätig war. Dort wurde diskutiert, dass die ehemalige *Klöckner Edelstahl GmbH Georgsmarienhütte* in Osnabrück abgewickelt werden sollte. Kurz entschlossen warf er seinen Hut in den Ring und fragte, ob er nicht das Unternehmen (trotz 120 000 000 DM Schulden in der Bilanz) übernehmen dürfe.

Er durfte in der Tat und der symbolische Preis betrug 2 DM. Großmann holte das Stahlwerk aus dem Insolvenzverfahren raus, besorgte sich Landesbürgschaften und zapfte alle verfügbaren Fördertöpfe an, um möglichst viele Arbeitsplätze zu retten. Tatsächlich schaffte er es, das bis dahin hochdefizitäre Unternehmen in die Gewinnzone zurückzubringen, und konnte schließlich die Fördergelder zurückzahlen. Heute heißt sein Unternehmen *Georgsmarienhütte Holding GmbH*, umfasst rund 50 Einzelfirmen und hat sicher einen Wert von mehr als 1 Milliarde Euro.

Allerdings ist nicht jede Gründerstory eine derart traumhafte Erfolgsgeschichte. Denn nicht jeder hat das Zeug zum Unternehmer, und nicht jede Geschäftsidee trägt. Die Chancen und Risiken der Selbstständigkeit sollte jeder für sich sorgfältig abwägen.

So oder so geht es zunächst einmal um den Aufbau Ihres Startvermögens. Wenn Sie mehr Einkommen erzielen wollen, müssen Sie mehr Fertigkeiten erlernen und sich in Ihrem Job besser auskennen als andere. Je qualifizierter, desto besser. Salopp ausgedrückt: Ein Schneider kann einen Ärmel annähen, ein Arzt kann einen Arm annähen. Er ist qualifizierter und wird deswegen auch besser bezahlt.

Doch wichtig ist, diese Mehreinnahmen nicht gleich wieder durch Mehrausgaben zu neutralisieren. Deshalb ist neben Ihrer beruflichen Fortbildung die Finanzfortbildung genauso entscheidend. Sie führt zu einer Vermögenssteigerung, weil sie Ihnen hilft,

Geld-Dummheiten zu vermeiden. Vor Reisen studiert man Reiseprospekte, um ihre Finanzen dagegen kümmern sich viele Bürger unseres Landes kaum. Das ist ein folgenreicher Fehler: Mehreinnahmen verdunsten wie Nebel in der Mittagssonne, wenn man seine Ausgaben nicht im Griff hat.

Machen Sie es besser: Legen Sie beim Einkommen zu, nicht aber (oder deutlich weniger) bei den Ausgaben. Das ist der Zündschlüssel zu Ihrem Vermögensaufbau und damit Ihr Schlüsselerlebnis für den Aufbruch in die finanzielle Unabhängigkeit.

Auf der Ausgabenseite entsteht Wohlstand

Bei meinen Eltern blieb am Lebensende vergleichsweise viel übrig, obwohl sie niemals hohe Einkünfte hatten. Sie übten Verzicht, wo es nur ging, und sparten sich alles »für später« auf. Entsprechend gönnten sie sich kaum Urlaubsreisen und Sofas oder Teppiche waren auch noch nach 20 Jahren »gut genug«. »Wir müssen sparen wegen der Rente«, hieß es immer. Auch im Rentenalter gönnten sie sich dann aber keinen neuen Fernseher oder gar ein neues Auto. »Es könnten ja schlimme Krankheiten mit teuren Operationen auf uns zukommen«, wandten sie ein. Und noch später, im hohen Alter, wurden sie sogar noch knauseriger sich selbst gegenüber, denn die ganzen Ersparnisse sollten doch schließlich einmal die Enkelkinder bekommen. Als meine Mutter 2011 starb, war ich überrascht, wie viel sie durch Sparsamkeit zusammengetragen hatte. Jetzt verstehe ich viel besser, warum das Ausflugslokal früher nicht sein sollte.

Der alles entscheidende Faktor für den Aufbau eines Vermögens ist die Sparquote. Um mehr sparen zu können, empfiehlt es sich, die Kosten zu senken. Das kann noch lohnender sein, als mehr Geld zu verdienen, denn 100 Euro Lohnerhöhung sind nur brutto – 100 Euro Kostenersparnis dagegen sind sogar 100 Euro netto. Also: 1 Euro geringere Ausgaben ist also mehr als 1 Euro höhere Einnahmen.

Betrachten Sie einmal Ihre Gesamteinnahmen während Ihres bisherigen Lebens. Wenn Sie Ihr Lebens-Einkommen zusammenrechnen, finden Sie es angemessen, was Ihnen an Lebens-Vermögen übrig geblieben ist? Ich vermute sehr viel eher, dass das Ergebnis Sie erschrecken wird. Allem Anschein nach haben viele Menschen irgendwo in ihrer Wohnung einen Geldofen installiert, in dem sie jahraus, jahrein einen großen Teil ihrer Einkünfte einäschern.

Teilen Sie Ihre Einkünfte auf zwei Konten auf

Wenn alle Ein- und Ausgaben über ein einziges Konto laufen, verliert man schnell die Übersicht. Anstatt Kostenkontrolle zu üben, sagt man sich scheinbar lässig: Schauen wir mal, was Ende des Monats noch drauf ist, das können wir ja dann sparen. Damit sind Sie aber automatisch in der Zwickmühle, weil Sie ja von ein und demselben Konto gleichzeitig schön leben und für später sparen möchten. Wenn Sie mehr übrig behalten möchten, rate ich Ihnen zwei Konten einzurichten.

Auf Ihr *Ich-Konto* überweisen Sie etwa 10 Prozent Ihrer Einnahmen, möglichst per Direktabbuchung, sodass Sie dieses Geld gar nicht erst in die Hände nehmen. Mit dieser Strategie bezahlen Sie zuerst – vor allen anderen – sich selbst. Natürlich nicht zu hoch, denn von dem *Andere-Konto* sollen die anderen schließlich das bekommen, was ihnen zusteht, aber eben nicht mehr. Mit dem Lohn für sich bauen Sie sich Ihre Zukunft auf. Mit dem Lohn für andere bestreiten Sie Ihre Lebenserhaltungskosten. Wenn es einmal nicht reicht, buchen Sie einen Teil vom Ich-Konto zurück, aber wirklich nur im Notfall.

Bei Einkommenserhöhung: Sparbeitrag verdoppeln

Wenn Ihr Einkommen steigt, weil Sie auf der Karriereleiter nach oben geklettert sind, Zusatzeinnahmen generieren oder den Sprung in die Selbstständigkeit gewagt haben, dann können Sie mehr sparen, ohne Ihre Ausgaben reduzieren zu müssen. Schalten Sie jetzt den Turbo zu: Legen Sie statt 10 Prozent fortan 20 Prozent beiseite.

Wenn Sie bisher 2000 Euro netto verdient und 200 Euro zurückgelegt haben, dann hatten Sie 1800 Euro zur Verfügung. Wenn Sie nun aber 2400 Euro netto verdienen, dann können Sie 400 Euro beiseitelegen – und haben trotzdem 200 Euro mehr als vorher zur freien Verfügung. Sie erhalten also eine sofortige Belohnung und dazu noch eine langfristige, da Sie 100 Prozent mehr als vorher für Ihr Vermögen sparen.

Stellen Sie Ihren Lebens-Wohlstandsplan auf: Legen Sie 10 Prozent Ihres normalen laufenden Gehalts beiseite – und nach einer Einkommenserhöhung 20 Prozent!

Kosten ausholzen!

Wenn Sie regelmäßig einen Teil Ihres Einkommens sparen möchten, können Sie dies natürlich viel leichter schaffen, wenn Sie eine Ausgabenkontrollsperre einführen und dadurch Ihre Ausgaben verringern. Zur Happy Hour sind in manchen Bars die Getränke bekanntlich viel günstiger zu haben. Gestalten Sie sich Ihre *Happy Money Hour*, bei der Sie viele Dinge für wesentlich weniger Geld bekommen. Auch hier geht's um Promille und Prozente.

In den folgenden Abschnitten habe ich Ratschläge zusammengestellt, die meine frühere Firma AWD aus Tausenden Beratungsgesprächen und unzähligen Finanzanalysen herausdestilliert hat. Egal, ob Kunden noch klamm oder schon vermögend waren, letztlich waren es immer die gleichen Erkenntnisse, die zu den folgenden Empfehlungen führten. Zahlreiche Kunden haben mir die Nützlichkeit dieser Tipps zur Kostenreduzierung bestätigt. Schalten Sie – wenn nötig – Ihren Kostenmotor herunter!

Ich erinnere mich noch an die Eltern eines Bundeswehrkollegen, die mir gleich zu Beginn der Beratung sagten, leider hätten sie kein Geld übrig. Sie freuten sich sehr, dass ich zu ihnen gekommen sei, erklärten sie mir, und sie ahnten auch schon, dass ich gute Rendite-Optimierungsvorschläge hätte und ihnen zeigen könnte, wie man bestehende Versorgungslücken schließen könne. Aber sie kämen mit ihrem Geld nur gerade so hin und könnten daher keine Sparverträge abschließen oder zusätzliche Versicherungsbeiträge bezahlen.

»Schauen wir uns Ihre Ausgaben doch einmal in Ruhe an«, antwortete ich ihnen. »Jede Wette, dass wir Ihre Liquidität erhöhen können – ganz einfach, indem wir unnötige Kosten ausholzen.«

Sie sahen mich erstaunt, aber auch hoffnungsvoll an. Dann begannen wir mit dem Frühjahrsputz in ihrem Geldordner. Ich empfahl ihnen, überflüssige Versicherungen wie Glasbruch- oder Reisegepäckversicherungen zu kündigen und auf ein kostengünstigeres Girokonto umzusteigen. »Zahlen Sie Ihre Versicherungsbeiträge jährlich«, riet ich ihnen, »dann sparen Sie 2 bis zu 5 Prozent ein.« Da sie beide gut verdienten und sich privat krankenversichern konnten, empfahl ich ihnen außerdem den Wechsel in einen beitragsgünstigeren Tarif mit höherem Selbstbehalt. Bei normaler Krankheitshäufigkeit fallen nur geringe eigene Zuzahlungen an und man kann leicht ein paar »Hunderter« jährlich einsparen. Schließlich riet ich ihnen noch, nicht in unsinnige Sparverträge mit Minimalverzinsung, dazu noch ohne Zulagen und Steuervorteile einzuzahlen, sondern lieber in geförderte Verträge wie beispielsweise vermögenswirksame Leistungen oder Vorsorgeverträge, um Zulagen oder Steuervorteile zu nutzen.

Am Ende des Gesprächs addierten wir die eingesparten Kosten und die beiden sahen sich sprachlos vor Erstaunen an. »Das ist nur ein kleiner Schritt der Kostensenkung«, sagte ich, »aber ein großer Schritt hin zum Aufbau Ihres Startvermögens.«

Auch mir ist Kostenmanagement nicht ganz fremd. Es gab Zeiten, in denen ich sehr auf mein Ausgabeverhalten achten musste, und Not macht bekanntlich erfinderisch.

Führen Sie ein Haushaltsbuch

Menschen, die ein Haushaltsbuch führen, gehen mit ihrem Geld vorsichtiger um – das habe ich bei Kunden, bei denen das Geld knapp war, häufig festgestellt. Man kauft bedachter und preisbewusster, wenn man sich jede Ausgabe notiert. Und auf unnötige Dinge verzichtet man dann eher.

Viele kleine Ausgaben summieren sich schnell zu einem enormen Kostenfaktor. Verzichten Sie deshalb lieber heute auf sofortigen Kleinkonsum, der vielleicht sowieso nur eine geringere Befriedigung bietet. Dafür können Sie sich in der Zukunft Annehmlichkeiten mit hohem Befriedigungswert leisten – das Haus, von dem Sie träumen, vielleicht sogar die Ferienwohnung im Süden und ein ansehnliches passives Einkommen im Alter.

Bewusst oder unbewusst treffen wir Tag für Tag Entscheidungen, wofür wir unser Geld ver(sch)wenden. Geben Sie kontrolliert aus – und nicht unkontrolliert ab. Damit Sie auf dem Weg zum Wohlstand in der Spur bleiben, machen Sie einmal im Jahr einen Etatplan und einmal im Monat eine Einnahmen- und Ausgabenbilanz. So bringen Sie Ihren Bruttoausgabenstil mit Ihrem Nettoeinkommen in Balance.

Kostensenkung statt Konsum-Suizid

Viele Menschen kaufen zu teuer und zu viel ein. Manches Konsumgut könnte man auch gebraucht oder beim Discounter kaufen und so beim Konsum ohne spürbaren Verzicht sparen.

Mal hier, mal da 50 Euro ausgeben – das klingt nicht allzu dramatisch. Aber wenn Sie wöchentlich 50 Euro verballern, dann haben Sie nach 20 Jahren 52 000 Euro auf den Kopf gehauen! Stellen Sie sich diese 52 000 Euro in einem Koffer vor: Würden Sie diesen Betrag auch einfach so verknallen – aus einer Laune heraus?

Denken Sie künftig bei jeder 50-Euro-Ausgabe an Ihren Koffer voller Geld! Wenn Sie wöchentlich 50 Euro sparen, bringt Ihnen das nach 20 Jahren noch sehr viel mehr als 52 000 Euro – je nach Anlageform zum Beispiel bei Festgeld rund 64 000 Euro (2 Prozent Zinsen) und bei Wertpapierfonds zirka 99 000 Euro (6 Prozent) Rendite!

Beenden Sie den Konsum-Suizid – verabschieden Sie sich von dem Gedanken, dass Sachanschaffungen wichtiger als Geldguthaben seien. Gewöhnen Sie sich an, Geld höher als Verbrauchsgüter zu bewerten.

Schreiben Sie sich Einkaufslisten!

Am eigenen Leib habe auch ich als junger Konsument erfahren, was meine Mutter meist mit einer bekannten Redensart umschrieb: »Da waren die Augen wieder mal größer als der Magen!« Wenn ich samstags frei hatte und vor dem Frühstück Lebensmittel einkaufen ging, lief mir beim Anblick der vielen Delikatessen das Wasser im Mund zusammen. Selbst wenn ich eigentlich nur für eine Mahlzeit am Sonntagabend einkaufen wollte, deckte ich mich oft mit Vorräten ein, die beinahe für eine ganze Woche ausgereicht hätten. Ich merkte es sofort an der Gewichtszunahme bis Sonntagabend – besonders, wenn ich vor der Kuchenauslage und dem Süßigkeitenstand schwach geworden war. Kennen Sie das auch?

Wer keine Einkaufsliste führt, kauft oftmals nicht nur zu viel, sondern auch unsinnige Dinge ein. Vermeiden Sie Just-for-fun-Anschaffungen! Schreiben Sie also unbedingt einen Einkaufszettel, bevor Sie einkaufen gehen. Sonst kaufen Sie zu viel und tappen hilflos in die Impulskauf-Fallen, die die Verkaufspsychologen in den Supermärkten mit teuflischem Geschick platziert haben.

Kleine Spartricks – große Gesamtwirkung

Einige Kunden haben mir erzählt, dass Schmuck nicht unbedingt echt sein muss, um ihnen zu gefallen. Bei Ketten, Armbändern oder Ringen zahlen Sie einen mehrfachen Materialwert – und bei den derzeitigen Gold- und Silberpreisen ist das wahrlich kein Pappenstiel. Eine meiner Kundinnen hat mir immer wieder versichert, dass Modeschmuck ihrer Ansicht nach oftmals sogar schöner sei. Tatsächlich können nur wenige echte Kenner überhaupt beurteilen, wie hoch der Goldgehalt Ihrer Kette oder wie hochkarätig ein Ring ist.

Schleppen Sie eigentlich gerne Mineralwasserkästen? Bei den Eltern eines Schulkameraden meiner Kinder habe ich einen nützlichen Kosten-Verdunster kennengelernt: einen Trinkwasserautomaten, mit dem man per Knopfdruck Leitungswasser aufbereiten kann, wahlweise mit oder ohne Kohlensäure. Dadurch spart man etliche Euro pro Monat – und das lästige Tragen der Mineralwasserkästen noch dazu.

Wenn Sie Wert darauf legen, Ihre Mitmenschen mit edlen Marken zu beeindrucken: Überlegen Sie einmal, ob es Ihnen nicht noch mehr Spaß machen würde, mit Ihrem Vermögen sich selbst zu beeindrucken. Eine Swatch zeigt die Uhrzeit genauso an wie eine Rolex.

Der international bekannte Drogerie-Unternehmer Dirk Roßmann hat mir in verschiedenen Gesprächen sein Geschäftsmodell erklärt. Die Shampoo-Flasche für 1,99 Euro aus dem Discounterregal enthält oftmals das gleiche Haarwaschmittel wie das edel designte Lifestyle-Produkt, das uns der Friseur zum vierfachen Preis anbietet. Unterschiedlich sind in diesem Fall nur Markenname und Verpackung. Aber es gibt auch No-Name-Produkt-Hersteller, die ausschließlich für Billiglabels produzieren – und deren Produkte qualitativ manchmal sogar besser sind als die erheblich teureren Artikel mit den noblen Markennamen. Achten Sie auch hier auf die Ergebnisse unabhängiger Institutionen wie der Stiftung Warentest, deren Prüfer in Blindtests – also unbeeinflusst durch Markennamen – die Qualität der Angebote vergleichen.

Autokosten senken

Tja, und jetzt geht es dem Lieblingsspielzeug der Männer an den Lack. Viele Menschen bezahlen beim Autokauf nahezu ein ganzes Jahresgehalt. Diese enormen Kosten fallen auch noch alle fünf Jahre aufs Neue an.

Bekanntlich kostet ein Auto nicht nur bei der Anschaffung Geld. Sie müssen auch Wartung und Reparaturen bezahlen, dann und wann neue Reifen, TÜV-Gebühren und so weiter. Von den mittlerweile horrenden Spritkosten ganz zu schweigen.

Zumindest können Sie ein Fünftel vom Neupreis einsparen, wenn Sie sich für einen Vorführwagen entscheiden. Ihr Nachbar oder Ihr Kollege wird es kaum merken, und das Auto ist meist nur wenige Kilometer gelaufen und so gut wie neu. Und die 20 Prozent, die Sie für Ihren (kaum) Gebrauchten weniger bezahlt haben, hat der Neuwagen Ihres Nachbarn schon nach ein paar Monaten an Wert verloren. Falls der stolze Besitzer einmal in eine finanzielle Notlage gerät, muss er schmerzlich lernen, dass

Autos eben keine Vermögenswerte, sondern Verbrauchswerte sind.

Also: Statt einen Neuwagen zu fahren – fahren Sie lieber Geld ein. Meine ersten vier Autos waren auf jeden Fall alle gebraucht. Neue hätte ich mir auch nicht leisten können/wollen.

Anstelle einer Premiummarke können Sie auch ein Auto ohne »Wow-Faktor« fahren. Also ein solides Massenmodell, bei dessen Anblick niemand denkt: Mensch, der fährt ja eine richtig noble Karosse! Der Allerweltswagen fährt aber genauso vorwärts und rückwärts und ist nicht weniger sicher als ein Mercedes oder ein Audi.

Vielleicht können Sie Ihre Autokosten sogar noch radikaler drücken. Einige Ihrer Kollegen haben bestimmt längst eine Fahrgemeinschaft gebildet – was spricht eigentlich dagegen, dass Sie dort mitmachen? Wenn man sich zu dritt oder viert abwechselt, reduzieren sich die Fahrtkosten pro Teilnehmer auf ein Drittel oder sogar auf ein Viertel.

Und jetzt holen Sie tief Luft, liebe (männliche) Leser, bevor Sie den nächsten Satz lesen. Haben Sie schon einmal überlegt, ob Sie wirklich ein eigenes Auto brauchen? Viele Menschen wohnen in Fußnähe zur U-Bahn-Station und quälen sich trotzdem jeden Tag durch verstopfte Straßen zur Arbeit und zurück. Wie viel Geld könnten Sie sparen, wenn Sie stattdessen mit öffentlichen Verkehrsmitteln fahren würden – als Mitglied der landesweit größten Trampgemeinschaft! Und anstatt sich über die anderen Autofahrer zu ärgern, könnten Sie in der U- oder S-Bahn unterwegs Zeitung lesen oder die Unterlagen aus Ihrem Fortbildungskurs studieren.

Wenn Sie nicht ganz auf Ihr »heilig's Blechle« verzichten wollen oder können, dann versuchen Sie zumindest, Ihren Arbeitgeber an den Kosten zu beteiligen. Bei manchen Berufen ist das durchaus möglich. Haben Sie sich schon einmal erkundigt, ob Sie einen Fahrtkostenzuschuss bekommen können – oder vielleicht sogar einen Dienstwagen? Auf solche geldwerten Vorteile sollten Sie

nicht verzichten. Auch wenn dafür manchmal ein paar kleine Ex-
trasteuern anfallen, fahren Sie auf jeden Fall günstiger, als wenn
Sie das Fahren allein von Ihrem Nettoeinkommen bezahlen.

Heute bescheidener leben – dafür später sorgenfrei!

Nun kann man auf ein Auto unter Umständen verzichten, auf eine
Wohnung aber natürlich nicht. Und doch lassen sich auch hier
möglicherweise Kosten senken.

Ich habe schon erlebt, dass Kunden für einige Jahre in eine klei-
nere Wohnung gezogen sind. So kann man monatlich 100 Euro
oder mehr beiseitelegen – die Grundlage für ein Startvermögen,
das es einem später ermöglicht, sorgenfrei und angenehm zu leben. Wenn Sie dieses Ziel immer fest im Blick behalten, müsste
die vorübergehende Einschränkung tragbar sein.

Hand aufs Herz, auch Sie haben noch längst nicht alle Einsparmöglichkeiten ausgeschöpft. Als Eigenheimbesitzer können Sie
beispielsweise auch einmal Verwandtschafts- oder Nachbarschafts-
hilfe in Anspruch nehmen, anstatt für jede kleine Reparatur teure
Handwerker zu bestellen. Bei dem Nachbarn, der Ihnen geholfen
hat, revanchieren Sie sich bei Gelegenheit mit einer kleinen Hilfe-
leistung auf einem Gebiet, auf dem Sie besser sind als er.

Einige Mitarbeiter, die beispielsweise in ihr Büro investiert hatten, erzählten mir, dass man nicht unbedingt jedes Jahr verreisen
muss. Warum verbringen Sie nicht ab und zu einen Urlaub da-
heim? Hier haben Sie Ihre CD-Sammlung und Ihre Bücher zur
Hand. Hier können Sie auch einmal in Ruhe Ihr Lieblingsgericht
kochen, für das Sie sonst im hektischen Berufsalltag keine Zeit
haben. Ein Urlaub bei überzogenem Konto ist sowieso die reine
Flucht. Sie verlassen den Ort des Geldverdienens und begeben
sich an den Ort des Geldausgebens. Mit Schmalspur-Budget
könnten Sie die Reise ohnehin nicht genießen.

Weniger ausgeben heißt mitunter auch mal weniger ausgehen. Während Sie zu Hause auf Ihrem Balkon oder Ihrer Terrasse sitzen, freuen Sie sich auf die Urlaubsreise, die Sie sich in einem oder zwei Jahren wieder leisten werden. Und über die eingesparten Ausgaben, die stattdessen in Ihren Vermögensaufbau fließen.

Werden Sie ein Spare-fix

Wenn man einmal anfängt, das eigene Ausgabeverhalten kritisch zu hinterfragen, findet man leicht Dutzende kleiner Einsparmöglichkeiten. Die folgenden Empfehlungen entstanden aus Erkenntnissen, die ich aus unzähligen Kundengespräche gewonnen habe. Voller Stolz haben mir immer wieder Menschen berichtet, dass sie mit solchen – an sich simplen – Maßnahmen tatsächlich Geld einsparen konnten.

Schnell-noch-nebenbei-Kosten

Viele Ausgaben entstehen einfach so nebenbei. Natürlich darf man sich ab und zu mal ein Genussmittel gönnen, aber manche Kleinigkeiten werden einfach unüberlegt gekauft – und das summiert sich.

Zum Beispiel greift man sich an der Supermarktkasse schnell noch einen Schokoriegel. Das sind die sogenannten Quäler: in Augenhöhe der Kinder die Bonbons und Gummibärchen – und für die Erwachsenen etwas höher Zigaretten und Kaugummi. Am Kiosk kaufen Sie sich im Vorbeigehen eine Zeitung oder Zeitschrift, weil Ihnen die Schlagzeile und das Titelbild in die Augen springen. Später fahren Sie mit dem Zug und kaufen vorher rasch noch eine Puppe für Ihr Kind oder eine DVD – und fast unbemerkt zerrinnt Ihnen das Geld zwischen den Fingern, obwohl Sie den ganzen Kram eigentlich gar nicht brauchen.

Bei angespannter Finanzlage sollten Sie sich angewöhnen, zumindest *nachträgliche* Einkaufslisten zu führen. Was haben Sie im

Lauf einer Woche oder eines Monats so alles »nebenbei« gekauft? Und haben Sie die Zeitschrift oder das Buch auch wirklich gelesen? Überrascht werden Sie erkennen, wie viele dieser Dinge, nach denen man im Moment des Kaufs geradezu eine Gier verspürt, man kurz darauf schon gelangweilt zur Seite legt. Aber das Geld, das Sie dafür gedankenlos ausgegeben haben, ist unwiderruflich weg.

Stoppen Sie die Lebensstil-Inflation, stoppen Sie die Impulskäufe. Retten Sie Ihr Geld vor der Nebenbei-Kostenfalle!

Noch-nie-so-billig-Kosten

Jedes Sonder*angebot*, das Sie wahrnehmen, bedeutet für Sie auch eine Sonder*ausgabe*. Wäre es kein (vermeintliches) Preiswunder, hätten Sie das Produkt auch nicht gekauft und die Kosten vermieden. Und Angebote wie »3 Stück zum Preis von 2« sehen vielleicht besonders günstig aus. Aber wenn Sie eigentlich nur ein T-Shirt gebraucht hätten, haben Sie doppelt so viel ausgegeben, wie Sie vorhatten.

Nicht-nötig-Kosten

Was man nicht mehr nutzt, sollte man auch nicht bezahlen, sondern einsparen. Gehen Sie schon seit einem Jahr nicht mehr ins Fitnesscenter? Dann kündigen Sie Ihre Mitgliedschaft und sparen den Jahresbeitrag ein. Und statt der Zeitung, die jeden Morgen in Ihrem Briefkasten steckt, lesen Sie die News längst schon lieber online? Dann ziehen Sie die Konsequenzen und beenden Sie Ihr Abonnement.

Schauen Sie einfach mal mit Blick auf solche Nicht-nötig-Kosten Ihre Kontoauszüge durch. Sie werden sich wundern, für wie viele Dinge, die Sie gar nicht oder höchst selten nutzen, Sie trotzdem höchst regelmäßig Geld verplempern.

Werden auch Sie ein Sparfuchs: Spüren Sie weitere versteckte Kosten auf und machen Sie ihnen den Garaus!

Muss-neu-Kosten

Viele wollen möglichst immer mit der aktuellsten Mode gehen. Aber meistens wissen sowieso nur Sie selbst, dass Ihre Schuhe oder Ihr Mantel der neueste Schrei sind – und deshalb auch zum Schreien teuer waren. Das Gleiche gilt übrigens auch für Elektronik-Moden. Nutzen Sie doch einfach mal die Chancen bei einem Aus- oder Räumungsverkauf. Fernsehen gucken können Sie auch auf dem Apparat, der bis letztes oder vorletztes Jahr »state of the art« war.

Secondhand – oft noch wie neu

Generell gilt: Was heute neu ist, ist morgen schon gebraucht. Als ich einmal einen Vortrag in Graz hielt, kam ich an einem Geschäft für Babyausstattungen vorbei, in dem es nur gebrauchte Dinge gab. Die im Schaufenster ausgelegten Waren sahen allesamt wie neu aus. Was schadet es schon einem Neugeborenen, wenn es die ersten Monate in einem Kinderwagen umhergefahren wird, in dem schon mal ein anderes Kindchen gelegen hat? Sie können ja alles gründlich desinfizieren. Und dann freuen Sie sich über Ihren Kinderwagen, der noch tadellos aussieht, aber nur den Bruchteil eines ungebrauchten Gefährts gekostet hat.

Das Gleiche gilt für 1B-Ware mit kleinen Fehlern, die meist in speziellen Outlets angeboten wird. Fahrräder, Waschmaschinen oder Schränke mit oftmals winzigen Kratzspuren – dafür um 20 oder 30 Prozent reduziert. Polieren Sie einmal drüber – und freuen sich jeden Tag aufs Neue über die Ersparnis.

»Hardcore-Preisdrücker« holen sich gute Gebrauchtwagen zu unschlagbaren Preisen und besorgen sich Waren auch aus Pfandhäusern. Verpfändete, nicht selten hochwertige Gegenstände, die der Besitzer nicht nach einer gewissen Zeit wieder auslöst, werden versteigert – von Schmuck über Fernseher bis hin zu Fahrrädern und sogar Autos.

Auch Fundsachen werden nach einer gewissen Zeit vom städtischen Fundbüro versteigert. Erkundigen Sie sich nach Orten und

Terminen – aber setzen Sie sich vorher ein Preislimit und ersteigern Sie selbst hier nur, was Sie wirklich brauchen!

Nicht-verglichen-Kosten

Die Preise für Telefon, Handy und DSL variieren erheblich – je nachdem, ob Sie bei einem Billiganbieter oder bei den Platzhirschen unterschreiben. Das gilt genauso für Strom- und Gasanbieter – hier gibt es teilweise Preisunterschiede von 20 Prozent. Im Internet und bei lokalen Verbraucherschutzverbänden finden Sie aktuelle Vergleichslisten, die Ihnen den Durchblick im Tarifdschungel erleichtern. Es gibt auch in Ihrer Stadt einen Shopping-Guide zu den günstigsten Angeboten.

Bei mittleren bis größeren Anschaffungen – ob Hifi-Anlage, Auto oder Immobilie – lohnt es sich genauso, Preise zu vergleichen. Per Internet ist das heutzutage mühelos möglich. Auch bei Hotelübernachtungen oder Versicherungen, Flugtickets oder Mietwagen sollten Sie sich im Internet die günstigsten Angebote heraussuchen.

Für selbstständige Gewerbetreibende lohnt es sich, die Steuersätze zu vergleichen. Die Kommunen können ein Vielfaches der Basis-Gewerbesteuer verlangen, den sogenannten Hebesatz. Unter Umständen genügt es, die Betriebsstätte um ein paar Kilometer zu verlagern ist. So zieht beispielsweise die *Swiss Life Deutschland* von München nach Garching, wo der Hebesatz deutlich niedriger ist.

Ein-bisschen-mehr-Kosten

Sie kennen doch sicherlich die Situation, wenn Sie beim Metzger etwas kaufen und beim Abwiegen gefragt werden: »Darf es ein bisschen mehr sein?« Antworten Sie ruhig einmal: »Lieber ein bisschen weniger.«

Das sollte in besonderen Situationen Ihr Kaufmotto werden: Etwas kleiner, bescheidener, preisgünstiger tut es meistens auch.

Nicht-probiert-Kosten

Selbst wenn Sie nur ein neues Hemd oder eine Bluse kaufen: Nehmen Sie sich die nötige Zeit, um es anzuprobieren. Das gilt entsprechend auch für Farbeimer oder Tapeten aus dem Baumarkt: Dort ist zwar alles ganz billig, aber wenn Sie die falsche Farbe oder Größe genommen haben, ist das Geld trotzdem oftmals weg.

Auch bei Ihrem Vermieter können Sie einmal probieren, wie viel Luft noch nach unten ist. Seit Jahr und Tag ärgern Sie sich über diverse Mängel in Ihrer Wohnung. Versuchen Sie es doch einmal mit einer Mietminderung. Oder wenn Sie an Ihrer Wohnung nichts stört außer der Miethöhe, dann sagen Sie doch zu Ihrem Vermieter, wenn Sie eine Alternative hätten: »Ende des Jahres ziehe ich aus, ich habe da etwas Günstigeres gefunden. Eigentlich würde ich gerne bleiben, aber da müssten Sie mir mit der Miete entgegenkommen.« Der Zweck heiligt die Mittel.

Falscher-Zeitpunkt-Kosten

Kaufen Sie Ihre Kleidung dann, wenn sie im Sommer- und Winterschlussverkauf mit oft massiven Rabatten angeboten wird. Anstatt sich im August Herbst- und gar Wintersachen auszusuchen, decken Sie sich dann lieber noch für den Sommer ein. Nicht jedes Hemd und jede Shorts ist nach einer Saison schon aus der Mode.

Kaufen Sie möglichst antizyklisch, zum Beispiel Unterhaltungselektronik im Sommer statt in der Vorweihnachtszeit. Machen Sie Urlaub in der Nebensaison und/oder nutzen Sie Frühbucherrabatte.

Was bis Heiligabend noch unerschwinglich teuer war, ist in der Neujahrswoche oft mit erheblichen Abschlägen zu haben. Machen Sie Christmas-Shopping für Ihre Lieben, Silvester-Shopping für sich selbst.

Mit Online-Shopping sparen

Übers Internet zu kaufen, ist meistens günstiger als bei niedergelassenen Händlern: Dort fallen keine Kosten für Verkaufsräume und Verkaufspersonal an, und die Produkte werden meist in so großen Mengen vertrieben, dass der Internethändler sie billiger einkaufen kann. Die gleichen Produkte sind deshalb bei Online-Shopping in fast allen Sparten günstiger zu haben als im örtlichen Einzelhandel. Aber auch im Internet bestellen Sie bitte nur das, was Sie wirklich brauchen.

Entscheiden Sie sich für den Online-Abschlag und gegen den Offline-Zuschlag. Schlagen Sie online zu!

Falsche-Schnäppchen-Kosten

Billig kaufen kann aber auch teurer sein. Ein scheinbar günstiges Auto, das sich später als Spritsäufer herausstellt, war letztlich doch kein so guter Kauf. Der Vorteil ist schnell dahin, wenn die Folgekosten höher sind als erwartet.

Vorsicht ist auch bei allzu angejahrten Autos ratsam: zu gebraucht ist aufgebraucht! Sonst zahlen Sie bei Reparatur und Instandhaltung drauf, wie ich selbst es mit meinem Matra Simca erleben musste.

Es gibt auch pseudo-günstige Versicherungspolicen, die gerade den tatsächlich eingetretenen Schadensfall nicht oder ungenügend absichern. Eine Unfallversicherung mit Beitragsrückgewähr beispielsweise rentiert sich kaum. Sie scheint zwar unter dem Strich so gut wie nichts zu kosten, weil man am Ende der meist sehr langen Laufzeit die gesamten Versicherungsbeiträge zurückbekommt, würde man jedoch stattdessen eine reine Unfallversicherung und einen separaten Kapitalbildungsvertrag abschließen, wäre man auch die ganze Zeit versichert, hätte aber am Ende aller Voraussicht nach mehr Kapital gebildet. Kein Wunder, dass es zum Beispiel bei solchen Angeboten verunsicherte Versicherte gibt. Umso schlimmer, dass viele Menschen in unserem Land überversichert und gleichfalls unterversichert sind. Bei existenziellen Risiken unterversichert zu sein, kann zum Desaster führen. Es ist ein erheblicher Unterschied, ob Sie schon ab 60-prozentiger oder erst ab 80-prozentiger Körperbehinderung die volle Versicherungsleistung erhalten.

Prüfen Sie auch und gerade Billigangebote gründlich. Manchmal sieht ein Angebot nur günstiger aus, weil irgendein wichtiges Feature fehlt. Schauen Sie sich vermeintliche Schnäppchen sorgsam an – sonst schnappt die Falle zu!

Lassen Sie Ihr Geld für sich arbeiten

Ich habe mehr als 30 Jahre Erfahrung im Vermögensmanagement und das Privileg, mit den Chefs der weltweit größten Banken, den Inhabern altehrwürdiger Privatbanken und den Vorstandsvorsitzenden von Versicherungsunternehmen seit vielen Jahren zusammenzuarbeiten.

Meine beste Geldanlage waren ein vollgetanktes Auto und ein Telefonanschluss, um meinen Beraterberuf auszuüben. Mein Startvermögen habe ich einerseits durch jahrelange anstrengende Beratungstätigkeit erworben und andererseits weil ich mir beispielsweise keinen Urlaub gegönnt habe. Aus meinem Startvermögen habe ich so viel gemacht, dass ich ein Büro aufmachen konnte. Mit den Einnahmen habe ich so gut gehaushaltet, dass ich immer mehr Filialen eröffnete und die Rücklagen schließlich als Gründungskapital für meine eigene Firma reichten. Als wir viele Jahre später Hunderttausende Kunden hatten, erhielt ich jährlich ein paar Millionen Gewinn und machte durch kluge Investments sowie Kauf und Verkauf von Firmenanteilen einige Hundert Millionen Euro daraus.

Entscheidend ist der Umgang mit dem ersten Geld. Fast jeder kann sein Startvermögen erheblich vermehren, wenn er clever investiert. Sie müssen nur besser und klüger anlegen als Otto Normalsparer mit seinen normalen Sparbriefen – dann werden auch Sie wohlhabend oder, wenn das Basiskapital größer ist, sogar reich. Leisten Sie baldigst Ihre Ersteinzahlung und bedienen Sie regelmäßig Ihr »Kapitalzuwachs-Konto« für Ihre persönliche Zukunft.

Sie arbeiten hart für Ihr Geld. Nun sollten Sie aber auch mit Ihrem Geld hart arbeiten. Doch dazu müssen Sie schlau ansparen.

Immer wieder werde ich gefragt, mit welcher Geldanlage ich in den letzten zwölf Monaten den größten Wertzuwachs erzielt hätte. Dabei nützt die Antwort auf eine solche Frage niemandem, denn man kann Geld nicht rückwirkend anlegen. Man kann aus Gewinnen, die man in der Vergangenheit erzielt hat, auch nicht zuverlässig ableiten, wodurch man in der Zukunft Gewinne erzielen wird.

Allerdings sollte man mit seinem Startvermögen möglichst nicht hoch spekulieren. Eine Ausnahme stellen für mich breit gestreute Investmentfonds mit langer Laufzeit dar. Für Ihren Start in die finanzielle Unabhängigkeit gilt generell:

- Sparen – ja!
- Investieren – jein.
- Spekulieren – nein!

Je geringer Ihr Einkommen und je niedriger Ihr Vermögen, desto weniger können Sie riskieren.

Lernen Sie aus meinen Erfahrungen

Nach meiner Erfahrung fährt man am besten, wenn man klassische Geldanlagen wählt, vom kurzfristigen Festgeld bis zum traditionellen, lang laufenden Investmentfonds. In meinem alten Unternehmen haben wir in meiner Zeit rund zehn Millionen Verträge vermittelt und wo es um Sparverträge und Versicherungen ging, haben die Kunden aufgrund unserer Beratung geringere Beiträge gezahlt und mehr Steuervorteile erzielt als vorher. Die Hersteller als Vertragspartner der Kunden haben größtenteils ihre Leistungs- beziehungsweise Zahlungsversprechen erfüllt. Dort, wo die Prognosen nicht eintrafen, ging es vor allem um eher spekulative Anlagen, etwa Unternehmensbeteiligungen, mit deutlich höheren Renditechancen, aber auch höheren Risiken. Und bis heute ärgert mich jeder einzelne Vorgang. Beispielsweise galten geschlossene Immobilienfonds lange als lukrativ – vor allen Dingen auch steuerlich – so wurden sie jedenfalls über Jahre in den Medien gepriesen und von nahezu allen Finanzinstituten angeboten. Mir gegenüber wurden sie sogar von mehreren Anlagekritikern als lohnendes Investment für unsere Kunden empfohlen. Die Aussagen zur Werthaltigkeit wurden auch dadurch untermauert, dass viele Banken diese Anlagen zu 100 Prozent finanzierten und überdies selbst vermittelten. In der Vergangenheit waren spezielle Immobilien- und Medienfonds besonders »in«. Beim Management dieser Fonds spielt der Zeitgeist eine ebenso wichtige Rolle wie der in der Verantwortung stehende Initiator bzw. Projektverwalter. Wenn zum Beispiel einmal ein Mieter ausfällt oder ein Film floppt, treten leider manchmal die im Prospekt ausgewiesenen Risiken ein. Dann realisieren sich die in Aussicht gestellten Wertentwicklungen nicht, sondern die Fondsanteile verlieren an Wert – teilweise sehr stark. Obwohl die Kunden das Geld dem Produkthersteller anvertraut hatten, werden dafür oft die Vermittler kritisiert. Ich begrüße es sehr, dass mittlerweile die Verbraucherschützer und das Bundesaufsichtsamt die Initiatoren solcher Fonds, die für die Wertentwicklung der Anlage verantwortlich sind, immer mehr kontrolliert.

Solche traurigen Wertverluste sind für alle Beteiligten ärgerlich. Aus meiner Erinnerung haben sich für uns als Beratungsgesellschaft solche Vertragsvermittlungen nicht rentiert, denn wir haben bei einzelnen Kunden im Rahmen eines kundenorientierten Beschwerdemanagements mehr an Kulanz gezahlt, als wir aus dem konkreten Geschäft an Provision erhalten haben.

Daraus können Sie, liebe Leser, lernen: Als Normalverdiener setzen Sie nach heutigen Erkenntnissen lieber auf lang laufende, professionell gemanagte Investmentfonds. Damit können Sie langfristig bessere Renditen als mit anderen seriösen Geldanlagen erzielen. In den letzten Jahrzehnten erwirtschafteten diese – auch im Vergleich zum breiten Aktienmarkt – eine höhere Rendite.

Je älter, desto weniger Aktien

Auch wenn Aktien großer internationaler Konzerne an sich über einen langen Zeitraum relativ sicher sind, sollten Sie nur mit einem altersabhängigen Teil Ihres Vermögens in diese Anlageform investieren. Ich empfehle Ihnen, sich nach folgender Faustformel zu richten:

- 80 Prozent Aktienquote, wenn Sie um die 35 sind,
- 60 Prozent mit 45 Jahren,
- 40 Prozent mit Mitte 50 und
- 20 Prozent Aktienquote im Rentenalter.

Je höher die Renditechance, desto höher ist logischerweise auch das Risiko.

Vor allem wenn Sie jung genug sind, um auch einmal ein Tief auszusitzen, können Sie einen Teil Ihres Vermögens in Investmentfonds investieren. Dann kann es sinnvoll sein, die Kurspotenziale des Aktienmarkts und generell die Renditechancen spekulativerer Anlageformen für den weiteren Vermögensaufbau Ihres Vermögens zu nutzen. Wenn Sie aber im fortgeschrittenen Lebensalter sind, können Sie kurzfristige Verluste nicht mehr so leicht aufholen. Übrigens: Je geringer Ihre Ersparnisse sind, desto weniger Aktienanteil empfiehlt sich.

Gehen Sie deshalb immer nur Ihrem Alter und Vermögen entsprechende Risiken ein. Vertrauen Sie nicht darauf, dass das, was gestern geklappt hat, auch morgen klappen wird.

Versicherungen sichern Ihr Einkommen

Als mich Christian Wulff auf der Berlinale 2007 mit meiner heutigen Partnerin Veronica Ferres bekanntmachte, fragte sie mich nach meinem Beruf. »Finanzen und Versicherungen«, antwortete ich, und da sagte sie: »Oh, da könnte ich auch einmal einen Ratschlag gebrauchen.«

Es vergingen fast zwei Jahre, bis wir auf dieses Thema zurückkamen. Bei diesem Gespräch konnte ich dann sehr deutlich spüren, wie wichtig es ihr war, dass ihre Tochter finanziell abgesichert ist, dass für Unterhalt und Ausbildung ihres Kindes auch dann gesorgt wäre, wenn sie selbst beispielsweise nach einem Unfall nicht mehr als Schauspielerin arbeiten könnte. Das war ihr das Allerwichtigste – und ich gab ihr recht: Als Erstes muss man den monatlichen Geldzufluss gewährleisten für den Fall, dass man durch einen Unfall oder eine Krankheit plötzlich nicht mehr arbeiten kann und also selbst kein Geld mehr verdient.

Stellen Sie sich einmal vor, es gäbe eine Maschine, die jeden Monat 3000 Euro ausschüttet – direkt vor Ihre Tür. Monat um Monat, Jahr für Jahr. Es wäre misslich, wenn die Geld liefernde Maschine abhandenkommen oder kaputtgehen würde. So einen Apparat würde man doch bestimmt versichern, damit weiter jeden Monat 3000 Euro kommen, auch wenn er einmal defekt ist.

Auch Sie selbst sind sozusagen eine solche Geld-Maschine, da Sie mit Ihrer Arbeitskraft ein monatliches Einkommen erwirtschaften. Solange Sie gesund sind und Ihren Beruf ausüben können, bekommen Sie jeden Monat Ihr Gehalt. Problematisch wird es, wenn Sie als Geld-Maschine ausfallen, beispielsweise wenn Sie berufsunfähig werden oder zu alt sind. Deshalb müssen Sie auch eine gewisse Summe für die existenzielle Absicherung aufwenden, neben dem Betrag, den Sie monatlich zurücklegen, um sich ein Startvermögen aufzubauen. Unter dem Strich bedeuten die meisten Versicherungen nämlich Erhalt des Einkommens. Damit können Sie sich ausreichend Liquidität auf Jahre sichern.

Berufsunfähigkeit muss versichert werden

Der zunehmende Stress in Beruf und Alltag setzt immer mehr Arbeitnehmern so sehr zu, dass ihre Arbeitskraft sie vor Erreichen des Rentenalters im Stich lässt. Auch Verbraucherzentralen empfehlen, eine Berufsunfähigkeitsversicherung abzuschließen. Aber achten Sie auf Preisunterschiede!

Von Berufsunfähigkeit spricht man, wenn der zuletzt ausgeübte Beruf nicht mehr ausgeübt werden kann. Wer in einem solchen Fall nicht auf die finanzielle Unterstützung durch Verwandte bauen kann oder bereits genügend Vermögen gebildet hat, sollte möglichst über eine Berufsunfähigkeitsversicherung verfügen, damit er die Lücke bis zum Beginn der Rentenzahlung durch die monatlichen Leistungen einer solchen Versicherung überbrücken kann.

Wie funktioniert eine Berufsunfähigkeitsversicherung? Sie zahlen beispielsweise monatlich circa 100 Euro ein und erhalten, falls Sie berufsunfähig werden, ab diesem Zeitpunkt eine Rente von monatlich 1000 Euro. Günstiger ist eine Erwerbsunfähigkeitsversicherung. Sie zahlt allerdings nur, wenn man gar keine Tätigkeit mehr ausüben kann. Wägen Sie ab, wie viel Ihnen persönlich diese Absicherung wert ist. Es ist keine gute Geldanlage, wenn Ihnen nichts passiert, aber sie ist existenziell notwendig. Wenn Sie die Beitragszahlungen ins Verhältnis zu den Auszahlungen setzen, ist sie sogar hochrentierlich, wenn die Berufsunfähigkeit eintreten sollte.

Falls Sie der Haupternährer einer Familie sind und vielleicht sogar noch kleine Kinder haben, sollten Sie sich schon aus Verantwortung gegenüber Ihren Lieben gegen Berufsunfähigkeit versichern. Würden Sie plötzlich berufsunfähig, stünden sonst nicht nur Sie selbst, sondern auch Ihre Familie nahezu ohne Einnahmen da.

Manche Menschen haben jedoch die Einstellung: »Was kümmert mich das Morgen? Heute lebe ich, also gebe ich heute auch mein Geld aus.« Sie leben quasi von der Hand in den Mund, ohne darüber nachzudenken, dass diese Hand sie im Alter oder in einer schwierigen Situation vielleicht nicht mehr ernähren kann.

Versichern Sie sich gegen Altersarmut

Glücklicherweise bleiben viele Menschen während ihres Berufslebens vor schweren und langwierigen Krankheiten verschont. Aber das bedeutet leider nicht, dass sie nach ihrem Arbeitsleben eine ausreichende Altersrente beziehen werden. Auch wer sein Leben lang gearbeitet hat, ist heutzutage von Altersarmut bedroht.

Vielen Menschen ist noch immer nicht bewusst, welche dramatischen finanziellen Folgen die steigende Lebenserwartung für ihre spätere Rente hat. Die Frage ist nämlich manchmal sogar nur: K(l)eine Rente? Zu wenig wird es wohl in den meisten Fällen sein.

Wenn Sie in Ihrem Berufsleben sozialversicherungspflichtig gearbeitet haben, erhalten Sie natürlich Ihre gesetzliche Rente – aber damit allein kommen die Rentner von morgen kaum mehr über die Runden. Wie viel gesetzliche Rente werden Sie einmal bekommen? Die exakte Berechnung ist sehr kompliziert. Aber als Orientierung gilt folgende Faustformel: Wer 45 Jahre gearbeitet hat, bekommt circa 50 Prozent seines durchschnittlichen Bruttogehalts; Tendenz eher fallend. Wenn Sie also durchschnittlich über Ihr ganzes Berufsleben circa 3000 Euro brutto verdient haben – das 1,2-Fache des durchschnittlichen Entgelts aller gesetzlichen Rentenversicherten –, dann würden Sie nach 45 Arbeitsjahren heute eine gesetzliche Rente von zirka 1500 Euro netto beziehen.

Da die Wahrscheinlichkeit, dass wir ein hohes Lebensalter erreichen werden, glücklicherweise immer weiter zunimmt, müssen wir mehr als unsere Eltern oder Großeltern fürs Alter vorsorgen. Und das heißt wiederum: früher und mehr für die Rente zurücklegen. Deshalb müssen Sie möglichst zügig ein Startvermögen bilden und im Verlauf Ihres Arbeitslebens immer weiter ausbauen, damit Sie im Rentenalter davon leben können.

Älter werden wir alle – Sie auch. Mit zunehmendem Alter lässt die körperliche und geistige Schaffenskraft unvermeidlich nach. Bei jedem von uns! Im altersbedingten Ruhestand müssen wir unseren Lebensunterhalt zwangsläufig von der Altersrente bestreiten.

Auch als Rentner möchte man beispielsweise noch Auto fahren, Urlaub machen und in der vertrauten Umgebung leben. Die Ausgaben sind also meist nicht viel geringer als in früheren Jahren – nur die Einnahmen halten bei vielen Menschen im Alter nicht mehr Schritt. Passen Sie auf, dass Ihnen das nicht auch passiert – sonst sehen Sie wirklich alt aus.

Zusatzrente ist ALTER-nativ-LOS

Um sich im Alter finanziell frei bewegen zu können, sollten Sie sich an einen Finanzfitnessplan halten. Also Ziel- und zwecksparen fürs Alter. Der Staat hat mittlerweile enorme Anreize in Form von Steuervergünstigung und Zulagen geschaffen, damit seine Bürger rechtzeitig und ausreichend Vorsorge betreiben können – und es später weniger Sozialhilfefälle aufgrund von Altersarmut gibt. Eine vernünftige Altersvorsorge besteht aus mehreren Bausteinen. Hierzu zählt für die meisten Arbeitnehmer als Erstes natürlich die gesetzliche Rente. Vor allem Riester-, Rürup- und baV-Verträge (Betriebliche Altersversorgung) sind die ergänzenden Elemente einer sinnvollen Altersversorgung. Hinter uns liegt das Renten-Jahrhundert, vor uns das Rendite-Jahrhundert. Wir werden größtenteils von unseren eigenen Rücklagen leben. Viele sind eigentlich reich an Lebenseinkommen, nur leider arm an Lebensvermögen.

Was machen Sie, wenn Sie Ihr Vermögen überleben? Man ist zurecht besorgt, wenn man nicht vorgesorgt hat. Künftig wird es viele Rentner geben, die sozusagen länger leben, als es ihr Kontostand erlaubt. Mit den monatlichen Auszahlungen einer privaten Rentenversicherung sind Sie dann aber auf der sicheren Seite: Sie kriegen lebenslänglich! Und jede Wette, dass Sie dieses Urteil nicht anfechten werden. Denn Jungvorsorge für die Altersvorsorge ist fast schon Daseinsvorsorge.

Rechnet man die Zuschüsse beziehungsweise Steuervorteile und die häufig geringere nachgelagerte Versteuerung mit ein, dann erbringen Riester-Sparverträge in vielen Fällen eine Netto-rendite, die sich mit anderen Ansparplänen hierzulande kaum er-zielen lässt. Kinderreiche Sparer erhalten mehr Zulagen. Und je länger der Vertragsinhaber lebt, umso höher ist die Gesamtrendi-te. Wenn das Riester-Rentenprodukt von einer guten Anbieterge-sellschaft stammt und außerdem mit Investmentfonds unterlegt ist, kann es bei langer Laufzeit gut und gerne eine durchschnittli-che Jahresrendite von 6 Prozent auf den Sparanteil erbringen. Von den bisher in Deutschland 15,5 Millionen vermittelten Riester-Verträgen hat mein ehemaliges Unternehmen knapp 3 Prozent vermittelt.

Walter Riester hat mir sieben Jahre nach Einführung dieses Al-tersvorsorgeproduktes bei unserer ersten Begegnung bestätigt, dass man die einzelnen Riester-Produkte vergleichen sollte, da die Kosten bei den Produktherstellern und somit die Auszahlungshö-he sehr unterschiedlich sind. Außerdem können Arbeitnehmer für die bAV ansparen und genießen dafür steuerliche Vorteile. Meist wird ein Teil des Entgeltes via Direktversicherung in Ren-tenansprüche umgewandelt. 18 Millionen Beschäftigte haben An-sprüche auf eine Betriebsrente erworben und oftmals unterstützt der Chef/das Unternehmen bei den Einzahlungen.

Mittlerweile haben auch ca. 1,5 Millionen Menschen eine soge-nannte Rürup-Rentenversicherung. Diese ist vor allem für Selbst-ständige und Freiberufler mit hoher Steuerquote aber auch für besserverdienende Angestellte wegen der hohen steuerlichen Ab-zugsfähigkeit interessant.

Mit Einnahmenüberschuss zum Startvermögen

Egal, ob Sie Gering- oder Großverdiener sind: Um ein Vermögen aufzubauen, müssen Sie zuallererst anfangen zu sparen. Ob Sie Finanzgröße Small oder Medium, Large oder Extra Large haben – mit Small haben alle einmal angefangen und um mindestens eine Finanzgröße kann fast jeder noch zulegen.

Mit einem winzigen privaten Finanzbudget können Sie am sozialen Leben eigentlich kaum teilhaben. Schnell einmal ins Fußballstadion gehen, ein Geschenk für die Geburtstagsfeier kaufen, spontan ins Restaurant gehen, nach der Arbeit zum Absacker einkehren – fast unmöglich für diejenigen, die nicht bei Kasse sind.

Wenn Sie zunächst wirklich viel einsparen und danach durch Ansparen richtig investieren, werden Sie ein Vermögen aufbauen und es konstant vergrößern.

Mein Großvater war in der Landwirtschaft tätig. Das Ernteverhalten, das ich bei ihm beobachten konnte, war dem Sparverhalten recht ähnlich: Es wurde immer ein bisschen aufgehoben und als Saat für das tägliche Brot von morgen in die Erde »reinvestiert«. Genauso sollten Sie einen Teil Ihres Gehaltes nicht für das tägliche Brot von heute verbrauchen, sondern für das tägliche Brot von morgen aufheben, wenn Sie Ihren Ruhestand genießen wollen. Im übertragenen Sinn bedeutet das für Sie, dort einzuzahlen, wo Sie Ihr Erspartes am leichtesten vermehren und die meisten Zuschüsse und Steuervorteile erzielen können.

Kurzfristig zu sparen, bedeutet für manche Menschen Konsumverzicht, langfristig verhindert es aber viele Jahre Lebensverzicht. Denn Finanzmangel empfinden einige Menschen sogar als Lebensmangel. Verringern Sie Ihre Kosten um beispielsweise 1 Prozent, dann genehmigen Sie sich selbst sozusagen eine Nettogehaltserhöhung um den gleichen Betrag, den Sie für Ihren Vermögensaufbau gut gebrauchen können.

Stellen Sie sich vor, Ihr Chef würde Ihnen eine 10-prozentige Gehaltskürzung androhen – Sie würden es aushalten, wenn es nicht anders ginge. Oder stellen Sie sich vor, Sie müssten 10 Prozent Ihres Lohns für Ihre Eltern aufbringen, weil deren Rente im Alter nicht ausreicht – Sie würden es schaffen. Und das machen Sie jetzt einfach für Ihr eigenes künftiges Rentnerdasein.

Selbst wenn Sie nicht 10 oder 20 Prozent sparen können – jedes einzelne Prozent ist allemal besser als kein Prozent. Denn jeder eingesparte Euro ist ein angesparter Euro. Und im Vergleich zu nichts ist wenig viel.

Durch »Ausholzen« von Kosten – also beispielsweise Mitgliedschaften kündigen, im Secondhand-Laden kaufen – können Sie locker 10 Prozent Ihrer laufenden Kosten einsparen.

Wenn Sie mit Bargeld statt Kreditkarte und mit Einkaufsliste statt als Spontankäufer bewusster einkaufen, verringern Sie Ihre Ausgaben schmerzlos um weitere 5 Prozent.

Und dann retten Sie noch jede Menge Geld, indem Sie Nichtnötig-Kosten, Muss-neu-Kosten, Nicht-probiert- und Nicht-verglichen-Kosten einsparen – das macht weitere 5 Prozent!

In vielen Haushalten ist insgesamt eine Ausgabenverringerung von bis zu 20 Prozent möglich. Viele Normalverdiener können mindestens 100 Euro monatlich sparen – und aus diesen 100 Euro werden innerhalb von 30 Jahren mit Zins- und Zinseszins viele Zigtausende Euro.

Bei einer durchschnittlichen Rendite von 6 Prozent verdoppelt sich Ihr Geld alle zwölf Jahre. Doch das Doppelte von nichts bleibt nun einmal leider nichts. Es kommt also darauf an, wie viel Geld Sie zur Verdoppelung aufbringen. Wenn Sie doppelt so viel zwölf Jahre lang anlegen, bekommen Sie ein Doppel-Doppel, also das Vierfache. Wenn Sie dreimal so viel im Doppelprogramm anlegen, ist es schon das Sechsfache …

Starten Sie und vermehren Sie Ihr Geld, so werden Sie wohlhabend. Vermehren Sie noch mehr Geld, so werden Sie reich.

Vergrößern Sie Ihr Startvermögen!

12

Können Sie selbstständig?

Sind Sie der Boss in Ihrem Leben?

Und wo war *mein* Auto? Alle meine Klassenkameraden bekamen zum 18. Geburtstag oder spätestens zum Abitur ihren ersten eigenen Wagen. Damals habe ich das als wirklich ungerecht empfunden. Einige von ihnen hatten sogar die Perspektive, später die Arztpraxis des Vaters zu übernehmen oder die elterliche Firma zu erben. »Na gut«, sagte ich mir im Stillen, »wenn das hier so ungerecht zugeht, dann werde ich mein eigener Wunscherfüller. Wenn's nicht von oben kommt, dann muss ich's eben von unten schaffen.«

Meine Eltern waren konservativ und kleinbürgerlich. Ich bekam oft zu hören: »Mach die Musik nicht so laut. Zieh dich ordentlich an! Was sollen die Nachbarn denken?« Ich wollte nie so werden. »Sei pünktlich«, hieß es bei uns zu Hause immer. Mein Stiefvater war technischer Angestellter in einer Rundfunkfirma, meine Mutter hatte eine Stelle beim Schulamt. Folglich wollte ich weder Angestellter werden noch im Öffentlichen Dienst arbeiten.

Ich fand das so was von langweilig. Mein Stiefvater kam jeden Nachmittag zwischen 17:44 Uhr und 17:46 nach Hause – je nachdem, ob die eine Eisenbahnschranke zu gewesen war oder nicht. Meine Mama kam von ihrer Halbtagsstelle immer um 13:15 Uhr nach Hause. Sie hatten zwar einen festen Beruf und ein sicheres Einkommen, aber ich wollte auf keinen Fall so werden. Auch deshalb, weil es bei uns recht bescheiden zuging.

Mein Taschengeld war sehr gering, also verdiente ich mir in der Freizeit etwas dazu. Als Plakatankleber für Musikkonzerte war ich im Grunde schon mit 14 Jahren in der Selbstständigkeit angekommen. Ich bestimmte, ob ich die Plakate am Samstagmorgen oder Sonntagabend anklebte. Ich konnte entscheiden, wie viele Plakate ich aufhängen wollte und wie viele ich meinen Kollegen überließ. Klares Leistungsprinzip: Je mehr Plakate, desto mehr Geld!

Die Begrenzung meines Taschengeldes akzeptierte ich nicht. Ich war ständig an Aufbesserung interessiert. Ich heuerte sogar »Unter-Aufhänger« an, die von den 50 Pfennig, die ich pro geklebtes Plakat einnahm, 40 Pfennig erhielten. Außerdem begann ich, nebenher im Supermarkt zu arbeiten. Ich fand es toll, als Schüler schon richtiges Geld zu verdienen. Pro Stunde bekam ich 6,50 DM – damit war ich allen in der Klasse überlegen.

Aber mir wurde schon bald bewusst, dass ich bei diesem Job keine Möglichkeiten hatte, mein Einkommen zu steigern. Ob ich an der Kasse schneller wurde oder die Kunden noch netter behandelte, es gab immer nur die gleichen 6,50 DM pro Stunde. Und mir dämmerte damals schon, dass ich mich mit einem Festgehalt nicht zufriedengeben wollte. Das war mir einfach zu *fest*. Ich wollte es lieber locker – durchlässig nach oben. Wahrscheinlich war das der Auslöser dafür, dass ich selbstständig werden wollte. Deswegen hatte ich zunächst eine Karriere als Arzt mit eigener Praxis vor Augen hatte.

Ich strebte die Freiberuflichkeit an, obwohl Freiheit die Sicherheit mindert. Doch das schien mir weit besser, als wenn Sicherheit die Freiheit mindert. Ich fing also 1978 an, nebenbei ein bisschen in der Finanzdienstleistungsbranche bei der OVB zu jobben. Als selbstständiger Berater bei der OVB, mit einer rein leistungsorientierten Vergütung auf Provisionsbasis.

Meine Mutter war alles andere als angetan. Sie würden staunen, wenn Sie die Briefe sehen könnten, die sie an meinen ersten Chef geschrieben hat. Sie meinte es nicht böse, im Gegenteil: Auch wenn sie mich in meiner Kindheit oft streng behandelte, wollte sie im Grunde nur, dass aus mir einmal etwas würde. Das wurde mir schlagartig klar, als ich nach der Geburt meines ersten Kindes direkt vom Krankenhaus zu meiner Mutter fuhr, um ihr die frohe Botschaft zu überbringen. Ich nahm sie in den Arm und spürte mit einem Mal, was es bedeutet, ein Kind zu haben und sich um sein Wohl zu sorgen.

Mama jedenfalls wollte immer, dass ich Arzt werde – oder zumindest Schullehrer, denn das wäre auch sie selbst gerne geworden. Nun also schrieb sie meinem Direktor bei der OVB, er solle mich nicht weiter in Versuchung führen, als selbstständiger Finanzberater tätig zu werden. Ich hatte mich aber längst entschieden, ohne Einkommenslimit selbstständig zu sein, zumindest nebenberuflich. Ich allein wollte entscheiden, wie, wann und wie viel ich arbeitete.

Die Lebensideale meiner Eltern waren: Sicherheit, nicht auffallen, sich fügen. Sie hatten keine Kontrolle über ihren Beruf, vielmehr übte der Beruf Kontrolle über sie aus. Ihre Arbeitszeiten und ihre Arbeit wurden im wahrsten Sinn des Wortes kontrolliert. Ich aber wollte in meinem Berufsleben durch Selbstständigkeit die Regeln selbst zumindest mitbestimmen. Deshalb beschloss ich nach einigen Semestern, mein Medizinstudium abzubrechen und als Finanzberater hauptberuflich Karriere zu machen. Für meine Mutter brach eine Welt zusammen – für mich aber begann die Eroberung einer spannenden neuen Welt.

Selbstständigkeit sprengt die Einkommensgrenzen

Wenn Sie selbstständig sind, entscheiden Sie wesentlich häufiger selbst, wie viel Geld Sie verdienen wollen. Nicht Ihr Chef bestimmt, wie viel er Ihnen als Lohn zubilligt – Sie können durch Ihren zeitlichen und inhaltlichen Einsatz die Höhe Ihrer Vergütung entscheidend mitbestimmen. Als Angestellter sind Sie *ab-*

hängig davon, welches Einkommen Ihnen zugesprochen wird. Als Unternehmer oder Freiberufler sind Sie *unabhängig*, was die Steigerung der Einkommenshöhe angeht.

Als Freiberufler sind Sie nicht mehr angestellt – also stellen Sie sich tunlichst nicht mehr an wie ein Lohnabhängiger. Als *Selbstständiger* arbeiten heißt: Sie *selbst* müssen arbeiten – und zwar oftmals *ständig*.

Als Selbstständiger brauchen Sie enormes Durchhaltevermögen und Selbstdisziplin. Sie belohnen, befördern und degradieren sich schlussendlich selbst. Niemand schimpft mit Ihnen. Niemand verordnet Ihnen einen Beförderungsstopp. Niemand entlässt Sie. Alles, was mit Ihnen beruflich geschieht, sind direkte Folgen Ihres eigenen unternehmerischen Handelns.

Erfolgreiche Selbstständige sind Macher und suchen Antworten. Erfolglose Selbstständige sind Vermeider und suchen Fragen.

Positive Unternehmer orientieren sich (mehr) an den Besten und agieren – negative Unternehmer orientieren sich (mehr) am Durchschnitt und reagieren nur.

Erfolgreiche Freiberufler sehen in jedem Problem eine Herausforderung und sind davon überzeugt, dass sie ihren Umsatz selbst aktiv gestalten. Erfolglose Freiberufler sehen in jeder Herausforderung ein Problem und halten Umsatz für etwas, das ihnen passiv zustößt.

Manchmal hört man Angestellte klagen, weisungsgebunden zu arbeiten sei schwierig. Als Selbstständiger sind Sie aber genauso weisungsgebunden – nur mit dem Unterschied, dass Sie selbst sich Anweisungen erteilen und sich den Erfolgsweg selbst weisen können.

Wer selbstständig ist, arbeitet für seine eigenen Ziele. Wer angestellt ist, arbeitet oftmals für die Ziele anderer. Wenn Sie angestellt sind, denkt sich meist Ihr Chef oder der Firmeninhaber Ihre *To-do's* für Sie aus. Fast immer entscheidet er, wann Sie was tun. Sie ind der Ausführende. Als Unternehmer dagegen müssen Sie Ihre Aufgaben nicht nur umsetzen, sondern zuvor auch selbst ersinnen.

Unternehmer sind oft Denkende und Handelnde in einer Person: Visionäre ihrer Ziele und Verwirklicher der Pläne, die sie zur Zielerreichung ausgearbeitet haben. Als Selbstständiger sind Sie also gleichzeitig Chef und Angestellter. Sie können dann nicht sagen: »Meine Mitarbeiter müssen zuerst …« Sie selbst müssen als Allererster ran. Doch statt Vorgaben anderer auszuführen, verfolgen Sie Ihre eigenen Vorhaben.

Freiheit ist interessant, spannend und voller Überraschungen. Aber Freiheit hat ihren Preis. Je mehr Freiheit, desto mehr Verantwortung. Als Selbstständiger sind Sie für das, was Sie tun und wie Sie es tun, selbst verantwortlich. Sie können dann auch nicht mehr sagen: »Mein Chef tut mir das an – der macht das falsch.«

Mehr als die Hälfte aller Bundesbürger hat eine positive Einstellung zur Selbstständigkeit. Sie sehen in der Selbstständigkeit ein Tor zum Erfolg.

Für leistungsorientierte Menschen ist es verlockend, selbstständig zu arbeiten: endlich selbst Verantwortung tragen, eigene Entscheidungen treffen – und finanziell unabhängig werden können. Sie bekommen zwar von niemandem eine Garantie, dass Sie als Selbstständiger reüssieren werden, aber als Angestellter haben Sie die volle Garantie, dass Sie lange abhängig bleiben.

Sie sind Ihr eigener Personalvermittler

Manche können sich auch nicht gut in eine Hierarchie einordnen oder kommen mit den bestehenden Strukturen nicht klar. Ausweg: aus dem Job raus! Vermitteln Sie sich an die für Sie richtige Stelle: auf einen anderen Posten in dem Unternehmen, in dem Sie arbeiten, in eine andere Firma oder auf den Chefsessel in Ihrem eigenen Geschäft.

Einer der größten Fehler, die wir begehen können, ist eine fehlerhafte Berufsentscheidung. Wenn Sie Ihr Berufsleben lieber als

Angestellter oder Beamter verbringen wollen, haben Sie sich sicher aus gutem Grund dafür entschieden. Gut ausgebildete Angestellte und Facharbeiter sind das Fundament der Wirtschaft. Neutrale Beamte, die für faire und geordnete administrative Abläufe sorgen, sind elementarer Bestandteil der gesellschaftlichen Ordnung. Manche Menschen in Ämtern und Behörden – vom Richter bis zum Politiker – gehen zu unser aller Glück in ihren Aufgaben förmlich auf. Wenn Sie sich auch zu dieser Bevölkerungsgruppe zählen, sollten Sie sich jedoch einer Tatsache bewusst sein: Solange Sie der Angestellten- oder Beamtenwelt angehören, werden Sie höchstwahrscheinlich niemals in die finanzielle Spitzenwelt vordringen. Aber wenn Sie Freude und Befriedigung dabei empfinden, zum Beispiel Hochschullehrer zu sein, dann ist das eben genau Ihr Ding.

Für manche Menschen macht es einfach keinen Sinn, Chef zu werden. Sie benötigen die Anleitung und die vorgegebenen Arbeitszeiten. Dagegen ist wirklich nichts zu sagen. Es spielt ja auch nicht jeder Fußball oder ein Musikinstrument. Genauso kann – und will – auch nicht jeder in der Welt der Selbstständigen mitspielen.

Als Gründe, warum sie vor der Selbstständigkeit zurückschrecken, nennen drei Viertel der potenziellen Existenzgründer fehlendes Startkapital. Drei von fünf Befragten haben Angst vor dem Scheitern und jeder Zweite traut sich mangels betriebswirtschaftlicher Kenntnisse den Schritt in die Selbstständigkeit nicht zu.

Sicher ist es richtig, sich nicht in das Abenteuer der Selbstständigkeit – sei es als Freiberufler oder als Gewerbetreibender – zu stürzen, solange wichtige Voraussetzungen nicht erfüllt sind. Aber es liegt ja an Ihnen, Ihre Startbedingungen schon mittelfristig zu verbessern. Etwa vorhandenes fachliches Unvermögen können Sie durch Fortbildung in Vermögen umwandeln. Sie können sich beispielsweise in Betriebswirtschaft weiterbilden. Sie können Überstunden machen oder einen Nebenjob annehmen, um Startkapital anzusparen. Sie können Ihre Persönlichkeit entwickeln, sich Mut und Optimismus aneignen und so die Erfolgsaussichten Ihres unternehmerischen Wagnisses steigern.

Starten Sie nebenberuflich in die Selbstständigkeit!

Wenn Sie in Ihrem Beruf nicht glücklich sind, aber nicht gleich ins kalte Wasser springen wollen, dann können Sie gegebenenfalls auch nebenberuflich Ihre neue selbstständige Tätigkeit beginnen. Falls es gut läuft, machen Sie den Neben- zu Ihrem Zweitberuf. Damit meine ich, dass Sie diesen neuen Beruf schon so ernst nehmen wie Ihren bisherigen Hauptberuf.

In der zweigleisigen Startphase sammeln Sie Erfahrungen und stellen fest, ob Sie die erforderlichen Fertigkeiten mitbringen. Vor allem aber, denn das ist die entscheidende Frage, werden Sie in dieser Zeit merken, ob Ihnen die neue Tätigkeit Freude bereitet. Wenn nicht, lassen Sie die Finger davon.

Als Selbstständiger gehören Sie zu der Bevölkerungsgruppe, die über das mit Abstand höchste Durchschnittseinkommen verfügt. Sie riskieren allerdings auch, Geld zu verlieren oder Ihr Geschäft an die Wand zu fahren. Doch entsprechend groß ist auch Ihre Chance, durch Selbstständigkeit vermögend zu werden. Unternehmer verdienen hierzulande rundgerechnet durchschnittlich dreimal so viel wie Angestellte und Beamte.

In Deutschland gibt es ungefähr 800 000 Menschen mit einem Vermögen von mehr als 1 Million Euro. Bei einer Gesamtbevölkerung von rund 80 Millionen ist also einer von 100 Deutschen Millionär. Und der Anteil der Selbstständigen unter den Vermögenden ist überproportional hoch. Möchten Sie nicht auch zu der Gruppe von Menschen gehören, die durch Mut und Beharrlichkeit ein Millionenvermögen schaffen können? Aber machen Sie sich auch bewusst: Jährlich gehen in Deutschland rund 30 000 Firmen pleite. Selbstständigkeit ist kein Selbstgänger.

Selbstständigkeit bedeutet oft mehr Arbeit

Spätestens wenn Sie Ihr eigenes Unternehmen gründen, müssen Sie anfangen, professionell zu arbeiten. Schließlich müssen und wollen Sie davon leben – und zwar möglichst langfristig und komfortabel.

Als Freiberufler sind Sie kein Amateur, der sein Hobby pflegt. Profis arbeiten auch wenn sie gerade keine Lust dazu haben. Wenn Sie glauben, dass Selbstständigkeit bedeutet, fortan weniger zu arbeiten, dann irren Sie sich gewaltig. Das Gegenteil stimmt: Auf eigene Rechnung zu arbeiten, heißt vor allem, mehr zu arbeiten, wahrscheinlich viel mehr als zu Ihren Angestelltenzeiten. Gerade dann, wenn Sie in Ihrem Beruf richtig gut sind, werden Sie sich hoffentlich vor Arbeit kaum retten können – aber Sie müssen diese dann auch bewältigen.

Ohne Fleiß und noch mehr Fleiß geht – vor allem am Anfang der Selbstständigkeit – gar nichts. Freiberufler sind oftmals von Freizeit weitgehend befreit.

Angestellte sind dreimal häufiger krank als Selbstständige. Das kommt höchstwahrscheinlich nicht daher, dass Selbstständige weniger Virenattacken oder Sportunfällen ausgesetzt sind: Sie sind einfach motivierter und gehen trotzdem zur Arbeit, auch wenn sie sich nicht ganz fit fühlen. Ihrem Chef können Sie eventuell eine Krankheit vortäuschen, sich selbst aber nicht. Und auch wenn Sie am Sonntagabend noch bis in die Nacht gefeiert haben, warten am nächsten Morgen Kunden und unerledigte Aufträge auf Sie. Deshalb schleppen Sie sich notfalls auch mit einem leichten Kater in Ihr Büro. Denn jetzt sind es eben Ihre Kunden und Ihre Aufträge – nicht mehr die Ihres Chefs. Der Kunde ist der größte Arbeitgeber und somit quasi Ihr neuer Chef.

Als Selbstständiger können Sie selbst bestimmen, wie sehr Sie sich auf einkommenserhöhende Aktivitäten fokussieren. Aber glauben Sie nur nicht, dass Sie als Unternehmer mit dem Minimax-Prinzip vorankommen können. Wer sich von der Selbststän-

digkeit vor allem höhere Lebensqualität erhofft – öfter mal »spät-
stücken«, dafür abends zum »Frühessen« nach Hause gehen –, der
sollte besser Angestellter bleiben. Mit dieser Art selbstverschulde-
ter »Scheinselbstständigkeit« fahren Sie Ihr Unternehmen höchstwahrscheinlich nach kürzester Zeit in den Abgrund.

Machen Sie sich auch klar, dass Sie als Selbstständiger oft antizyklisch arbeiten müssen: Sie können sich nicht an den üblichen Ge-
schäftsöffnungs- und Ladenschlusszeiten orientieren. Stattdessen
müssen Sie flexible Arbeitszeiten akzeptieren, egal ob als Versicherungsvertreter, für den die Kunden oftmals erst nach Feierabend Zeit haben, als Inhaber eines Schlüsseldienstes oder als
Notfallarzt – im Zweifelsfall müssen Sie auch am Wochenende
oder tief in der Nacht antanzen, wenn der Kunde oder Patient
ruft.

Nicht aus einer Finanzklemme in die Selbstständigkeit starten

Das schlechteste Motiv für den Start in die Selbstständigkeit sind
akute finanzielle Schwierigkeiten. Wer sich gerade das Dach über
dem Kopf angezündet hat, wünscht sich vielleicht, Feuerwehr-
mann zu sein. Aber er hat soeben bewiesen, dass Brandschutz
nicht gerade seine Stärke ist. Genauso kann jemand, der ständig in
Schulden steckt, mit Geld offenbar nicht gut umgehen – und folglich braucht er die Planungssicherheit, die ein festes monatliches
Einkommen bietet.

Wenn Sie sich selbstständig machen, brauchen Sie keine Schulden, sondern im Gegenteil Startkapital. Sie müssen Büroräume
mieten und einrichten, vielleicht brauchen Sie eine Werkstatt mit
kostspieligen Werkzeugen und Maschinen. Außerdem müssen Sie
damit rechnen, dass Sie zu Beginn erst einmal rote Zahlen schreiben – viele Monate lang, vielleicht sogar über einige Jahre. Wenn

Sie da keine ausreichenden Finanzreserven haben, geht Ihnen nach kurzer Zeit die Luft aus.

Natürlich genießen Sie als Selbstständiger auch ein paar Steuervorteile. Zum Beispiel können Sie Ihren Geschäftswagen von der Steuer absetzen, auch wenn Sie ihn teilweise privat nutzen. Aber das dürfen in Ihrer Erwartung und Vorstellung höchstens willkommene Nebeneffekte sein.

Denn nur wer sich selbstständig macht, um mit größter Leistungsbereitschaft und unermüdlicher Durchhaltekraft seine individuellen Ziele zu erreichen, kann auch eine prosperierende Firma leiten oder ein erfolgreiches Unternehmen aufbauen.

Aller Anfang ist schwer!

Kennen Sie den Unterschied zwischen Einnahmen und Einkommen? Wenn nicht, wird es höchste Zeit, dass Sie sich mit diesem Punkt beschäftigen. Als ich 1980 nach Hannover zog, lernte ich einen netten Boutiquebesitzer kennen. Der hatte gerade neu eröffnet und aus meiner Sicht hatte er ein gutes Leben. Er schlief morgens aus, hatte überschaubare Öffnungszeiten und lud seine Freunde und Bekannten gerne mal abends auf ein Bier ein.

Aber schon drei Monate nach der Geschäftseröffnung fing er an, seine Kunden anzupumpen. Er hatte seine Tageseinnahmen einfach als Privateinkünfte betrachtet und vergessen, dass er davon auch seine Waren, seine Miete, Versicherungen und Steuern zu bezahlen hatte. Nach einem weiteren Vierteljahr war er pleite.

Machen Sie sich nichts vor: Als Existenzgründer haben Sie es in aller Regel nicht leicht. Sie werden vielleicht über kurz oder lang mehr *verdienen*, aber Sie müssen dafür zunächst auch mehr *dienen*.

Zuerst müssen Sie diese finanziell dürftigen Lehrjahre durchstehen, um die finanziell üppigen Herrenjahre zu erreichen.

Erlernen Sie Ihre Tätigkeit ruhig von der Pike auf! Dann können Sie Ihren Kunden und Mitarbeitern später zeigen, wie es geht.

Machen Sie nicht den zweiten vor dem ersten Schritt

Sie sind künstlerisch begabt und wollen Ihre Bilder selbst vermarkten? Dann rate ich Ihnen: Mieten Sie nicht gleich eine große Galerie – fragen Sie erst einmal bei Ihrem Friseur oder beim Café an der Ecke, ob Sie dort ein paar Ihrer Bilder aufhängen können. Wenn die schnell verkauft sind, können Sie das als Hinweis werten, dass sich eine kleine Galerie für Sie vielleicht rechnet. Aber auch die machen Sie am Anfang vielleicht besser mit einem anderen Künstler zusammen auf, um die Kosten zu teilen und mit einem breiteren Ausstellungsangebot mehr Kunden anzuziehen.

Klein starten, bei Erfolg schrittweise vergrößern – dieser Grundsatz gilt natürlich für nahezu alle Branchen und Geschäftsideen. Erzählen Sie Ihren Nachbarn und Freunden von Ihrem Plan, hören Sie sich an, wie andere Ihre Ideen einschätzen – und überarbeiten Sie unter Umständen Ihr Konzept, bevor Sie in Ihr Abenteuer Selbstständigkeit starten.

Haben Sie das Zeug zum Unternehmer?

Clemens Tönnies, Chef und Inhaber der erfolgreichen Unternehmensgrupppe *Tönnies Fleisch* und Schalke 04 Aufsichtsratvorsitzender brachte den Reiz der Selbstständigkeit einmal so auf den Punkt: »Man kann eigene Entscheidungen treffen, die Dinge gestalten und sich dadurch selbst verwirklichen. Aber«, fügte er hinzu, »man ist auch für alles verantwortlich und muss den Kopf hinhalten.«

Selbstständig zu sein, hat jede Menge Vorteile, aber auch erhebliche Nachteile. Das ist nicht anders als bei jedem »Traumberuf«. Als ich einmal am Flughafen lange warten musste, entdeckte ich im Bereich der Piloten einen scherzhaften »Fragebogen«, der an eine Schranktür angeheftet war. Darauf stand: *Bevor Sie den Beruf des Piloten ergreifen, beantworten Sie erst diese Fragen: Sind Sie bereit, an Wochenenden und Feiertagen zu arbeiten? Sind Sie bereit, oftmals nachts nicht zu Hause zu sein? Sind Sie bereit, in der Urlaubszeit besonders viel zu arbeiten«? Und am Schluss hieß es: Dann sind Sie verrückt genug für diesen Beruf.*

Hinter den scherzhaften Fragen verbirgt sich eine ernsthafte Wahrheit, die Piloten, Selbstständige und alle anderen »Traumberufler« betrifft.

Prüfen Sie sich selbstkritisch: Passen Sie nach Ihrer Berufsausbildung und Erfahrung in die Branche, in der Sie sich selbstständig machen wollen? Fragen Sie sich: Bin ich bereit, anfangs häufig rund um die Uhr zu arbeiten? Will ich das Risiko der Insolvenz eingehen? Will ich für alles in meinem Unternehmen verantwortlich sein? Bin ich diszipliniert genug, mir selbst die nötigen Aufgaben aufzubrummen und sie in der erforderlichen Frist bestmöglich zu erledigen?

Haben Sie in Ihrem bisherigen Leben schon Eigenmotivation bewiesen, bei selbstständigen Projekten oder auch beispielsweise im Sport? Sind Sie bereit, sich selbst zu verändern, wenn Märkte und Trends sich wandeln? Hören Sie auf Ihr Inneres und seien Sie ehrlich zu sich selbst.

Stellen Sie auch Ihrer Familie die Vertrauensfrage: Trauen Sie Ihrem Partner, Ihren Kindern und sonstigen Angehörigen zu, dass sie Ihnen die notwendige Unterstützung geben? Würde Ihr Partner auch manchmal zu einem Geschäftsessen mitgehen? Können Ihre Lieben damit leben, dass Sie oft spätabends nach Hause kommen, auch am Wochenende in die Firma müssen und – zumindest in den ersten Jahren – mit Ihren Gedanken fast ununterbrochen bei Ihrem Geschäft sind?

Nur wenn Sie jede dieser Fragen mit voller Überzeugung bejahen können, sind Sie wirklich für die Herausforderungen der
Selbstständigkeit gewappnet.

Die wichtigste aller Fragen, die Sie sich vor dem Start in die
Selbstständigkeit stellen sollten, ist aber diese: Wenn Sie an Ihre
Geschäftsideen denken – sehen Sie mehr Chancen als Risiken?

Machen Sie Ihre Berufung zum Beruf

Mit Ihrem Unternehmen werden Sie sich am besten fühlen und
einer der Besten werden, wenn Sie das tun, was Sie am besten
können und lieber als alles andere machen. Was liegt Ihnen? Womit hatten Sie bereits Erfolg? Machen Sie im Idealfall Ihr Hobby
zu Ihrem Beruf, dann werden Sie Ihre Tätigkeit nicht als Arbeit
empfinden. Checken Sie, ob Sie mit dem, was Ihnen Spaß macht,
Geld verdienen können – beispielsweise als Trainer, Fotograf oder
Reiseorganisator.

Die Tätigkeit, zu der Sie sich berufen fühlen, sollte Ihr Beruf
werden. Fragen Sie sich: Was würde ich lieber als alles andere
mein Leben lang machen? Bei welcher Tätigkeit würde ich mich
bestraft fühlen, wenn ich sie nicht länger ausüben dürfte? Am besten suchen Sie sich die Betätigung, die Sie am liebsten für immer
rund um die Uhr ausüben möchten.

Als Unternehmer müssen Sie hart und unermüdlich arbeiten –
aber genauso wichtig ist es, dass Sie eine gute Geschäftsidee haben
und gerade auf Ihrem Gebiet herausragende Fähigkeiten und Fertigkeiten besitzen oder jedenfalls so rasch wie möglich entwickeln.

Wenn Sie in Ihrer Stadt den hundertsten Friseursalon oder Bä-
ckerladen eröffnen, dann haben Sie wenig Chancen, der Beste und
Erfolgreichste in Ihrer Branche zu werden. Grundsätzlich gilt:
Entdecken Sie lieber als Erster einen neuen Strand – anstatt sich
einen Platz am überfüllten Massenstrand zu erkämpfen.

Meine Geschäftsidee entstand schon in meinen ersten Jahren als Finanzkaufmann. Unzählige Beratungsgespräche zeigten mir immer wieder, wie viel Rat die Menschen in Finanzdingen benötigten. Außerdem redeten Bankangestellte schlecht über Bausparkassen-verkäufer und die wiederum machten Versicherungsvertreter mies. In der Finanzbranche zogen alle übereinander und über die jeweils anderen Produktsparten her. Keiner gönnte dem anderen auch nur die Butter auf dem Brot und jeder fühlte sich dem anderen überlegen. Bei Ihrer Bank empfahl Ihnen natürlich auch niemand, zur Konkurrenz gegenüber zu gehen, auch wenn die bessere Konditionen anboten. So bildete sich in mir allmählich die Idee heraus, mich als unabhängiger Finanzberater selbstständig zu machen.

Ich wollte also nicht für einen Anbieter arbeiten, sondern aus den Produkten möglichst vieler Finanzinstitute und Versicherungen die Bausparverträge, Investmentfonds oder Versicherungstarife mit dem besten Preis-Leistungs-Verhältnis auswählen. So gründete ich mit dem AWD das erste Finanzdienstleistungsunternehmen, dessen Mitarbeiter Mehrfachagenten waren, also die Finanzprodukte vieler Anbieter vermittelten. Sie konnten aus den Angeboten zahlreicher Unternehmen die Produkte auswählen, die für ihre Kunden besonders vorteilhaft waren.

Als ich meinem damaligen Steuerberater von meiner Geschäftsidee erzählte, antwortete er spontan: »Das klappt nie, sonst würde es das ja schon geben!«

Doch ich empfand es gerade als Vorteil, dass es so etwas noch nicht gab.

Durch neuartige Angebote zum Geschäftserfolg

Dirk Roßmann schilderte mir einmal, wie ihm Anfang der 1970er-Jahre die Idee kam, qualitätsvolle Drogerieartikel zu Discountpreisen anzubieten. Das hatte es vorher so noch nicht ge-

geben – und gerade deshalb wurden die *Rossmann*-Drogerie-
märkte zu einer großartigen Erfolgsgeschichte. Obwohl die etablierten Drogeriebetreiber ihn anfangs erbittert bekämpften, machte er Normalverdienern Hygiene- und Pflegeartikel in bester
Qualität zu erschwinglichen Preisen zugänglich. Heute gehört
ihm eine der größten Drogerieketten Deutschlands; er hat circa
32 000 Mitarbeiter und erzielt 5 Milliarden Euro Umsatz pro Jahr.

Auch Sie können einen Volltreffer landen, wenn Sie eine neuar-
tige Geschäftsidee, ein Produkt oder eine Dienstleistung entwickeln, die es bisher nicht gegeben hat. Solange es das betreffende
Angebot nicht gab, hat es scheinbar niemand vermisst, aber hinterher fragt sich dann jeder: »Warum kommt das eigentlich jetzt
erst?«

Deshalb ist es so wichtig, dass Sie eine Vision entwickeln. Vielleicht werden am Anfang manche Zeitgenossen über Sie sagen:
»Der ist ja verrückt. Das braucht kein Mensch!« Oder: »Die hat
wohl einen Knall! Wer braucht denn so etwas?« Wenn Sie selbst
von Ihrer Idee überzeugt sind, dann lassen Sie sich nicht beirren,
sondern machen den Praxistest. Auch den Klettverschluss oder
Bio-Lebensmittel brauchte in der Anfangszeit dieser Neuerungen
angeblich niemand.

Wenn Sie Freunden oder Nachbarn von Ihrer Idee erzählen,
kann es Ihnen auch passieren, dass jemand sagt: »Das klingt gut,
aber das habe ich schon mal gehört. Ich kenne jemanden, der
macht das genauso.« Wenn Sie solche Reaktionen bekommen,
dann ist Ihre Idee nicht mehr vollkommen neu – aber auch dann
können Sie auf jeden Fall noch ganz vorn mit dabei sein. Vielleicht hat Ihre Idee ja in der Luft gelegen und Sie haben sie als einer der Ersten aufgegriffen. Dann müssen Sie sich aber sputen,
um sich an die Spitze eines möglichen neuen Trends zu setzen.

Das erleben wir gerade mit unserer Firma *www.papagei.tv*. Letzten Sommer kam uns die Idee auf, eine moderne Plattform zu entwickeln, mit der Sprachinteressierte aller Altersgruppen Sprachen
mit Leichtigkeit online lernen können. Das Lernen sollte dabei auf

eine revolutionär einfache Weise erfolgen, indem der Lernende vollkommen in die Sprache eintaucht, so als befände er sich in dem Land, in dem die jeweilige Sprache gesprochen wird. Außerdem will heute kaum jemand mehr mit herkömmlichen Schulbüchern Sprachen lernen, in denen die Inhalte nicht nach den eigenen Interessensgebieten ausgesucht werden können, sondern nach einem starren Lernkonzept festgelegt sind. Kein Wunder, dass es den meisten Sprachlernenden entweder chronisch an Zeit oder Motivation mangelt.

So entwickelte sich der Ansatz von *papagei.tv*. Das Schlüsselwort heißt »immersives Lernen« (engl. to immerse = eintauchen). Eine Sprache lernt sich am besten, wenn man in sie eintaucht und gar nicht darüber nachdenkt, dass man sie lernt. Das Lernen erfolgt nebenbei und ganz natürlich, also intuitiv. Darüber hinaus ist bekannt, dass interaktives Lernen effektiver ist als per Dauerberieselung durch einen Lehrer. So wurde das 3-i-System von papagei.tv geboren. Es beruht auf den Lerngrundsätzen Interaktion, Immersion und Intuition. Der Erfolg des 3-i-Systems wird von Sprachwissenschaftlern bestätigt.

Beim Anschauen von Nachrichten oder Spielfilmen in der Originalsprache bietet *papagei.tv*, abhängig von den individuellen Vorkenntnissen, immer genau so viel Hilfestellung wie benötigt wird. Dies ermöglicht es, viele Inhalte sofort zu verstehen und gleichzeitig die Sprache intuitiv zu lernen.

Neueste Technik ermöglicht es, die Beiträge auch mobil anzuschauen. Dadurch wird man unabhängig und das Lernen einer Sprache kann einfach in den individuellen Tagesablauf integriert werden. Durch die Originalbeiträge wird neben der Sprache auch die Kultur eines Landes vermittelt. Wir sind optimistisch, dass ab Frühsommer viele Menschen durch dieses System ihre fremdsprachlichen Potentiale erweitern und verbessern werden.

Sicher kann nicht jeder kann ein Erfinder wie Larry Page von *Google* sein, aber auch Sie können sich um ein Angebot bemühen, das in Ihrem Umfeld neuartig ist. Wenn Sie ein Restaurant eröffnen, kann das einfach eine andere Speisenauswahl oder ein neu-artiges Gastronomiekonzept sein. Mit Ihrer Arztpraxis können Sie sich durch eine kundenfreundlichere Wartezone von der Konkurrenz abheben. Ihrer Fantasie sind keine Grenzen gesetzt, im Gegenteil: Sie sind aufgefordert, mit Ihrer Fantasie die Grenzen des Gewohnten und Althergebrachten zu durchbrechen. Heben Sie sich von Bestehendem ab, dann heben Sie ab!

Freiberufler haben gedanklich kaum Feierabend

Als Selbstständiger sind Sie auf neue Ideen angewiesen und müssen Ihre Angebote und Prozesse fortlaufend optimieren. Viele Selbstständige, ob Freiberufler oder Gewerbetreibende, denken deshalb auch während ihrer Freizeit über ihr Geschäft nach und für künftige Aufgaben voraus.

Manche Leute gehen in ein wichtiges geschäftliches Telefonat so unbekümmert wie zu einer Plauderstunde mit den Nachbarn. Ich konnte das nie – und ich kann es Ihnen auch heute noch nicht empfehlen. Ich habe mir immer schon lange vorher überlegt, welche Argumente ich vorbringen will und auf welche Gegenargumente ich gefasst sein muss. Auch nach einem solchen Telefonat dachte ich noch über die Konsequenzen des Besprochenen nach. Manchmal war ich vom Vorabend bis zum Abend danach mit diesem einen wichtigen Gespräch beschäftigt. Körperlich war ich abends bei meiner Familie, geistig aber oft schon oder noch im Büro.

Während Angestellte, wenn sie zum Beispiel um 17 Uhr Feierabend haben, ihren Arbeitsplatz verlassen und glücklicherweise den lieben Gott einen guten Mann sein lassen können, sollten Sie als Selbstständiger rund um die Uhr für Eingebungen offen sein. Wenn Ihnen spontan etwas einfällt, das für Ihr Geschäft wichtig sein könnte, machen Sie sich unbedingt eine Notiz.

Mit Geschäftspartnern selbstständig machen

Nicht jeder kann alles. Deshalb ist es manchmal sinnvoll, mit einem oder mehreren Partnern in die Selbstständigkeit zu starten. Vor allem aber ist es nützlich, Ihre eigenen Stärken um die komplementären Stärken eines Partners zu ergänzen. Auch emotional kann es erleichternd sein, wenn Sie und Ihr Geschäftspartner sich in schwierigen Momenten gegenseitig ermuntern und Zuspruch geben können. Geteiltes Leid ist halbes Leid – und geteilte Freude ist doppelte Freude.

In der Selbstständigkeit können Sie auch als Paar gut gemeinsam arbeiten. Ich habe oft erlebt, dass sich Ehepaare im gemeinsamen Betrieb perfekt ergänzten. Sie war beispielsweise mehr für Verwaltung und Organisation zuständig, er hatte seine Stärken im technischen Bereich. Und wie heißt es so schön: Vier Augen sehen mehr als zwei.

Als Unternehmer müssen Sie – zugespitzt formuliert – sowohl Innovator als auch Controller sein. Wenn Sie selbst zum Beispiel eher kopfgesteuert sind, dann holen Sie sich einen bauchgesteuerten Partner an Ihre Seite. Wenn Sie planerisch stark sind, brauchen Sie einen kreativen Kompagnon. Ihrer beider Stärken zusammen ergeben ein besseres Resultat.

Ein gutes Beispiel für zwei Antagonisten, die sich optimal ergänzen, ist auch die Werbeagentur, die Jean-Remy von Matt und Holger Jung lange Zeit gemeinsam steuerten. Der eine hatte die genialen kreativen Ideen, der andere war dafür ein stärkerer Unternehmer und Personalführer, der das Unternehmen bestmöglich managte. Ein tolles Wechselspiel. 1 und 1 ist im Ganzen oftmals mehr als 2.

Auch unter einer etablierten Marke können Sie selbstständig sein

Sie können sich auch in einem Beruf selbstständig machen, für den man normalerweise ein Grundkapital benötigt. Wenn Sie keine Startinvestition tätigen wollen oder können, dann überlegen Sie doch mal, ob eine Selbstständigkeit unter einer etablierten Marke für Sie infrage kommt.

Als Unternehmer im Unternehmen eröffnen Sie zum Beispiel ein Büro unter einem bekanntem Label. Sie wissen dann bereits, dass die Idee, mit der Sie sich selbstständig machen, funktioniert und sich oftmals schon seit Jahren bewährt hat. In anderen Regionen und Städten gibt es bereits erfolgreiche Niederlassungen mit dem gleichen Konzept. Der Lizenzgeber arbeitet Sie gründlich ein und empfiehlt Ihnen, wo Sie Ihre Filiale eröffnen können. Das alles kann für den Start sehr hilfreich sein.

Für mich war die Möglichkeit, ohne Eigenkapital als selbstständiger Berater in die Finanzberatungsbranche einzusteigen, eine große Chance. Auch die Arbeitsagenturen erkennen mittlerweile, dass eine Unternehmensgründung nach diesem Modell attraktive Möglichkeiten bietet. Sie können eine eingeführte Marke nutzen und meist haben Sie unbegrenzte Einkommenschancen und Expansionsmöglichkeiten.

Ich bin der Auffassung, dass man bei Geschäftsmodellen in der Regel nicht dauerhaft vermögend werden kann, ohne andere vermögend zu machen. Beim Franchisekonzept (*McDonald's*, *Häagen Dazs*, etc.) verdienen die Systeminhaber, aber als Franchisenehmer verdienen Sie auch. Idealerweise herrscht dort eine Win-win-Situation. Je erfolgreicher Sie sind und je mehr Geld Sie verdienen, desto höher ist auch der Gewinn des Franchisegebers. Aber dafür brauchen Sie die großen Felder – Geschäftsidee, Produktentwicklung, Gebietserschließung – auch nicht selbst zu beackern. Dieser Rahmen darf von Ihnen in Ihrer Filiale allerdings auch nicht abgeändert werden.

Als Franchisenehmer haben Sie sehr viel von der Freiheit eines Unternehmers und genießen doch fast wie ein Angestellter die Sicherheit in einer starken und bewährten Gemeinschaft. Es ist ein bisschen wie mit den Leitplanken an einer mehrspurigen Autobahn: die minimale Einschränkung der seitlichen Bewegungsfreiheit wird überkompensiert durch ein hohes Maß an eigenverantwortlicher Handlungsfreiheit und Schutz. Eine solche Selbstständigkeit unter dem Schirm einer Kette kann ein guter Kompromiss zwischen Nichtselbstständigkeit und eigener Unternehmensgründung sein.

Auch als freier Handelsvertreter haben Sie meist den Vorteil, dass Sie keine Investitionen tätigen müssen – Auto, Laptop und Kugelschreiber haben Sie ja sowieso. Die großen, langjährig am Markt etablierten Vertriebsorganisationen unterschiedlicher Branchen sind tolle Schulen, um Selbstständigkeit zu lernen und zu leben. Das Gleiche gilt, wenn Sie sich zum Beispiel mit einer Agentur für Bausparkassen und Versicherer selbstständig machen.

Als Dienstleister müssen Sie sehr viel dienen und sehr viel leisten. Stark verdienen und schwach dienen wollen geht nicht. Deswegen heißt es auch »Verdienst«, sonst hieße es ja »Bekommst«. Sie müssen jederzeit für Ihre Kunden und Mandanten da sein und sich nach deren Wünschen richten.

Nehmen Sie Beschwerden unzufriedener Kunden ernst

Menschen, die beraten und verkaufen, kann es passieren, dass ein Kunde mit der erbrachten Leistung unzufrieden ist. Auch Ärzte beispielsweise sehen sich nicht selten mit dem Unmut eines Patienten konfrontiert, der vielleicht sogar mit einer Klage droht.

Sollten Sie einmal in eine solche Situation kommen, dann empfehle ich Ihnen: Lernen Sie aus meinen Erfahrungen!

Ich habe Beschwerden unzufriedener Klienten nicht immer ausreichend ernst genommen, was ich heute bereue. Durch Missachtung ihrer Unmutsbekundungen habe ich einige Menschen sehr gegen mich aufgebracht. Bestimmt wirkte das in einigen Fällen arrogant, nach dem Motto:»Für alles hat er Zeit, aber meinen Beschwerdebrief hat er nicht einmal persönlich beantwortet.« Das würde ich heute anders machen.

Ich bin sicher, dass der langfristige Erfolg eines Dienstleisters, ob Unternehmensberatung oder Rechtsanwaltskanzlei, entscheidend auch davon abhängt, wie man mit Kunden umgeht, die – weshalb auch immer – unzufrieden sind. Und es reicht auch nicht, zu denken, dass sie auch ein Stück Eigenverantwortung haben. Manchmal kann es richtig sein, dass man sich bei einem Klienten entschuldigt. Sagen oder schreiben Sie Ihrem aufgebrachten Mandanten:»Es tut mir leid. Was Sie sich von uns erhofften, haben wir offenbar nicht gut umgesetzt. Lassen Sie uns zusammen überlegen: Wie können wir das reparieren?« Kundenzufriedenheit vollzieht sich eben nicht in rechtlichen Kategorien.

Ich bin ein wenig stolz darauf, dass mir bis heute kein Kunde, den ich persönlich beraten habe, jemals irgendwelche Fehlberatungen angelastet hat. Soweit es unter den Kunden, die ich selbst beraten habe, jemals Unzufriedenheit gegeben hat, sind diese Dinge längst positiv geklärt. Aber es tut mir leid, dass ich nicht auch den Beschwerden von Kunden meiner 6000 Mitarbeiter in meinem früheren Unternehmen einen ähnlich hohen Stellenwert eingeräumt habe. Bei 2 Millionen Kunden lässt es sich generell nicht vermeiden, dass sich auch ein Teil der Kunden sich im Nachhinein»mangelhaft« beraten sieht. Unabhängig davon ging ich in diesen Fällen davon aus, dass der betreffende Berater selbst mit den Kunden sprechen und diese Dinge klären würde. Erst im Nachhinein wurde mir klar, dass ich auch das Einfühlungsvermögen meiner sämtlichen Mitarbeiter – einschließlich deren Mitarbeiter und aller anderen, die bei unseren Auslandstochterfirmen für Beschwerdemanagement tätig waren – noch mehr hätte fördern und klarere Vorgaben für das Beschwerdemanagement installieren müssen.

Für die Performance von Anlageprodukten wie Immobilienfonds fühlte ich mich nicht verantwortlich. Wenn sie sich nicht wie im Prospekt beschrieben entwickelten, sagte ich mir:»Da sollen sich doch die Anbieter dieser Produkte (denen die Kunden ihr Geld anvertraut hatten) drum kümmern.« Ich sah mich sozusagen nur als Kellner und dachte:»Da sollen sich die Kunden doch beim Koch oder direkt beim Betreiber des Restaurants beschweren.« Aber auch in der Gastronomie ist es eben immer der Kellner, der die Beschwerden unzufriedener Gäste zu hören bekommt – und auch er kann nicht einfach antworten:»Dann schimpfen Sie doch mit dem Koch!« Insofern würde ich, wenn ich noch einmal in der Situation wäre, die Sache ganzheitlicher handhaben.

Wer selbstständig ist, sollte gut mit Leuten können

Clemens Tönnies formulierte die aus seiner Sicht wichtigste Eigenschaft eines Unternehmers so:»Er muss Kunden für seine Sache gewinnen und seine Mitarbeiter motivieren können. Wenn er das nicht kann, ist die Wahrscheinlichkeit sehr groß, dass er scheitern wird.« Kommunikative Fähigkeiten sind nach Tönnies' Überzeugung vor allem für Firmeninhaber sogar noch wichtiger als fachliche Kompetenz.

Als Selbstständiger sind Sie Personal- und Vertriebschef zugleich. Sie müssen Kunden gewinnen und – falls vorhanden – Mitarbeiter motivieren. Dass Sie gut mit Menschen umgehen können, ist daher meines Erachtens beinahe die wichtigste Voraussetzung für Ihren Erfolg. Sie sollten nicht nur etwas von Ihrer beruflichen Sache verstehen, sondern auch von Kommunikation und Verkauf. Wenn das nicht Ihre Stärke ist, dann suchen Sie sich unbedingt einen Partner oder eine Partnerin mit komplementä-

ren Fähigkeiten. Als Unternehmer müssen Sie von Herz zu Herz
ebenso sprechen können wie von Kopf zu Kopf.

Der britische Milliardär Sir Richard Branson bestätigte mir diese Annahme bei einem Gespräch in Baden-Baden, wo ihm im Ja-
nuar 2011 der Deutsche Medienpreis verliehen wurde. Das Wichtigste, das er seinen Kindern vermitteln wolle, erklärte er mir, sei
der Umgang mit Menschen, die Fähigkeit, mit Respekt und Ehrlichkeit privat und beruflich wertvolle, verlässliche Beziehungen
aufzubauen.

Wer Waren oder Dienstleistungen an den Mann oder die Frau
bringen möchte, muss schnell eine gute Verbindung zu neuen Interessenten herstellen können und bestehende Kundenkontakte
pflegen. Obwohl in unserer Gesellschaft und unserer Zeit »Wis-
sensarbeit« immer bedeutender wird, sollten wir bedenken: Wer
ausschließlich über Fachwissen verfügt, aber nicht verkaufen
kann, sollte dafür sorgen, dass in seinem Unternehmen Menschen
mit den entsprechenden Stärken tätig sind. Um als Selbstständiger
erfolgreich zu sein, benötigen Sie ein gutes Verkaufsverhalten.
Deswegen empfehle ich Ihnen, möglichst schon vor dem Start Ihres Geschäfts kontaktieren, präsentieren und kommunizieren zu
lernen.

Können Sie Ihr Unternehmen gut darstellen? Angenommen, je-
mand würde Sie fragen: »Warum sollte ich mich gerade für Ihre
Produkte entscheiden?«, was würden Sie ihm antworten? Wenn es
Ihnen schwerfällt, die Vorzüge Ihres Unternehmens herauszu-
streichen, dann belegen Sie die nötigen Fortbildungskurse, zum
Beispiel ein Rhetorikseminar – oder stellen Sie verkaufsstarke
Mitarbeiter ein. Sie liefern dann den Inhalt, Ihr Verkäufer die
kommunikative Verpackung.

Machen Sie nicht zu viele Baustellen auf

Als Selbstständiger müssen Sie imstande sein, sich selbst richtig einzuschätzen – also auch klar zu erkennen, wo Ihre Grenzen sind. Nicht jeder Kleinunternehmer kann Konzernlenker werden. Bleiben Sie bei Ihrer Kernkompetenz, stärken Sie Ihre Stärken. Aber springen Sie nicht von Hölzchen auf Stöckchen. Ich kenne Hotelinhaber, die es für eine schlaue Idee hielten, sich ihre neuen Hotels selbst zu bauen. Leider waren sie zwar gute Hoteliers, aber keine erfahrenen Bauunternehmer. Das Ergebnis: Sie erlitten Schiffbruch. Von außen betrachtet war es eigentlich klar, dass so ein Kopfsprung in eine völlig fremde Branche nicht gut gehen konnte.

Selbst in ein und derselben Branche kann der Wechsel in ein gänzlich anderes Aufgabenfeld schwierig sein. Nicht jeder Top-Fußballer ist später auch ein guter Trainer. Umgekehrt beichtete mir Jürgen Klopp im Februar 2009 vor dem Spiel gegen Bayern München, dass er in seiner aktiven Zeit kein besonders guter Fußballspieler war. Aber als Trainer kreierte er einen neuen, umwerfend erfolgreichen Stil und wurde 2011 mit Borussia Dortmund Deutscher Meister.

Multiplizieren Sie Ihr Geschäft durch Mitarbeiter

Wenn Sie ein richtig gutes Geschäftskonzept haben, wollen Sie bestimmt expandieren. Dann sollten Sie Ihr Modell möglichst durch weitere Menschen multiplizieren lassen. Am besten lassen Sie Ihre Geschäftsidee in Serie gehen. Denn die beste Idee wird noch besser, wenn Sie sie multiplizieren und potenzieren. Mitarbeiter arbeiten eben mit – im Team arbeitet es sich besser.

Sie können auch eine Hebelwirkung erzielen, indem Sie mit erfahrenen Partnern eine Firma aufmachen. Mein Partner in der

HolsboerMaschmeyer NeuroChemie GmbH ist Prof. Florian Holsboer, der Chef des Max-Planck-Instituts in München. Er ist der führende Wissenschaftler auf dem Gebiet der Gehirnerkrankungen in Deutschland. Ich bin Finanzunternehmer. Durch unser Zusammentun haben sich die Erfolgsaussichten unseres gemeinsamen Unternehmens erhöht.

Erfolgreiche Firmeninhaber nutzen die Hebelwirkung hauptsächlich durch Einstellung von Mitarbeitern. Die Einstellung von Personal war für mich ein enormer Effizienzbeschleuniger und somit eine besonders gute »Geldanlage«. Diese erste Investition in Mitarbeiter hat mir wahrscheinlich eine Rendite von 10 000 Prozent oder mehr eingebracht. Hätte ich nämlich nicht die ersten zehn Mitarbeiter eingestellt, dann hätte ich auch nicht irgendwann 100 Mitarbeiter gehabt, die für mich arbeiteten, und dann sicher auch niemals 1000 Mitarbeiter und mehr.

Weil ich mich rechtzeitig um genügend gutes Personal gekümmert habe, konnte mein Unternehmen so groß werden. Durch 6000 Berater konnten wir in elf Länder expandieren.

Also stellen auch Sie Mitarbeiter ein, sobald Sie erkennen, dass Ihre Geschäftsidee trägt und Sie mehr Aufträge bekommen, als Sie allein bewältigen können!

Machen Sie Ihre Mitarbeiter zu Mitunternehmern

Bezahlen Sie Ihre Mitarbeiter großzügig. Wenn Sie sehr gut zahlen, bekommen Sie sehr gute Mitarbeiter. Und noch besser werden Ihre Angestellten, wenn Sie deren Bedeutung anerkennen und ihnen das Gefühl geben, dass sie für das Unternehmen und für Sie persönlich wichtig sind.

Wenn Sie Ihre besten Mitarbeiter besonders motivieren wollen, geben Sie ihnen einen Anteil am Unternehmensgewinn. Lassen Sie sie an der Wertsteigerung der Firma in einem gewissen Maß partizipieren. Die so Beteiligten sind auch emotional viel stärker beteiligt und kämpfen fortan rund um die Uhr für das gemeinsame Ziel und somit auch für Sie. Jürgen Großmann beteiligt in vielen seiner Unternehmen die Mitarbeiter. Er ist überzeugt vom Prinzip des Teilhaben-Lassens: »Dadurch sehen die Mitarbeiter das Unternehmen als ihre Firma an und merken auch finanziell, dass sich unternehmerischer Einsatz lohnt. Sie sind viel identifizierter und handeln verantwortungsvoller.«

Wenn Sie Ihre Mitarbeiter quasi zu Mitunternehmern machen, laufen Sie auch weniger Gefahr, dass gerade die fähigsten und engagiertesten Angestellten eigene Firmen gründen und zu Ihren Konkurrenten werden.

Ausscheidende Mitarbeiter sind keine Abtrünnigen

Wenn Sie einen neuen Mitarbeiter einstellen, seien Sie sich bewusst, dass Ihre Wege sich vielleicht eines Tages wieder trennen werden. Heute sind die Menschen viel mobiler als noch vor ein paar Jahrzehnten – Arbeitgeber und Wohnorte werden häufig ebenso schnell und oft gewechselt wie Berufe. Außerdem entwickeln sich nicht alle Mitarbeiter gleich schnell und gut; Sie befördern den einen, während der andere nicht von der Stelle kommt. Und vielleicht beschließt dieser Mitarbeiter eines Tages, Ihr Unternehmen zu verlassen, oder Sie kommen Ihrerseits zu dem Schluss, dass Sie sich von ihm trennen sollten.

Wenn ein Mitarbeiter aus Ihrer Firma ausscheidet, nehmen Sie sich die Zeit, um geduldig und herzlich alle offenen Punkte zu klären. Wer Sie verlässt, ist deshalb noch lange kein »Verräter«. Und jemand, der mit den Erwartungen in Ihrem Unternehmen nicht zurechtgekommen ist, ist kein »Verlierer«.

Ich rate Ihnen: Achten Sie darauf, dass möglichst kein Mitarbeiter im Unfrieden von Ihnen scheidet. Auch das habe ich früher in meiner Firma nicht immer glücklich gehandhabt. Wenn jemand ging, galt er manchmal vorschnell als Verräter oder als Loser. Verließ ein Mitarbeiter unsere Firma, dachte ich: »Dann soll er eben gehen! Da bin ich sogar froh. Aus dem wäre sowieso nichts geworden!«

Durch eine solche Haltung kann man sich Feinde fürs Leben machen. Also lernen Sie aus dieser Form des Exit-Managements und machen Sie es geschickter. Die großen Unternehmensberater beispielsweise leben nicht zuletzt von den Kontakten zu ihren ehemaligen Mitarbeitern und Kollegen. Doch das hatte ich damals überhaupt nicht auf dem Radar.

Der Top-Investmentbanker Alexander Dibelius von *Goldman Sachs* ist in dieser Hinsicht für mich heute ein großes Vorbild. Wie er mir erzählte, war er zunächst Arzt, dann jüngster Partner bei der Unternehmensberatung *McKinsey* und leitet seit 2004 die Europageschäfte der großen und berühmten Investmentbank. Firmen wie *McKinsey* sind bekannt für ihre konstruktive, positive Trennungskultur. Auch wenn sich die Wege von Investmentbankern mal trennen, sie bleiben – auch wenn sie dann für zwei verschiedene (teilweise konkurrierende) Häuser tätig sind – fast immer in Kontakt. Man sieht sich eben immer zweimal im Leben – und anstatt demjenigen zu grollen, der aus dem Unternehmen ausscheidet, bleibt man mit ihm verbunden und freut sich auf ein Wiedersehen. Dibelius nutzt seine Kontakte, auch zu ehemaligen Mitarbeitern und Kollegen, für seinen beruflichen Erfolg. Daraus entstanden viele neue Kundenbeziehungen und die früheren Mitarbeiter wurden zu positiven Werbeträgern für zukünftige Mitarbeiter.

Liefern Sie Nutzen!

Wer sich nur deshalb selbstständig machen will, um viel Geld zu verdienen, wird über kurz oder lang scheitern. Dauerhaft erfolgreich können Sie nur dann sein, wenn das, was Sie produzieren oder leisten, anderen Menschen Nutzen bringt. Wenn Sie einen Mehrwert bieten, werden Ihre Kunden bereitwillig für Ihr Angebot zahlen. Wenn Sie dagegen etwas unter die Leute bringen wollen, was in Wirklichkeit niemand braucht, wird man sich bald wieder von Ihrem Unternehmen abwenden.

Fragen Sie sich also *vor* dem Sprung in die Selbstständigkeit: Wem nützt das, was ich anbieten will? Können Sie Güter produzieren, die besser, schneller, günstiger sind als die bisher angebotenen Waren? Können Sie Dienstleistungen bieten, die anderen helfen, glücklicher, gesünder und bequemer zu leben? Gibt es genügend Menschen, die Ihr Produkt wollen, die Ihr Angebot als erstrebenswerten Vorteil sehen? Würden viele Interessenten den Preis bezahlen? Sie sollten sich an den Bedürfnissen anderer orientieren und versuchen, diese zu erfüllen.

Selbst große Ideen werden für einen Unternehmer erst dadurch wertvoll, dass jemand dafür zahlt. Der Kunde ist Ihr Finanzier. Ihn müssen Sie glücklich machen – dann machen auch Sie Ihr Glück.

Konzentrieren Sie sich auf Tätigkeiten, die vielen Menschen Vorteile bringen, dann erhalten Sie selbst auch viele Vorteile. Je mehr Nutzen Sie bringen, desto gefragter sind Sie. Vergrößern Sie den Nutzen, der von Ihrem Angebot ausgeht. Was nützlich ist, wird auch erfolgreich – und was unternehmerisch erfolgreich ist, nützt allen und bringt Ihnen Geld. Denken Sie daher zuerst immer an den Kundennutzen, nicht an Ihren Gewinn. Fragen Sie sich: »Was haben meine Kunden davon?«

Werden Sie ein Nutzenlieferant.

Erhöhen Sie Ihr Berufsvermögen!

13

Jetzt aber los!

Mutig leben

Es war schon sehr beängstigend, nicht zu wissen, wie die Leute und die Medien reagieren, wenn Veronica Ferres und ich uns als Paar outen würden. Zum ersten Mal länger und intensiver sprach ich mit Veronica Ferres auf der Geburtstagsparty von Klaus Meine im Mai 2008. Wir telefonierten danach ab und zu und im Spätherbst immer öfter. Dann sahen wir uns im Winter in Südafrika wieder, wo sie den ZDF-Zweiteiler *Das Geheimnis der Wale* drehte. Meine Zuneigung stieg und ich glaube, ich fing an, mich zu verlieben. Bei einem Empfang, bei dem wir beide anwesend waren, tauchten die ersten Gerüchte auf, dass wir ein Paar seien, was aber zu diesem Zeitpunkt noch gar nicht stimmte. Die Zwickmühle war, jetzt entweder zu sagen:»Lass uns jetzt einfach mal versuchen, ein Paar zu sein und das auch offiziell zu machen« oder sich ein paar Mal zu treffen, um festzustellen, ob man wirklich zueinander passt. Aber dabei eventuell gesichtet zu werden, wäre »gefährlich« gewesen. Die normale Reihenfolge, sich näher kennenzulernen, mal zusammen ins Kino zu gehen, war hier eben nicht möglich. So brachten wir im Februar 2009 unseren ganzen Mut auf, uns zu outen. Unsere Beziehung war noch ein zartes Pflänzchen, aber die Medien hatten großes Interesse, das erste Bild von uns als Paar zu erhalten. Wir entschlossen uns, bei der Gursky-Ausstellung in Wolfsburg bei VW im April 2009 zum ersten Mal gemeinsam öffentlich aufzutreten. Als sich das herumsprach, kündigten sich sehr viele Pressevertreter und Fotografen an. Mein Herz pochte wie wild und am liebsten wäre ich im Hotelzimmer geblieben. Auf der Fahrt zum Pressezentrum wurden meine Hände feucht und es erforderte unheimlich viel Mut, dann aus dem Auto zu steigen und sich dem Blitzlichtgewitter zu stellen. Aber ich wusste, jetzt müssen wir es tun! Gleichzeitig war mir auch klar, dass ich von nun an viel weniger Privatsphäre haben würde, aber die Liebe zu ihr hat die Angst davor besiegt.

Werden Sie der Superheld in Ihrem Lebensfilm!

Bewundern Sie auch manchmal die mutigen Superhelden aus Actionfilmen und Comicheften? Mich jedenfalls fasziniert es, wie diese furchtlosen Guten oder auch Bösen aufs Ganze gehen. Wenn bei den Dreharbeiten zu solchen Filmen die Stuntmen halsbrecherisch von Dächern und fahrenden Zügen springen und sich mit ihren Autos überschlagen, dann ist das nicht unbedingt hochintelligent. Aber die wagemutigen Darsteller trauen sich Dinge, vor denen andere zurückschrecken – ich jedenfalls und Sie vermutlich auch.

Der bestbezahlte Teil fast jeder Tätigkeit ist Mut. Bestimmt erinnern Sie sich noch, wie Sie als Kind den Löwenbändiger im Zirkus mit offenem Mund angestaunt haben. An seiner Stelle hätten wir alle uns zu Tode gefürchtet! Am liebsten hätte ich damals die Zirkusvorstellung gleich noch ein zweites Mal besucht. Den Mutigen zuzuschauen, ist einfach faszinierend.

Tätigkeiten, die besonders viel Mut erfordern, werden oftmals auch besonders gut bezahlt. Deshalb verdienen zum Beispiel Formel-1-Fahrer so viel Geld. Sie rasen mit derart hohem Tempo um die Kurven, dass ihr Unfallrisiko uns Zuschauern den Atem stocken lässt. Wir selbst würden uns niemals getrauen, was diese Draufgänger wagen – und eben darum sitzen so viele Zuschauer an den Rennstrecken oder zu Hause vor dem Fernseher. Und je höher der Blutdruck und der Adrenalinpegel bei den Zuschauern steigen, desto üppiger fließen die Werbe- und Sponsorengelder.

Die Rennfahrer bekommen ihre hohen Gagen also vor allem deshalb, weil sie Dinge tun, für die die meisten anderen Menschen nicht genug Mut hätten. Weil wir als Zuschauer dabei sein dürfen, während sie ihre Hälse riskieren, zahlen wir dafür.

Ignorieren Sie Angst-Stoppschilder!

Fast jeder Mensch hat vor irgendetwas Angst – Angst, nicht gemocht zu werden oder einer beruflichen Herausforderung nicht gewachsen zu sein. Viele haben Existenzsorgen. Als vermeintliches Gegenmittel gegen solche Ängste duckt man sich oftmals weg. Der Scheue verkriecht sich, anstatt auf andere Menschen zuzugehen. Der beruflich Gestresste versucht sich durchzuwursteln, anstatt sich durch Fortbildung oder einen kompletten Neuanfang von seinem Gefühl der Überforderung zu befreien.

Angst hindert uns oft schon im Kleinen und Alltäglichen, das Nötige zu tun. Wie vielen Menschen fehlt der Mut, zum Zahnarzt zu gehen, solange der Schmerz noch gering ist! Sie warten unsinnigerweise, bis ihre Schmerzen unerträglich geworden sind. Was haben sie dadurch gewonnen? Mehr Schmerzen und eine unangenehmere Zahnbehandlung, sonst gar nichts.

Genauso verhält es sich in den meisten Lebenslagen, bei denen wir die Wahl haben, eine unerfreuliche Aufgabe rechtzeitig anzugehen – oder sie vor uns herzuschieben, bis sie so richtig unangenehm geworden ist. Je länger wir warten, desto mehr Mut brauchen wir am Ende, um das schließlich riesengroß aufgetürmte Problem doch noch zu lösen. Mutiges schnelles Handeln ist fast immer besser als mutloses Hinauszögern. Beenden Sie das feige Weglaufen – entscheiden Sie sich, mutig darauf zuzulaufen!

Echte natürliche Angst vor Gefahren, die uns von außen drohen, dient unserem Selbstschutz. Dagegen kommt die unechte, unnatürliche Angst von innen, von uns selbst. Diese falsche Angst wirkt wie ein Stoppschild in Ihrem Leben. Sie führt nämlich zur Selbstverneinung, Mut dagegen zur Selbstbejahung. Ihre Angst wird verdunsten, wenn sie mit Mut erhitzt wird.

Ermutigen Sie sich selbst!

Ob privat oder geschäftlich, oft erfordert das Leben Mut. Zum Beispiel den Mut, neu anzufangen, sich um eine herausfordernde neue Stelle zu bewerben, in eine andere Branche zu wechseln oder in ein Geschäftsmodell zu investieren.

Viele Menschen lassen ihr Leben von Angst bestimmen. Wer mutlos ist, befindet sich in einer Art Ohnmachtszustand. Lassen Sie nicht zu, dass Angst und Kleinmut über Sie Macht besitzen! Schöpfen Sie Mut und befreien Sie sich von dieser negativen Besatzungsmacht. Wer mutig ist, bekommt die Macht über sich selbst und sein eigenes Leben. Die Angst, dass etwas Ungutes *pas*siert, ist bei manchen Menschen größer als die Angst, gute Gelegenheiten zu ver*pass*en.

Setzen Sie die Macht des Tuns gegen die Ohnmacht des Nicht-Tuns. Am schwersten ist es immer, den ersten Schritt zu tun. Den richtigen Zeitpunkt gibt es nie – es ist aber richtig, es an diesem Punkt zur jetzigen Zeit zu tun. Das ist wie beim Start eines Flugzeugs: Wenn es erst einmal in der Luft ist, bleibt es ohne großen weiteren Energieaufwand oben. Also wagen auch Sie es, den ersten Schritt zu tun!

Wenn wir nicht gerade Formel-1-Pilot oder Stuntman, Löwenbändiger oder Skirennfahrer sind, benötigen wir in der heutigen Welt nur selten Mut, um körperlichen Gefahren zu begegnen. Viel häufiger wird unser Mut durch Herausforderungen im beruflichen, sozialen und zwischenmenschlichen Bereich auf die Probe gestellt.

Übermut tut zwar selten gut, »*Unter*mut« aber noch viel weniger. Mit echtem Mut meine ich natürlich weder Selbstüberschätzung noch Leichtsinn oder Tollkühnheit. Wer angemessen mutig ist, beweist eine gesunde Selbsteinschätzung.

Wir brauchen Mut, um für andere einzutreten, Mut, um uns aus Abhängigkeiten zu befreien, Mut, um neue Wege zu gehen, Mut, um kreativ zu sein. Ebenso kann es Mut erfordern, eine Beziehung zu beenden, wenn man spürt, dass sie einem nicht (mehr) guttut.

Man kann konkrete Furcht vor einer bestimmten Person oder Situation empfinden, etwa vor der Gefahr, entlassen zu werden oder pleitezugehen. In jedem dieser Fälle haben wir genau zwei Alternativen: Wir können uns mit einer Situation zum Fürchten *abfinden* oder Mut zur Veränderung *finden*. Und wenn niemand in Ihrer Umgebung Sie ermutigt, indem er Ihnen positiv zuruft: »Du packst das!« – dann ermutigen Sie sich eben selbst.

Bestimmt waren auch Sie schon einmal in einer ähnlichen Situation: Am nächsten Montag hat Ihre Schwester Geburtstag und nun wollen Sie Ihren Chef fragen, ob Sie etwas eher gehen dürfen. Aus Angst vor einer Abfuhr wagen es manche Menschen gar nicht erst, ihre Frage vorzubringen. Wenn Sie nicht fragen, können Sie den Besuch bei der Schwester hundertprozentig vergessen. Wenn Sie den Mut aufbringen, haben Sie eine Chance – wenn nicht, haben Sie sozusagen kampflos verloren.

Wenn Sie den nötigen Mut aufbringen, können Sie alles erreichen, wozu Sie imstande sind. Es wird nicht leicht werden. Manchmal werden Sie stöhnen und die Zähne zusammenbeißen müssen. Aber ich verspreche Ihnen: Es lohnt sich. Machen Sie sich klar: Nur durch *Taten* ändern sich Resul*tate*.

Kurieren Sie Ihre Angst mit dem, was Ihnen Angst macht

Angst vor Spinnen ist bekanntlich weitverbreitet. Wer an dieser Phobie leidet, kann sich förmlich hineinsteigern. Je größer die Furcht, desto dramatischer wird die Gefährlichkeit des Tieres erlebt. Dabei weiß eigentlich auch der von Spinnenangst Geplagte, dass diese Vorstellung nur in seinem Kopf besteht – jedenfalls solange es um hierzulande einheimische Spinnen geht.

Die Einbildung, dass ein Wesen von vielleicht einem Zentimeter Durchmesser derart gefährlich sei, ist im Grunde sogar komisch – eine echte Spinnerei. Allerdings verliert man die Angst nicht dadurch, dass man sich die Harmlosigkeit klarmacht, und genauso wenig wird man seine Angst los, wenn man schreiend vor der Spinne wegläuft. Die Angst lässt sich nicht so einfach weglachen und vor ihr weglaufen kann man schon gar nicht.

Ich habe einmal miterlebt, wie die Frau meines Nachbarn, die sich vor Spinnen extrem fürchtete, eine Wette einging. Ihr Mann wollte ihr die Angst nehmen, indem er ihr eine Spinne auf die Hand setzte. Er versprach ihr eine riesengroße Belohnung, wenn sie sich das trauen würde. Wie zu erwarten war, passierte kein Unglück, kein Unfall, nichts! Sie probierten es ein zweites Mal. Wieder passierte nichts Schlimmes – und als Resultat dieser kleinen Übung ließ die Angst der Frau vor Spinnen nach.

Diese Erfahrung lässt sich verallgemeinern: Wir müssen uns gerade mit den Dingen auseinandersetzen, vor denen wir Angst haben, und gerade die Dinge tun, vor denen wir uns am meisten fürchten. Nur so können wir die Angst vor ihnen verringern und irgendwann ganz verlieren.

Not und Belohnung machen mutig

Auch Belohnungen können helfen, unseren Mut zu steigern. In Hildesheim hatte ich als kleiner Junge Schwimmunterricht im flachen Becken. Nachdem wir etliche Stunden geübt hatten, sagte der Schwimmlehrer: »Wer sich traut, ins tiefe Becken zu springen, bekommt eine Tüte Gummibären.« Er hatte noch nicht zu Ende gesprochen, da war ich schon gesprungen. Weil der Anreiz stimmte, brachte ich den sprichwörtlichen Mut auf, ins kalte Wasser zu springen. Ich war heiß auf die Gummibärchen und blendete deshalb meine Angst aus. Und ganz nebenbei merkte ich: Wenn man im flachen Wasser schwimmen kann, schafft man das im tiefen Wasser auch.

Belohnen Sie sich für die ersten Schritte und loben Sie sich für Ihre Fortschritte.

In Notsituationen entwickeln wir gleichfalls ungeahnten Mut. Haben Sie das auch schon einmal erlebt: Sie müssen am Bahnhof dringend auf die Toilette, haben aber kein Kleingeld dabei? Zwangsläufig müssen Sie jemand Fremden bitten, Ihnen mit 50 Cent auszuhelfen. Auch wenn es unangenehm ist, man überwindet sich trotzdem – die Alternative, mit vollen Hosen dazustehen, wäre noch sehr viel peinlicher.

Nur keine Angst vor Zurückweisung!

Zu Beginn meiner Karriere hatte ich so viel Angst davor, fremde Menschen anzusprechen, dass ich niemals aufs Geratewohl telefonierte, um per Kaltakquise Kunden zu gewinnen. Wenn ich mit meiner damaligen Freundin im Urlaub in einem Hotel war und zum Beispiel nur bei der Rezeption anrufen musste, dann sagte ich ängstlich zu ihr: »Kannst du das machen?« Ich hatte richtige Vermeidungsstrategien entwickelt, um nur nicht mit fremden Leuten in Kontakt treten zu müssen.

Rückblickend kommt es mir geradezu kurios vor, dass mir das, was mir heute sogar Spaß macht, damals solche Angst eingeflößt hat. Aber wenn ich es nicht geschafft hätte, diese Angst in Mut zu verwandeln, hätte meine Beraterkarriere geendet, bevor sie überhaupt begonnen hatte. Denn in Beratungs- und Verkaufsberufen kommt es ja ganz besonders darauf an, dass man den Mut für Kontakte zu potenziellen Neukunden aufbringt und Bewerbungsinterviews mit Nachwuchskräften führt.

Bestimmt kennen auch Sie diese typische Situation: Ein Paar ist irgendwo unterwegs, beide kennen sich nicht aus. Einer von ihnen schlägt vor, dass man doch jemanden nach dem Weg fragen könnte. Meistens gibt der andere erst einmal zurück: »Wozu das denn? Wir finden den Weg auch so!«

Eigentlich ist das aber eine seltsame Reaktion. Warum haben so viele Menschen Angst davor, mit ihnen zunächst Fremden Kontakt aufzunehmen? Ist es weniger schlimm, eine halbe Stunde lang herumzuirren, als einen Passanten kurz zu fragen, wie man von A nach B kommt? Das Ärgste, was einem passieren kann, ist doch, dass die Person, die man um Orientierungshilfe bittet, selbst nicht weiß, wo es langgeht. Kaum jemand wird auf eine solche Frage antworten: »Frechheit! Suchen Sie gefälligst selbst!« Und doch verhalten sich viele Menschen so, als ob sie Angst davor hätten, anstelle einer zivilisierten Antwort Prügel zu erhalten.

Vielleicht kommt diese Scheu aber auch ein wenig von unserer Erziehung. Wie oft haben wir zu hören bekommen: »Das kannst du nicht!« Oder: »Dafür bist du noch zu klein!« Auch Sätze wie »Was sollen die Nachbarn denken?« oder »Übernimm dich nur nicht!« waren nicht unbedingt Mut fördernd. Gerade in der Kindheit dringen solche Programmierungen tief ins Unterbewusstsein ein und bleiben dort wirksam, bis man sich von ihnen befreit. Ganz zu schweigen von drastischeren Strafen, mit denen manche Eltern leider glauben, ihre Kinder »belehren« zu müssen, wenn diese einen Fehler gemacht haben. Dabei lernt man am besten dann, wenn man selbst etwas ausprobiert.

Als meine Kinder noch klein waren, mochte ich eines der Lieder, die sie immer wieder angehört haben, sehr: »Ich schaff das schon, ich schaff das schon, ich schaff das ganz alleine.« Es hob sich so wohltuend vom Kanon der »Das schaffst du nicht«-Sätze ab. Ich habe mich sehr gern daran erinnert, als ich den Kindermusiker Rolf Zuckowski persönlich kennenlernte. Dieses Lied ist eine echte Eigenermutigung.

Verwandeln Sie Angst in Mut

Am weitesten verbreitet ist die Angst, auf fremde Menschen zuzugehen. Wir haben Angst, vor anderen Menschen schlecht dazustehen. Dabei ist es viel schlimmer, durch Nichtstun vor sich selbst schlecht dazustehen. Die Furcht vor Zurückweisung ist eines der größten Erfolgshindernisse. Dieser Mangel an Mut hemmt viele Menschen noch als Erwachsene im Beruf. Zum Beispiel haben viele Vertreter und Dienstleister Angst, fremde Menschen anzurufen. Die Aussicht, dass der Angerufene den Hörer wieder auflegt, ist sicher nicht allzu schön. Wenn man es aber nicht probiert, wird der Hörer am anderen Ende der Leitung gar nicht erst abgenommen. Stellen Sie sich mal vor, man könnte fünf potentielle Kunden kontaktieren. Wer es nicht probiert, bei dem kommt in fünf von fünf Fällen auch kein Kontakt zustande – die Chance beträgt hier also null Prozent. Dagegen wäre die Chance bei 20 Prozent und somit deutlich besser, selbst wenn zwar vier von fünf Angerufenen gleich wieder auflegen würden, aber ein Anruf erfolgreich wäre.

Den Mut, Verteidigungsbereitschaft zu zeigen, bringen die meisten Menschen notfalls auf. Wichtig ist es aber, auch angriffsbereit zu sein. Statt mit Angst in der Defensive zu verharren, gehen Sie lieber mit Mut in die Offensive.

Durch Angst verschließen sich viele Chancen – durch Mut eröffnen sich unzählige Gelegenheiten. Also sollten Sie gerade das tun, was Ihnen Angst macht – nur so können Sie Ihre Angst verlieren. Wenn Sie Ihre Angst erst ein paarmal überwunden haben, wird es schon zur Gewohnheit. Sie bekommen Routine und was Ihnen vor Kurzem noch Beklemmungen verursacht hat, wird vielleicht sogar zu einem angenehmen Nervenkitzel.

Oftmals ist es so: Um das Gute genießen zu können, müssen wir zunächst das Schlechte erleiden. Aber gerade wenn die Niederlagen bitter waren, schmeckt der Sieg desto süßer. Deshalb empfehle ich Ihnen: Verwandeln auch Sie Ihre Angst in Mut!

Bekämpfen Sie Ihren inneren Schweinehund

Wie heißt Ihr innerer Schweinehund? Ich nenne meinen Waldi. Er ist seit Kindestagen mein Begleiter und wir haben so manchen Kampf ausgefochten. Aber mittlerweile kenne ich seine Tricks.

Wenn Sie nicht aufpassen, frisst der innere Schweinehund Ihre guten Vorsätze auf. Dieser Zielmanipulator will Ihnen einflüstern, dass Sie sich doch auch mit bescheideneren Zielen zufriedengeben können. Lassen Sie Ihren Schweinehund nicht von der Leine, sonst zerbeißt er Ihren Erfolg!

Bestimmt kennen Sie diese Situation: Es ist Abend, Sie liegen bequem im Bett, das Licht ist schon aus. Auf einmal überlegen Sie, ob Sie den Wecker gestellt haben. Die eine Stimme in Ihnen sagt: »Bleib einfach liegen, du hast ihn bestimmt gestellt.« Die andere Stimme sagt: »Steh lieber schnell noch mal auf und sieh nach.« Das eine ist die Stimme Ihres Schweinehundes, das andere ist das alarmierte Bellen Ihres inneren Jagdhundes. Er ruft Ihnen zu: »Na los, Licht anmachen und nachschauen!« Und die Logik ist natürlich auf seiner Seite: Lieber schnell eine Minute nachschauen, als morgen eine Stunde zu spät kommen.

Bequemlichkeit und Angst vor dem Scheitern sind oftmals zwei Seiten derselben Medaille. Der innere Schweinehund mag es nicht nur lieber bequem als unbequem – er bleibt auch lieber in Deckung, wenn es nötig ist, Mut zu zeigen. Wenn Sie ihm folgen, dann werden Sie häufiger passiv und defensiv bleiben. Entwickeln Sie dagegen Mut, dann werden Sie öfter aktiv und offensiv handeln.

Also verüben Sie ein Attentat auf Ihren Waldi – und schreiten Sie zur Tat! Sperren Sie ihn ein, verpassen Sie ihm einen Maulkorb, legen Sie ihn an die Kette. Nur bei unwichtigen Dingen darf auch er mal gewinnen. Wenn es um wichtige Fragen geht, müssen Sie als Herrchen oder Frauchen unbedingt das Sagen haben.

Fast alle Argumente, warum man bestimmte Dinge aufschiebt oder gar nicht angeht, sind letztendlich Ausreden, die uns von unserer Bequemlichkeit oder unserer Angst eingeflüstert worden sind. Wenn Sie genug Angst haben, werden Sie auch genug Ausreden finden. Wenn Sie dagegen genug Mut haben, werden Sie auch genug Gründe finden, um anzufangen. Bei selbstkritischer Betrachtung merkt man schnell, dass die Hauptursache eines Misserfolgs fast immer mangelnder Mut ist. Und eigentlich entschuldigen wir uns dafür beziehungsweise lenken mit einer Ausrede von unserer Ängstlichkeit ab.

Entschuldigungen basieren zu 90 Prozent auf mangelndem Mut. Seien Sie bereit, das Unangenehme zu leisten. Dadurch werden Sie Ihren inneren Schweinehund und viele weitere Widrigkeiten besiegen.

Ein Ziel vor Augen macht Sie mutig. Darum zahlen Sie auf Ihr Mutkonto ein, anstatt ein Angstdarlehen aufzubauen. Tun Sie mehr als bisher und wagen Sie, was Sie vorher noch nie getan haben.

Wer nicht handelt, flieht

Die Biochemie unseres Körpers kennt in schwierigen Situationen nur Full-Power-Reaktionen, und zwar in zwei verschiedene Richtungen: Angriff oder Flucht. Wenn Sie in einer solchen gefährlichen Stresssituation sind, schüttet Ihr Körper Adrenalin aus, erhöht den Muskeltonus und stellt sich auf blitzschnelles Handeln ein.

Platt gesagt geht es dann nur noch um reinhauen oder abhauen. Verharren und nachdenken sieht die Natur nicht vor, nur laufen oder raufen. Solange Sie zögerlich warten, greifen Sie nicht an – und nicht angreifen ist eben gleichbedeutend mit fliehen. Dieser archaische Umlegschalter regelt in bestimmten Situationen unser Tun und Lassen auch noch in heutiger Zeit: Entweder Sie greifen an – oder Sie laufen weg.

Deshalb empfehle ich Ihnen: Gehen Sie zum Angriff über! Sie können viel gewinnen und wenig verlieren. Leisten Sie das Schwerste oder Unangenehmste zuerst – das, was notwendig ist, damit Sie zu den Gewinnern gehören. Meistens ist das genau die Aufgabe, vor der man am meisten Angst hat. Aber sie zu meistern ist eben auch gewinnbringender als alles andere, was Sie sonst noch angehen könnten.

Trauen Sie sich, langfristige Ziele zu verfolgen

Wir alle sind ehrgeizig und trotzdem auch faul. Das ist kein Widerspruch, sondern macht unseren freien Willen aus: Wir haben in jedem Moment die Wahl, ob wir etwas tun oder es sein lassen. Die Soziologen unterscheiden in diesem Zusammenhang auch zwischen kurzfristig und langfristig orientierten Personen. Vielen Menschen ist es wichtiger, ihre kurzfristigen Bedürfnisse zu befriedigen, als ihr langfristiges Ziel zu erreichen. Und nicht selten verbirgt sich auch hinter dieser kurzatmigen Bevorzugung die Angst vor dem Scheitern.

Zum Beispiel wollen Sie Karriere machen und deshalb Ende des Jahres Ihr Fernstudium abgeschlossen haben. Dann müssen Sie das dafür notwendige Lernen Schritt für Schritt fristgerecht leisten. Wenn Sie stattdessen jeden Samstag auf eine Party und am

Sonntag lieber ins Schwimmbad gehen, statt Formeln zu büffeln, dann wird aus Ihren langfristigen Plänen nichts werden. Das schöne Ziel ist Ihnen dann offenbar nicht so wichtig, dass Sie dafür die vielen kleinen Befriedigungen am Wegrand liegen lassen wollen. Oder vielleicht legen Sie sich auch nur vorsorglich einen Vorrat an Ausreden zu?

Ein guter Vorsatz wird erst dann zu einem Startschuss, wenn der erste Schritt getan ist, der Auftakt für den Sieg.

Nicht-Tun kann so schön bequem sein. Am liebsten würden wir allem Unangenehmen aus dem Weg gehen und immer nur faulenzen. Emotional ist das alles wunderbar gemütlich. Unser Verstand sagt uns aber, dass wir Dinge anpacken müssen, um voranzukommen. Wir müssen zum Beispiel endlich unsere Fortbildung angehen, sonst wird es nichts mit dem Karrieresprung. Aber anstatt sich tatsächlich abends in die Lehrbücher zu vertiefen, träumen viele Menschen nur von ihrer Traumkarriere, die jedoch ohne ihr Zutun ein bloßer Traum bleibt. Denn nach dem Wünschen kommt das Wollen und dann das Tun. Ohne getanen Anfang kann es kein gutes Endergebnis geben.

Mangelnder Mut schränkt das Leben ein. Denn Angst verengt unsere Sicht, bis wir wie durch ein Guckloch nur noch das Negative sehen: das drohende Scheitern – und unser Traum auf dem Scheiterhaufen landet. Dagegen erweitert Mut unsere Perspektive zum positiven Panoramablick auf den greifbar nahen Sieg.

Mutige Menschen sind Macher

Mit Mut assoziiert man automatisch Kraft und Willensstärke. Ein herausragender Schwimmer werde man nicht, sagte mir bei den Olympischen Spielen in Peking Franziska van Almsick, indem man Bücher darüber lese oder Trockenübungen im Fitnessstudio mache. Sie musste hart dafür trainieren. Man lernt auch das Schwimmen nur durch konkretes, praktisches Tun: im Wasser, Tag für Tag.

Wenn es um überragende sportliche Leistungen geht, versteht eigentlich jeder, dass solche Erfolge nur durch unaufhörliches Trainieren und Optimieren möglich werden. Genau das Gleiche gilt aber für Hoch- und Höchstleistungen in anderen Lebensbereichen.

Jeder gesunde Mensch hat zwei Füße, aber der eine schlurft, der andere joggt. Genauso hat auch der beste Klavierspieler nur zehn Finger, aber im Unterschied zu anderen hat er sie viele tausend Stunden lang benutzt, um sich als Pianist zu trainieren.

Wir können nicht joggen lernen, wenn wir es nicht praktisch *tun*. Wir können nicht Klavier spielen lernen, wenn wir es nicht *tun*. Wir alle müssen das, was wir wirklich gut beherrschen wollen, in der Praxis wieder und wieder tun. Das gilt für mich genauso wie für Sie! Positiv denken allein reicht nicht aus – erst durch positives Handeln können Sie erfolgreich werden.

Optimisten sind handelnde Menschen – und wer handelt, wird automatisch zum Optimisten.

»Trau dich!«

Wenn Sie vor etwas Angst haben, hilft Ablenkung auch nicht weiter. Beispielsweise wissen Sie ganz genau, dass Sie das unangenehme Gespräch mit Ihrem Geschäftspartner dringend führen sollten – doch stattdessen gehen Sie Tennis oder Golf spielen und versuchen, nicht an die bevorstehende Auseinandersetzung zu denken. Aber währenddessen lauert in Ihnen weiter die Angst.

Solange Sie etwas nur verdrängen oder aufschieben, haben Sie die Angst weiter im Nacken. Bei Geschäftsverhandlungen kann das geradezu ein Grund für Ihren Misserfolg sein. Ihr Geschäftspartner spürt Ihre Angst, egal, wie sehr Sie sich bemühen, dieses Gefühl auszublenden.

Verharren Sie nicht im Wartesaal des Lebens! Machen Sie es nicht wie jene, die sozusagen im Nichts leben – nicht mehr und noch nicht.

Die beste Zeit ist jetzt: Die Vergangenheit ist vorüber, die Zukunft hat noch nicht begonnen. Gestatten Sie sich keinen Aufschub. Erlauben Sie Ihrer Angst nicht, Sie auf Ihrem Höhenflug zu stoppen!

Angst nimmt uns die Energie, sie leert unsere Lebensbatterie. Wenn wir Dinge, die erledigt werden müssen, mutlos vor uns herschieben, füllen wir unseren inneren Angstspeicher nur noch weiter an.

»T-ra-U dich! TU es!« In diesen schlichten Worten liegt so viel Kraft. Ermutigen Sie sich selbst, indem Sie sich zurufen: »Mach es! Du schaffst das schon!« Eine solche Selbstaufmunterung wirkt immer positiv. »Mach es!« heißt vor allem: »Überwinde dein Unbehagen.« Es ist einfach ein schönes Gefühl, Unsicherheit und Zweifel durch Vertrauen und Mut in die eigenen Fähigkeiten zu ersetzen. Jeder, der seine Ängste besiegt, ist allein dadurch schon besser geworden.

Also getrauen auch Sie sich, ab sofort zu zeigen, was in Ihnen steckt! Trauen Sie sich einfach alles zu, was in Ihrer Ausgangslage möglich ist – und Sie werden es erreichen.

Überlisten Sie Ihre Angst

Angst haben wir *er*lernt, also können wir sie auch *ver*lernen. Handeln vertreibt die Angst. Schon wenn Sie sich von Ängsten *lösen*, sind Sie oftmals auch von den Problemen *erlöst*, vor denen Sie sich so sehr gefürchtet haben. Und selbst wenn es nicht gleich klappt, ist es jedenfalls besser, den Schritt in das neue Leben zu versuchen, als aus Feigheit seine Ziele von vornherein preiszugeben.

Stellen Sie sich vor, man würde Ihnen garantieren, dass Sie gar nicht scheitern können. Welches Ziel würden Sie beherzt angehen, wenn Ihnen der Erfolg sicher wäre?

In Wirklichkeit wird Ihnen natürlich niemand garantieren, dass Ihr neues Geschäft florieren wird oder dass Sie tatsächlich Ihr Glück machen werden, wenn Sie in das Land Ihrer Träume auswandern. Trotzdem ist es hilfreich, sich zu überlegen: Würde ich es machen, wenn feststünde, dass nichts schiefgehen kann? Wenn Sie diese Frage mit Ja beantworten können – dann sollten Sie Ihr Ziel auch tatsächlich angehen.

Wenn Sie es nämlich nicht tun, geht es hundertprozentig schief. Wenn Sie es wagen, können Sie scheitern. Wenn Sie es nicht wagen, sind Sie schon jetzt gescheitert. Also gehen Sie endlich an den Start. Nur wenn Sie durchstarten, können Sie Erfolge erwarten. Ob Sie Erfolg haben oder nicht haben, hängt oft nur davon ab, ob Sie gehandelt haben – oder eben nicht.

Stehlen Sie sich nicht feige davon! Bestehlen Sie sich nicht um Ihre mögliche lohnende Zukunft. Seien Sie kein Selbstbetrüger. Wenn Sie auf Autopilot schalten, werden Sie dort niemals ankommen. Automatisch ändert sich nämlich gar nichts. Sie müssen dem Erfolg schon selbst mutig und beharrlich entgegengehen.

Machen Sie sich klar, was Sie durch Nicht-Tun verpassen

Vielwünscher und gleichzeitig Wenig-TU-er geht nicht. Deshalb kann es Ihnen helfen, die Folgen Ihres Tuns und Ihres Nicht-Tuns durchzuspielen. Malen Sie sich immer wieder die Vorteile aus, die Sie genießen werden, wenn Sie den Mut erfordernden Schritt getan haben – und denken Sie an die Nachteile, die Sie erleiden müssten, wenn Sie es nicht wagen würden.

Auf diese Weise finden Sie heraus, welches Ziel Ihnen am wichtigsten ist – und das steuern Sie dann mit ganzer Kraft an. Malen Sie sich aus, wie Sie die Fortschritte genießen werden, die Sie durch Ihr mutiges Handeln erreichen werden – anstatt wie bisher unter den unschönen Umständen zu leiden. Die Lust auf Zielerreichung und der Frust auf *Nicht*erreichung werden Sie zum Handeln bewegen.

Denken Sie immer daran: *Armut* kann auch von *Arm an Mut* kommen. Und *erfolgreich* heißt: *reich an Erfolgen,* weil mutige Taten *erfolgten.*

Verbannen Sie Konjunktive aus Ihrem Leben. Wenn das Wörtchen »Wenn« nicht wäre, wäre alles ohne eigenes Tun schon geschafft. Sortieren Sie Formulierungen wie »Es wäre schön, wenn …« oder »Dann würde ich …« aus Ihrem Sprachschatz aus. Das sind Lebenskiller, mit denen Sie vielleicht ab und zu mal Ihren inneren Schweinehund füttern dürfen – die Sie aber bitte niemals sich selbst durchgehen lassen.

Worte beeindrucken Ihre Zuhörer. Vorsätze stärken Ihren Mut, aber nur die daraus folgenden Taten verändern Ihr Leben.

In der Angstabteilung heißt es immer: »Ich habe Angst, dass …« Oder: »Ich habe aber Angst, weil …« Also wechseln Sie schleunigst in die Mutabteilung! Dort bekommen Sie stattdessen zu hören: »Das wird spannend!« Oder: »Na klar schaffe ich das!«

Tun Sie es! Sagen Sie sich von heute an nicht mehr: »Ich müsste«, »ich sollte«, »ich will versuchen«, »ich mache bald« oder »ich möchte eigentlich«. In solchen Formulierungen sind die Ausreden fürs Aufschieben schon stillschweigend enthalten. Sagen Sie stattdessen ganz konkret: »Ich will und kann, ich werde, darf und mache!«

Nur wenn Sie etwas tun, tut sich was

In einigen meiner Seminare fordere ich alle Teilnehmer zur Verdeutlichung auf: »Versuchen Sie bitte, einen Stift unter Ihren Stuhl auf den Boden zu legen!« Nach einer halben Minute war die Übung beendet – und dann hatten einige Teilnehmer ihren Stift unter den Stuhl gelegt und andere eben nicht.

Die simple Übung macht deutlich, dass es nicht um das Versuchen geht, sondern um das Machen. Einige haben es getan und andere eben nicht.

Machen! Nicht irgendwann unter anderen Umständen, sondern jetzt und hier. Versuchen Sie es nicht – *tun* Sie es lieber! Versuchen-Wollen bringt nicht viel, Tun bringt dagegen sehr viel. Also machen Sie es – jetzt! Gerade wer nichts hat und auch nichts geschenkt bekommt, der muss etwas tun.

Wenn Sie etwas Neues nur lesen, behalten Sie davon langfristig 10 Prozent. Wenn Sie etwas Neues hören, beträgt der Lernfortschritt schon 20 bis 30 Prozent; wenn Sie etwas Neues sehen, bleibt es immerhin zu 50 Prozent in Ihrem Gedächtnis haften. Wenn Sie etwas Neues üben, kommen Sie sogar auf stattliche 70 Prozent Lerneffekt. Doch in Richtung 100 Prozent kommen Sie nur, wenn Sie es selbst tun.

Also tun Sie was! Verändern Sie sich, spätestens jetzt! Also lesen Sie diese Ratschläge nicht nur, sondern setzen Sie möglichst viel davon um! Viel wissen und wenig handeln bringt's nicht. Legen Sie los!

Sie wollen Fahrrad fahren? Machen! Sie wollen Ihre Eltern öfter besuchen? Machen! Sie wollen beruflich besser werden? Machen Sie Ihren Job! Brechen Sie auf, um genau das zu machen, was gemacht werden muss, damit Sie gewinnen. Nichts wird besser, wenn Sie es auf die lange Bank schieben. Viele Menschen haben Träume und Visionen. Aber: Visionen ohne Aktionen sind Illusionen. Also: *Put your dreams into action!* Nur Aktion bringt die gewünschte *Re*aktion.

Neben der Eigenermutigung kann auch die Fremdermutigung ein wichtiger Impuls sein. Also überprüfen Sie, ob Ihre Bezugspersonen Sie er- oder entmutigen. Es ist einfach leichter, etwas gemeinsam zu tun. Gemeinsam einen Sprachkurs oder ein Fitnessstudio zu besuchen, kann hilfreich sein, um Schwellenängste zu besiegen und den inneren Schweinehund unter Kontrolle zu halten. Menschen, die Ihre Ängste schüren anstelle Ihren Wagemut zu fördern, haben in Ihrem nahen Umfeld nicht viel verloren.

Deswegen wünsche ich Ihnen ungebändigten Mut. Absichten allein sind wertlos, nur die Taten, die aus ihnen folgen, sind wertvoll.

Häufig hört man Behauptungen wie »Das kann keiner!«. Dahinter versteckt sich aber manchmal nur die Aussage: »Ich bin zu faul.« Ähnlich ist es auch bei »Dieses Problem ist unlösbar« übersetzt »Ich habe Angst davor«. Seien Sie aktiv und handeln Sie, wo auch immer Sie gerade tätig sind. Probieren Sie es aus. Versuch macht klug, Nicht-Versuch macht dumm.

Für ein erfolgreiches Leben braucht es erfolgreiche Jahre. Das erfordert erfolgreiche Monate. Das bedeutet erfolgreiche Wochentage – und die beginnen mit einem erfolgreichen Heute. Die Verbindung zwischen Theorie und Praxis ist Tun.

Träumen Sie mutig! Durch Taten werden Sie vom *Träumer* zum Realisten. Mut macht Sie zum *Realisator* Ihrer Träume.

Nutzen Sie den MUnTermacher Mut!

Gewinnen heißt beginnen

Manche Menschen glauben, erst mehr Wissen sammeln zu müssen, oder denken, dass sich die Situation zuerst ändern muss, bevor sie handeln können. Aber das Einzige, was sich verändern muss, ist Ihre Passivität: Sie müssen endlich handeln! Es fehlt immer *etwas*, damit man sich vollkommen vorbereitet fühlt. Aber wenn Sie nichts tun, dann fehlt *alles*.

Ihre Lebensleistung entsteht durch Starten und nicht durch Warten. Der erste Schritt ist oft der schwerste, aber für den Erfolg der entscheidendste von allen. Verlieren Sie nie Ihren Mut. Es könnte sein, dass Sie ihn so schnell nicht wiederfinden. Später im Leben werden Sie vor allem die Dinge bereuen, die Sie *nicht* gemacht haben.

Mutige Menschen trauen sich einfach mehr zu. Sie hoffen immer und sie handeln nach dem Motto: »Weil ich es kann, fang ich es an.«

Verlassen Sie die Gleise, auf denen Sie bisher gefahren sind. Sie selbst sind der Weichensteller. Sie bestimmen, wohin Ihr Lebenszug fährt. Benutzen Sie die Lebensweiche und biegen Sie in Ihren neuen Erfolgs-Highway ein. Schreiten Sie zur Tat. Legen Sie ein Gesagt-getan-Verzeichnis an: Was haben Sie sich vorgenommen – was davon wirklich umgesetzt? Viele wissen nämlich, was zu tun ist, aber tun nicht, was sie wissen. (Für Ihre Ideen vom Montag ist der Dienstag – nicht nur der englische – TU-ES-day.)

Beginnen Sie jetzt damit, Ihre Denkmuster und Ihr Verhalten zu ändern. Ihre Zeit kommt nicht bald, sie ist nun da. Der heutige Tag, der Augenblick, in dem Sie diese Zeilen lesen, wird niemals wiederkommen. Nutzen Sie diesen Tag, denn für Ihre Zukunft ist er der wichtigste von allen. Vergessen Sie nicht: Der Rest Ihres Lebens beginnt in diesem Moment. Das Hier und Heute ist Ihre Chance.

Sagen Sie nicht: »Nein, es ist zweck*los*.« Sagen Sie stattdessen: »Ja, ich muss und will *los*!« Es ist ein Erfolgswettlauf. Sie sind am Start und nun heißt es: Auf die Plätze, fertig, los! Holen Sie sich das Gewinnerlos des Lebens!

Durch entschlossenes Handeln schließen Sie das Tor zum Erfolg auf. Werden auch Sie ein mutiger Macher.

Vergrößern Sie Ihr Handlungsvermögen!

Viel Erfolg, Glück und Wohlstand wünscht
herzlich Ihr Carsten Maschmeyer

Danke und Bitte

Danke!

Herzlich danken möchte ich vielen Wegbegleitern, früheren Mitarbeitern und Kollegen für die zahlreichen Anregungen; ebenso meinen Freunden für so manchen Dialog und Sparring-Talk. Meiner Familie danke ich ebenfalls ganz herzlich für die nützlichen Impulse und für Ihr Verständnis, dass ich viel Zeit in dieses Buch gesteckt habe und nicht mit ihnen verbringen konnte. Außerdem haben mir die Aufmunterungen vonseiten des Verlags sehr geholfen.

Besonders unterstützt wurde ich von meiner langjährigen Assistentin Kathrin Danisch und von meinen Mitarbeitern Lars Conrad und Julia Markus. Sogar Veronicas Tochter Lilly hat etwas geholfen. Auch ihnen allen gebührt meine Dankbarkeit.

Meinen Söhnen Marcel und Maurice und meiner Veronica danke ich für kritische Anmerkungen und Optimierungsideen.

Bitte!

Sie, liebe Leser, bitte ich gleichfalls, mir Verbesserungsvorschläge zukommen zu lassen. Teilen Sie mir auch mit, wenn Sie etwas ganz anders sehen, als ich es hier dargestellt habe – ich werde Ihre Anregungen künftig berücksichtigen. Weitere Informationen und eine Mailbox für Ihre Anregungen finden Sie unter:
www.selfmade-erfolg.de

Weitere Titel bei
ARISTON

Geheimwaffe Vertrauen

Leo Martin | **Ich krieg dich!**

Menschen für sich gewinnen –
Ein Ex-Agent verrät die besten
Strategien

256 Seiten, Klappenbroschur
ISBN 978-3-424-20050-8

Hörbuch (2 CDs)
ISBN 978-3-424-20051-5

Ein solches Buch über die Kunst, Menschen an sich zu binden, hat es noch nie gegeben: geschrieben von einem Ex-Agenten, dessen Aufgabe es war, V-Männer aus dem Bereich der organisierten Kriminalität zu gewinnen, um an brisante Informationen zu gelangen. Wildfremde Menschen vertrauten ihm und verrieten ihm geheimstes Insiderwissen. Hier gibt er erstmals sein Erfolgsgeheimnis preis und verrät auf eindrucksvolle Weise, wie es uns allen ganz leicht gelingt, Kontakt aufzunehmen, Vertrauen zu gewinnen und andere von sich zu überzeugen.

»Durchs Leben fechten müssen wir uns alle irgendwie!« *Britta Heidemann*

256 Seiten, gebunden mit Schutzumschlag
ISBN 978-3-424-20061-4

Olympiasiegerin, Welt- und Europameisterin Britta Heidemann hat alles erreicht und weiß daher: Herausforderungen anzunehmen ist die beste Voraussetzung für Erfolg. Doch um erfolgreich zu sein, brauchen wir nicht nur Motivation, Disziplin und Durchhaltekraft – die Freude an der eigenen Leistung und Zufriedenheit sind mindestens genauso wichtig. Aufgrund ihrer eigenen Erfahrungen und Erfolge gibt sie Tipps, wie jeder das Beste aus sich herausholen und für alle Gefechte des Lebens gewappnet sein kann. Im Leben wie im Sport ist alles eine Frage der Einstellung.